LEXIKON EIGENTUMSWOHNUNG

Praxiswissen von A bis Z

Immer aktuell

Wir informieren Sie über wichtige Aktualisierungen zu diesem Ratgeber. Wenn sich zum Beispiel die Rechtslage ändert, neue Gesetze oder Verordnungen in Kraft treten, erfahren Sie das unter **www.ratgeber-verbraucherzentrale.de/aktualisierungsservice**

Mit dem Erwerb einer Eigentumswohnung sind viele rechtliche Verpflichtungen verbunden – egal, ob man selbst in der Wohnung lebt oder sie vermietet. Wer darüber nicht Bescheid weiß, hat schnell Nachteile zu erwarten. In diesem Buch werden alle wichtigen Fragen rund um die Verwaltung, um Verträge, Gesetze und Vereinbarungen beantwortet – in leicht verständlicher Sprache, die auch komplizierte juristische Regelungen für den Laien gut nachvollziehbar macht.

So wissen Sie genau, welche Rechte und welche Pflichten Sie haben. Darüber hinaus erhalten Sie wertvolle Hinweise, wie Sie in Konflikten richtig reagieren und zu einem guten Ausgleich der unterschiedlichen Interessen gelangen können.

Der Ratgeber berücksichtigt die am 1. Dezember 2020 in Kraft getretene grundlegende Reform des Wohnungseigentumsrechts, mit der eine effizientere Verwaltung der Wohnungseigentümergemeinschaften angestrebt wird. Jeder Wohnungseigentümer ist von der neuen Rechtslage betroffen.

Claus Mundorf ist Rechtsanwalt und mit seiner Kanzlei auf Fragen des Wohnungseigentumsrechts spezialisiert.

Claus Mundorf

LEXIKON EIGENTUMSWOHNUNG

Praxiswissen von A bis Z

Rechtslage

Tipp, Ratschlag

Vorsicht, Risiko!

Wichtig

Fast alle in diesem Lexikon genannten Gerichtsurteile können gratis aus dem Internet heruntergeladen werden. Die BGH-Urteile stehen unter www.bundesgerichtshof.de in der Rubrik Entscheidungen. Sonst finden Suchmaschinen die Texte, wenn die Bezeichnung des Gerichts und das Aktenzeichen eingegeben werden.

Abkürzungen für Gerichte und Gesetze

AG	Amtsgericht
BayObLG	Bayerisches Oberstes Landesgericht
BGB	Bürgerliches Gesetzbuch
BGH	Bundesgerichtshof
BVerfG	Bundesverfassungsgericht
GG	Grundgesetz
HansOLG	Hanseatisches Oberlandesgericht
KG	Kammergericht
LG	Landgericht
OLG	Oberlandesgericht
WEG	Wohnungseigentumsgesetz
ZVG	Zwangsversteigerungsgesetz

Sonstige Abkürzungen

AGB	Allgemeine Geschäftsbedingungen
EG	Eigentümergemeinschaft
EnEV	Energieeinsparverordnung
EV	Eigentümerversammlung
GE	Gemeinschaftseigentum
GO	Gemeinschaftsordnung
SE	Sondereigentum
TE	Teilungserklärung

Bibliografische Information der Deutschen Bibliothek
Die Deutsche Bibliothek verzeichnet diese Publikation in der Deutschen Nationalbibliografie; detaillierte bibliografische Daten sind im Internet über portal.dnb.de/opac.htm.

3. Auflage 2021, aktualisiert und überarbeitet

Printed in Germany.
ISBN 978-3-86336-649-0

EIN WORT ZUVOR

Herzlichen Glückwunsch: Sie haben die ersten Klippen gemeistert und Ihre Eigentumswohnung gefunden, finanziert und gekauft. Jetzt kann das schöne Leben in den eigenen vier Wänden beginnen. Doch Vorsicht: Sie betreten ein neues, Ihnen bisher unbekanntes Terrain. Die Wohnanlage, in der sich Ihre Eigentumswohnung befindet, ist wie ein kleiner fremder Staat für sich, mit Bewohnern und Gesetzen, die Ihnen noch nicht vertraut sind. Beides sollten Sie gut kennenlernen, damit Sie nicht an den Sitten und Gebräuchen der Miteigentümer scheitern.

Gesetze, Verträge und Vereinbarungen sind keine Willkür. Sie regeln das Zusammenleben der Menschen, ob im Staat oder in Ihrer Wohnanlage. Diese Regeln sind nur scheinbar abstrakt. Wenn Sie hinter die Paragrafen schauen, werden Sie erleben, wie es dort menschelt. Sie haben Interessen, die Sie in Ihrer Eigentumswohnung umsetzen möchten, doch die anderen Eigentümer haben ihre eigenen. Da sind Konflikte programmiert, worauf Sie vorbereitet sein sollten.

Dieser Ratgeber will auf der Grundlage der am 1. Dezember 2020 in Kraft getretenen Reform des Wohnungseigentumsrechts aufzeigen, welche Rechte, aber auch Pflichten Sie als Eigentümer Ihrer Wohnung haben. Er soll Dolmetscher sein und die wichtigsten Gesetze und Regeln aus den dicken fachwissenschaftlichen Büchern übersetzen: aus der für Laien oft missverständlichen juristischen Sprache in nachvollziehbare, praktische Zusammenhänge. Auch die zitierten Urteile, die immer nur Einzelfallentscheidungen sind, können, richtig interpretiert, Wegweiser für Ihre individuelle Fragestellung sein.

Wo immer es geht, wurde außerdem versucht, Vorschläge zu machen, wie Konflikte und Interessenkollisionen in einer Wohnanlage von vornherein in die richtigen, sprich: friedlichen Bahnen gelenkt werden können. Das heißt: Sie sollten Ihre Rechte kennen, aber erst einmal versuchen, einen gütlichen Ausgleich der unterschiedlichen Interessen und Standpunkte zu finden. Deshalb wundern Sie sich bitte nicht, wenn immer wieder geraten wird, zunächst miteinander zu sprechen, auch den Standpunkt der anderen verstehen zu wollen, um auf Dauer eine harmonische Hausgemeinschaft der Wohnungseigentümer zu schaffen und zu erhalten. Ist im Streitfall eine Lösung gefunden, muss diese klar formuliert werden. Ärgerlich etwa, wenn Sie auf Zeit einige Zugeständnisse machen und Ihr Miteigner denkt, es sei eine Dauerregelung. Nur wenn die Absprache präzise und schriftlich vorliegt, ist auch nach längerer Zeit noch nachweisbar, was verabredet wurde. Nur wer sich anfangs traut, klare Kante zu zeigen, beugt neuem Streit vor.

Wenn Ihre Interessen durch Konflikte ernsthaft gefährdet werden, erläutere ich konsequent die juristischen Möglichkeiten, die Ihnen für die Problemlösung zur Verfügung stehen. Wobei eine Klage vor Gericht immer der letzte Schritt bleiben sollte, falls der Streit nicht mehr friedlich zu regeln ist. Falls Sie gegen Beschlüsse der Eigentümerversammlung vorgehen wollen, setzen allerdings enge Fristen, innerhalb deren nur eine Klage erhoben werden kann, vorgerichtlichen Vermittlungsversuchen Grenzen. Doch noch im Verfahren ist eine Einigung möglich. Am besten freilich wäre es, wenn Sie irreführende Beschlüsse überhaupt verhindern, indem Sie schon im Vorfeld mit Ihren Miteigentümern ausführlich sprechen.

Damit Sie möglichst direkt die Antworten auf Ihre Fragen erhalten, werden die Probleme thematisch zu Stichworten gebündelt. So können Sie dort einsteigen, wo Sie gerade der Schuh drückt. Die mit Pfeilen markierten Querverweise sollen helfen, die Vernetzung der Fragestellungen zu verstehen. Darüber hinaus unterstützt Sie das detaillierte Register dabei, auch Einzelaspekte schnell zu finden. Wer auf diese Weise seine Rechte kennengelernt hat, ist sicher souverän und gelassen genug, im Dialog mit den anderen Miteigentümern gemeinsame Lösungen zu finden, die allen gerecht werden. Dabei wünsche ich Ihnen viel Erfolg.

Claus Mundorf

INHALT

A

B

E

W

Z

A

ABGESCHLOSSENHEIT

Eine ⇢ Eigentumswohnung muss durch Wände und Decken vollkommen von fremden Räumen sowie vom ⇢ Gemeinschaftseigentum abgeschlossen – also abgegrenzt – sein. Ergänzend können etwa ein Kellerraum oder ein Garagenstellplatz zur Wohnung gehören. Gleiches gilt für ⇢ Teileigentum, also Gewerberäume sowie beispielsweise Keller, Garagen oder Garagenabstellplätze, die eine eigene rechtliche Einheit bilden und nicht etwa zu einer Wohnung gehören. In Abgrenzung gegenüber dem Gemeinschaftseigentum werden Eigentumswohnungen und Teileigentum als ⇢ Sondereigentum bezeichnet.

WANN IST EINE WOHNUNG ODER EIN TEILEIGENTUM ABGESCHLOSSEN?

Eigentumswohnung

In § 3 (3) WEG heißt es nur kurz, die Wohnungen sollen in sich abgeschlossen sein. Was darunter zu verstehen ist, bestimmt eine Verwaltungsvorschrift. Danach ist eine Wohnung abgeschlossen, wenn sie von anderen Teilen der Wohnanlage durch Wände und Decken abgegrenzt ist. Diese müssen nicht so massiv sein, wie es dem heutigen Baurecht entspricht, da sonst mancher Altbau nicht aufgeteilt werden könnte. Die Wohnung muss über eine abschließbare Wohnungstür, die direkt ins Freie, in einen Flur oder das Treppenhaus führt, verfügen. Zudem muss es innerhalb der Wohnung eine Kochgelegenheit, einen Wasserzu- und Abfluss sowie eine Toilette geben. Kurz: Die Räume müssen insgesamt geeignet sein, darin einen Haushalt zu führen.

Balkon und Terrasse

Obwohl ein Balkon oder eine Loggia nicht rundum von Wänden umschlossen ist, gehören beide als Sondereigentum zur angrenzenden Eigentumswohnung. Weil nur die Bewohner Zugang haben, können sie kein Gemeinschaftseigentum sein. Gleiches gilt für eine Dachterrasse: Ist sie nur über eine Wohnung erreichbar, gilt sie als deren Teil. Erfolgt der Zugang über das Treppenhaus, gehört sie zum Gemeinschaftseigentum. Allerdings kann in diesem Fall einer Wohnung ein im Grundbuch eingetragenes → Sondernutzungsrecht an der Dachterrasse zugeordnet werden, sodass nur der jeweilige Eigentümer dieser Wohnung die Dachterrasse nutzen darf. Gleiches gilt für Terrassen an Parterrewohnungen: Sie gehören bislang stets zum Gemeinschaftseigentum, doch verfügt der Eigentümer der angrenzenden Wohnung in aller Regel über ein Sondernutzungsrecht, das heißt, nur der Wohnungseigner darf die Terrasse nutzen.

Nach neuem Recht besteht jedoch die Möglichkeit, an solchen Freiflächen Sondereigentum zu erwerben. Dies muss verbunden werden mit dem Raum-Sondereigentum. Isoliertes Eigentum ausschließlich an der Terrasse kann also nicht begründet werden. Zudem muss nach § 3 (2) WEG dieser Raum wirtschaftlich die Hauptsache bleiben. Die Freiflächen sind ebenso wie Stellplätze vom Abgeschlossenheitserfordernis, das für Räume gilt, befreit. An dessen Stelle treten Maßangaben für die betreffenden Flächen im Aufteilungsplan.

Gewerbeeinheiten

Für Läden, Büros und Werkstätten gelten dieselben Regeln wie für Wohnungen – mit einer Ausnahme: Die zugehörige Toilette darf außerhalb der Gewerbeeinheit an einer anderen Stelle der Wohnanlage liegen. Gegebenenfalls können auch Lagerräume, die durch Wände und Decken eindeutig von anderen Teilen der Wohnanlage abgetrennt sind, selbstständig als Teileigentum im Grundbuch eingetragen werden.

WELCHE REGELN GELTEN FÜR GARAGEN UND ABSTELLRÄUME?

Nebenräume

Als Bestandteil der Eigentumswohnung können Nebenräume hinzukommen, etwa ein Keller oder Dachraum. Diese müssen abschließbar und ebenfalls eindeutig gegenüber benachbarten Räumen bzw. Flächen abgegrenzt sein. Statt fester Wände genügen hier jedoch zum Beispiel fest verankerte Abtrennungen aus Holzlatten oder Metallgittern.

Garagen und Stellplätze

Eine Einzelgarage wird eindeutig durch ihre Wände und das Dach abgeschlossen. Bei Stellplätzen hat der Gesetzgeber die frühere Unterscheidung zwischen Stellplätzen in Gebäuden oder im Freien aufgehoben. Für alle Arten von Stellplätzen wird nunmehr nach neuem Recht die Raumeigenschaft kraft Gesetzes fingiert. Es kann also Sondereigentum begründet werden. Stellplätze sind zudem vom Abgeschlossenheitserfordernis, das für Räume gilt, ausgenommen. An dessen Stelle treten gemäß § 3 (3) WEG Maßangaben für die betreffenden Flächen im Aufteilungsplan. Eine darüberhinausgehende Markierung kann zwar erfolgen, sie bleibt aber für die Abgrenzung der im Sondereigentum stehenden Stellplatzfläche bedeutungslos.

Gestaltungsfreiheit

Auch wenn Nebenräume, Garagen oder Garagenstellplätze abgeschlossen sind, können sie in der ⇢ Teilungserklärung zum Gemeinschaftseigentum erklärt worden sein. Die ⇢ Eigentümerversammlung (EV) kann sie vermieten oder einem Sondereigentümer ein ⇢ Gebrauchsrecht daran überlassen.

WAS IST EINE ABGESCHLOSSENHEITSBESCHEINIGUNG?

Jede Eigentumswohnung und jedes Teileigentum erhält im Grundbuch ein eigenes Blatt. Bevor das Grundbuchamt dieses anlegt, verlangt es eine Abgeschlossenheitsbescheinigung. Diese wird vom Bauamt und in einigen Bundesländern auch von zugelassenen Sachverständigen erteilt, nachdem sie geprüft haben, ob die jeweiligen Räume in sich abgeschlossen sind. Sondereigentumsfähige Stellplätze und Freiflächen benötigen keine Abgeschlossenheitsbescheinigung. Für diese genügen Maßangaben für die betreffenden Flächen im Aufteilungsplan.

ANFECHTUNG

Jeder Eigentümer kann die Beschlüsse der Eigentümerversammlung (EV) vor Gericht mit der Beschlussklage anfechten. Sein Verfahrensgegner ist dabei die Gemeinschaft der Wohnungseigentümer. Der Richter prüft anhand der von den Parteien eingereichten Unterlagen, ob die Abstimmung korrekt abgelaufen ist und der Beschlussinhalt den Gesetzen und Regelungen entspricht. Eigene Ermittlungen stellt das Gericht nicht an, alles muss sich aus den Schriftsätzen der Streitparteien ergeben. Deshalb ist es wichtig, dass sie von einem Anwalt erstellt werden, der sich im Wohnungseigentumsrecht bestens auskennt.

WANN KANN EIN BESCHLUSS ANGEFOCHTEN WERDEN?

Vorweg: Beschlüsse zur ⇢ Geschäftsordnung, also etwa darüber, ob geheim abgestimmt wird oder ein Gast an der Versammlung teilnehmen darf, können nicht angefochten werden. Gleiches gilt für die Änderung der Reihenfolge der Tagesordnung. Denn diese Geschäftsordnungsbeschlüsse sind nur für die jeweilige Versammlung von Bedeutung, sodass jede Klage zu spät käme. Alle übrigen Beschlüssen können Eigentümer nach § 44 (1) WEG anfechten. Der Richter beurteilt vor allem, ob ein Beschluss formal einwandfrei zustande gekommen ist bzw. inhaltlich den Gesetzen oder den Grundsätzen ⇢ ordnungsgemäßer Verwaltung entspricht. Ferner prüft er, ob der Beschluss wirtschaftlich, technisch oder etwa gestalterisch sinnvoll ist. Dabei billigen die Gerichte der EG einen erheblichen Entscheidungsspielraum zu. Erst wenn der überschritten wird, kann es überhaupt dazu kommen, dass der Beschluss wegen eines Ermessensfehlgebrauchs für unwirksam erklärt wird. Ein solcher Fehlgebrauch läge vor, wenn zum Beispiel in einer kleinen Wohnanlage ein Hausmeister für Vollzeitarbeit angestellt würde. Das wäre allenfalls in einer Großanlage angemessen.

Formale Fehler

Der Richter muss einen Beschluss für ungültig erklären, wenn es möglich ist, dass er ohne Verfahrensfehler anders ausgefallen wäre. Hier einige Beispiele für solche Pannen, die eine erfolgreiche Anfechtung ermöglichen:

- Der Verwalter hatte ohne Not nicht mindestens drei Wochen vor dem Termin zur EV eingeladen, wie es § 24 (4) WEG vorschreibt.
- Er hatte die EV an einem Werktag um zehn Uhr einberufen, wenn viele Eigentümer zur Arbeit mussten.
- Er hielt die EV in einer Gaststätte ab, wo die Öffentlichkeit nicht ausgeschlossen werden konnte.
- In der Tagesordnung war keine Abstimmung zu diesem Thema angekündigt worden, sodass darüber unter dem Punkt »Verschiedenes« diskutiert und entschieden wurde.
- Ein Antrag für eine Baumaßnahme wurde nach einem Umlaufbeschluss – also einer Abstimmung der Eigentümer außerhalb einer Versammlung – für angenommen erklärt, obwohl nur eine einfache Mehrheit schriftlich oder in Textform dafür stimmte. Nach § 23 (3) WEG gelten Umlaufbeschlüsse nur mit allseitiger Zustimmung als angenommen.

Inhaltliche Fehler

Angenommen, der Ablauf der ⇢ Beschlussfassung erfüllt alle Vorschriften, doch was beschlossen wurde, verstößt gegen gesetzliche Regeln oder die ⇢ Teilungserklärung. Von deren Vorgaben abzuweichen, ist zwar in bestimmten Fällen zulässig, setzt aber in der Regel voraus, dass alle Eigentümer der Abweichung zustimmen. Wenn das nicht gegeben ist, wird ein solcher Beschluss bei einer Anfechtung vom Gericht für unwirksam erklärt. Dazu einige Fälle:

- Die EV beschließt mit einfacher Mehrheit, eine in der Teilungserklärung ausgewiesene Rasenfläche in einen Parkplatz umzuwidmen. Das wäre nach § 10 (3) WEG nur zulässig, wenn eine Vereinbarung vorläge.
- Mit einfacher Mehrheit wird beschlossen, die Kosten nicht wie in § 16 (2) WEG vorgegeben nach ⇢ Miteigentumsanteilen umzulegen, sondern grundsätzlich gleiche Beträge pro Wohneinheit zu erheben. Eine solche Abweichung von der Standardregelung kann aber nur für einzelne Kosten oder bestimmte Arten von Kosten mit Mehrheit beschlossen werden.
- Die Jahresabrechnung wird mit einfacher Mehrheit gebilligt, obwohl darin die Müllgebühren nach Miteigentumsanteilen verteilt werden. Das wäre unzulässig, wenn die ⇢ Gemeinschaftsordnung eine Abrechnung nach der Personenzahl vorschreibt.
- Die EV beschließt den Einbau einer Überwachungskamera in der Tiefgarage, um Autodiebstähle aufzudecken, doch filmt sie auch, wer wann mit wem nach Hause kommt. Damit verstößt der Beschluss gegen das allgemeine Persönlichkeitsrecht.
- Zur ⇢ Tierhaltung wird mit einfacher Mehrheit ein Hundeverbot beschlossen, obwohl dazu die Zustimmung aller Eigentümer nötig wäre.
- Die Mehrheit lehnt per Beschluss die Einberufung einer neuen EV ab, selbst wenn das mehr als ein Viertel der Eigentümer verlangt. Das verstößt gegen den Minderheitenschutz des § 24 (2) WEG, für den ⇢ Unabdingbarkeit gilt.

Negativbeschluss

Wenn die EV einen Antrag mit Mehrheit ablehnt, ist dies dennoch ein Beschluss und entsprechend kann er mit einer Anfechtung überprüft werden. Beispiel: Ein Eigentümer hatte den Antrag gestellt, das Dach reparieren zu lassen, um Wasserschäden vorzubeugen. Das Problem war den Miteigentümern bewusst, doch angesichts der geringen ⇢ Erhaltungsrücklage fand der Antrag keine Mehrheit. Folge: Der ablehnende Beschluss – Juristen sprechen von einem Negativbeschluss – kann angefochten werden, denn jeder Eigentümer hat Anspruch auf eine ordnungsgemäße Instandsetzung der Wohnanlage. Die EV müsste dann neu über das Dach beraten, das Ergebnis wäre offen. Besser, aber nicht zwingend erforderlich, ist es, wenn die Anfechtung mit einer Beschlussersetzungsklage verbunden wird. Gibt ihr der Richter statt, beschließt er die Dachreparatur.

Nichtiger Beschluss

Angenommen, die EV beschließt etwas, wozu sie nicht berechtigt ist, etwa eine Abweichung von einer Gesetzesregel, für die ⇢ Unabdingbarkeit gilt. Oder die Versammlung beschließt etwas, das gegen Gesetze verstößt, zum Beispiel einen Bauauftrag zu vergeben, obwohl es sich dabei unzweifelhaft um Schwarzarbeit handelt. Ein solcher Beschluss ist nach § 23 (4) WEG von vornherein nichtig, niemand braucht sich daran zu halten. Gleiches gilt bei einem Verstoß gegen die guten Sitten, etwa wenn beschlossen würde, dass ein gehbehinderter Bewohner seinen Rollstuhl nicht im Hausflur parken darf, obwohl dafür genug Platz vorhanden ist.

Ein Beschluss, mit dem die Wohnungseigentümer im Einzelfall – bezogen auf eine konkrete Jahresabrechnung – von den Vorgaben der Heizkostenabrechnung abweichen, ist nicht nichtig, sondern lediglich anfechtbar, so der BGH am 22.6.2018 (Az. V ZR 193/17).

Die Eigentümermehrheit, die für den Beschluss gestimmt hat, wird jedoch oft bestreiten, dass er nichtig ist. Auch ist die Nichtigkeit nicht immer klar erkennbar. Deshalb kann es vernünftig sein, einen zweifelhaften Beschluss anzufechten.

Nichtbeschluss

Angenommen, die EV hat über eine notwendige Dachreparatur diskutiert, aber keinerlei Beschluss gefasst. Juristen sprechen von einem Nichtbeschluss. Da es nichts anzufechten gibt, bleibt nur, eine Beschlussersetzungsklage einzureichen. Im Erfolgsfall kann der Richter einen Beschluss zur Instandsetzung fassen (⇢ Klage).

WARUM IST ES WICHTIG, EINEN ERFAHRENEN ANWALT EINZUSCHALTEN?

Erstberatung

Wenn Sie der Meinung sind, dass ein Beschluss nicht korrekt zustande gekommen ist, und dagegen vorgehen wollen, sollten Sie unverzüglich einen im WEG-Recht erfahrenen Anwalt aufsuchen. Wenn nichts anderes vereinbart ist, darf er für die Erstberatung eines Verbrauchers gemäß § 34 (1) Rechtsanwaltsvergütungsgesetz maximal 190,00 Euro zuzüglich seiner Auslagen und der Mehrwertsteuer verlangen. Kommt es zu einem Verfahren, wird der Betrag auf die dafür fällige Gebühr angerechnet. Bei diesem Gespräch kann der Jurist meist schon Ihre Erfolgsaussichten in einem Verfahren einschätzen.

Einigungsversuch

Sie erhalten aber vielleicht vom Fachmann auch zusätzliche Argumente, um innerhalb der Anfechtungsfrist mit Ihren Miteigentümern und dem Verwalter nach einer einvernehmlichen Lösung zu suchen. Das würde dem Hausfrieden gut tun und die Kosten und Risiken eines Gerichtsverfahrens vermeiden. Oft hilft es der Sache, wenn Ihre Kontrahenten sehen, dass es Ihnen ernst ist mit der Anfechtung. Eine neu einberufene EV könnte einen Zweitbeschluss ohne die inhaltlichen oder formalen Fehler des von Ihnen kritisierten ersten Beschlusses fassen. Kommt es nicht zu einer Einigung, bleibt immer noch der Weg zum Gericht. Zu beachten ist aber, dass diese Einigungsversuche die einzuhaltende Klagefrist nicht hemmen. Dies ist auch der Grund, warum sie in der Praxis selten unternommen werden. Auch sind die wesentlichen Argumente bereits auf der Eigentümerversammlung ausgetauscht worden.

Klagevorbereitung

Bei keinem Verfahren vor dem Amtsgericht müssen Sie einen Anwalt einschalten, ebenso wenig bei einer Anfechtung. Sie könnten sogar den Antrag in der Geschäftsstelle des Amtsgerichts mündlich zu Protokoll geben. Bevor Sie es aus Sparsamkeit mit Do-it-Yourself versuchen, sollten Sie bedenken, dass es nicht Aufgabe des Richters ist, die Sachverhalte zu ermitteln. Es gilt der Beibringungsgrundsatz: Alle Anfechtungsgründe müssen in der Klagebegründung genannt werden, nur für Details darf auf beigefügte Dokumente verwiesen werden. Das stellte der BGH am 16.1.2009 klar (Az. V ZR 74/08). Wenn die Begründungsfrist abgelaufen ist, können Sie auch keine Anfechtungsgründe mehr nachliefern. Ihr Antrag muss zudem alle Ihre Forderungen enthalten. Denn bei seinem Urteil darf der Richter maximal das zusprechen, was beantragt ist. Da die Gerichte überlastet sind, haben Richter nicht viel Geduld mit den Anträgen. Deshalb ist es wichtig, in den Schriftsätzen den Sachverhalt kurz und präzise zu präsentieren, und zwar am besten in der Fachsprache, die ein Jurist nun einmal gewohnt ist. Nicht zu vergessen ist, dass die Gemeinschaft der Wohnungseigentümer als Ihr Anspruchsgegner mit großer Wahrscheinlichkeit von einem Anwalt vertreten wird. Fazit: Es verbessert die Chancen vor Gericht ganz erheblich, wenn Sie einen erfahrenen Anwalt an Ihrer Seite haben.

WAS IST BEI GERICHT ZU BEACHTEN?

Berechtigung

Jeder Eigentümer, der meint, ein Beschluss sei nicht mit den Grundsätzen ordnungsgemäßer Verwaltung oder sonstigen Regelungen vereinbar, kann diesen anfechten. Es ist nicht erforderlich, dass er selbst von den anzufechtenden Inhalten benachteiligt wird. Er kann einen Beschluss anfechten, wenn er an der fraglichen Versammlung nicht teilgenommen hat, und sogar, wenn er selbst dafür gestimmt hat, es sich aber mittlerweile anders überlegt hat oder nach Einholung von Rechtsrat seine Meinung ändert.

Der Verwalter kann dagegen die Beschlüsse grundsätzlich nicht anfechten, selbst, wenn die seine persönlichen oder geschäftlichen Interessen betreffen, etwa im Fall seiner Abberufung. Insoweit hat sich die Rechtslage geändert.

Terminsache

Binnen eines Monats nach der Beschlussfassung der EV muss der Klageantrag für die Anfechtung beim Amtsgericht vorliegen, in dessen Bezirk die Wohnanlage steht. Für die Klagebegründung bleibt Zeit bis zwei Monate nach dem Beschluss. Beispiel: Der Beschluss fällt am 26. Mai. Dann muss die Klageschrift spätestens am 26. Juni um 23:59 Uhr im Briefkasten des Amtsgerichts liegen. Auch ein Fax wäre zulässig. Die Klagebegründung muss am 26. Juli um 23:59 Uhr beim Gericht eingehen, unabhängig davon, wann die Klage erfolgte. Wäre der Beschluss erst nach langer Sitzung um 00:30 Uhr des 27. Mai erfolgt, müsste die Klageschrift bis zum 27. Juni, die Begründung bis 27. Juli bei Gericht vorliegen. Wenn die Frist an einem Samstag, Sonntag oder einem bundesweit geltenden Feiertag endet, verlängert sie sich automatisch bis zum nächsten Werktag.

Zahlungsfrist

Nachdem das Gericht den Klageantrag registriert hat, verschickt es einen Gebührenbescheid. Er enthält keine zwingende Zahlungsfrist, aber 14 Tage galten lange Zeit als Maximum. Doch der BGH bewilligte am 10.7.2015 (Az. V ZR 2/14) sogar gut drei Wochen. Eine weitere Verzögerung wird nicht geduldet. Deshalb sollten Sie als anfechtender Eigentümer keinesfalls mit dem Bezahlen warten, bis Ihnen gegebenenfalls Ihre Rechtsschutzversicherung einen Vorschuss überweist. Geht die Gebühr verspätet bei Gericht ein, prüft es nur noch, ob der umstrittene EV-Beschluss nicht nur anfechtbar, sondern sogar nichtig war. Denn bei Nichtigkeit (siehe → Beschlussfassung) gibt es keine Klagefrist, doch müssen weitaus strengere Bedingungen erfüllt sein als bei einer Anfechtung. Wenn Sie zwei Wochen nach Einreichen der Anfechtung noch keinen Gebührenbescheid erhalten haben, sollten Sie bei Gericht nachfragen. Beschleunigen lässt sich das Verfahren, wenn Ihr Anwalt den Streitwert schätzt, anhand dessen die Gebühr berechnet wird. Sie müssen dann diesen Betrag zügig bei der Gerichtskasse bar einzahlen bzw. ihn überweisen. So kann der Anwalt den Zahlungsbeleg bereits der Klageschrift beifügen. Sollte der Richter später einen anderen Streitwert festlegen, ist das unschädlich.

Formfrage

Die Beschlussklage muss klar erkennen lassen, welcher Beschluss bzw. welche Beschlüsse angefochten werden sollen. Beispiel: »Ich beantrage die Aufhebung des Beschlusses zu Tagesordnungspunkt 8 der Eigentümerversammlung am 23.4.2019.« Gerichtet wird die Beschlussklage gegen die Eigentümergemeinschaft als rechtsfähige Person. Bei der Verteidigung des umstrittenen Beschlusses vertritt sie nach § 9b (1) WEG stets der Verwalter. Anweisungen für sein Vorgehen diskutieren und beschließen sie in einer EV, entschied der BGH am 5.7.2013 (Az. V ZR 241/12). Dazu sind jene Eigentümer, welche die Beschlussklage eingereicht haben, einzuladen. Sie dürfen mit diskutieren, aber nicht mit abstimmen. Fechten mehrere Eigentümer denselben Beschluss an, werden die Verfahren nach § 44 (2) WEG zusammengelegt. Jeder Mitstreiter muss die Frist selbst wahren, er kann sich nicht etwa sechs Wochen nach dem Beschluss einem laufenden Verfahren anschließen.

Schnelle Sammlung

Wenn Sie einen Beschluss anfechten wollen, sollten Sie nicht warten, bis der Verwalter das ⇢ Protokoll der Versammlung fertig stellt. Spätestens eine Woche nach der Versammlung finden Sie den genauen Wortlaut aller Beschlüsse in der ⇢ Beschlusssammlung beim Verwalter. Denn er ist nach § 24 (7) Satz 7 WEG verpflichtet, diese unverzüglich zu vervollständigen. Führt er die Sammlung nicht ordnungsgemäß, wäre dies ein wichtiger Grund, der seine Abberufung rechtfertigen kann.

SIND NICHT LÄNGST UNUMKEHRBARE TATSACHEN GESCHAFFEN WORDEN, BIS DAS GERICHT ENTSCHEIDET?

Einstweilige Verfügung

Das Gericht kann nach § 940 Zivilprozessordnung die Umsetzung eines Beschlusses bis zum Urteil im Anfechtungsverfahren blockieren. Die Bedingungen dazu formulierte das LG München I in einem Urteil vom 8.8.2008 (Az. 1 T 13169/08): Der anfechtende Eigentümer muss glaubhaft machen, dass andernfalls nicht wieder gutzumachende Schäden drohen. Oder aber die Rechtswidrigkeit des Beschlusses muss derart offenkundig sein, dass es keiner umfassenden Prüfung durch ein Hauptsacheverfahren bedarf. In der Praxis erlassen die Gerichte bei Anfechtungen sehr selten einstweilige Verfügungen.

Rechtskraft

Grundsätzlich bleiben angefochtene Beschlüsse in Kraft, bis sie von einem Gericht rechtskräftig für ungültig erklärt werden. Das bestimmt § 23 (4) WEG. Bis dahin können im Extremfall Jahre vergehen, wenn es zu einer Berufung bzw. Revision kommt. Der Verwalter muss also den angefochtenen Beschluss umsetzen. So wird er die Gelder von den Eigentümern einfordern, wenn zum Beispiel eine Sonderumlage beschlossen wurde. Das ließe sich zurückzahlen, wenn das Gericht den Beschluss aufhebt. Teuer würde es dagegen, wenn eine umstrittene Baumaßnahme ausgeführt würde und nach dem Urteil eventuell rückgängig gemacht werden müsste. Je nach Haftungsrisiko kann hier der Verwalter darauf hinwirken, dass die EV beschließt, mit der Umsetzung bis zu einer rechtskräftigen Gerichtsentscheidung zu warten.

Umdenken

Das laufende Gerichtsverfahren kann eventuell die Eigentümermehrheit dazu bewegen, erneut über den strittigen Beschluss nachzudenken. Mit einem Zweitbeschluss könnte sie etwaige Formfehler des ersten beseitigen oder auch inhaltliche Fehler und Abstimmungsmängel beheben. Melden beide Streitparteien, dass damit der Streitpunkt erledigt sei, entscheidet das Gericht nur noch darüber, wie viel Gerichts- und Anwaltskosten jede Partei zahlen muss.

Wiedergutmachung

Eine Anfechtung kann auch noch sinnvoll sein, wenn der Beschluss bereits ausgeführt wurde. Beispiel: Die EV hatte mit einfacher Mehrheit beschlossen, einen freistehenden, gesunden Baum, der den Gemeinschaftsgarten gestalterisch prägte, fällen zu lassen. Der Beschluss wird angefochten, weil die Fällaktion überflüssig war. Doch noch vor dem Gerichtstermin schreiten die Gärtner zur Tat. Erklärt später das Gericht den Beschluss für ungültig, muss der ursprüngliche Zustand durch die Anpflanzung eines möglichst gleich großen Baums wieder hergestellt werden.

WELCHE KOSTEN FALLEN BEI EINER ANFECHTUNG AN?

Streitwert

Die Gerichtskosten und die Anwaltshonorare richten sich nach dem vom Gericht festgesetzten Streitwert, wobei jedoch § 49 (1) Gerichtskostengesetz das Kostenrisiko in Wohnungseigentumssachen mehrfach begrenzt. Was das bedeutet, wird am Beispiel einer Anfechtung eines Beschlusses über eine ⇢ Sonderumlage von 100.000 Euro gezeigt. Der Kläger sollte davon 5.000 Euro zahlen.

Der Streitwert

- ist auf das Interesse der Wohnungseigentümer an der Entscheidung festzusetzen (100.000 Euro),
- darf den Wert des Interesses des Klägers (= 5.000 Euro) nicht unterschreiten, aber auch das Siebeneinhalbfache dieses Werts nicht übersteigen, also maximal 37.500 Euro,
- darf den Verkehrswert des Wohnungseigentums des Klägers nicht übersteigen, der bei 100.000 Euro liegen soll.

Fazit: Der Richter kann den Streitwert im Bereich zwischen 5.000 und 37.500 Euro festlegen.

Es ist möglich, einzelne Punkte eines Beschlusses anzufechten, zum Beispiel nicht den Beschluss über die Jahresabrechnung insgesamt, sondern nur die für falsch erachtete Abrechnung der Wasserkosten. Damit sinkt der Streitwert drastisch.

Gebühren

Das Gericht berechnet anhand des festgesetzten Streitwerts seine Gebühren nach dem Gerichtskostengesetz. Im Beispielfall der Sonderumlage wären bei 10.000 Euro Streitwert 798 Euro fällig.

Die Honorare der Anwälte werden nach dem Rechtsanwaltsvergütungsgesetz berechnet. Würde der Richter bei der zuvor genannten Anfechtung der Sonderumlage den Streitwert auf 10.000 Euro festlegen, erhielte der Anwalt des anfechtenden Eigentümers rund 1.850 Euro inklusive Mehrwertsteuer. Beauftragen ihn mehrere Eigentümer in derselben Sache, steigen die Gebühren wegen des höheren Abstimmungsaufwands pro Person um rund 240 Euro. Ab der achten Person steigt die Mehrvertretungsgebühr nicht mehr an.

Zulage

Wird die Eigentümergemeinschaft verklagt, wie im Fall der Anfechtung, ist der Verwalter nach § 9b (1) WEG automatisch ihr Vertreter. Er könnte selbst vor dem Amtsgericht auftreten, wofür der Verwaltervertrag üblicherweise ein Sonderhonorar vorsieht. In der Regel wird er jedoch einen Rechtsanwalt beauftragen. Um den Juristen zu motivieren, könnte er ihm den Abschluss einer Honorarvereinbarung vorschlagen. Dafür benötigt er allerdings einen entsprechenden Ermächtigungsbeschluss der Eigentümergemeinschaft. Ansonsten würde er sich im Innenverhältnis

Anwalt motivieren

Ist der Streitwert gering, wird sich häufig der Auftrag für den Anwalt nicht lohnen. Er kann ihn gleichwohl übernehmen und hoffen, dass er bei Erfolg weitere und profitablere Aufträge erhält. Doch es besteht auch die Gefahr, dass er für den Fall nur wenig Zeit aufwendet, zumal wenn nur ein Eigentümer einen Beschluss anfechten will. Findet dieser jedoch Mitstreiter, steigt die Gebühr, und der Jurist kann sich stärker engagieren.

schadensersatzpflichtig machen, denn selbst Im Fall des Obsiegens würden diese Mehrkosten vom Verlierer nicht erstattet, gingen also zu Lasten der Eigentümergemeinschaft.

Honorar errechnen

Rechner für Gerichts- und Anwaltskosten finden Sie im Internet, etwa unter www.anwalt-suchservice.de

A

WELCHE GEBÜHREN UND HONORARE MUSS DER VERLIERER ÜBERNEHMEN?

Vertritt ein Anwalt die Eigentümergemeinschaft bei der Verteidigung des angefochtenen Beschlusses, kann er einen Honorarvorschuss verlangen. Den darf ihm der Verwalter vom Konto der EG überweisen. Die übrigen Eigentümer können dafür auch dank ihrer Mehrheit in der EV eine ⇢ Sonderumlage beschließen, die der anfechtende Eigentümer anteilig bezahlen muss.

Abgerechnet wird nach dem Urteil. Bei einer erfolgreichen Anfechtung kommen die Prozesskosten, also etwaige Anwaltshonorare und die Gerichtsgebühren, in die Jahresabrechnung. Bezahlen müssen diesen Betrag alle Eigentümer im Rahmen ihrer Einzelabrechnungen, denn es handelt sich um Kosten der Gemeinschaft, welche nach dem allgemeinen Kostenverteilungsschlüssel nach § 16 WEG zu verteilen sind. Auch der siegreiche Kläger muss sich also an den Kosten der Gegenseite beteiligen. Blieb die Anfechtung dagegen erfolglos, muss der anfechtende Eigentümer die Prozesskosten komplett tragen. Hebt das Gericht einen umfangreichen Beschluss nur zum Teil auf, bekommt der Kläger also nur teilweise recht, werden die Kosten aufgeteilt. Zum Beispiel muss die in der Hauptsache erfolgreiche Seite 30 Prozent, die größten teils unterlegene 70 Prozent tragen.

Kostenbegrenzung. In den Prozesskosten sind Anwaltshonorare stets nur insoweit enthalten, als sie dem vom Gericht festgelegten Streitwert entsprechen. Hatte der anfechtende Eigentümer seinem Anwalt mehr zugebilligt, muss er das Aufgeld auch im Erfolgsfall selbst bezahlen; sogar eine Rechtsschutzversicherung würde nicht aushelfen.

Selbsthilfe. Keinen Ausgleich für ihre Mühen erhalten bei der Kostenverteilung jene siegreichen Kläger bzw. Beklagten, die keinen Anwalt beauftragen, sondern die Schriftsätze selbst erstellen und vor Gericht vertreten. Solches Do-it-yourself ist bei Verfahren vor dem Amtsgericht zulässig, aber selten. Häufiger kommt es in einfachen Fällen vor, dass statt eines Anwalts der Verwalter selbst die Interessen der Eigentümergemeinschaft wahrnimmt. Zu den Prozesskosten zählt aber zwingend nur sein Entgelt für die Stunden, die er bei Gericht verbracht hat. Sein übriges Honorar würde der Richter bei der Kostenfestsetzung nur mit erfassen, wenn beide Parteien den Betrag anerkennen. Sind sie uneinig, müssen die siegreichen übrigen Eigentümer das Geld separat vom unterlegenen Anfechter fordern, notfalls mit einer neuen ⇢ Klage, befand der BGH am 7.5.2014 (Az. V ZB 102/13).

WANN MUSS DER VERWALTER WEGEN FEHLERHAFTER BESCHLÜSSE DIE VERFAHRENSKOSTEN ZAHLEN?

Das Gericht konnte früher dem Verwalter die Prozesskosten unmittelbar auferlegen, wenn ihn ein grobes Verschulden an dem Beschlussmangel getroffen hat. Diese gesetzliche Möglichkeit besteht nach neuem Recht nicht mehr. Hier müssen eventuelle Schadensersatzansprüche der Wohnungseigentümergemeinschaft geprüft und notfalls gerichtlich in einem gesonderten Verfahren geltend gemacht werden.

WIE WERDEN DIE KOSTEN BEI EINER GÜTLICHEN EINIGUNG VERTEILT?

Angenommen, die Eigentümermehrheit lenkt im Laufe des Verfahrens ein und sorgt mit einem Zweitbeschluss für eine Regelung, die auch der anfechtende Eigentümer akzeptiert. Dann melden beide Streitparteien dem Gericht, dass der Streitgrund entfallen ist. Der Richter muss kein Urteil schreiben, er legt nur noch den Streitwert fest und bestimmt, wer die Kosten zu tragen hat. Maßstab ist dabei, wer seines Erachtens das Verfahren gewonnen hätte.

Achtung: Der Richter legt nur fest, wer die Anwaltshonorare für das Klageverfahren zu zahlen hat. Bei einer gütlichen Einigung kommt noch ein Honorar für den erzielten Vergleich hinzu. Dafür wären auf Seiten des Eigentümers, der den Beschluss angefochten hat, im Beispiel mit 10.000 Euro Streitwert knapp 750 Euro fällig, die er wohl aus der eigenen Tasche zahlen müsste.

Rechtsschutzversicherung

Eine Rechtsschutzversicherung mit einem Zusatz für Wohnungseigentümer übernimmt die Kosten einer Anfechtung, also die Gerichtsgebühren und die Anwaltshonorare, wenn Sie im Verfahren unterliegen. Hilfreich kann es aber sein, wenn die Versicherung auch Kosten erstattet, wenn Ihr Anwalt Sie außergerichtlich vertritt, um einen Vergleich zu ermöglichen. Denn im Sinne eines künftigen harmonischen Zusammenlebens ist gerade das oft empfehlenswert. Eine gütliche Einigung sollte nicht dadurch erschwert werden, dass Sie dann auf den Anwaltskosten sitzen bleiben.

WAS TUN, WENN DAS GERICHT DEN BESCHLUSS NICHT AUFHEBT?

Die Amtsgerichte sind überlastet. Da sind Fehlurteile oder angreifbare Begründungen kaum zu vermeiden. Wenn der Streitwert 600 Euro übersteigt, ist eine Berufung beim Landgericht möglich. Ausnahmsweise kann der Amtsrichter auch bei geringerem Streitwert die Berufung zulassen, wenn der Fall grundsätzliche Bedeutung für die Rechtsentwicklung besitzt. Für den Berufungsantrag, den nur ein Anwalt stellen darf, bleibt ein Monat Zeit, nachdem das Urteil des Amtsgerichts zugestellt wurde. Die Begründung kann bis zu zwei Monate nach dem Amtsgerichtsurteil geliefert werden.

ANTENNE

Gleich, ob für den Empfang von Satelliten-TV, für den Amateur- oder den Mobilfunk: Antennen verändern in aller Regel den optischen Gesamteindruck des Hauses, viele Miteigentümer wehren sich dagegen. Aber häufig haben deutsche wie ausländische Bewohner Anspruch auf den Empfang von ausländischen Satellitenprogrammen mittels Parabolantenne. Wo sie am Haus montiert wird, bestimmt jedoch die Eigentümerversammlung (EV). Weniger auffällig sind die Antennen für Amateurfunker, gleichwohl ist ihre Montage eine bauliche Veränderung, die mehrheitlich zu genehmigen wäre.

WER DARF EINE PARABOLANTENNE ANBRINGEN?

Jeder Eigentümer hat das Recht auf Informationsfreiheit. Er muss sich also nicht mit den Sendern begnügen, die in der Wohnanlage über Kabel verteilt werden, sondern darf eine Satellitenschüssel montieren. Dies gilt für ausländische wie für deutsche Staatsbürger, entschied der BGH am 13.11.2009 (Az. V ZR 10/09). Doch die EV kann bestimmen, wo die Parabolantenne montiert wird. Zum Beispiel nicht am Balkon oder an einem Fenster, wo sie jeder Heimwerker anbringen kann, sondern auf dem Dach. Das erfordert eine fachmännische Montage und das Verlegen eines Kabels zur Wohnung. Zudem kann am Dach beim Antennenfuß im Lauf der Zeit Feuchtigkeit eindringen und der Eigentümer, der die Schüssel aufstellen ließ, müsste haften. Fazit: Die Kosten könnten die Informationsfreiheit kaum noch bezahlbar machen. Das wäre unzulässig und die EV müsste einen anderen Platz benennen, wo eine Montage preiswerter möglich wäre.

Mancher Streit lässt sich entschärfen, wenn der gewünschte Sender auch mit einer quadratischen Kompaktantenne mit nur 33 Zentimeter Kantenlänge zu empfangen wäre. Schüsseln haben dagegen einen Durchmesser von bis zu 1,2 Meter. Viele Sender lassen sich mittlerweile über das Internet abrufen. Das gilt zum Beispiel für ukrainische Sender. Deshalb wies am 26.7.2011 ein Amtsgericht in Augsburg einen dortigen Mieter aus der Ukraine ab, der vom Hausbesitzer die Duldung einer Schüssel verlangte (Az. 25 C 623/11). In solchen Fällen entsprechen die Rechte von Wohnungseigentümern denen von Mietern.

Zahlungspflicht für Kabel-TV

Auch wer das Kabelfernsehen nicht nutzt, muss die Umlage dafür zahlen, falls die Wohnanlage daran angeschlossen ist. So steht das in aller Regel in dem Beschluss zu den Gebühren, der gefasst wurde, als die Eigentümergemeinschaft das Kabel-TV einführte.

SIND AMATEURFUNKANTENNEN ZUZULASSEN?

Unbestreitbar stellt die Stabantenne eines Funkamateurs, die meist rund 4 Meter in den Himmel ragt, eine bauliche Veränderung dar. Deshalb darf sie in der Regel nur auf dem Dach montiert werden, wenn die Eigentümermehrheit zustimmt. Wer eine Antenne ohne Genehmigung anbringt, muss sie entfernen, wenn das die EV mit einem entsprechenden Beschluss verlangt. Das BayObLG erlaubte allerdings am 30.5.1990 (Az. 2 Z 57/90) eine Stabantenne, weil ohnehin die klassischen Fernsehantennen auf dem Dach die Ansicht des Hauses beeinträchtigten. Einen solchen Antennenwald gibt es heute nur noch auf wenigen Dächern, sodass der Fall wohl jetzt anders entschieden würde.

WANN DARF DAS DACH FÜR EINE MOBILFUNKANTENNE VERMIETET WERDEN?

Die Kasse der Eigentümergemeinschaft ist leer und so kommt das Angebot eines Mobilfunkbetreibers gerade recht: Er will auf dem Dach eine Antenne errichten und zudem einen Raum unterm Dach mieten. Aber da eine solche hoch aufragende Antenne eine bauliche Veränderung darstellt, wäre die Errichtung nur zulässig, wenn die Mehrheit der Eigentümer zustimmt.

Genehmigung mit einfacher Mehrheit

Bei einer baulichen Veränderung – wie der Montage einer Antenne – ist vorab die Zustimmung der Mehrheit der Eigentümer notwendig. Auf diese kann nach § 20 (3) WEG ein Anspruch bestehen. Wichtig ist, dass die Zustimmung vorab eingeholt wird, weil der Gemeinschaft ein Bestimmungsrecht bei der Auswahl des Standorts zusteht. Eine Verletzung dieses Anordnungsrechts liegt bereits dann vor, wenn der die Antenne aufstellende Eigentümer es unterlässt, zuvor die EV einzuschalten. Die Antenne ist allein aufgrund dieser Rechtsverletzung zunächst zu entfernen, sodass es zu einer Interessenabwägung gar nicht mehr kommt.

Mancher wird zögern, da er als Selbstnutzer ein Gesundheitsrisiko und/oder einen Wertverlust seiner Wohnung fürchtet. Andere fürchten um die Vermietbarkeit. Allerdings darf kein Mieter bei bestehendem Mietverhältnis die Miete wegen eines Funkmasts auf dem Haus mindern. Nachdem die Rechtsprechung seit Jahren in diese Richtung lief, stellte am 15.3.2006 der BGH (Az. VIII ZR 74/05) noch einmal klar, dass eine Klage gegen einen Funkmast nur eine Chance hat, wenn der Kläger nachweist, dass die Antenne in seiner Nähe

- stärkere Strahlen abgibt als die amtlichen Grenzwerte erlauben, also wegen eines seltenen technischen Fehlers, der sich beheben ließe, oder
- die amtlichen Grenzwerte selbst zu niedrig festgelegt wurden, was der allgemeinen Expertenmeinung widerspricht.

Geklagt hatte ein schwerkranker Mann mit Herzschrittmacher, der seine Dachwohnung kaum verlassen kann und über dessen Zimmerdecke eine Mobilfunkantenne montiert wurde. Die gleichen Fehler müssten die Nachbarn dem Gericht darlegen, wenn sie wegen einer befürchteten Wertminderung oder Gesundheitsgefährdung Schadenersatz oder die Entfernung der Antenne einklagen. Gleichwohl dürfte diese das nachbarschaftliche Verhältnis arg belasten.

B

BALKON

Bei schönem Wetter wird der Balkon zur Freizeitoase. Doch oberstes Gebot ist die Rücksichtnahme auf die Nachbarn. Laute Musik oder allzu lebhafte Unterhaltungen sind tabu, Grillen ist allenfalls begrenzt erlaubt. Alles, was das äußere Erscheinungsbild der Wohnanlage verändert – ob die Montage einer Markise oder ein farblich anderer Wandanstrich –, bedarf der Zustimmung der Eigentümermehrheit. Den Bodenbelag und die Wandverkleidung muss der Eigentümer instand halten. Für Schäden an der Tragkonstruktion und den Abdichtungen muss jedoch generell die Eigentümergemeinschaft aufkommen. Für eine Loggia gelten dieselben Regeln.

WAS MÜSSEN DIE BALKONNUTZER BEACHTEN?

Hausordnung

Das sollte selbstverständlich sein: Ein Balkon darf nur so genutzt werden, dass keinem Mitbewohner ein Nachteil entsteht, der über das bei einem geordneten Zusammenleben unvermeidliche Maß hinausgeht. So will es § 14 (1) WEG. Lärm ist zu jeder Tageszeit zu vermeiden, besonders aber nachts und in der mittäglichen Ruhezeit. Denn jeder Hausbewohner hat das Recht, grundsätzlich ungestört in seiner Wohnung zu leben, befand das LG Hamburg am 14.1.1983 (Az. 11 S 251/82). Insbesondere junge Leute und Senioren haben dazu aber oft unterschiedliche Vorstellungen. Letztlich muss jede Eigentümergemeinschaft im Gespräch herausfinden, was sie für tolerabel hält. Die ⇢ Hausordnung kann den Grundsatz der Rücksichtnahme in präzise Regeln fassen. Sie darf aber nicht verbieten, Bekleidung und Bettdecken auf dem Balkon zu lüften bzw. zu trocknen, urteilte das OLG Düsseldorf am 1.10.2003 (Az. 3 Wx 393/02).

Balkonparty

Das Feiern ist auf dem Balkon nur ausnahmsweise erlaubt. Es gibt kein Recht darauf, zum Beispiel einmal im Monat eine Freiluftparty zu veranstalten. In jedem Fall muss sie um 22 Uhr enden. Das ⇢ Grillen auf Holzkohle kann die Hausordnung generell verbieten, entschied das OLG Zweibrücken am 6.4.1993 (Az. 3 W 50/93), und etliche andere Gerichte sind derselben Meinung. Die Eigentümerversammlung (EV) darf Holzkohlegrills auch nicht grundsätzlich erlauben, wenn die Freunde des Brutzelns in der EV die Mehrheit stellen. So das AG Wuppertal am 25.10.1976 (Az. 47 UR II 7/76). Ob ein Gasgrill auf dem Balkon gezündet werden darf, hängt von der davon ausgehenden Belästigung für die Nachbarn ab. Elektrogeräte sind in der Regel stets erlaubt. Selbst sie dürfen aber nicht oft benutzt werden, wobei es selbstverständlich auch auf den Abstand zwischen dem Grill und den Balkonen bzw. Fenstern der Nachbarn ankommt. In einem Fall erlaubte das Amtsgericht Bonn am 29.4.1997 den Balkonbesitzern, einmal im Monat zu grillen (Az. 6 C 545/96). Das LG Stuttgart fand am 14.8.1996, dreimal im Jahr für je zwei Stunden sei akzeptabel (Az. 10 T 359/96).

DÜRFEN EIGENTÜMER IHREN BALKON FREI GESTALTEN?

Blumen

Natürlicher Blumenschmuck gilt – so Richter in Streitfällen – stets als schön. Innen an einer Brüstung können Sie auch Blumenkästen aufhängen, ohne vorher irgendjemanden um Erlaubnis fragen zu müssen. Bevor Sie jedoch ein Pflanzgefäß an einem Balkongitter oder auf bzw. außen an einer Brüstung festmachen, sollten Sie das auf der nächsten EV genehmigen lassen. Denn Ihr Vorhaben beeinflusst die Außenansicht des Hauses und gilt damit als eine ⇢ bauliche Veränderung. Streng genommen kann sich jeder Eigentümer dadurch in seinem ästhetischen Empfinden gestört fühlen und Ihre Aktion vereiteln. Bis zu Gericht sollte ein etwaiger Streit nicht gehen, denn im Einzelfall können Richter außen sichtbare Blumenkästen verbieten. Allerdings finden sie die Kästen nicht zwangsläufig optisch störend, so das AG Köln am 26.2.1989 (Az. 204 II 457/88). Und das LG Hamburg urteilte am 21.12.1981 (Az. 10 T 13/79), außen hängende Kästen dürften nicht generell verboten werden.

Im Rahmen der Hausordnung können durch Mehrheitsbeschluss Regeln für das Gärtnern auf der Etage erlassen werden, etwa dass genehmigte außen hängende Kästen zum Einpflanzen der Blumen abgenommen werden müssen und nur so gegossen werden dürfen, dass die darunter liegenden Balkone nicht verschmutzt werden. Für Kletterpflanzen kann ein Rankgitter vorgeschrieben werden. Denn wenn sie direkt an der Balkonwand hochwachsen, dringt ihr Haltewerk in winzige Lücken der Fassade ein und vergrößert sie. Schließlich sickert Feuchtigkeit ein. Den natürlichen Blätter- und Blütenfall müssen allerdings die Nachbarn hinnehmen.

Dekoration

Die EV kann nicht per Beschluss die zeitweilige Verzierung des Balkons etwa zu Ostern und Weihnachten verbieten. Entsprechend sind im Advent auch einige blinkende Girlanden am Balkon zu dulden. Und an den Tagen einer Fußball-WM darf eine Fahne am Balkon hängen, solange sie keinem Mitbewohner die Aussicht versperrt. Sonst aber kann die EV per Hausordnung Plakate, Schilder oder etwa Spruchbänder am Balkon und im Fenster untersagen. Wenn Sie sich dennoch mit einem Plakat am Balkon etwa zu einer Bürgerinitiative bekennen wollen, sollten Sie den Miteigentümern zusichern, dass Sie es nach sehr wenigen Tagen wieder abhängen.

Dauerhafte Veränderung

Eine dauerhafte, von außen sichtbare Dekoration des Balkons wäre eine bauliche Veränderung, der vorab die Eigentümermehrheit zustimmen müsste. Falls Sie ohne Erlaubnis handeln, können Sie von der EV per Beschluss gezwungen werden, den vorherigen Zustand wieder herzustellen. Das gilt für Zierrat oder eine fest montierte Außenleuchte, erst recht aber für ein Balkondach, einen Sichtschutz, eine Markise, eine Voliere oder ein Katzennetz. Ob Letzteres mit Dübeln an Teilen des Gemeinschaftseigentums verankert ist oder nicht, spielt keine Rolle. Entscheidend ist der veränderte optische Eindruck, so das BayObLG am 3.4.2003 (Az. 2Z BR 38/03). Der einheitlichen Optik wegen darf auch der Verputz im Bereich eines Balkons nicht andersfarbig gestrichen oder etwa mit Holz verkleidet werden. Ebensowenig ist es ohne Erlaubnis zulässig, ein Minigewächshaus auf den Balkon zu stellen oder ihn gar zum Wintergarten auszubauen.

Demontage

Wer von außen sichtbare Dinge, die zur Grundausstattung der Balkone gehören, abbauen will, verändert ebenso die Hausansicht und braucht deshalb vorab die Zustimmung der Mehrheit der Eigentümer. Beispiel: In einer Wohnanlage ersetzten fest verankerte, rund einen Meter hohe wetterfeste Schränke die seitlichen Balkonbrüstungen. Ein Eigentümer baute sie aus und montierte ein Gitter. Das war unzulässig, befand das OLG Köln am 9.3.2006 (Az. 16 Wx 27/06) und schrieb vor, wieder identische Schränke einzubauen.

WER SORGT FÜR DIE INSTANDHALTUNG DER BALKONE?

Pflichten der Bewohner

Auf einem Balkon gehören der Bodenbelag, die Verkleidung bzw. der Verputz samt Anstrich der Balkonwände und die Innenseite der Balkonbrüstung zum → Sondereigentum des Wohnungseigentümers. Er muss nach § 14 (1) WEG für deren Erhalt sorgen. Dabei darf er aber die Optik von Balkonteilen, die von außen sichtbar sind, nicht verändern – es sei denn, die Eigentümermehrheit hätte einer solchen baulichen Veränderung zugestimmt. Mit der Instandhaltung verhindert der Eigentümer, dass Feuchtigkeit in die Bodenkonstruktion, das Mauerwerk und die

Tür- bzw. Fensterrahmen eindringt, die ebenso zum ⇢ Gemeinschaftseigentum zählen wie die Abdeckung der Brüstung bzw. gegebenenfalls das Balkongitter. Ausnahme: Die Innenseiten der Balkontüren und -fenster gehören zum Sondereigentum.

Falls die Gefahr besteht, dass Schmelzwasser Feuchteschäden verursacht, muss der Eigentümer auch Schnee vom Balkon räumen. Ersatzweise kann der Verwalter auf Kosten des Eigentümers für den Winterdienst sorgen. Deuten etwa Flecken und Risse darauf hin, dass es bereits zu Schäden im Mauerwerk oder in der Bodenkonstruktion gekommen ist, muss der Eigentümer unverzüglich den Verwalter informieren.

Sanierung

Schäden am Gemeinschaftseigentum muss die Eigentümergemeinschaft beheben lassen. Der Wohnungseigner muss die Arbeiten nach § 14 (1) WEG dulden. Streit gibt es oft darüber, ob die Handwerker bei umfangreichen Arbeiten durch das Treppenhaus und die Wohnung oder über ein Gerüst auf den Balkon gelangen. Letzteres erspart den Schmutz im Haus, dafür fällt jedoch eine Gerüstmiete an. Doch wird diese oft dadurch ausgeglichen, dass die Handwerker dann zügiger Schutt nach unten und Material nach oben schaffen können. Die EV muss abwägen und entscheiden. Selbstverständlich kann jeder Eigentümer gegen einen ihm unangemessen erscheinenden Beschluss mit einer ⇢ Anfechtung vorgehen und das Gericht entscheiden lassen. Besser ist aber, dass sich die EV intern in der Gerüstfrage einigt, da sonst die Sanierung im Zweifel für ein Jahr blockiert wäre. So viel Zeit brauchen oft die Gerichte, bis sie zu einem Urteil kommen, und wie es ausfällt, wäre kaum vorhersehbar.

Juristisch eindeutig ist es dagegen, dass der Balkoneigner nicht selbst Hand anzulegen braucht. Beispielsweise die Blumenkästen wegzuräumen und zu lagern ist Sache der Handwerker. Sie müssen auch nach der Sanierung den vorherigen Zustand des Sondereigentums wieder herstellen, also gegebenenfalls den Bodenbelag verlegen, Anstriche erneuern und Pflanzkästen aufstellen. So entschied das BayObLG am 12.10.1995 (Az. 2 Z BR 66/95). War zuvor der Bodenbelag fest verlegt, kann die EV nach der Sanierung keine losen Platten aufbringen lassen, auch wenn dies spätere Reparaturen am Unterbau erleichtern würde.

Kostenverteilung

Die Sanierungskosten für das Gemeinschaftseigentum am Balkon werden nach § 16 (2) WEG entsprechend der Miteigentumsanteile auf alle Eigentümer verteilt. So muss gegebenenfalls ein Eigentümer mitbezahlen, zu dessen Wohnung kein Balkon gehört. Zumindest auf den ersten Blick eine Ungerechtigkeit. Doch es könnte sein, dass die Balkonbesitzer bei sonst vergleichbaren Wohnungen mehr Miteigentumsanteile besitzen als die Balkonlosen. Dann würde die Ungerechtigkeit bei den Balkonkosten dadurch teilweise ausgeglichen oder sogar überkompensiert, dass die Balkonbesitzer bei den sonstigen Ausgaben für das Gemeinschaftseigentum relativ mehr bezahlen.

Die ⇢ Teilungserklärung bzw. die ⇢ Gemeinschaftsordnung oder eine ⇢ Vereinbarung, der ausnahmslos alle Eigentümer zugestimmt haben, kann jedoch vorgeben, dass nur die Eigentümer der Balkone für deren Sanierung anteilig aufkommen müssen. Oder jeder von ihnen muss sämtliche Kosten des eigenen Freisitzes tragen, wie in einem Fall, den der BGH am 16.11.2012 (Az. V ZR 9/12) entschied.

Ohne solche Vorgaben kann die EV nach § 16 (2) WEG für einen konkreten Einzelfall oder auch grundsätzlich beschließen, die Instandsetzungskosten nicht nach Miteigentumsanteilen, sondern nach einem anderen Maßstab auf die Eigentümer zu verteilen. Bei den Balkonen könnten die Sanierungskosten zum Beispiel nach der Größe der Balkonfläche oder der Anzahl der Balkone umgelegt werden.

WIE WIRD EIN BALKONANBAU GENEHMIGT?

Der nachträgliche Anbau von Balkonen ist unstrittig eine bauliche Veränderung. Eine solche ist nach § 20 (1) WEG nur zulässig, wenn die Mehrheit der Eigentümer zustimmt. Entweder wird die Maßnahme von der Eigentümergemeinschaft durchgeführt oder dem bauwilligen Eigentümer wird der entsprechende Anbau gestattet. Voraussetzung ist dann allerdings, dass alle Wohnungseigentümer, die dadurch über das unvermeidliche Maß hinaus beeinträchtigt sind, ihre Zustimmung erklären.

DACHTERRASSE

Auf einer Dachterrasse, die allen Hausbewohnern zur Verfügung steht, gilt dieselbe Grundregel wie überall in der Wohnanlage: Man muss Rücksicht auf die Nachbarn nehmen. Die EV kann eine Dachterrassenordnung erlassen, die etwa regelt, wer wann in luftiger Höhe eine Party feiern darf. Falls Brandgefahr besteht, etwa weil der Terrassenboden oder andere Bauteile aus Holz sind, könnte die EV das Grillen mit Holzkohle oder Gas verbieten. Sonst wäre es zu erlauben, denn Rauch und Dunst können in der Regel abziehen, ohne Nachbarn zu stören.

Dieselben Regeln gelten, wenn die Dachterrasse als ⇢ Sondereigentum oder ⇢ Sondernutzungsrecht zu einer Eigentumswohnung gehört. Deren Besitzer verfügt damit über das alleinige Nutzungsrecht. Aber auch in solchen Fällen wird die EV Vorgaben beschließen, etwa zur Bepflanzung. So sollte sie – ähnlich wie für Gartenflächen über einer Tiefgarage – Pflanzen verbieten, die mit ihren Wurzeln die Dichtbahnen durchdringen können. Denn so würde dort Wasser einsickern. Ohnehin muss der Eigentümer dafür sorgen, dass abgefallene Blätter nicht die Dachentwässerung blockieren. Und im Winter muss er den Schnee räumen, falls sonst das Schmelzwasser in die Bauteile eindringen kann. Ebenso wenig wie beim Balkon darf der Besitzer einer Dachterrasse etwas unternehmen, was die Statik gefährdet oder das äußere Erscheinungsbild der Wohnanlage verändert. So darf er keinen von unten sichtbaren Holzzaun errichten, befand das BayObLG am 26.7.2001 (Az.2Z BR 73/01).

BAULICHE VERÄNDERUNGEN

Alle nach Entstehung der Wohnanlage erfolgenden Maßnahmen, welche das Erscheinungsbild des ⇢ Gemeinschaftseigentums innen bzw. außen dauerhaft verändern, stellen eine bauliche Veränderung dar. Dazu zählen eine Umgestaltung des Gartens und sogar das Aufhängen eines Bildes im Treppenhaus. Über bauliche Veränderungen kann die Eigentümerversammlung (EV) nach neuem Recht mit einfacher Mehrheit beschließen. Bei einer ungenehmigten baulichen Veränderung kann verlangt werden, dass der Verantwortliche den vorherigen Zustand auf seine Kosten wiederherstellt.

WAS UNTERSCHEIDET BAULICHE VERÄNDERUNGEN VON ANDEREN MASSNAHMEN?

Vorweg: Seine Wohnung kann jeder Eigentümer ohne vorherige Genehmigung durch die Miteigentümer des Hauses nach seinem Geschmack gestalten. Er darf dabei nur nicht das Gemeinschaftseigentum antasten, etwa tragende Wände entfernen, denn dafür gelten die Regelungen für bauliche Veränderungen.

Der Gesetzgeber hat allerdings nicht festgelegt, was eine bauliche Veränderung des Gemeinschaftseigentums ist. Deshalb sorgten die Gerichte über die Jahrzehnte für Festlegungen, wobei sie strenge Maßstäbe schufen. Zu einer baulichen Veränderung braucht es nicht einmal einen Eingriff in die Bausubstanz. Es genügt, dass der optische Gesamteindruck der Wohnanlage innen oder außen dauerhaft verändert wird, etwa durch eine Lichterkette, die mit Kabelbindern am Balkongitter fixiert wird. Darüber hinaus haben die Richter Abgrenzungen zu Vorhaben gefunden, die einer baulichen Veränderung ähneln können. Um eine Mehrheitsentscheidung wenigstens teilweise zu ermöglichen, wurde auf eine mit der Maßnahme verbundene Modernisierung oder modernisierende Instandsetzung abgestellt. Da auch eine bauliche Veränderung mit Stimmenmehrheit beschlossen werden kann, haben sich mit der WEG-Novelle diesbezügliche Abgrenzungen weitgehend erledigt.

WELCHE BAULICHE VERÄNDERUNG MUSS STETS GEDULDET WERDEN?

Firmenschild

Ein Steuerberater oder etwa ein Arzt, der seine Praxis mit Genehmigung im Haus betreibt, darf mit einem branchenüblichen Schild bei den Klingeln an der Haustür und an der Wohnungstür auf sich aufmerksam machen. Bei Gewerberäumen und Läden (→ Teileigentum) ist gegebenenfalls sogar eine Leuchtreklame zu dulden, falls dies orts- und branchenüblich ist.

AUF WELCHE BAULICHE VERÄNDERUNG BESTEHT EIN GENEHMIGUNGSANSPRUCH?

Darüber hinaus hat der Gesetzgeber erstmals bestimmte bauliche Veränderungen festgelegt, auf die jeder Wohnungseigentümer einen Rechtsanspruch hat. Über diese muss dann nach § 20 (2) WEG beschlossen werden. Diese Vorschrift beinhaltet einen abschließenden Katalog der vier privilegierten Maßnahmen Barrierereduzierung, Elektromobilität, Einbruchschutz und Glasfaserausbau. Über die Durchführung der Maßnahme wird im Rahmen ordnungsgemäßer Verwaltung beschlossen.

Allen Maßnahmen haben eine gemeinsame Kostenfolge: Die Kosten hat stets der Bauwillige zu tragen; dies sind alle auf der baulichen Veränderung beruhenden Kosten einschließlich der Folgekosten für Betrieb und Unterhaltung. Das gilt nicht nur für den Fall der Gestattung und Durchführung durch den Bauwilligen, sondern auch dann, wenn die Maßnahme durch die Wohnungseigentümergemeinschaft auf sein Verlangen hin durchgeführt wird. Im Gegenzug hat der Eigentümer auch den alleinigen Vorteil und Nutzen. Das setzt allerdings voraus, dass eine exklusive Nutzung möglich ist. Ein Wohnungseigentümer, der die Überdachung des Eingangsbereichs verlangt und erhalten hat, muss es hinnehmen, dass die anderen Wohnungseigentümer an den Vorteilen der baulichen Veränderung ohne Kostenbeteiligung teilhaben.

Barrierereduzierung

Es besteht ein Anspruch auf bauliche Veränderungen, die dem Gebrauch durch Menschen mit Behinderungen dienen. Das sind alle Maßnahmen, die diesem Personenkreis auch nur förderlich sind. Ob und in welchem Umfang ein Wohnungseigentümer darauf auch tatsächlich angewiesen ist, spielt keine Rolle.

Die möglichen Maßnahmen sind etwa zusätzliche Beleuchtung für Sehbehinderte, die Aufstellung einer Rollatorenbox, Türverbreiterungen, der Einbau eines Handlaufs oder auch ein Treppenlift oder Ähnliches. Im Extremfall kann sogar ein Personenaufzug verlangt werden. Keine dienende Maßnahme ist demgegenüber die bloße Gewährung eines Stellplatzes, da dies keine bauliche Veränderung darstellt.

Wenn ein Bewohner, gleich ob selbst nutzender Eigentümer oder Mieter, auf einen Rollstuhl angewiesen ist, muss es die EV genehmigen, dass er auf seine Kosten etwa eine Rampe zur Haustür oder einen Aufzug bzw. einen Treppenlift im → Treppenhaus installiert. Solche Maßnahmen stellen zwar eine bauliche Veränderung dar, doch § 554 BGB gibt Mietern das Recht, sich einen barrierefreien Zugang zur Wohnung zu bauen, sodass dies entsprechend auch für selbst nutzende Eigentümer gilt. Der Anspruch auf Genehmigung ergibt sich dann aus § 20 (2) Nr. 1 WEG. Selbst wenn durch den Treppenlift die verfügbare Treppenbreite geringfügig unter die Mindestmaße des Baurechts fällt, könnte er gegebenenfalls vom Bauamt bewilligt werden, wenn zum Beispiel noch ein weiterer Fluchtweg für Brandfälle vorhanden ist. Lehnt die EV den Antrag des Gehbehinderten dennoch ab, würden Gerichte die örtlichen Gegebenheiten eingehend prüfen.

Aber: Trotz der generellen Genehmigungspflicht entscheidet die EV darüber, wie der barrierefreie Zuweg gestaltet werden soll. Sie muss nur die Maßnahmen zulassen, mit denen sich das Ziel eines barrierefreien Zugangs zur Wohnung mit der geringsten Behinderung für die übrigen Bewohner erreichen lässt. Genügt zum Beispiel ein Treppenlift, muss nicht der aufwändigere Einbau eines Aufzugs genehmigt werden. Zudem kann die EV verlangen, dass der Bauherr des barrierefreien Zugangs eine ausreichende Sicherheit hinterlegt, mit der die Einbauten wieder entfernt werden können, wenn es keinen Bedarf mehr dafür gibt. Das kann mit einem Geldbetrag oder einer entsprechenden Grundbucheintragung geschehen.

Elektromobilität

Ein Anspruch besteht auf angemessene bauliche Veränderungen, die dem Betrieb elektrisch betriebener Fahrzeuge aller Art dienen. Darunter fallen alle baulichen Veränderungen, die das Aufladen der Batterie eines Fahrzeugs ermöglichen. Dabei spielt es keine Rolle, ob es sich um die Ersterrichtung handelt oder spätere Verbesserungen. Konkret umfasst dies die Anbringung einer Ladestation (sogenannte Wallbox) oder Ladesäule, Verlegung der notwendigen Leitungen, Eingriffe in die Stromversorgung einschließlich notwendiger Mess- und Steuereinrichtungen bzw. der Telekommunikationsinfrastruktur. Der Anspruch kann nicht wegen Kapazitätsproblemen der bestehenden Elektroinstallation verweigert werden. Deren beschränkte Kapazitäten sind vielmehr durch einen Gebrauchsbeschluss nach § 19 (1) WEG zu verteilen, der regelt, wann welcher Wohnungseigentümer laden darf. Dabei sind alle interessierten Wohnungseigentümer gleich zu behandeln, unabhängig davon, wie lan-

Einbruchschutz

Jeder Wohnungseigentümer hat einen Anspruch auf angemessene bauliche Veränderungen, die dem Einbruchschutz dienen. Die möglichen Maßnahmen reichen vom Einbau eines Türspions, einer Stahlgittertür vor der Wohnungseingangstür, Schutzgitter vor den Fenstern der Parterrewohnung bis hin zu Alarm- und Gegensprechanlagen und Schließanlagen. Unklar ist dagegen der Anspruch auf nur mittelbar dem Einbruchschutz dienende Überwachungskameras, zumal dort datenschutzrechtliche Folgeprobleme zu berücksichtigen sind. Andere Schutzvorkehrungen können nicht verlangt werden, etwa die Beauftragung eines Sicherheitsdienstes.

ge sie das Gemeinschaftseigentum schon gebrauchen. Entweder werden die beschränkten Kapazitäten gleichmäßig verteilt oder aber es erfolgt eine technische Aufrüstung. Der Aufrüstungsanspruch ergibt sich aus § 20 (2) Nr. 2 WEG. Die dafür notwendigen Kosten haben die Eigentümer gemeinsam zu tragen. Der Anspruch besteht aber nur, wenn der Wohnungseigentümer auch berechtigt ist, das Fahrzeug im Bereich der gewünschten Lademöglichkeit abzustellen. Dabei ist unerheblich, ob sich dieses Recht aus dem Sondereigentum, einem Sondernutzungsrecht oder lediglich dem Recht zum Mitgebrauch einer gemeinschaftlichen Abstellfläche ergibt.

Glasfaserausbau

Als weitere Fallgruppe hat der Gesetzgeber einen Anspruch auf eine bauliche Veränderung eingeführt, die dem Anschluss an ein Telekommunikationsnetz mit sehr hoher Kapazität dient. Der Sache nach geht es um Hochgeschwindigkeits-Internetanschlüsse. Der Begriff Anschluss meint insbesondere das Verlegen von Glasfaserkomponenten bis in das Sondereigentum des Wohnungseigentümers, erfasst aber auch alle dazu notwendigen Maßnahmen am Gemeinschaftseigentum wie etwa die Verlegung von Kabeln im Erdreich, den Hausanschluss oder die Verkabelung im Gebäude.

Nicht störende Veränderungen

§ 20 (3) WEG gibt jedem Eigentümer den Anspruch auf Genehmigung einer baulichen Veränderung, wenn daraus keinem Miteigentümer ein nennenswerter Nachteil erwächst bzw. wenn alle beeinträchtigten Wohnungseigentümer zustimmen. Eine bauliche Veränderung bedarf auch dann eines Beschlusses, wenn niemand beeinträchtigt wird. Praktisch bedeutsam ist der Anspruch vor allem für Veränderungen des Gemeinschaftseigentums, das sich innerhalb der Wohnung befindet. Beispiel Wanddurchbruch: Ein Eigentümer will in seiner Wohnung fachgerecht einen Durchgang in eine tragende Wand brechen lassen und kann mit einem Gutachten belegen, dass dadurch keine Folgeschäden am Gemeinschaftseigentum entstehen. Wenn durch diesen Durchbruch die Abgeschlossenheit verloren geht, stellt dies für die anderen Wohnungseigentümer keinen nicht hinnehmbaren Nachteil dar, stellte der BGH in seiner Entscheidung vom 21.12.2000 (V ZB 45/00) fest.

KOSTEN UND NUTZUNG DER BAULICHEN VERÄNDERUNG

Die Möglichkeit der Nutzung einer baulichen Veränderung korrespondiert mit der Kostenverteilung nach § 21 WEG. Es entsteht ein faktisches Sondernutzungsrecht. Angenommen, die bauliche Veränderung beträfe die Errichtung einer Sauna im Gemeinschaftsgarten, welche zu üblichen Kosten errichtet wird, ergeben sich daher die folgenden Fallgruppen:

1. Bei baulichen Veränderungen, die auf Verlangen eines Wohnungseigentümers durchgeführt oder gestattet werden, trägt dieser die Kosten selbst, ist aber auch zur alleinigen Nutzung der baulichen Veränderung befugt. Der Eigentümer muss die Errichtungskosten allein tragen, darf sie aber auch als einziger nutzen.
2. Kosten und Nutzen einer baulichen Veränderung betreffen nach dem Verhältnis ihrer Anteile alle Wohnungseigentümer, wenn a) die Maßnahme mit mehr als zwei Dritteln der abgegebenen Stimmen und der Hälfte aller Miteigentumsanteile beschlossen wurde, es sei denn, die bauliche Veränderung ist mit unverhältnismäßigen Kosten verbunden, oder b) wenn sich deren Kosten innerhalb eines angemessenen Zeitraums von in der Regel zehn Jahren amortisieren. Stimmen also zwei Drittel der Wohnungseigentümer für die Sauna, müssen alle die Kosten tragen, dürfen aber auch gemeinschaftlich schwitzen. Dem liegt der Gedanke zugrunde, dass bauliche Veränderungen bei qualifizierter Mehrheit typischerweise angemessen sind. Eine Kostentragung der überstimmten Minderheit scheidet aus, wenn die Kosten der baulichen Veränderung einschließlich der Folgekosten für Gebrauch und Erhaltung unverhältnismäßig sind. Wer sich darauf beruft,

muss das darlegen und beweisen. Entscheidend sind nicht die Bedürfnisse und finanziellen Mittel des Einzelnen, sondern die der Gesamtheit der Wohnungseigentümer. Als Kriterien heranzuziehen sind der Charakter der Anlage, der Baustandard sowie die Alters- und Sozialstruktur.

3. § 21 (3) WEG betrifft alle baulichen Veränderungen, die nicht unter die beiden vorherigen Fallgruppen fallen. Die Kosten einer solchen Maßnahme haben nur die Eigentümer zu tragen, die die bauliche Maßnahme positiv beschlossen, also mit „Ja" gestimmt haben. Im Gegenzug sind aber nur sie zur Nutzung berechtigt. Wird also keine Mehrheit von zwei Dritteln der Stimmen und der Hälfte der Miteigentumsanteile erreicht, tragen nur die zustimmenden Gesundheitsbewussten die Kosten, erhalten aber als einzige den Schlüssel zur Sauna.
   Diese Gestaltung der Kosten kann in der Praxis aber zu überraschendem Missbrauch führen, da sich die individuellen Kostentragungspflichten erst nach der Beschlussfassung feststellen lassen: Wenn sich nach der ersten Ja-Stimme die übrigen Wohnungseigentümer enthalten, weil sie nur die bauliche Veränderung ohne Kostenbeteiligung unterstützen, müsste dieser die Kosten der baulichen Veränderung allein tragen. Denn der Beschluss kommt, da nur die Mehrheit der abgegebenen Stimmen erforderlich ist, mit seiner Stimme zustande. Dass sie die bauliche Veränderung dann auch nicht nutzen dürfen, kann ihnen in dem Fall gleichgültig sein, wenn sie von der Nutzung des gemeinschaftlichen Eigentums nicht ausgeschlossen werden können. Dies wäre etwa bei einer besonders gesicherten Hauseingangstür oder einem überdachten Hauseingangsbereich der Fall. Ein solches Verhalten ist zu missbilligen, wäre aber rechtlich nicht zu beanstanden. Dieser Gefahr könnte durch ein geeignetes Abstimmungsverfahren begegnet werden: Insbesondere in kleineren Gemeinschaften kann es sich anbieten, die Abstimmung im Substraktionsverfahren vorzunehmen. Dabei wird nicht nach den „Ja"-Stimmen, sondern nach den „Nein"-Stimmen gefragt. So kann jeder Wohnungseigentümer, wenn er sieht, dass die Zahl der „Nein"-Stimmen ein Drittel übersteigt, das Quorum

also nicht erreicht werden kann, seine Zustimmung noch erklären. Alternativ wäre es auch möglich, den Beschluss über die bauliche Veränderung unter die Bedingung einer entsprechenden Kostenbeteiligung zu stellen. Jeder Wohnungseigentümer, der die bauliche Veränderung befürwortet, sich aber höchstens entsprechend seinem Miteigentumsanteil an den Kosten beteiligen möchte, kann dann die Zustimmung erklären, denn wirksam wird der Beschluss nur dann, wenn es nach dem Abstimmungsverhalten zu einer entsprechenden Kostenbeteiligung durch alle Wohnungseigentümer kommt.

4. Wohnungseigentümer, die in den obigen Fällen von der Nutzung ausgeschlossen sind, insbesondere, weil sie bei einer baulichen Veränderung etwa aus finanziellen Gründen zunächst nicht zugestimmt haben, bzw. deren Rechtsnachfolger können nachträglich nach § 21 (4) WEG die Gestattung der Nutzung gegen angemessenen Ausgleich unter künftiger Kostenbeteiligung verlangen. Der Anspruch ist auf eine entsprechende Beschlussfassung gerichtet, die unter Einbeziehung aller Wohnungseigentümer, also nicht nur der Nutzungsberechtigten, mit Stimmrecht auch des Anspruchstellers erfolgt. Eine bilaterale Absprache zwischen ursprünglichem Nutzer und neuem Nutzungswilligen entfaltet gegenüber der Wohnungseigentümergemeinschaft keine Wirkung. Der im Gestattungsbeschluss betragsmäßig festzusetzende Ausgleich bezieht sich dabei auf die bis zum Gestattungsbeschluss angefallenen Kosten, soweit sich diese wenigstens mittelbar auf künftige Nutzungen auswirken.

   In diesem Rahmen findet auch Berücksichtigung, wenn die nachträgliche Nutzungsbeteiligung zu überproportional hohen Kosten führt. Ist etwa die Schaffung einer Ladevorrichtung für elektrisch betriebene Fahrzeuge zunächst unter Nutzung der bereits bestehenden Elektroinstallation umsetzbar, ab Erreichen einer Schwelle aber erst nach einer grundlegenden Aufrüstung bis zu einer neuerlichen Kapazitätsgrenze, bietet sich folgendes Modell an: Die Kosten der Aufrüstung hat zunächst die Gruppe der Wohnungseigentümer zu tragen, die diese Maßnahme verlangt. Diese Gruppe besteht neben dem Wohnungseigentümer, der die Schwelle überschreitet, aus allen Wohnungseigentümern, die ihre Ladevorrichtung weiternutzen möchten und deshalb gemeinsam mit diesem die Aufrüstung verlangen. Alle später hinzutretenden Wohnungseigentümer haben zwar einen Anspruch darauf, das verbesserte Gemeinschaftseigentum nutzen zu dürfen, müssen sich aber zugleich an den Kosten der Verbesserung beteiligen.

Um das Kostenrisiko zu beschränken, empfiehlt es sich für einen Wohnungseigentümer, sein Verlangen an einen der Höhe nach bestimmten Ausgleichsbetrag zu binden. Der Ausgleich ist an die Wohnungseigentümergemeinschaft zu zahlen und in der Regel im Rahmen der Jahresabrechnung den ursprünglich kostenpflichtigen Wohnungseigentümern bzw. deren Rechtsnachfolgern gutzuschreiben. Ab Beschlussfassung hat der betreffende Wohnungseigentümer zusammen mit den übrigen nutzenden Eigentümern anfallende Kosten nach Miteigentumsanteilen zu zahlen.

Bei einem „Ausstieg“ aus dem Kreis der Nutzer anlässlich eines Kostensprungs ist eine Rückerstattung der vormals geleisteten Kosten nicht vorgesehen.

5. Demgegenüber verleiht § 21 (5) WEG der Eigentümergemeinschaft die Möglichkeit, in allen Fällen des § 21 WEG eine von den gesetzlichen Vorgaben abweichende Regelung über Kosten und Nutzungen zu beschließen. Davon kann man in den Fällen Gebrauch machen, in denen die Kostenverteilung nach Miteigentumsanteilen nicht überzeugt. So erscheint es nicht zwingend, die Kosten für die Schaffung von Lademöglichkeiten nach diesem Schlüssel zu verteilen. Wenn die Wohnungseigentümer hierfür eine Mehrheit finden, liegt eine Aufteilung nach Nutzern oder nach Fahrzeugen, die aufgeladen werden sollen, sachlich näher. Entsprechend kann auch mit Nutzungen verfahren werden. So müssen etwa nicht alle Nutzungsberechtigten Anspruch auf Mitbenutzung jedes Ladeplatzes haben. Eine Beschränkung ist jedoch zu beachten: Durch einen solchen Beschluss dürfen einem Eigentümer kei-

ne Kosten erstmalig auferlegt werden, die er ansonsten nicht zu tragen hätte.

ÜBER WELCHE VERÄNDERUNGEN MUSS ABGESTIMMT WERDEN?

Rechtslage

§ 19 (2) Nr. 2 WEG verpflichtet jeden Eigentümer, gemeinsam mit den Miteigentümern die Wohnanlage in der bisherigen Gestaltung instand zu halten. Die ⇢ Beschlussfassung hierzu erfolgt mit einfacher Mehrheit in der EV. Wenn Teile der bisherigen Gestaltung verändert werden sollen, ergibt sich eine neue Situation. Auch Maßnahmen, die über die ordnungsgemäße Erhaltung des Gebäudes hinausgehen, die also die Umgestaltung des Gemeinschaftseigentums zum Gegenstand haben, können nach § 20 (1) WEG mehrheitlich beschlossen werden, also auch gegen den Widerstand einzelner Eigentümer. Durch die WEG-Novelle sollen bauliche Veränderungen erleichtert werden, damit kein Sanierungsstau entsteht.

§ 20 (4) WEG zieht jedoch zwei Grenzen, bei deren Missachtung der Beschluss angefochten werden kann: Die Wohnanlage darf nicht „grundlegend umgestaltet" und kein Wohnungseigentümer darf ohne sein Einverständnis gegenüber anderen unbillig benachteiligt werden. Ob durch eine bauliche Veränderung die Wohnanlage grundlegend umgestaltet wird, kann nur im Einzelfall unter Berücksichtigung aller Umstände beurteilt werden. Bezugspunkt ist dabei die Anlage als Ganzes. Veränderungen in nur einer Einheit, die sich nicht auf die Gesamtanlage auswirken, reichen daher nicht. Ähnliches gilt bei Veränderungen in nur einem Haus einer Mehrhausanlage. Eine grundlegende Umgestaltung wird deshalb nur im Ausnahmefall anzunehmen sein. Insbesondere führt nicht jede bauliche Veränderung, welche die Eigenart der Wohnanlage ändert, gleichzeitig auch zu einer grundlegenden Umgestaltung.

Eine unbillige Benachteiligung ergibt sich daraus, dass ein Miteigentümer durch die bauliche Veränderung Nachteile erleidet, die durch die mit ihr verfolgten Vorteile nicht ausgeglichen werden, wobei Belange behinderter Wohnungseigentümer besonders zu berücksichtigen sind. Dies wird nur bei baulichen Veränderungen durch die Wohnungseigentümergemeinschaft relevant werden können, da bauliche Veränderungen zugunsten einzelner Wohnungseigentümer ohnehin keinen Vorteil der übrigen Wohnungseigentümer bezwecken. Nachteile können dann naturgemäß nicht gegen Vorteile kompensiert werden. Da es auf eine unbillige Benachteiligung gegenüber den anderen Wohnungseigentümern ankommt, sind auch deren Beeinträchtigungen zu berücksichtigen.

Fachliche Prüfung

Für manche bauliche Veränderung ist eine amtliche Baugenehmigung nötig, etwa für den Einbau von Dachfenstern oder den Anbau von Balkonen. Diese ersetzt aber nicht einen Eigentümerbeschluss, denn die öffentlich-rechtliche Baugenehmigung berührt die wohnungseigentumsrechtliche Rechtslage nicht.

Die Teilungserklärung bzw. die Gemeinschaftsordnung oder eine ⇢ Vereinbarung, der ausnahmslos alle Eigentümer zugestimmt haben, kann vorschreiben, dass vor einem Beschluss der EV der Verwalter prüfen muss, ob die geplante bauliche Veränderung aufgrund der Statik oder nach Baurecht, der Teilungserklärung oder früheren Beschlüssen überhaupt zulässig ist. Hat er nach sorgfältiger Prüfung Zweifel, muss er die EV informieren. Ein gewerblicher Verwalter müsste seine Prüfergebnisse detailliert darlegen, einem ehrenamtlichen Verwalter wird das nicht abverlangt. Hat sich der Verwalter trotz sorgfältiger Prüfung geirrt, haftet er jedoch nicht. So entschied der BGH am 21.12.1995 (Az. V ZB 4/94). Die EV kann aber auch gegen seinen Rat das Projekt beschließen.

Beschlussfassung

Falls eine einfache Mehrheit das Projekt billigt, geht es noch darum, diese Zustimmung auf dem Beschlussweg auch förmlich zu erklären. Dies gilt unabhängig davon, ob die bauliche

Veränderung von der Eigentümermehrheit vorgenommen (Vornahmebeschluss) oder einem Wohnungseigentümer gestattet (Gestattungsbeschluss) werden soll. Der Beschluss sollte vor Baubeginn gefasst werden, damit niemand vor vollendete Tatsachen gestellt wird, was zu Unfrieden in der EG führen kann. Vorteil dieses Vorgehens ist weiterhin, dass die Wohnungseigentümer so über alle baulichen Veränderungen informiert werden und durch die Bestandskraft eines Beschlusses Rechtssicherheit gewonnen wird. Zudem sollte in die Überlegungen immer einbezogen werden, dass Wohnungen vermietet sein können. § 15 WEG regelt einen direkten Duldungsanspruch gegen den Mieter. Der Mieter kann aber voraussetzen, dass ihm eine Modernisierungsmaßnahme rechtzeitig nach §§ 555 a BGB ff. angekündigt wird. Wird dagegen verstoßen, kann ein Baustopp drohen.

Wohnungseigentumsrechtlich zulässig wäre eine Beschlussfassung aber auch dann, wenn die bauliche Veränderung bereits durchgeführt ist. Eine formlose Zustimmung wäre dagegen nicht ausreichend.

Wenn ein Anspruch auf die Gestattung einer baulichen Veränderung nach § 20 (2) WEG besteht, bezieht sich dieser nur auf das „Ob" und nicht auf das „Wie" der Maßnahme. Vielmehr entscheiden die Wohnungseigentümer durch Beschluss im Rahmen ihres Ermessens darüber, ob sie der Wohnungseigentümer durchführt oder die Wohnungseigentümergemeinschaft auf dessen Kosten. Sie kann auch Details der Ausführung festlegen. Damit kann zugleich sichergestellt werden, dass Veränderungen mehrerer Eigentümer technisch kompatibel sind. Für eine Durchführung durch die Wohnungseigentümergemeinschaft kann die Routine des Verwalters oder positive Erfahrungen mit bestimmten Handwerkern sprechen. In diesem Fall hat die Wohnungseigentümergemeinschaft einen Anspruch auf einen Kostenvorschuss. Ein Anspruch auf die kostengünstigste oder subjektiv schönste Lösung besteht grundsätzlich nicht.

Der Gestattungsbeschluss deckt grundsätzlich nur die konkret genehmigte bauliche Veränderung, eine abweichende Ausführung wird wie eine nicht genehmigte behandelt. Es ist durchaus der Fall, dass etwa Terrassen größer ausfallen können als gedacht oder später noch eigenmächtig erweitert werden. Damit darüber später kein Streit entsteht, sollte der Beschluss die bauliche Veränderung nach Art, Maß und Umfang genau beschreiben. Oder bei der Gestattung der Anbringung einer Markise sollten Modelltyp, Größe und Farbe genau definiert sein, um im Fall von Nachfolgegestattungen ein einheitliches Fassadenbild zu behalten. Von der ebenfalls rechtlich bestehenden Möglichkeit, eine allgemeine Gestattung zu erteilen, nach der es im Belieben des Bauwilligen stehen soll, wie und was er baut, sollte daher tunlichst kein Gebrauch gemacht werden.

Sonderumlage ausdrücklich beschließen

Beschließt die EV eine bauliche Veränderung oder eine sonstige Baumaßnahme, ohne über eine ausreichende Erhaltungsrücklage zu verfügen, so ist sie nicht berechtigt, das nötige Geld einfach ohne Beschluss per ⇢ Sonderumlage von den Eigentümern zu verlangen. So entschied das OLG Köln am 27.2.1998 (Az. 16 Wx 30/98). Eine Sonderumlage hätte im Rahmen der Bauentscheidung oder separat ausdrücklich beschlossen werden müssen.

Einmal genehmigte bauliche Veränderungen müssen nicht zurückgebaut werden. Denn der Beschluss, in dem die bauliche Veränderung gestattet wird, bestimmt nunmehr den ordnungsgemäßen Zustand der Wohnanlage. Dies gilt aber auch umgekehrt. Der Bauwillige und ein eventueller Rechtsnachfolger können diese nicht mehr rückgängig machen, selbst wenn sie diese nicht mehr nutzen. Das hat zur Konsequenz, dass sie auch deren Folgekosten weiter tragen müssen.

WIE SORGEN SIE FÜR DEN RÜCKBAU EINER UNGENEHMIGTEN BAULICHEN VERÄNDERUNG?

Maßnahmen gegen den Veränderer

Hat ein Miteigentümer ungenehmigt zum Beispiel eine Markise angebracht, die Ihres Erachtens den optischen Gesamteindruck des Hauses nicht unwesentlich beeinträchtigt? Dann können Sie als Eigentümer verlangen, dass die Markise entfernt wird.

Ist die Anbringung erst geplant, können Sie Unterlassung verlangen. Diese Ansprüche richten Sie zunächst gegen die Wohnungseigentümergemeinschaft. Diese wird dann die Ansprüche auf Beseitigung stellvertretend ausüben und gegen den Störer vorgehen. Der einzelne Wohnungseigentümer ist nach § 9 a (2) WEG selbst zur Wahrnehmung des aus dem gemeinschaftlichen Eigentum folgenden Anspruchs nicht mehr berechtigt. Dies hat sich nämlich durch die Novellierung des WEG geändert. Die harmloseste Maßnahme der EV wäre es, per Beschluss den Verwalter zu beauftragen, vom Eigentümer der Markise deren Abbau zu verlangen. Der Verwalter würde in den Streit zwischen Eigentümern nicht ohne diesen EV-Auftrag eingreifen. Zeigt sich der Markisenbesitzer weiterhin uneinsichtig, kann die EV den Verwalter mit einfacher Mehrheit ermächtigen, das weitere Vorgehen zu organisieren. Damit ist er auch berechtigt, einen Anwalt hinzuzuziehen und gegebenenfalls zu klagen.

Maßnahmen gegen einen Mieter

Hätte ein Mieter der Eigentumswohnung die Markise eigenmächtig montiert, wäre das Vorgehen das Gleiche. Dabei kann die Wohnungseigentümergemeinschaft sowohl den Mieter als auch seinen Vermieter oder beide zur Beseitigung auffordern und, falls das zu nichts führt, verklagen. Ist die bauliche Veränderung noch nicht erfolgt, können Sie vor beugend auf Unterlassung klagen.

Verjährung

Das Recht, die Beseitigung ungenehmigter baulicher Veränderungen zu verlangen, verjährt laut § 195 BGB drei Jahre, nachdem der bzw. die Miteigentümer von der Eigenmächtigkeit erfahren haben. Die Verjährung führt lediglich dazu, dass die übrigen Eigentümer eine faktische Duldungspflicht trifft. Der Rechtsverletzer hat aber nicht die Befugnis, den errichteten Zustand weiter zu verändern, etwa indem er den von ihm geschaffenen baulichen Zustand modernisiert. Nach Ablauf der Verjährungsfrist kann die Wohnungseigentümergemeinschaft zwar den Rückbau der baulichen Veränderung mehrheitlich beschließen, da der vom Rechtsverletzer geschaffene Zustand rechtswidrig bleibt. Dieser muss deshalb den Rückbau dulden. Die Kosten können aber nicht dem Störer allein auferlegt werden. Die Kosten des Rückbaus sind daher nach dem allgemeinen Kostenschlüssel des § 16 (2) WEG zu verteilen. Einzelne Wohnungseigentümer haben aber keinen Anspruch darauf, dass die Beseitigung durch die Wohnungseigentümergemeinschaft auf eigene Kosten beschlossen wird. Es kann nach den Umständen des Einzelfalls auch den Grundsätzen ordnungsgemäßer Verwaltung entsprechen, hiervon abzusehen, so der BGH in seinem Urteil vom 5.7.2019, Az. V ZR 149/18. Dazu müssten aber konkrete Alternativen zum Rückbau in eine Abwägungsentscheidung mit einbezogen werden, so das LG Frankfurt/Main in seinem Urteil vom 14.1.2021, Az. 2-13 S 26/20. Dies dürfte zudem voraussetzen, dass die bauliche Veränderung nach § 20 (1) WEG nachgenehmigt wird, womit sodann auch Klarheit über Nutzungen und Kosten nach § 21 WEG herrscht.

In seltenen Fällen haben allerdings die übrigen Eigentümer ihr Recht auf Rückbau verwirkt. Von Verwirken sprechen Juristen, wenn der Rechtsbrecher nach Treu und Glauben annehmen durfte, dass die Betroffenen seine ungenehmigte Baumaßnahme auf Dauer dulden würden. Das setzt voraus, dass diese sein Vorgehen nicht nur längere Zeit hinnahmen, sondern es sogar nachweislich wohlwollend behandelten. Beispiel: Ein Eigentümer errichtet ohne Genehmigung im gemeinschaftlichen Garten eine Saunahütte, die von den übrigen Eignern regelmäßig mit genutzt wird. Doch nach zweieinhalb Jahren fordern diese nach einem Streit den Abbruch der Hütte. Das ist treuwidrig. Aber: Sie wäre zu entfernen, wenn unter der Sauna ein Öltank liegt, der zur Sanierung frei gegraben werden muss. Entsprechend einem Urteil des LG München I vom 28.5.2009 (Az. 36 S 17062/08) kann die EG danach einen erneuten Aufbau untersagen.

BESCHLUSSFASSUNG IN DER EIGENTÜMERVERSAMMLUNG

Sobald der Versammlungsleiter die ⇢ Eigentümerversammlung (EV) eröffnet hat, beginnt die eigentliche Arbeit: Es müssen Beschlüsse gefasst werden. Die Regeln dafür bestimmen das WEG, die ⇢ Teilungserklärung (TE) bzw. die ⇢ Gemeinschaftsordnung (GO). Zunächst geht es darum, über wie viele Stimmen jeder Eigentümer verfügt und welche Mehrheiten nötig sind, um Anträgen zur Annahme zu verhelfen. Mit Anträgen zur ⇢ Geschäftsordnung können die anwesenden Eigentümer den Ablauf der Versammlung steuern. Nach der Stimmauszählung wird das Ergebnis verkündet und im ⇢ Protokoll notiert. Der Beschluss selbst wird in der ⇢ Beschlusssammlung vermerkt.

WER DARF ABSTIMMEN?

Sind in der EV die Argumente zu einem Tagesordnungspunkt vorgetragen, fasst der Versammlungsleiter die Diskussion zusammen und es beginnt die Abstimmung. Dafür formuliert er einen Beschlusstext, über den gegebenenfalls nach kurzer Diskussion und Anpassung abgestimmt wird. Grundsätzlich darf jeder abstimmen, der als Eigentümer im Grundbuch eingetragen ist. Das Stimmrecht minderjähriger oder betreuter Eigentümer übt deren gesetzlicher Vertreter aus. Erben dürfen bereits mitstimmen, wenn sie einen Erbschein vom Nachlassgericht vorlegen können. Das Stimmrecht kann der Eigentümer auch wahrnehmen, wenn er seine Wohnung durch einen Nießbrauchsvertrag einem Dritten überlassen hat. Der Eigentümer muss dann aber bei der Stimmabgabe dessen Interessen berücksichtigen.

Ein Eigentümer muss nicht an der EV teilnehmen. Er kann diese auch jederzeit verlassen. Er kann sich für die weitere Versammlung vertreten lassen, muss dies aber nicht. Wer nicht erscheint oder früher geht, kann dennoch gegen die Beschlüsse mit einer ⇢ Anfechtung bei Gericht vorgehen.

WIE SIND DIE STIMMRECHTE VERTEILT?

Kopfprinzip

Nach § 25 (2) WEG hat jeder Eigentümer in der EV eine Stimme, unabhängig davon, wie viele Wohnungen und Miteigentumsanteile ihm gehören. Man nennt dies Kopfprinzip.

Wertprinzip oder Anteilsprinzip

Doch für Beschlüsse zu üblichen Verwaltungsangelegenheiten – etwa die Annahme der Jahresabrechnung, die Wahl des Verwalters oder eine Reparatur – kann die TE bzw. GO eine andere Regelung vorgeben. Meist bestimmt sie, dass die Zahl der Stimmen, über die ein Eigentümer verfügt, von der Anzahl seiner ⇢ Miteigentumsanteile abhängt, die mit seiner Wohnung (oder auch mehreren) verbunden sind – also letztlich von seinem Anteil an der Gesamtfläche des Hauses, obwohl die Miteigentumsanteile nicht zwingend identisch mit dem Flächenanteil sein müssen. Bei diesem Wertprinzip (auch Anteilsprinzip) gibt es in der Regel je Tausendstel oder Zehntausendstel Miteigentumsanteil eine Stimme.

Einigungszwang

Ob Kopf-, Objekt- oder Wertprinzip: Besitzen mehrere Personen – etwa Eheleute oder Erbengemeinschaften – eine Wohnung gemeinsam, müssen sie das damit verbundene Stimmrecht einheitlich ausüben. Das heißt, sie müssen sich vor einer Abstimmung einigen, wer abstimmt und insbesondere wie.

Objektprinzip

Nach der TE bzw. GO kann aber auch das Objektprinzip gelten, das dem Eigentümer für jede ⇢ Eigentumswohnung bzw. für jedes ⇢ Teileigentum, also etwa eine Garage oder Gewerbeeinheit, eine Stimme gibt.

Dass eine geltende Stimmrechtsregelung nachträglich durch Vereinbarung der Wohnungseigentümer geändert wird, ist selten.

Denn ihr müssten alle Eigentümer zustimmen, auch diejenigen, die an Einfluss verlieren würden. Eine Änderung durch Beschluss wäre nichtig.

KANN MAN STIMMRECHTE ÜBERTRAGEN?

Wenn Sie als Eigentümer nicht an einer EV teilnehmen können oder wollen, können Sie Ihr Stimmrecht auf einen Miteigentümer bzw. den Verwalter übertragen oder grundsätzlich jeden Ihnen genehmen Vertreter zur Teilnahme samt Stimmabgabe bevollmächtigen. Als Vermieter einer Eigentumswohnung sollten Sie aber lieber nicht Ihren Mieter als Vertreter in die EV schicken, schließlich verfolgt er oft andere Interessen als Sie: Zum Beispiel befürwortet er vermutlich eine aufwendige Renovierung des Hausflurs, weil er dann schöner wohnt – doch bezahlen müssten Sie.

Vollmacht

Die Vollmacht, mit der das Stimmrecht übertragen wird, kann mündlich erteilt werden, doch jeder der übrigen Eigentümer, der darüber nicht informiert wurde, kann in der EV vor einer Abstimmung verlangen, die schriftliche Vollmacht im Original zu sehen. Liegt sie nicht vor, gilt sie als nicht bestehend, entschied das LG Frankfurt/Main am 5.8.2015 (Az. 2-13 S 32/13). Es genüge nicht, wenn nur der Verwalter Bescheid wisse. Fazit: Als Eigentümer sollten Sie eine Vollmacht schriftlich erteilen. Das unterzeichnete Schriftstück kann dann auch gleich mit dem Versammlungsprotokoll abgeheftet werden. Den Text können Sie als Vollmachtgeber frei formulieren, Sie sollten jedoch stets festschreiben, ob die Vollmacht nur für eine bestimmte Versammlung, für einen festgelegten Zeitraum oder bis

Stimmrecht für Käufer

Wenn Sie eine Eigentumswohnung erworben haben, aber noch nicht im Grundbuch als Eigentümer eingetragen sind, besitzen Sie kein Stimmrecht und dürfen auch nicht an der EV teilnehmen. Der Verkäufer, der sich im Zweifel nicht mehr für die Wohnanlage interessiert, kann Sie allerdings bevollmächtigen, ihn in der Versammlung zu vertreten, wodurch Sie auch das Stimmrecht erhalten. Üblicherweise wird dies bereits im notariellen Kaufvertrag so geregelt. Vertretungsbeschränkungen wären aber vorrangig.

auf Widerruf gelten soll. Die Schriftform mit Unterschrift ist aber nicht zwingend vorgeschrieben, für die Gültigkeit reicht die Textform aus. Es genügt daher nach § 25 (3) WEG eine SMS oder E-Mail. So wird es nunmehr möglich, auf eine Vollmachtsrüge sogar noch in der Versammlung zu reagieren.

In der Vollmacht können Sie ein bestimmtes Abstimmungsverhalten vorgeben. Daran wäre auch ein Dritter, der vom Bevollmächtigten eine Untervollmacht erhält, gebunden.

Aber: Die TE bzw. GO oder eine ⇢ Vereinbarung, der alle Eigentümer zugestimmt haben, kann den Kreis der Personen, die zu einer Vertretung bzw. Stimmrechtsabgabe bevollmächtigt werden können, begrenzen – meist auf Miteigentümer, Familienangehörige oder den Verwalter. Dies ist weit verbreitet. Wichtig ist, dass der Verwalter auch dann nicht zum Hinweis auf solche Vertretungsbeschränkungen verpflichtet ist, wenn er gleichzeitig mit der Einladung Vollmachtsformulare versandt hat. Eine solche Beschränkung darf aber nicht unzumutbar einengen, so dürfen etwa Lebenspartner oder sonstige Vertrauenspersonen nicht als Vertreter abgewiesen werden, wenn besondere Umstände diese Vertretung erforderlich machen. Vor Gericht wäre auch eine Klausel chancenlos, die nur den Verwalter als Empfänger von Vollmachten vorsieht oder die bestimmt, dass er automatisch die Stimmrechte abwesender Eigentümer erhält.

WANN VERLIERT EIN EIGENTÜMER DAS STIMMRECHT?

Interessenkollision

Wenn ein Eigentümer einen Schaden am Gemeinschaftseigentum verursachte, gegen die Hausordnung verstieß oder etwa das Hausgeld nicht zahlte, darf er zwar mitdiskutieren, aber nicht mit abstimmen, wenn die EV über eine Klage bzw. ein gerichtliches Mahnverfahren gegen ihn entscheidet. Selbstverständlich gilt dies auch, wenn die Wohnungseigentümergemeinschaft von dem Eigentümer verklagt worden ist. Entsprechend sind Eigentümer, die mit einer ⇢ Anfechtung gegen einen früheren EV-Beschluss vorgehen, von der Abstimmung ausgeschlossen, wenn die übrigen Eigentümer in einer neuen EV darüber entscheiden, wie sie das Verfahren führen wollen. So bestimmt es § 25 (4) WEG. Entsprechend muss ein Eigentümer, der sich zum Beispiel als Handwerker um einen Auftrag der Hausgemeinschaft bemüht, sein Stimmrecht ruhen lassen, wenn die EV über dieses Rechtsgeschäft entscheidet. Aber: In allen anderen Fällen, in denen es um Interessen eines Eigentümers geht, darf dieser mitstimmen. So zum Beispiel, wenn die EV darüber entscheidet, ob er eine ⇢ bauliche Veränderung vornehmen, etwa seine Terrasse erweitern darf; so entschied der BGH am 14.10.2011 (Az. V ZR 56/11).

Darf ein Eigentümer wegen Interessenkollision nicht mit abstimmen, kann er auch keinem anderen eine Vollmacht für diese Abstimmung erteilen, und er darf auch ein ihm eventuell übertragenes Stimmrecht nicht nutzen – es sei denn, der Vollmachtgeber hat ihm in der Vollmacht eindeutig vorgegeben, wie er abstimmen muss, sodass er nur wie ein Bote auftritt.

Testamentsvollstreckung

Ist ein Eigentümer verstorben und hat im Testament einen Testamentsvollstrecker bzw. Nachlassverwalter eingesetzt, nimmt dieser das Stimmrecht wahr – und nicht der Erbe als neuer Eigentümer.

Insolvenz

Wird ein Eigentümer zahlungsunfähig, kann das Gericht einen Zwangs- oder Insolvenzverwalter einsetzen. Dieser nimmt an Stelle des Eigners an der Versammlung teil und stimmt bei allen Beschlüssen, welche dessen Vermögenslage beeinflussen, mit ab.

Entziehung des Wohnungseigentums

Nach § 25 (4) hat ein Eigentümer nur in einem Fall sein Stimmrecht komplett verwirkt: Wenn ihm nach § 17 WEG das Wohnungseigentum rechtswirksam entzogen wurde, er also seine

Wohnung verkaufen muss, weil er seine Pflichten gegenüber den Miteigentümern so schwer verletzt hat, dass diesen die Fortsetzung der Gemeinschaft nicht zugemutet werden kann (→ Entziehung des Wohnungseigentums).

Zahlungsrückstand

Einem Eigentümer, der mit seinen Zahlungen an die EG, insbesondere dem → Hausgeld, im Rückstand ist, kann deswegen nicht als Strafe das Stimmrecht in der EV entzogen werden. Das entschied der BGH am 10.12.2010 (Az. V ZR 60/10). Etwaige Bestimmungen der TE bzw. GO, die im Gegensatz zu diesem BGH-Urteil stehen, sind unwirksam.

BEI WELCHEN BESCHLÜSSEN GENÜGT EINE EINFACHE MEHRHEIT?

Ordnungsgemäße Verwaltung

Bei Beschlüssen, welche die EV zur üblichen Verwaltung der Wohnanlage trifft – etwa die Annahme der Jahresabrechnung, die Wahl des Verwalters oder eine Reparatur –, genügt für die Annahme eines Antrags eine einfache Mehrheit: Es müssen mehr Ja- als Nein-Stimmen zusammenkommen. Stimmenthaltungen bleiben unbeachtet. Achtung: Erhält ein Antrag also eine Ja-Stimme bei sonstiger Enthaltung, ist er genehmigt. Ein Gleichstand gilt als Ablehnung. Ausnahmen: Manchmal bestimmt die TE bzw. GO, dass Enthaltungen wie ein Nein gewertet werden müssen. Dafür, dass in solchen Verwaltungsfällen eine einfache Mehrheit genügt, gibt es jedoch eine Voraussetzung: Es muss sich um eine Maßnahme → ordnungsgemäßer Verwaltung handeln. Das heißt, sie muss darauf abzielen, die Wohnanlage im Interesse aller Wohnungseigentümer zu erhalten bzw. möglichst zu verbessern, und dabei das Gebot der Wirtschaftlichkeit beachten. Wenn ein Eigentümer mit einer Anfechtung gegen einen solchen Beschluss vorgeht, wird diesen der Richter nur für unwirksam erklären, falls formale Regeln nicht eingehalten wurden, etwa dieses Thema gar nicht auf der Tagesordnung stand.

Ungewöhnliche Entscheidungen

Doch was ist, wenn die Mehrheit der Eigentümer bei der Verwaltung der Wohnanlage eine Entscheidung treffen will, die nicht der ordnungsgemäßen Verwaltung entspricht? Vielleicht möchte sie in der Hausordnung nicht nur das übliche Verbot von Kampfhunden festschreiben, sondern ein komplettes Hundeverbot (⇢ Tierhaltung). Oder sie will bei der Heizungsinstandsetzung ein teures, noch kaum erprobtes System anschaffen. Solche Entscheidungen kann die EV ebenfalls mit einfacher Mehrheit treffen, vorausgesetzt, der Beschluss widerspricht keiner Bestimmung eines Gesetzes, der TE bzw. GO oder einer früheren Vereinbarung, der alle Eigentümer zugestimmt haben.

Aber: Falls ein Eigentümer gegen den Beschluss mit einer Anfechtung vorgeht, wird ihn der Richter in jedem Falle für unwirksam erklären, sogar wenn alle Formalien genau eingehalten wurden, weil er eben erheblich über das Übliche hinausgeht bzw. seine Wirtschaftlichkeit fragwürdig ist. Ruft jedoch kein Eigentümer das Gericht an, bleibt der Beschluss für die Dauer des Verfahrens wirksam. Folge: Es dürfen keine Hunde im Haus leben. Und die futuristische Heizanlage darf installiert werden, wobei auch die Eigentümer, die dagegen stimmten, die hohen Kosten anteilig mittragen müssen.

Für eine Anfechtung bleibt nach der Beschlussfassung eine Frist von einem Monat. Weil die Eigentümergemeinschaft und der Verwalter solange fürchten müssen, dass der Beschluss angefochten wird, sprechen Fachleute von einem »Zitterbeschluss«.

WELCHE ENTSCHEIDUNGEN BENÖTIGEN EINE HOHE ZUSTIMMUNG?

Allstimmigkeit

Wird über einen Antrag nicht in der EV entschieden, sondern schriftlich im Umlaufverfahren, fordert § 23 (3) WEG ebenfalls Allstimmigkeit. Dies gilt unabhängig vom Beschlussgegenstand, also auch dann, wenn eine Eigentümerversammlung mit einfacher Mehrheit entscheiden könnte.

Die Wohnungseigentümer haben aber die Möglichkeit, für einen einzelnen Beschlussgegenstand zu beschließen, dass bereits die Mehrheit der abgegebenen Stimmen im Umlaufverfahren genügen soll. Dies bietet sich etwa an, wenn auf der Eigentümerversammlung noch keine ausreichenden Angebote vorgelegen haben. Dann könnte man beschließen, dass über die endgültige Vergabe mit Mehrheit im Umlaufverfahren entschieden werden soll, nachdem alle Angebote vorliegen. Dieser Beschluss kann nur Grundlage für ein einziges Umlaufverfahren sein, danach ist er verbraucht und verliert seine Wirkung. Der Gesetzgeber will damit verhindern, dass die Mehrheit der Wohnungseigentümer der Minderheit dauerhaft die Möglichkeit nimmt, auf einer Eigentümerversammlung Einfluss auf die Beschlussfassung zu nehmen.

WIE VERLÄUFT DIE ABSTIMMUNG KONKRET?

Beschlussfähigkeitskontrolle

Die Feststellung der Beschlussfähigkeit ist meist eine Formalität, Jede Versammlung, an dem mindestens ein Wohnungseigentümer teilnimmt, ist beschlussfähig. In der Gemeinschaftsordnung kann zwar geregelt sein, dass ein bestimmtes Quorum erreicht werden muss. Altvereinbarungen, die das anordnen, sind nach § 47 WEG insoweit allerdings nicht anzuwenden, wenn sich aus ihnen nicht ein anderer Wille ergibt. Der Verwalter prüft also nur, ob der Anwesende Eigentümer oder ordnungsgemäß bevollmächtigt ist.

Ist die EV beschlussfähig, verliest der Versammlungsleiter den Beschlussantrag. Mit einem Antrag zur ⇢ Geschäftsordnung können gegebenenfalls stimmberechtigte Teilnehmer eine andere Formulierung fordern. Will niemand dazu eine Gegenrede halten, ist diese Forderung angenommen; gibt es Widerspruch, wird kurz diskutiert und dann darüber abgestimmt. Die einfache Mehrheit genügt zur Annahme.

Geheime Abstimmung

Jeder stimmberechtigte Teilnehmer der EV kann vor einer Abstimmung mit einem Antrag zur ⇢ Geschäftsordnung eine geheime, schriftliche Wahl verlangen. Findet er dafür eine einfache Mehrheit, muss der Versammlungsleiter die Wahl entsprechend durchführen. Einen Rechtsanspruch auf eine geheime Abstimmung gibt es nicht.

Geheim abzustimmen ist allerdings dann unmöglich,

- wenn bei ⇢ baulichen Veränderungen nach § 20 (3) WEG geklärt werden muss, ob die davon nennenswert betroffenen Eigentümer diese akzeptieren. Beispiel: Ein Eigentümer will seine Terrasse seitlich erweitern, was den optischen Gesamteindruck des Hauses nicht wesentlich beeinflusst, aber den Abstand zu einer Nachbarterrasse verringert – also wäre die Zustimmung des Nachbarn erforderlich. Die EV kann die Terrassenerweiterung mit einfacher Mehrheit genehmigen, muss dabei aber sicher sein, dass der Nachbar zugestimmt hat.
- wenn nicht alle Eigentümer von einer baulichen Veränderung oder Modernisierung profitieren und deshalb nach § 21 WEG auch nicht an deren Kosten und Nutzen beteiligt werden. Beispiel: Einige Eigentümer wollen im Kabelschacht ein Glasfaserkabel für schnelles Internet einziehen lassen. Dadurch entsteht den übrigen Eigentümern kein Nachteil, aber sie wer den mit Nein stimmen, weil sie kein Interesse daran haben. Sie müssen dann nicht für das Superkabel bezahlen – und dürfen es später aber auch nicht nutzen.

Hat die Versammlung keine geheime Abstimmung beschlossen, kann der Versammlungsleiter dennoch geheim mit Stimmzetteln oder offen per Handzeichen abstimmen lassen. Sinnvoll ist eine geheime Abstimmung etwa bei der Wahl des Verwaltungsbeirates, damit sich niemand unter Druck gesetzt fühlt.

Offene Abstimmung

Bei offener Abstimmung bleibt es dem Versammlungsleiter auch überlassen, ob er zuerst um Handzeichen für Nein und dann für Ja bittet oder umgekehrt. Gilt das übliche Wertprinzip muss der Versammlungsleiter dabei erfassen, wie die einzelnen Teilnehmer abgestimmt haben, um anhand seiner Listen festzustellen, wie viele Stimmen ihnen jeweils zustehen und danach das Abstimmungsergebnis auszurechnen. Das kostet schon bei einer mittelgroßen EG viel Zeit. Besser ist es, wenn der Verwalter für jeden Stimmberechtigten Wahlzettel vorbereitet, auf denen die Anzahl seiner Stimmen vermerkt ist und auf denen dieser nur noch Ja, Nein oder Enthaltung ankreuzen muss. Stehen Beschlüsse an, bei denen wichtig ist, wer wie abgestimmt hat, müssen die Stimmzettel zusätzlich den Namen des Eigentümers tragen.

Fehler bei der Abstimmung

Wenn das Objekt- oder Wertprinzip gilt, aber der Versammlungsleiter dennoch nach dem Kopfprinzip vorgeht, weil sich dabei das Stimmergebnis viel einfacher auszählen lässt, ist der Beschluss gleichwohl gültig. Aber: Käme es binnen eines Monats zu einer ⇢ Anfechtung durch einen Eigentümer, würde der Amtsrichter den Beschluss für ungültig erklären, falls dieser bei korrekter Stimmenauswertung anders ausgefallen wäre. Da die fehlerhafte Auszählung ein grobes Verschulden des Verwalters darstellt, könnte die Wohnungseigentümergemeinschaft wegen der Prozesskosten Schadensersatz verlangen.

WIE MUSS DAS ABSTIMMUNGSERGEBNIS VERKÜNDET UND DOKUMENTIERT WERDEN?

Zwingend für die Rechtswirkung der Abstimmung: Das Ergebnis muss vom Versammlungsleiter im Versammlungsraum vernehmlich verkündet und im ⇢ Protokoll mit der Zahl der Ja- und Nein-Stimmen sowie der Enthaltungen vermerkt werden. Verlangt das WEG eine doppelt qualifizierte Mehrheit, muss einmal das Abstimmungsergebnis nach dem Kopfprinzip und zudem nach Miteigentumsanteilen ermittelt und der EV mitgeteilt werden; sodann wird verkündet, ob der Antrag angenommen wurde – und all das muss protokolliert werden.

Ende der Abstimmung

Ist das Ergebnis verkündet, kann ein stimmberechtigter Eigentümer, der zunächst nicht mitgestimmt hat, die Stimmabgabe nicht noch nachholen. Es darf auch niemand mehr seine Stimmabgabe ändern, nachdem sie dem Versammlungsleiter einmal zugegangen ist. Dies entschied der BGH am 13.7.2012 (V ZR 254/11).

Beschlusssammlung

Nach § 24 (6) WEG ist der Verwalter verpflichtet, die auf der Versammlung gefassten Beschlüsse in die ⇢ Beschlusssammlung der Eigentümergemeinschaft unverzüglich einzutragen. Hat er das nach spätestens einer Woche noch immer nicht erledigt, wäre es ein Verstoß gegen seine Verwalterpflichten.

WIE GEHEN EIGENTÜMER GEGEN IHRES ERACHTENS FALSCHE BESCHLÜSSE VOR?

Wenn Sie mit einer Entscheidung der EV nicht einverstanden sind, können Sie sich dagegen wehren.

Fehlerhafter Beschluss

Wurden bei der Annahme eines Antrags Formvorschriften oder die Regeln ordnungsgemäßer Verwaltung verletzt, gehen Sie innerhalb des folgenden Monats mit einer ⇢ Anfechtung gegen den Beschluss vor. Gegebenenfalls wird ihn der Richter für nichtig erklären. Ein solcher Verstoß gegen Formvorschriften wäre es zum Beispiel, wenn die EV über ein Thema abstimmt, das nicht auf der Tagesordnung stand, oder mit einfacher Mehrheit etwas beschließt, was der Teilungserklärung widerspricht.

Aber: Bis der Richter den Beschluss kippt, gilt er als ordnungsgemäß. War zum Beispiel die Versammlung nicht ordnungsgemäß geladen, als über das Hausgeld entschieden wurde, müssen Sie es zunächst dennoch pünktlich zahlen.

Negativbeschluss

Fand ein Antrag keine Mehrheit, sprechen Juristen von einem Negativbeschluss. Er darf aber nicht überinterpretiert werden: Wenn etwa bei einer Verwalterwahl kein Bewerber die erforderliche Mehrheit erhält, bedeutet dies nicht, dass man keinen Verwalter will. Wäre jedoch die Annahme des Beschlussantrages Ihres Erachtens nötig gewesen, um eine ordnungsgemäße Verwaltung sicherzustellen, können Sie innerhalb eines Monats mit einer ⇢ Anfechtung beim Amtsgericht beantragen, dass der Negativbeschluss aufgehoben wird. Der Richter prüft dann den Fall.

Nichtiger Beschluss

Beschlüsse der EV, die gegen zwingende gesetzliche Regeln verstoßen, sind von vornherein nichtig. Beispiele: Die Versammlung beschließt, den Verwalter für mehr als fünf Jahre zu bestellen, obwohl damit die in § 26 (1) WEG festgelegte Maximalzeit überschritten wird. Oder sie will die Fliesen auf einem Balkon ersetzen lassen, obwohl die zum Sondereigentum des Wohnungseigentümers gehören. Nichtig wäre auch ein Beschluss, der unklar bzw. widersprüchlich formuliert ist. Bei ⇢ Nichtigkeit brauchen Sie den Beschluss nicht zu befolgen – Sie dürfen es gar nicht. Er ist – auch ohne Gerichtsurteil – von Anfang an unwirksam. Sehen Ihre Miteigentümer das nicht ein und halten am Beschluss fest, wäre keine ordnungsgemäße Verwaltung gegeben. Die aber können Sie mit einer ⇢ Klage einfordern und die Nichtigkeit gerichtlich feststellen lassen, damit für alle Seiten Klarheit herrscht.

BESCHLUSSSAMMLUNG

Alle Beschlüsse der Wohnungseigentümergemeinschaft muss der Verwalter unverzüglich in die Beschlusssammlung eintragen. Die Form der Sammlung ist nicht vorgeschrieben, sie kann schriftlich oder elektronisch geführt werden.

Darüber kann durch Beschluss entschieden werden. Die Aufnahme in die Sammlung ist nicht Voraussetzung für die Wirksamkeit eines Beschlusses oder die Geltung gegenüber Rechtsnachfolgern. Dabei spielt es keine Rolle, ob die Anträge angenommen wurden oder nicht. Ferner sind Urteile zu erfassen, welche die Wohnanlage betreffen, etwa von Klagen der Eigentümergemeinschaft gegen einzelne Eigentümer oder umgekehrt. Alle Eigentümer oder von ihnen Beauftragte können die Sammlung beim Verwalter einsehen. Sind seine Eintragungen falsch bzw. unvollständig oder macht er sie erst Wochen nach der Beschlussfassung, haftet er für einen gegebenenfalls daraus entstehenden Schaden. Solche Schlamperei des Verwalters berechtigt die Eigentümer, ihn abzuwählen.

WAS GENAU SAGEN DIE GESETZE ZUR SAMMLUNG?

Inhalt

Nach § 24 (7) WEG sind die Beschlüsse und Urteile, welche die Wohnanlage betreffen, in ihrer zeitlichen Reihenfolge einzutragen und mit einer laufenden Nummer zu versehen. Wiedergegeben werden muss:

- der Wortlaut der verkündeten Beschlüsse mit Angabe von Ort und Datum der Eigentümerversammlung bzw. bei schriftlichen Umlaufbeschlüssen der Ort und das Datum, an dem das Ergebnis etwa durch das Versenden von Briefen an alle Eigentümer bekannt gegeben wurde. Zum Wortlaut gehört auch die Mitteilung, ob der Antrag angenommen oder abgelehnt wurde. Das Gesetz verlangt nicht, dass die einem Beschluss zugrundeliegenden Unterlagen wie Jahresabrechnung oder Wirt-

Fehlende Altbeschlüsse

Nur Beschlüsse und Urteile, die nach dem 1.7.2007 – dem Stichtag der Gesetzesänderung –gefasst bzw. verkündet wurden, müssen in die Beschlusssammlung eingetragen werden. Wenn Sie sich für ältere Beschlüsse interessieren, müssen Sie die Versammlungsprotokolle studieren. Ältere Umlaufbeschlüsse, also Entscheidungen, die ohne Eigentümerversammlung schriftlich erfolgten, entgehen Ihnen jedoch in der Regel. Diese sind aber selten. Auf alte Gerichtsverfahren stoßen Sie in den Protokollen nur, wenn die Versammlung dazu Beschlüsse gefasst hat.

schaftsplan in die Sammlung aufgenommen werden. Dies ist jedoch sinnvoll, weil man sonst oft den Zweck des Beschlusses nicht verstehen kann. Anzumerken ist später gegebenenfalls, ob der Beschluss angefochten oder aufgehoben wurde.

- die Urteilsformel – also die Kernaussage oder, wie die Juristen sagen, der Tenor ohne die Begründungen – eines Rechtsstreits um Belange des Gemeinschaftseigentums. Dazu gehören auch das Datum, an dem das Urteil verkündet wurde, sowie die Bezeichnung des Gerichts und die Namen der streitenden Parteien. Bei einem klageabweisenden Urteil macht allein die Eintragung des Tenors »Die Klage wird abgewiesen« wenig Sinn. In einem solchen Fall empfiehlt es sich, auch den Klageantrag in die Sammlung mit aufzunehmen. Ferner muss vermerkt werden, ob das Urteil rechtskräftig ist oder Rechtsmittel (Berufung oder Revision) eingelegt wurden. Endet ein Verfahren ohne Urteile, weil die Kontrahenten einen Kompromiss gefunden haben, so ist der Kostenfestsetzungbeschluss des Gerichts aufzunehmen, denn er zeigt, wer das Verfahren wohl gewonnen hätte. Die Aufnahme von Prozessvergleichen ist sinnvoll; da sie vom Gesetz nicht gefordert wird, sollte die EV die Aufnahme beschließen.

Versammlungsleiter

Wie stets bei Dokumenten gehören zu jedem Eintrag das Datum sowie der Name des Bearbeiters samt Unterschrift. Das ist nach § 24 (8) WEG der Verwalter. Gibt es in Ihrer Wohnanlage keinen Verwalter, muss der Leiter der EV die Beschlusssammlung führen. Oder die Versammlung überträgt die Aufgabe einem anderen Eigentümer bzw. einem Außenstehenden.

Einsicht in die Sammlung

Jeder Eigentümer hat nach § 24 (7) WEG das Recht, die Sammlung beim Verwalter einzusehen bzw. bei der Person, welche sie ersatzweise führt. Eines besonderen berechtigten Interesses bedarf es nicht. Das Einsichtsrecht lässt sich mit einer Vollmacht auch übertragen, etwa an einen Kaufinteressenten, der sich über die Regelungen informieren will. Wünscht er Kopien bzw. Ausdrucke, kann der Verwalter dafür ein Entgelt verlangen; 50 Cent pro Seite gelten als angemessen, bei größerer Seitenzahl 30 Cent pro Seite. Dem Anspruch auf Einsichtnahme stehen datenschutzrechtliche Vorgaben nicht entgegen.

WAS GESCHIEHT, WENN DIE SAMMLUNG LÜCKEN UND FEHLER AUFWEIST?

Egal, wer die Arbeit übernimmt: Er muss die Eintragungen nach § 24 (7) unverzüglich vornehmen. Das bedeutet in der Regel am nächsten Werktag nach der ⇢ Beschlussfassung oder nach Eingang der Gerichtspost mit dem Urteil. Hat ein Verwalter die Sammlung nach einer Woche noch nicht aktualisiert oder führt er sie sonst nicht ordnungsgemäß, kann ihn die EV nach § 26 (1) WEG abwählen.

Ob der Verwalter haftet, wenn zum Beispiel ein Kaufinteressent, der sich auf die Eintragungen verlassen hat, einen finanziellen Schaden erleidet, ist unter Juristen umstritten. Denn die Beschlusssammlung wird nicht im Interesse Dritter geführt, sondern in dem der Eigentümer. Dabei muss der eingetragene Beschlusstext in der Sammlung und im ⇢ Protokoll der EV, das in der Regel auch der Verwalter erstellt, identisch sein. Bei Abweichungen genießt bei einem Gerichtsverfahren im Zweifel die Sammlung wohl mehr Vertrauen. Denn man geht davon aus, dass der Verwalter die Beschlusssammlung sorgfältig führt, weil ihn hier Schlamperei nach § 26 (1) WEG den Job kosten kann. Umgekehrt spricht für das Protokoll, dass es von drei Personen abgezeichnet wird. Ohnehin wird der Richter Zeugen hören, um sich eine Entscheidungsgrundlage zu schaffen.

WAS GEHÖRT NICHT IN DIE SAMMLUNG?

Geschäftsordnungsbeschluss

Beschlüsse zur ⇢ Geschäftsordnung kommen nicht in die Sammlung, es sei denn, sie sind ausdrücklich auch für künftige EVs bindend. Beispiel: Die Redezeit wird auf fünf Minuten begrenzt – jetzt und in Zukunft, bis eine Versammlung etwas anderes beschließt.

Keine anfechtbaren Beschlüsse sind Feststellungen des Vorsitzenden etwa zur Ordnungsmäßigkeit der Einladung. Sie gehören ebenfalls nicht in die Beschlusssammlung.

Nichtiger Beschluss

Ist der Verwalter sicher, dass ein Beschluss nichtig ist, weil er zum Beispiel zu unpräzise formuliert ist oder etwas regelt, was die Versammlung gar nicht bestimmen kann (⇢ Beschlussfassung), braucht er ihn nicht in die Beschlusssammlung aufzunehmen. Er wird sich aber die Frage gefallen lassen müssen, warum er einen solchen Beschluss zur Abstimmung gestellt hat. Hat er Zweifel, sollte er den Eintrag vornehmen.

Vereinbarung

Förmliche ⇢ Vereinbarungen, durch welche die Wohnungseigentümer ihr Verhältnis untereinander regeln, gehören nicht in die Beschlusssammlung. Sie gehören ins Grundbuch, um auch neue Eigentümer zu binden.

Mahnbescheid

Mahnbescheide, mit denen zum Beispiel die Eigentümergemeinschaft gegen einen säumigen Zahler vorgeht, gehören ebenfalls nicht in die Beschlusssammlung. Die Mehrheit der Fachjuristen ist der Ansicht, dass auch ein Vollstreckungsbescheid dort nicht registriert werden sollte.

WELCHE ENTSCHEIDUNGEN MÜSSEN DIE EIGENTÜMER ÜBER DIE SAMMLUNG TREFFEN?

Der Gesetzgeber bestimmt nur die Grundsätze, die weiteren Vorgaben für die Beschlusssammlung kann die EV mit einfacher Mehrheit beschließen. Wie die Sammlung konkret gestaltet wird, muss mit dem Verwalter abgestimmt werden.

Ergänzung der Eintragungen

Die EV kann beschließen, dass nicht nur notiert wird, ob ein Beschluss angenommen wurde, sondern auch die Zahl der Ja- und Nein-Stimmen. Aus einem knappen Ergebnis lässt sich folgern, dass bei anderer Gelegenheit ein gegenteiliger Beschluss gefasst werden könnte. Enden Abstimmungen häufig knapp, könnte das bedeuten, dass die Eigentümer in zwei streitende Lager gespalten sind.

Löschung von Eintragungen

Wird ein Beschluss durch das Gericht oder durch Zweitbeschluss aufgehoben oder geändert, kann er nach § 24 (7) WEG aus der Sammlung gelöscht werden. Gleiches gilt für Eintragungen, die aus irgendeinem anderen Grund für die Wohnungseigentümer keine Bedeutung mehr haben. Gegen eine Löschung spricht, dass dann die Beschlussfindung in der Eigentümergemeinschaft nicht mehr nachvollzogen werden kann. Klarer ist es, wenn statt dessen bei dem hinfälligen Eintrag notiert wird »durch Gericht aufgehoben« oder durch welchen neuen Beschluss (laufende Nummer angeben) der alte ersetzt wurde.

Computerhilfe

Dem Gesetz würde es genügen, wenn die Beschlusssammlung handschriftlich in einer Kladde geführt würde. Doch kaum jemand wird auf die Hilfe eines Computerprogramms verzichten wollen, bei dem man einfach eine passende Tabelle einrichten kann. Oft ist eine Vorlage für die Beschlusssammlung auch in Software enthalten, die allgemein bei der Verwaltung einer Wohnanlage hilft. Interessant wird es, wenn das Programm die Beschlüsse nach Themen sortieren kann und über einen einfachen Befehl beispielsweise alle Beschlüsse zu Balkonen zeigt. Die Entscheidung über das Programm muss die EV treffen – am besten in Absprache mit dem Verwalter, doch muss auch ein anderer Verwalter die Sammlung irgendwann fortführen können. Bei Programmen mit geringer Verbreitung ist das nicht gewährleistet.

Wer in eine Suchmaschine die Stichwörter »Beschlusssammlung Internet« eingibt, findet Angebote, mit denen man die Sammlung im Internet führen kann.

Datensicherheit

Fragen Sie den Betreuer der Sammlung – also den Verwalter, wenn es einen gibt – wie er gewährleistet, dass die Beschlusssammlung vor Feuer, Wasser oder einen Computercrash geschützt werden kann. Etwa, ob er stets aktuelle Kopien an unterschiedlichen Orten aufbewahrt. Digital erfasste Texte lassen sich zudem nachträglich leicht verändern und damit auch verfälschen, ohne dass dies erkennbar ist. Gibt es eine wirksame Kontrolle mit Passwort, um Unbefugten den Zugriff zu verwehren? Das sollte unbedingt eingerichtet werden. Besser noch wäre es, wenn ein Mitglied des Verwaltungsbeirats oder ein anderer Eigentümer nach jeder Aktualisierung einen Ausdruck der neuen Eintragungen erhält, die er in einem Ordner sammelt. Gibt es später Zweifel an gespeicherten Texten, kann man sie mit den alten Ausdrucken vergleichen.

EIGENTÜMERGEMEINSCHAFT

Die Eigentümer bilden keinen losen Verbund, vielmehr handelt die Eigentümergemeinschaft (EG) als Rechtsperson im eigenen Namen. Die Entscheidungen trifft die ⇢ Eigentümerversammlung (EV), der ⇢ Verwalter führt die Beschlüsse im Namen der EG aus. Allerdings gehört ihr nicht etwa das Gemeinschaftseigentum, sondern nur das ⇢ Gemeinschaftsvermögen, also im Wesentlichen die Bankguthaben der Gemeinschaft. Die Eigentümer müssen ihr jedoch bei Geldbedarf mit einer ⇢ Sonderumlage beispringen.

WAS VERBINDET DIE MITGLIEDER DER EIGENTÜMERGEMEINSCHAFT?

Notwendige Zusammenarbeit

Die Eigentümer einer Wohnanlage haben ein gemeinsames Ziel: Sie wollen ihre Liegenschaft als eine begehrenswerte Adresse erhalten und wenn möglich deren Wohn- und Marktwert steigern. Das kann nur gelingen, wenn alle Eigentümer zusammenarbeiten. Dabei gibt es durchaus unterschiedliche Interessen. Da sind die Selbstnutzer, die meist mehr auf das Ambiente achten als die nüchtern kalkulierenden Vermieter. Und die Familien, die sich einen Freiraum für die Entfaltung ihrer Kinder wünschen, haben andere Wünsche als die Ruhe suchenden Senioren. Das Miteinander erfordert wechselseitige Rücksichtnahme und Toleranz. Bei Auseinandersetzungen kann sich zwar eine Mehrheit durchsetzen, doch man sieht sich ja zwangsweise immer wieder und die Unterlegenen von heute finden sicher Gelegenheit zur Revanche. Also lohnt es, statt auf Sieg zu setzen, nach Kompromissen zu suchen, mit denen alle leben können. Dazu gehört, dass jeder das Gesicht wahren kann, und sich nicht gedemütigt in seine ⇢ Eigentumswohnung zurückziehen muss.

Treueverhältnis

§ 10 WEG fordert von den Eigentümern eine besondere Rücksichtnahme gegenüber den Miteignern. Davon ausgehend, haben die Juristen den Grundsatz entwickelt, dass die Eigentümer eine besondere Treuepflicht verbinde. So darf ein geschädigter Miteigentümer nicht seinen Nachbarn als Täter in Anspruch nehmen, wenn der Schaden über die Gebäudeversicherung abgesichert ist, entschied der BGH am 11.10.2006 (Az. V ZR 62/06). Der BGH nutzte dieses Argument in mehreren Beschlüssen. Zum Beispiel warf er in einem Urteil vom 13.7.2012 (Az. V ZR 94/11) der Eigentümermehrheit einer Wohnanlage vor, gegen ihre Pflicht »aus dem mitgliedschaftlichen Treueverhältnis« verstoßen zu haben. Sie hatte eine Dachsanierung nicht voran getrieben, obwohl absehbar war, dass dies zu schweren Schäden in einer Wohnung führen würde.

Ausstieg

Ein Wohnungseigentümer kann die Mitgliedschaft in der EG nicht kündigen, sondern sie nur mit seinem Wohnungseigentum an einen Nachfolger abgeben. Der übernimmt die Rechte und Pflichten ab dem Datum seiner Grundbucheintragung als Eigentümer. Er haftet allerdings nicht für ⇢ Zahlungspflichten seines Vorgängers.

WELCHE RECHTE BESITZT DIE EIGENTÜMERGEMEINSCHAFT?

Rechtsfähig

Die Gemeinschaft der Wohnungseigentümer kann nach § 9 a WEG Rechte erwerben und Verpflichtungen eingehen, vor Gericht klagen und verklagt werden. Sie führt die Bezeichnung „Gemeinschaft der Wohnungseigentümer" oder „Wohnungseigentümergemeinschaft" gefolgt von der Angabe des gemeinschaftlichen Grundstücks. Die Kennzeichnung ist durch die postalische Anschrift möglich. Beispiel: Wohnungseigentümergemeinschaft Musterstraße 27, XXX Musterstadt. Unter diesem Namen kann sie Rechtsgeschäfte tätigen und am Rechtsverkehr teilnehmen.

Der gesetzliche Vertreter der Gemeinschaft ist der Verwalter, und zwar gerichtlich und außergerichtlich, beim Abschluss eines Grundstückskauf- oder Darlehensvertrages aber nur aufgrund eines Beschlusses. So regelt es § 9 b (1) WEG. Mit diesen beiden Ausnahmen ist die Vertretungsmacht des Verwalters unbeschränkt. Sie kann auch nicht nach außen beschränkt werden. Die Stellung des Verwalters ähnelt daher im Außenverhältnis der eines GmbH-Geschäftsführers.

Im Innenverhältnis ist der Verwalter gegenüber der Gemeinschaft der Wohnungseigentümer berechtigt und verpflichtet, die Maßnahmen ordnungsgemäßer Verwaltung zu treffen, die untergeordnete Bedeutung haben und nicht zu erheblichen Verpflichtungen führen bzw. die zur Wahrung einer Frist oder zur Abwendung eines Nachteils erforderlich sind. Die Wohnungseigentümer können diese Aufgabenzuweisung nach § 27 (2) WEG durch Beschluss einschränken oder erweitern.

Eine Maßnahme ist von untergeordneter Bedeutung, wenn eine Beschlussfassung aus Sicht eines durchschnittlichen Wohnungseigentümers aufgrund ihrer geringen Bedeutung für die Gemeinschaft nicht geboten ist. Maßstab ist stets die konkrete Wohnungseigentumsanlage. Mit der Größe der Anlage wächst in der Regel daher der Kreis der Maßnahmen, die der Verwalter eigenverantwortlich treffen kann und muss. Dazu kann dann auch die Erledigung von Reparaturen, der Abschluss von Versorgungs- oder Dienstleistungsverträgen oder die gerichtliche Durchsetzung von Hausgeldansprüchen gehören.

Gleichzeitig darf die Maßnahme nicht zu erheblichen Verpflichtungen führen. Maßgeblich ist bei einer Verpflichtung nicht die absolute Höhe der finanziellen Verpflichtung, sondern ob derjenige Anteil der Verpflichtung, für den der einzelne Wohnungseigentümer nach § 9 a (4) WEG gegenüber Dritten haftet, so bedeutsam ist, dass eine vorherige Beschlussfassung geboten ist. Das Volumen des Wirtschaftsplans kann hierfür ein Indiz sein. Damit die Wertgrenze nicht von einmaligen Aufwendungen verfälscht wird, mag ein Durchschnittswert etwa der letzten drei Jahre aussagekräftiger sein. Als Grenze werden Werte zwischen zwei und fünf Prozent des Wirtschaftsplanvolumens erörtert.

Die Wohnungseigentümer sind befugt, die Rechts und Pflichten des Verwalters aus § 27 (1) WEG beliebig einzuschränken. So können sie sämtliche oder einzelne Maßnahmen an ihre Zustimmung oder an die Zustimmung eines Dritten oder z. B. die mehrheitliche Zustimmung des Verwaltungsbeirates oder dessen Vorsitzenden binden. Sie können auch Maßnahmenkataloge bestimmen, welche Maßnahmen für sie eine untergeordnete Bedeutung haben, etwa der Abschluss von Versicherungs-, Versorgungs- oder Wartungsverträgen. Ebenfalls möglich ist die Festlegung von Wertgrenzen für bestimmte Maßnahmen und Entscheidungen, z. B. Erhaltungsmaßnahmen.

Die Einschränkung oder Erweiterung der Aufgaben und Befugnisse des Verwalters erfolgt zwingend durch Beschluss. Im Verwaltervertrag kann die Entziehung, Erweiterung und/oder Einschränkung nicht getroffen werden. Im Vertrag kann eine solche Entscheidung allenfalls dokumentiert werden. Da sich nach neuem Recht die Befugnisse der Verwaltung grundlegend geändert haben, ist von der Verwendung alter Verwalterverträge abzuraten. Verwalterverträge müssen hinsichtlich des Handlungsspielraums an das neue Recht angepasst werden.

Aufträge und Käufe

Die EG bestellt gegebenenfalls Heizöl oder Erdgas, schließt die Haftpflicht- und Gebäudeversicherungen ab und vergibt die Aufträge zur Instandhaltung oder Instandsetzung des Gemeinschaftseigentums. Sie kontrolliert die Leistungen von Lieferanten bzw. Handwerkern, zahlt für vertragsgemäße Arbeit, reklamiert etwaigen Pfusch und verklagt die Firmen notfalls, wenn Nachbesserungen keinen Erfolg bringen.

Die EG kauft die für den gemeinschaftlichen Gebrauch benötigten Geräte, etwa für die Gartenpflege. Sie kann sogar eine Immobilie erwerben, wenn dies dem Gemeinschaftsinteresse entspricht, entschied der BGH am 18.3.2016 (Az. VZR 75/15). Das könnte etwa das Nachbargrundstück betreffen, weil man den Parkplatz erweitern will. Ob auch der Erwerb von Sondereigentum in der eigenen Wohnungseigentumsanlage ordnungsgemäßer Verwaltung entspricht, ist umstritten. In einem solchen Fall ruht jedoch das Stimmrecht für diese Einheit.

Geldforderungen

Die EG treibt das ⇢ Hausgeld, etwaige Sonderumlagen sowie Restzahlungen aus der Jahresabrechnung bei den Eigentümern ein und kann einen Eigner, der seiner Zahlungspflicht nicht nachkommt, verklagen. Bleibt er einen größeren Betrag über längere Zeit schuldig, kann sie ihm das Wasser und die Heizung abdrehen lassen und ihn im Extremfall nach § 17 (1) WEG per Zwangsversteigerung aus dem Haus drängen. Die EG kommt auch gegebenenfalls zu Geld, indem sie Gemeinschaftseigentum vermietet, etwa Autostellplätze oder Reklameflächen am Haus, und ihre daraus entstehenden Ansprüche durchsetzt.

Verbraucherschutz für die Gemeinschaft

Juristisch gilt die gesamte EG als Verbraucher, falls ihr wenigstens eine natürliche Person angehört. Das gilt auch, wenn die EG von einem gewerblichen Verwalter vertreten wird, entschied der BGH am 25.3.2015 (Az. VII ZR 243/13). Der EG stehen also die Verbraucherschutzrechte zu, insbesondere die Paragrafen des BGB zu den Allgemeinen Geschäftsbedingungen (AGB). So ermöglicht z. B. § 309 Nr. 9 a BGB einen Ausstieg aus ungünstigen Wartungsverträgen mit einer Laufzeit von mehr als zwei Jahren. Noch wichtiger für jede EG, die einen gewerblich tätigen Verwalter gewählt hat: Wird der ⇢ Verwaltervertrag wie üblich während der EV unterzeichnet, jedenfalls aber nicht in den Geschäftsräumen des Verwalters, steht den Eigentümern ein gesetzliches Widerrufsrecht zu. Belehrt sie der Verwalter nicht ordnungsgemäß, kann sich die EG von ihm wieder trennen, ohne ihn für geleistete Dienste bezahlen zu müssen. Ob dies auch nach der WEG-Novelle gilt, ist aber heftig umstritten

Schadenersatz

Die EG schuldet nach § 14 WEG dann Schadenersatz, wenn zum Beispiel in einer Wohnung bei einer Reparatur der zum Gemeinschaftseigentum zählenden Fenster die Tapeten beschädigt wurden. Oder wenn ein parkendes Auto beschädigt wird, weil Verputz von der Fassade abfällt. Gegebenenfalls macht die EG Erstattungsansprüche bei Versicherungen geltend.

Rechtsverletzungen

Die EG geht nach entsprechender Beschlussfassung gegen Eigentümer vor, die ungenehmigt bauliche Veränderung vorgenommen bzw. Gemeinschaftseigentum beschädigt oder gegen die Hausordnung verstoßen haben, ferner gegen Nachbarn, die zum Beispiel baurechtliche Abstandsregeln nicht einhalten oder etwa mit Emissionen die Wohnungseigentümer belästigen. Ebenso kann die EG gegen einen Verwalter vorgehen, der seinen Vertrag nicht erfüllt oder gegen den Aufteiler bzw. Bauträger in neu geschaffenen Wohnanlagen, wenn ihr die Eigentümer etwaige Mängelansprüche abtreten.

WER ENTSCHEIDET ÜBER DAS VORGEHEN DER GEMEINSCHAFT?

Das Handeln der EG bzw. des Verwalters als ihr ausführendes Organ wird durch die ⇢ Beschlussfassung der EV bestimmt. Auch wenn die Mehrheit zum Beispiel bei Bauentscheidungen nicht immer Recht haben muss, sind auch die unterlegenen Eigentümer durch die Beschlüsse verpflichtet und müssen gegebenenfalls für den Unsinn der Mehrheit mit bezahlen. Sollten aber die Beschlussfassung nicht regelgerecht verlaufen sein, kann ein Eigentümer dagegen mit einer ⇢ Anfechtung bei Gericht vorgehen.

VERFÜGT DIE GEMEINSCHAFT ÜBER EIGENES VERMÖGEN?

Die EG handelt als Verband der Wohnungseigentümer. Sie verwaltet zwar das Gemeinschaftseigentum, es gehört jedoch juristisch gesehen nicht ihr, sondern den Eigentümern entsprechend ihrer Miteigentumsanteile. Die rechtsfähige EG verfügt im eigenen Namen über das ⇢ Gemeinschaftsvermögen, also vor allem über das laufende Konto und die Instandhaltungsrücklage. Hinzu kommen in der Regel nur noch etwa Gartengeräte und ähnliche Güter, die dazu dienen, dass die Eigentümer das Gemeinschaftseigentum nutzen können. Ausnahmsweise kann aber sogar eine Immobilie dazu gehören, etwa eine Hausmeisterwohnung. Fazit: Eine EG besitzt in der Regel nur eine geringe Haftungsmasse, die als Sicherheit für Kredite dienen kann.

KANN DIE GEMEINSCHAFT BEI FEHLENTSCHEIDUNGEN IN INSOLVENZ GEHEN?

Verfügt die EG nicht über die nötigen Mittel, um ihre Zahlungsverpflichtungen zu erfüllen, muss die EV eine ⇢ Sonderumlage beschließen. Doch was passiert, wenn es nicht zu einem solchen Beschluss kommt oder die Eigentümer nicht entsprechend einzahlen, sodass die EG die fälligen Forderungen nicht erfüllen kann? Dann lässt sich ein Gläubiger seine Forderung mit einem gerichtlichen Mahnverfahren oder einer Klage bestätigen. Er kann nun das Gemeinschaftsvermögen inklusive der Erhaltungsrücklage pfänden lassen. Da das vermutlich nicht ausreicht, um die Schuld zu begleichen, darf er die Eigentümer direkt in Anspruch nehmen, jeden anteilig nach § 9 a (4) WEG entsprechend seines Miteigentumsanteils. Da das Gemeinschaftsvermögen meist recht gering ist und ein Rückgriff auf die Eigentümer viel Zeit und Geld kostet, bekommt eine EG bei Banken und Lieferanten nur schwer ⇢ Kredit. Bei einer bekanntermaßen finanzschwachen EG verlangen Firmen manchmal Vorkasse.

EIGENTÜMERVERSAMMLUNG

Die Eigentümerversammlung (EV) ist das Parlament der Wohnanlage, in dem die Eigentümer mindestens einmal im Jahr alle Fragen, die ihr Miteinander betreffen, besprechen und über die zu ergreifenden Maßnahmen abstimmen. Dieses Treffen zu organisieren gehört zu den ⇢ Verwalteraufgaben. Wichtige Themen sind die ⇢ Hausordnung, die ⇢ Jahresabrechnung des Vorjahres und der ⇢ Wirtschaftsplan des aktuellen Jahres sowie die ⇢ Erhaltung des Objekts. Ferner finden in der EV die ⇢ Verwalterwahl statt und – falls gewünscht – eine ⇢ Verwaltungsbeiratswahl. Kommt es zu unüberwindbaren Differenzen, kann die EV den Verwalter bzw. den Beirat absetzen. Damit Beschlüsse gefasst werden können, muss nur ein Eigentümer anwesend oder vertreten sein.

WIE WIRD DIE VERSAMMLUNG EINBERUFEN?

Nach § 24 (1) WEG muss der Verwalter die Eigentümer mindestens einmal im Jahr zu einer EV einberufen. Einen Themenschwerpunkt bildet die Aussprache über den Wirtschaftsplan des laufenden Jahres sowie über die Abrechnung des vergangenen Kalenderjahres, deren Erstellung laut § 28 (3) WEG zu den Verwalteraufgaben gehört. Zwischen der Übergabe der Rechenwerke und der EV sollten etwa vier Wochen Zeit bleiben, damit Sie als Empfänger, insbesondere aber der Verwaltungsbeirat die beiden Aufstellungen prüfen und Belege im Büro des Verwalters einsehen können, bevor darüber auf der EV gesprochen und beschlossen wird.

Terminplanung

Da ein professioneller Verwalter in der Regel mehrere Wohnanlagen betreut, wird er die Termine für die von ihm zu organisierenden Versammlungen über einen längeren Zeitraum verteilen wollen, um nicht in Zeitnot zu geraten. Sie als Eigentümer sollten jedoch darauf bestehen, dass Ihre EV im ersten Quartal stattfindet und im ⇢ Verwaltervertrag Termine genannt werden, bis zu denen die Jahresabrechnung und der Wirtschaftsplan vorliegen und die Einladungen für die EV verschickt sein sollen. Dabei muss die Ankündigung der EV den Eigentümern bzw. ihren Vertretern nach § 24 (4) WEG mindestens drei Wochen vor dem Termin zugehen, und zwar laut Gesetz in Textform, also per Brief, Fax oder E-Mail. Welche Form der Einladende wählt, liegt in seinem pflichtgemäßen Ermessen. Die Ermessensgrenzen folgen aus der Art der Wohnungseigentumsanlage und der Zusammensetzung der Wohnungseigentümer. Für die Entscheidung ist wesentlich, ob die Eigentümer mit der gewählten Übertragungsart rechnen mussten und hierfür ihr Einverständnis erklärt haben. Bei der Einladung per E-Mail ist datenschutzrechtlich zu beachten, dass E-Mail-Adressen grundsätzlich nicht Bestandteil der vom Verwalter zu führenden Eigentümerliste sind. Eigentümer stellen ihre E-Mail-Adressen meist nur für die allgemeine Korrespondenz mit der Hausverwaltung zur Verfügung. Ohne weitergehende Einwilligung können sie auch nur zu diesem Zweck genutzt werden. Um eine wirksame Zustellung per E-Mail sicherzustellen, muss der Eigentümer sein Postfach zudem als Empfangsvorrichtung bereithalten und regelmäßig überwachen. Mit der Frage des E-Mail-Versandes der Einladung hängt auch die Frage einer Verschlüsselung der übermittelten Daten zusammen. Der Hausverwalter hat hier für einen angemessenen Schutz zu sorgen. Ob eine Verschlüsselung der E-Mail und der

Anhänge erforderlich ist, richtet sich nach deren Inhalt. Falls sich darin weitere personenbezogene Daten befinden, z. B. Zahlungsrückstände unter namentlicher Zuordnung zu säumigen Wohnungseigentümern, ist eine Verschlüsselung notwendig. Eine Transportverschlüsselung wird überwiegend als ausreichend angesehen. Einige Datenschützer verlangen sogar eine Ende-zu-Ende-Verschlüsselung. Der Verwalter ist auch zu einer formgemischten Einladung berechtigt, das heißt, der eine Eigentümer kann die Einladung per Telefax erhalten und der andere per E-Mail.

Ein Beschluss, der Eigentümer verpflichten soll, die für eine elektronische Einladung erforderlichen Gerätschaften anzuschaffen, wäre mangels Beschlusskompetenz nichtig.

Nicht ausreichend sind dagegen Aushänge im Hausflur oder Hinweise auf der Webseite des Verwalters, weil dabei nicht sichergestellt ist, dass alle Wohnungseigentümer Kenntnis von der Einberufung erlangen.

Teilnahme ermöglichen

Bei der Terminwahl muss der Verwalter nach allgemeiner Rechtsprechung darauf achten, dass möglichst viele Eigentümer problemlos teilnehmen können. So sollte die EV nicht während der Schulferien stattfinden und aus Rücksicht auf Berufstätige Montag bis Freitag nicht vor 18 Uhr beginnen. Termine am Wochenende sind zulässig, wobei ein Treffen am Nachmittag Eigentümern, die entfernt wohnen, die Anreise erleichtert. Die Versammlung sollte in der Nähe der Wohnanlage stattfinden, zumal wenn viele der Eigentümer dort leben. Da die Versammlung unter Ausschluss der Öffentlichkeit stattfinden muss, scheidet etwa der Schankraum einer Gaststätte, wo sich sonstige Gäste aufhalten, aus. Manche Verwalter verfügen auch am Firmensitz über einen geeigneten Raum.

Die Wohnungseigentümer können nach § 23 (1) WEG beschließen, dass Eigentümer an der Versammlung auch ohne Anwesenheit am Versammlungsort teilnehmen und sämtliche oder einzelne ihrer Versammlungsechte im Wege elektronsicher Kommunikation ausüben können. Diese Regelung ermöglicht es aber nicht, die gesetzlich als Normalfall vorgesehene Präsenzveranstaltung insgesamt zugunsten einer reinen Online-Versammlung abzuschaffen. Die Vorschrift begründet auch keinen Anspruch des einzelnen Wohnungseigentümers auf eine solche Öffnung. Bei der Entscheidung für eine solche Hybridveranstaltung sollte immer bedacht werden, dass die Nichtöffentlichkeit gewahrt werden muss. Der online-Teilnehmer könnte sich für die Teilnehmer der Präsenzveranstaltung aus dem Hintergrund unerkannt soufflieren lassen, etwa von einem anwaltlichen Berater. Dies ist zwar unzulässig, aber kaum zu verhindern. Entscheiden sich die Wohnungseigentümer dafür, ihre Versammlung für die Online-Teilnahme zu öffnen, bleibt ihnen ein großer Gestaltungsspielraum sowohl hinsichtlich der Reichweite (z. B. nur Ausübung des Stimmrechts) als auch der Technik (Festlegung der Übermittlungsart und der dabei zu beachtenden Standards). In der Einladung zu einer Eigentümerversammlung ist darüber zu informieren, wie von der Möglichkeit der Online-Teilnahme Gebrauch gemacht werden kann.

WAS, WENN WÄHREND DES JAHRES WEITERE BESCHLÜSSE NÖTIG WERDEN?

Umlaufbeschluss

Ist zu einem Sachverhalt keine Aussprache nötig, weil die Eigentümer ohnehin einer Meinung sind, kann ein Beschluss schriftlich im Umlaufverfahren gefasst werden. Nach § 23 (3) WEG müssen dann ausnahmslos alle im Grundbuch eingetragenen Eigentümer per Unterschrift oder in Textform (z. B. E-Mail) zustimmen. Ausnahmen: Bei minderjährigen oder betreuten Eigentümern unterschreibt ihr gesetzlicher Vertreter, in Insolvenzfällen gegebenenfalls der Zwangs- oder Insolvenzverwalter.

Die Wohnungseigentümer haben aber die Möglichkeit, für einen einzelnen Beschlussgegenstand zu beschließen, dass bereits die

Mehrheit der abgegebenen Stimmen im Umlaufverfahren genügen soll. Dies bietet sich etwa an, wenn auf der Eigentümerversammlung noch keine ausreichenden Angebote vorgelegen haben. Dann könnte man beschließen, dass über die endgültige Vergabe mit Mehrheit im Umlaufverfahren entschieden werden soll, nachdem alle Angebote vorliegen. Dieser Beschluss kann nur Grundlage für ein einziges Umlaufverfahren sein, danach ist er verbraucht und verliert seine Wirkung. Der Gesetzgeber will damit verhindern, dass die Mehrheit der Wohnungseigentümer der Minderheit dauerhaft die Möglichkeit nimmt, auf einer Eigentümerversammlung Einfluss auf die Beschlussfassung zu nehmen.

Abgesehen von Beschlüssen zu einer dringenden ⇢ Instandsetzung, bei denen eine Mitwirkungspflicht bestehen kann, ist kein Eigentümer verpflichtet, bei einem Umlaufbeschluss mit abzustimmen, betonte das Landgericht München I am 20.4.2015 (Az. 1 S 12462/2015). Haben aber alle Eigentümer zugestimmt, muss der Umlaufbeschluss, wie auch ein Versammlungsbeschluss, zu seiner Wirksamkeit noch verkündet werden, das heißt, es ist eine an alle Miteigentümer gerichtete Mitteilung des Beschlussergebnisses erforderlich. Ein Beschluss kann auch nicht unter der Bedingung gefasst werden, dass kein Wohnungseigentümer innerhalb einer bestimmten Frist widerspricht. Geschieht dies dennoch, ist ein Beschluss nicht zustande gekommen, entschied der BGH am 6.7.2018 (Az. V ZR 221/17). Nicht zulässig ist ein sogenannter Sukzessivbeschluss, bei dem ein Teil der Eigentümer in der Versammlung zustimmt und die restlichen Eigentümer die Zustimmung nachträglich schriftlich erteilen.

Sondersitzung

Der Verwalter muss nach bei Bedarf weitere Versammlungen einberufen, etwa wenn unerwartet Schäden am Gebäude aufgetreten sind oder das Gemeinschaftskonto leer ist, weil die Heizkosten gestiegen sind bzw. ein Eigentümer das Hausgeld nicht mehr zahlt. In dringenden Fällen können dann zwischen dem Eingang der Einladung und dem Termin der EV weniger als drei

Wochen liegen. In der Regel sieht der Vertrag des Verwalters für zusätzliche Eigentümerversammlungen ein Extrahonorar vor. Ist der Verwalter schuld daran, dass eine Zusatzversammlung nötig wird, muss er die Kosten, etwa die Miete für den Tagungsraum, tragen. Beispiel: Obwohl genug Zeit war, hat es der Verwalter versäumt, rechtzeitig zur EV die für einen Beschluss über Instandsetzungsarbeiten nötigen Kostenvoranschläge zu beschaffen. Keinesfalls darf er sich dafür auch noch ein Zusatzhonorar für die Versammlungsleitung abbuchen.

WENN DER VERWALTER TROTZ BEDARFS KEINE EV EINBERUFT
Verfassen Sie einen Brief an den Verwalter, in dem Sie ihn auffordern, eine Versammlung anzuberaumen und suchen Sie dafür die Unterstützung der Miteigentümer. Denn nach § 24 (2) WEG muss der Verwalter eine Eigentümerversammlung einberufen, wenn dies ein Viertel der im Grundbuch eingetragenen Eigentümer unter Angabe des Zwecks und der Gründe fordert. Eventuell zögert der Verwalter unangemessen lange oder er weigert sich sogar pflichtwidrig, eine EV einzuberufen, zum Beispiel weil er herbe Kritik an seiner Arbeit fürchtet oder abgewählt werden soll.
In solchen Fällen ist es günstig, wenn in der Wohnanlage ein Verwaltungsbeirat besteht, denn dessen Vorsitzender oder sein Stellvertreter können dann die EV anberaumen, so § 24 (3) WEG. Wurde kein Beirat gewählt oder blockt auch er ab, bleibt nur noch, beim Amtsgericht zu beantragen, mit einer einstweiligen Verfügung für die Einberufung zu sorgen. Es prüft die Dringlichkeit einer EV und bevollmächtigt gegebenenfalls einen der Eigentümer, meist den Antragsteller, die Versammlung einzuberufen.
Kommt eine EV nicht auf Veranlassung des Verwalters zustande, so muss er dennoch dazu eingeladen werden. Er leitet auch in diesem Fall die Zusammenkunft, es sei denn, die Eigentümer wählen einen anderen Versammlungsleiter. Das kann jeder stimmberechtigte Teilnehmer der EV verlangen – mit einem Antrag zur ⇢ Geschäftsordnung, über den sofort abgestimmt werden muss.
Beruft eine nicht dazu berechtigte Person eine EV ein, werden aber ansonsten die Regeln eingehalten, so ist deren ⇢ Beschlussfassung nach § 23 (4) WEG bindend – es sei denn, es kommt zu einer ⇢ Anfechtung beim Amtsgericht durch einen Eigentümer. Ausnahmsweise könnte auch der Verwalter anfechten, wenn ein Beschluss seine Rechte beschneidet. Dann würden die Richter den Beschluss stets für nichtig erklären.

IST EINE TAGESORDNUNG NÖTIG?

§ 23 (2) WEG lässt keinen Zweifel: Ein Beschluss in der EV ist nur gültig, wenn der Sachverhalt, über den entschieden wird, bereits in der Einladung genannt wurde. So soll jeder Empfänger die Bedeutung des Treffens einschätzen und sich vorbereiten können. Entsprechend gehört zu jeder Einladung zur EV eine Tagesordnung, die der Verwalter, gegebenenfalls in Zusammenarbeit mit dem Verwaltungsbeirat, erstellt und die alle Themen auflistet, die zur Entscheidung anstehen. Obwohl es nicht vorgeschrieben ist, dient es aber doch der Klarheit, wenn die Tagesordnung bereits Formulierungsvorschläge für die ⇢ Beschlussfassung aufführt. Dann kann jeder Eigentümer prüfen, ob sie seinen Vorstellungen entsprechen, und eventuell eine alternative Formulierung vorbereiten, die er auf der EV vorstellt.

Hat der Verwalter nicht ordnungsgemäß eingeladen und kamen deshalb Eigentümer nicht zur EV, können dort gefasste Beschlüsse bei einer ⇢ Anfechtung vom Gericht aufgehoben werden. Denn die fehlenden Eigentümer hätten eventuell mit ihren Redebeiträgen für andere Entscheidungen gesorgt, urteilte das LG München I am 6.11.2014 (Az. 36 S 25536/13).

WIE BRINGEN SIE IHR ANLIEGEN AUF DIE TAGESORDNUNG?

Zu den Pflichten des Verwalters gehört es, die Tagesordnung aufzustellen. Also sollten Sie sich mit Ihrem Anliegen an ihn wenden. Falls es in Ihrer Wohnanlage einen Verwaltungsbeirat gibt, wäre er ebenfalls ein guter Adressat, weil er bei der Vorbereitung der Eigentümerversammlung mit dem Verwalter zusammenarbeitet.

Sie haben nach § 18 (2) WEG einen Anspruch darauf, dass Ihr Thema auf die Tagesordnung kommt, wenn sachliche Gründe dafür vorliegen, entschied das LG München I am 16.5.2011 (Az. 1 S 5166/11). Allerdings müssen Sie sich frühzeitig beim Verwalter melden, denn die Einladung muss mindestens drei

Wochen vor der EV bei den Eigentümern eintreffen. Oft wird sie früher verschickt. Weist Sie der Verwalter zu Unrecht ab und ist Eile geboten, weil Ihnen sonst ein schwerer Nachteil droht, können Sie bei Gericht eine einstweilige Verfügung erwirken. Die bringt Ihren Fall doch noch auf die Tagesordnung. Sonst kann der Richter anordnen, dass der Verwalter für ihr Anliegen eine außerordentliche EV einberuft.

Im Übrigen bleibt die Möglichkeit, kleinere Anliegen unter dem letzten Tagesordnungspunkt »Verschiedenes« zur Sprache zu bringen. Manchmal verlaufen aber die Diskussionen am Ende der Versammlung unbefriedigend, weil die Teilnehmer schon nach Hause wollen. Erfordert es das Anliegen, dass darüber abgestimmt wird, wäre ein unter »Verschiedenes« gefasster Beschluss anfechtbar, weil er nicht auf der Tagesordnung stand. Allenfalls bei einer für die Hausgemeinschaft insgesamt weniger wichtigen Frage, die für Sie gleichwohl sehr bedeutsam sein kann, wäre unter »Verschiedenes« ein rechtssicherer Beschluss möglich. Im Zweifel kann davon aber nicht ausgegangen werden.

WER WIRD EINGELADEN?

Generell erhalten – neben dem Verwalter – nur die Personen eine Einladung zu einer Eigentümerversammlung, die im Grundbuch als Eigentümer eingetragen sind. Doch es gibt weitere Personen, die einzuladen sind:

- Mitglieder des Verwaltungsbeirats, die ausnahmsweise nicht Miteigentümer sind (siehe ⇢ Verwaltungsbeiratswahl),
- vom Gericht bestellte Zwangs- oder Insolvenzverwalter, die an der Versammlung teilnehmen, von welcher der Eigentümer dann ausgeschlossen ist,
- gesetzliche Vertreter minderjähriger und betreuter Eigentümer,
- Vertreter einer Kapital- oder Personengesellschaft, die Miteigentümer ist,

- Nachlassverwalter bzw. Testamentsvollstrecker,
- Erben eines Eigentümers, soweit sie vor erfolgter Grundbuchberichtigung mit einem Erbschein vom Nachlassgericht ihre Ansprüche belegen.

Bei Bruchteilsgemeinschaften, etwa Eheleuten, die je zur Hälfte Eigentum besitzen, oder Erben- und sonstigen Eigentümergemeinschaften, werden alle Partner eingeladen, es sei denn, diese Bruchteilseigentümer haben einen Zustellungsvertreter genannt, also eine Person, die stellvertretend für die Gemeinschaft alle Unterlagen erhalten soll. Wird eine Wohnung zwangsversteigert, ohne dass zuvor eine Zwangsverwaltung angeordnet wurde, ist der im Grundbuch eingetragene Eigentümer einzuladen, solange der Zuschlag nicht erfolgt ist. Nießbraucher oder Mieter erhalten keine Einladung.

Vertretungsvollmacht

Wenn Sie an der Versammlung nicht teilnehmen werden, können Sie einem beliebigen Vertrauten, einem sonstigen Eigentümer der Wohnanlage oder dem Verwalter formlos eine Vollmacht erteilen, für Sie abzustimmen (⇢ Beschlussfassung). Solche Vollmachten sorgen dafür, dass die Versammlung entscheiden kann, auch wenn etliche Stimmberechtigte nicht persönlich teilnehmen. Ideal ist es, wenn der Verwalter bereits seinem Einladungsschreiben ein Vollmachtformular beifügt. Sollte er das nicht von sich aus tun, kann man ihn für künftige Einladungen darauf aufmerksam machen.

Lädt der Verwalter aus Versehen einen Eigentümer nicht zur EV ein, wird ein dort gefasster Beschluss vom Gericht aufgehoben, wenn es zu einer ⇢ Anfechtung kommt. Sogar nichtig wären die Beschlüsse, wenn ein Eigentümer nachweisen kann, dass er mit Absicht nicht eingeladen wurde, urteilte der BGH am 20.7.2012 (Az. V ZR 235/11) (⇢ Anfechtung).

Mehrhausanlage

Ohne ausdrückliche Regelung in der Gemeinschaftsordnung ist es rechtlich gleichgültig, ob die Teilungserklärung nur ein oder mehrere Gebäude erfasst. Die einzelnen Häuser der Mehrhausanlage genießen keinerlei rechtliche Selbstständigkeit. Sämtliche Wohnungseigentümer sind an sämtlichen Kosten auch der anderen Häuser zu beteiligen, alle Wohnungseigentümer können über jede Angelegenheit mitbestimmen, auch wenn sie ein anderes Haus betrifft.

Die Gemeinschaftsordnung kann aber bestimmte Eigentümergruppen organisatorisch verselbständigen. Zum Beispiel kann eine Gemeinschaftsordnung vorsehen, dass die Entscheidung über Maßnahmen, die nur dieses Haus betreffen, nur den dortigen Eigentümern vorbehalten bleiben. Ebenso können nur die Eigentümer dieser sogenannten Untergemeinschaft mit den Kosten der Erhaltung belastet werden. Für eine separate Finanzierung können auch eigene Erhaltungsrücklagen für diese vereinbart werden. Auch eigene Beiräte für die Untergemeinschaften können in der Gemeinschaftsordnung vorgesehen werden.

Auch bei weitestgehender Selbstständigkeit sind Untergemeinschaften aber nicht rechtsfähig. Deshalb kann ein Verwalter für eine Untergemeinschaft nicht wirksam bestellt werden. Die Untergemeinschaft kann weder klagen noch verklagt werden.

WER DARF AN DER VERSAMMLUNG ZUSÄTZLICH TEILNEHMEN?

Neben den Personen, die eingeladen werden müssen, dürfen auch die von ihnen als Vertreter bevollmächtigten Personen teilnehmen sowie alle Bruchteilseigentümer – auch wenn ja nur einer aus ihrer Bruchteilsgemeinschaft abstimmen darf (⇢ Beschlussfassung). Wer krank oder alt und gebrechlich ist, darf eine Pflegekraft mitbringen; wer kaum Deutsch spricht, kann sich von einem Dolmetscher begleiten lassen, muss dies aber rechtzeitig vorher ankündigen. Am besten besprechen die Betroffenen die Situation schon einige Zeit vor der Versammlung mit dem Verwalter oder gegebenenfalls mit dem Verwaltungsbeirat bzw. mit ihren Miteigentümern. Denn generell sind Begleitpersonen nicht zugelassen. Insbesondere dürfen Eigentümer keine Berater mitbringen, auch wenn diese vielleicht helfen könnten, Sachfragen zu klären, etwa ein Architekten, wenn über Renovierungsarbeiten entschieden wird.

Begleitender Anwalt

Besonders wenn die Gemeinschaft zerstritten ist, wollen Eigentümer oft einen Rechtsanwalt zu ihrer Unterstützung mitbringen. Ist das vorher bekannt, kann ein anderer Eigentümer bei Gericht beantragen, dass es die Teilnahme des Juristen per einstweiliger Verfügung untersagt. Die Richter würden dem wohl stattgeben, weil sich jeder Eigentümer vor der Versammlung ausführlich beraten lassen kann.

Klärung der Teilnahme

Bestehen Zweifel, ob eine Person teilnehmen darf, kann der Versammlungsleiter oder jeder stimmberechtigte Teilnehmer jederzeit einen Geschäftsordnungsantrag stellen, dass der Betreffende im Raum bleiben darf, oder im Gegenteil, dass er gehen muss. Zu einem solchen Antrag wird es spätestens dann kommen, wenn sich der umstrittene Gast bei kontroversen Diskussionen einmischt. In jedem Fall ist es ein Anfechtungsgrund, wenn unberechtigte Dritte an einer EV teilnehmen. Urteilt der Richter, dass dessen Anwesenheit die Beschlüsse wesentlich beeinflusst hat, wird er sie für nichtig erklären. Der Versammlungsleiter darf, und muss sogar, nicht berechtigte Besucher des Raums verweisen, denn er besitzt das Hausrecht.

WER LEITET DIE VERSAMMLUNG?

Der Verwalter leitet die EV, das bestimmt § 24 (5) WEG. Doch er kann die einzelnen Aufgaben oder gar die gesamte Leitung einem Mitarbeiter übertragen. Auch kann er selbst oder ein stimmberechtigter Teilnehmer jederzeit während der Versammlung den Antrag zur Geschäftsordnung stellen, einen anderen berechtigten Teilnehmer zum Versammlungsleiter zu wählen. Darüber muss – wie bei jedem Antrag zur Geschäftsordnung – unmittelbar abgestimmt werden. Findet dieser eine Mehrheit, leitet er von sofort an die Versammlung. Der Versammlungsleiter kann auch nur für einzelne Tagesordnungspunkte gewechselt werden, um Interessenkonflikte zu vermeiden.

WANN IST DIE EV BESCHLUSSFÄHIG?

Erste Aufgabe des Versammlungsleiters nach Eröffnung der Versammlung ist die Feststellung der Beschlussfähigkeit. Diese liegt bereits dann vor, wenn ein einzelner Eigentümer erschienen oder ordnungsgemäß vertreten ist. Die Versammlung ist immer beschlussfähig. Ein Mindestquorum sieht das Gesetz nicht mehr vor.

WIE LÄUFT DIE WEITERE VERSAMMLUNG AB?

Ist die Versammlung beschlussfähig, kann die Sacharbeit beginnen: Der Versammlungsleiter ruft den ersten Tagesordnungspunkt auf, bittet um Diskussionsbeiträge und führt die Rednerliste. Rederecht haben alle Eigentümer bzw. ihre Vertreter, auch wenn sie beim betreffenden Thema wegen Interessenkollision nicht mitstimmen dürfen. Wenn nötig, kann der Versammlungsleiter die Redezeit begrenzen; meist werden dann fünf Minuten als Limit vorgegeben. Jedoch ist eine generelle Begrenzung der Redezeit per Beschluss auf drei Minuten für alle künftigen Eigentümerversammlungen nicht ordnungsgemäß, urteilte das LG Frankfurt am 5.6.2014 (Az. 2-09 S 6/13). Vielmehr müsse jeweils berücksichtigt werden, wie bedeutend und kompliziert der diskutierte Sachverhalt sei. Sind in der EV die Argumente vorgetragen, kommt der wichtigste Teil: die ⇢ Beschlussfassung. Nach der Abstimmung wird deren Ergebnis verkündet und im ⇢ Protokoll vermerkt – und dann der nächste Punkt der Tagesordnung aufgerufen. Die Abfolge der Tagesordnungspunkte ist einzuhalten, wenn sie nicht durch einen Geschäftsordnungsbeschluss geändert wird.

WIE WIRD DIE VERSAMMLUNG BEENDET?

Wenn die Tagesordnung abgearbeitet ist, stellt der Versammlungsleiter das Ende der Versammlung fest: mit Ansage der Uhrzeit, die im Protokoll vermerkt wird. Soll das Treffen beendet werden, bevor alle in der Tagesordnung genannten Themen erledigt sind, ist dazu eine Abstimmung zur Geschäftsordnung nötig. Der Antrag sollte möglichst sogleich mit festlegen, wie die noch offenen Fragen behandelt werden sollen. So könnte der Verwalter beauftragt werden, eine neue Versammlung einzuberufen oder die übrigen Punkte schriftlich im Umlaufverfahren (siehe ⇢ Beschlussfassung) entscheiden zu lassen, bei dem allerdings für die Annahme eines Antrags nach § 23 (3) WEG alle Eigentümer zustimmen müssten. Die Eigentümer können für einzelne Beschlussgegenstände aber auch festlegen, dass für das Umlaufverfahren die Mehrheit der abgegebenen Stimmen genügen soll. Diese Möglichkeit bietet sich an, wenn mangels hinreichender Information, etwa noch nicht ausreichender Angebote, über einen bestimmten Tagesordnungspunkt nicht abschließend entschieden werden kann.

EIGENTUMSWOHNUNG

Klar: Wenn die Wohnung, in der jemand wohnt, dessen Eigentum ist, nennt man sie Eigentumswohnung oder Wohnungseigentum. Oft wird sie aber auch vermietet. Die ⇢ Teilungserklärung (TE) beschreibt, welche Räume zu einer Eigentumswohnung gehören. Diese darf geteilt oder auch mit einer anderen zusammengelegt werden, ohne dass die übrigen Eigentümer zustimmen müssen. Deren Einwilligung ist dagegen nötig, wenn Abstellräume im Keller und Dach wohnlich ausgebaut werden sollen. In der Regel sogar gegen den Widerstand der übrigen Eigentümer kann jedoch die Wohnung für ein Gewerbe genutzt werden. Bedingung: Es darf nicht mehr stören als eine Wohnnutzung. Auch bei der Vermietung lassen die Gerichte den Eigentümern einige Freiheiten, etwa wenn sie ihr Domizil tageweise Feriengästen überlassen.

WAS GEHÖRT ALLES ZU MEINEM WOHNUNGSEIGENTUM?

Grundlagen

Die ⇢ Teilungserklärung, die Gründungsurkunde der Wohnanlage, führt jede Eigentumswohnung – versehen mit einer fortlaufenden Nummer – auf. Dabei verweist sie auf den zugehörigen Aufteilungsplan, auf dessen Grundrissen jeder Raum, der zur Wohnung gehört, die Nummer trägt, die diese in der TE erhielt. Jede Eigentumswohnung muss nach § 3 (3) WEG ⇢ Abgeschlossenheit bieten. Das heißt, die Räume müssen gemeinsam durch Wände, Decken und Fußböden abgetrennt sein gegenüber anderem individuellem Eigentum und dem ⇢ Gemeinschaftseigentum. Zu diesem zählt alles, was in der Wohnanlage nicht einzelnen Eigentümern oder Eigentümergruppen gehört, also insbesondere das Grundstück und die konstruktiven Teile des Gebäudes. Eine Wohnung muss über einen abschließbaren Eingang von außen oder von einem im Gemeinschaftseigentum stehenden Treppenhaus bzw. Flur verfügen. Innerhalb der Wohnung muss es eine Kochgelegenheit, einen Wasserzu- und -ablauf sowie ein WC geben. Das bestimmen § 3 (2) WEG und eine zugehörige Verwaltungsvorschrift. Auch außerhalb des Gebäudes liegende Flächen wie Garten oder Terrasse können Bestandteil des Sondereigentums sein. Für diese gilt das Abgeschlossenheitserfordernis nicht. An dessen Stelle treten Maßangaben für die betreffenden Flächen im Aufteilungsplan.

Nebenräume

Die TE nennt auch die zu einer Eigentumswohnung gehörenden Nebenräume wie Kellerabteile, Dachkammern oder Garagen. Ebenso sind gegebenfalls ⇢ Sondernutzungsrechte etwa an der Terrasse, einem Autostellplatz oder einer Lagerfläche unterm Dach eingetragen. Diese Flächen dürfen Sie allein nutzen, doch formal gehören sie zum Gemeinschaftseigentum. Sollten in Ihrem Kaufvertrag oder einem Verkaufsprospekt weitere Räume zugesagt worden sein, hat das für die tatsächlichen Eigentumsverhältnisse keine Bedeutung: Entscheidend ist, was die TE aussagt. Sie gehört auch zu den Grundbuchunterlagen. Gegebenenfalls haben Sie bei Widersprüchen Schadenersatzansprüche gegen den Verkäufer.

Miteigentum

Zum Alleineigentum an einer Wohnung samt etwaigen Nebenräumen kommt ein Bruchteilseigentum am Grundstück und dem sonstigen Gemeinschaftseigentum. Wie viel Ihnen davon gehört, drückt der im Grundbuch eingetragene ⇢ Miteigentumsanteil aus. Neben Wohn- und Gemeinschaftseigentum kann es in einer Wohnanlage noch ⇢ Teileigentum geben, das wie die Eigentumswohnungen individuellen Eigentümern gehört. Es handelt sich um Räume, die nicht zum Wohnen bestimmt sind, etwa Läden oder Büros. Auch Garagen zählen dazu, falls sie juristisch selbstständige Einheiten darstellen und nicht Wohn- oder Teileigentum zugeordnet sind. Wohn- und Teileigentum werden zusammenfassend als ⇢ Sondereigentum bezeichnet.

DARF ICH MEIN WOHNUNGSEIGENTUM BERUFLICH NUTZEN?

Wozu Räume verwendet werden sollen, gibt die TE vor, zudem ist es an den jeweiligen Stellen im Aufteilungsplan vermerkt. Bei den Wohnräumen steht dann eben »Wohnen«, wobei Sie bei deren Gebrauch die ⇢ Hausordnung zu beachten haben. Wollen Sie von der Vorgabe der TE abweichen, ist das grundsätzlich zulässig, wenn die Nachbarn durch die geplante Verwendung nicht mehr gestört werden als durch die vorgesehene. Deshalb dürfen Sie Teile der Wohnung als Arbeitszimmer nutzen, gleich ob als Außendienstler mit Heimbüro, als Telearbeiter oder Freiberufler.

WÄRE EINE KOMPLETT GEWERBLICHE NUTZUNG ZULÄSSIG?

Störfaktor

Sie dürfen Ihre Eigentumswohnung auch gewerblich nutzen, wenn nach allgemeiner Erfahrung nicht zu erwarten steht, dass das mehr stört als üblicherweise eine Wohnnutzung. Das sahen Gerichte als gegeben an zum Beispiel bei Arzt-, Zahnarzt- und Physiotherapiepraxen, Ingenieurbüros, Steuerberater- und Anwaltskanzleien. Für sie dürfen auch die branchenüblichen Hinweisschilder vor der Haustür und im ⇢ Treppenhaus am Büroeingang montiert werden. Ausnahme: Die TE oder die ⇢ Gemeinschaftsordnung, die Regeln für die Zusammenarbeit in der Eigentümergemeinschaft vorgibt, können ein striktes Gewerbeverbot enthalten. In dem Fall wäre es nur zulässig, eine Teilfläche als Arbeitszimmer zu nutzen; Firmenschilder wären untersagt. Generell tabu ist es, die Eigentumswohnung für Rotlichtaktivitäten zu nutzen.

Umwandlung in Teileigentum

Wenn alle übrigen Eigentümer der Wohnanlage sowie gegebenenfalls Banken, die ein Grundschulddarlehen vergeben haben, zustimmen, können Sie Ihr Wohnungseigentum in Teileigentum umwidmen. Ein neuer Aufteilungsplan ist nicht erforderlich, weil die Lage und Grenzen des Sondereigentums unverändert bleiben. Die Änderung wird wirksam, sobald sie im Grundbuch eingetragen ist. Doch ob es lohnt, eine solche Umwidmung anzustreben, scheint fraglich. Ist es so, dass die geplante Nutzung wenig stört, dann ist sie auch in formal als Wohnung deklarierten Räumen zulässig. In diesem Fall verursacht die Änderung im Grundbuch unnötige Kosten. Führt die geplante Nutzung dagegen vermehrt zu Störungen, haben Ihre Miteigentümer allen Grund, der Umwidmung nicht zuzustimmen.

DARF ICH RÄUME IM KELLER UND DACH ZU WOHNZWECKEN NUTZEN?

Ausbaupläne

Streit unter den Eigentümern gibt es oft, wenn ein Eigentümer seine Räume im Keller oder Speicher nicht wie in der TE vorgesehen als Lagerfläche, sondern für Wohnzwecke nutzen will. Hierfür ist die Einwilligung aller übrigen Eigentümer notwendig. Weil es schwerfällt, dafür eine allseitige Zustimmung zu erlangen, bauen Eigentümer die Nebenräume vielfach ohne eine solche Genehmigung aus. Die Wohnungseigentümergemeinschaft, die sich von der darauf folgenden Wohnnutzung gestört fühlt, kann nach § 1004 BGB Unterlassung und Rückbau verlangen. Kommt es zu einer ⇢ Klage, haben Ausbaugegner gute Chancen, vor Gericht zu siegen (siehe auch ⇢ Teilungserklärung). Denn die Richter gehen davon aus, dass eine Wohnnutzung mehr stört als der vorgesehene Gebrauch als Lagerraum.

Gerichtsfälle zur Wohnnutzung

Einen Streit um einen Kellerausbau musste das OLG Düsseldorf am 24.3.1997 (Az. 3 Wx 426/95) entscheiden. Der Eigentümer der Parterrewohnung hatte von dort einen Wasser- und Heizungsanschluss zu seinem Raum im Untergeschoss verlegt und diesen dann zu Wohnzwecken genutzt. Das untersagten die Richter, doch befanden sie, Keller dürften zu Hobbyzwecken genutzt werden. Also brauchte der Beklagte die Installationen nicht abzubauen, obwohl das die übrigen Eigentümer verlangt hatten.

Mit einer Untersagung endete auch die Wohnnutzung eines Souterrainraums, den die TE als Teileigentum auswies und der somit nicht zu Wohnzwecken bestimmt war. Es spiele keine Rolle, befand der BGH am 16.6.2011 (Az. V ZA 1/11), dass das Bauamt eine Wohnnutzung genehmigt habe und die Räume seit Jahren bewohnt werden, ohne dass es Beschwerden gab.

Kein Glück vor Gericht hatte auch der Wohnungseigentümer, der ein Sondernutzungsrecht am Speicher erhalten hatte, der in der TE als Dachboden beschrieben wurde. Das sei bindend, urteilte das OLG Frankfurt am 10.10.2005 (Az. 20 W 258/03). Wenn Abstellflächen als Wohnraum genutzt würden, sei das für die übrigen Eigentümer regelmäßig von Nachteil. Es komme vermehrt zu störenden Geräuschen, auch werde die Wohnanlage stärker abgenutzt. Entsprechend hatte das BayObLG am 8.7.1993 (Az. 2Z BR 51/93) verboten, eine Dachwohnung mit dem darüberliegenden Spitzboden durch eine Wendeltreppe zu verbinden, weil er dadurch wohnungsähnlich genutzt werden könne.

DARF ICH ZWEI ANEINANDER GRENZENDE WOHNUNGEN ZUSAMMENLEGEN?

Einsame Entscheidung

Ohne Genehmigung der übrigen Wohnungseigentümer dürfen Sie zwei aneinander grenzende Wohnungen, die Ihnen gehören, vereinigen. So urteilte das BayObLG am 23.2.2000 (Az. 2z BR 167/99). Sie könnten auch von einer Wohnung Räume abspalten und der anderen zuordnen. Oder Sie einigen sich mit einem anderen Eigentümer im Haus, einen Raum, der bisher zu seiner Wohnung gehört, Ihrer zuzuordnen. Dafür notwendige Durchbrüche durch tragende Wände, die stets Gemeinschaftseigentum darstellen, sind ohne Genehmigung der übrigen Eigentümer zulässig, solange die Stabilität des Gebäudes und die Brandsicherheit gewährleistet bleiben. So entschied der BGH am 21.12.2000 (Az. V ZB 45/00). Eine solche neu geschaffene Einheit muss keine ⇢ Abgeschlossenheit bieten, die Räume müssen also nicht gemeinsam gegenüber anderem Sondereigentum und dem Gemeinschaftseigentum durch Wände abgetrennt sein und über einen Wohnungseingang von außen oder von einem im Gemeinschaftseigentum stehenden Treppenhaus bzw. Flur verfügen. So befand das BayObLG am 23.2.2000 (Az. 2Z BR 167/99). Denkbar ist, dass etwa einer Wohnung auf einer unteren Etage noch ein Wohnraum unterm Dach zugeordnet wird.

Miteigentumsanteil

Werden zwei Wohnungen vereint, werden ihre ⇢ Miteigentumsanteile addiert. Wird zum Beispiel nur ein Zimmer von einer Eigentumswohnung einer anderen zugeordnet, können die Miteigentumsanteile der Einfachheit halber unverändert bleiben, denn es gibt keine Vorschrift, wie sie zu berechnen sind. Meist jedoch entsprechen sie in etwa dem jeweiligen Anteil der Wohnungsfläche an der Gesamtwohn- bzw. -nutzfläche. Entsprechend kann der Miteigentumsanteil einer vergrößerten Wohnung zulasten der anderen erhöht werden, ohne dass die Zustimmung der übrigen Eigentümer notwendig wäre. Allerdings fallen dabei Kosten für die notwendige Grundbuchänderung an. Dennoch ist eine solche Anpassung sinnvoll, weil die Höhe des Miteigentumsanteils wichtig ist für die Verteilung der Gemeinschaftskosten. Auch das Stimmrecht bei der ⇢ Beschlussfassung der EV hängt in der Regel davon ab.

DARF ICH MEINE WOHNUNG AUFTEILEN?

Sie können Ihre Eigentumswohnung in zwei selbstständige Wohnungen aufteilen, wenn für jede die Abgeschlossenheit gewährleistet ist. Dazu muss jede der neuen Einheiten über eine Kochgelegenheit, einen Wasserzu- und -ablauf sowie über ein WC verfügen. Das bestimmen § 3 (2) WEG und eine zugehörige Verwaltungsvorschrift. Der Miteigentumsanteil wird in einem solchen Fall ebenfalls geteilt. Gleiches gilt für das Stimmrecht: Falls in der Versammlung jeder Eigentümer entsprechend § 25 (2) eine Stimme haben soll, verfügen die Eigentümer der aufgeteilten Wohneinheiten nur über jeweils eine halbe.

MUSS ICH UM ERLAUBNIS FRAGEN, WENN ICH VERMIETEN WILL?

Grundsätze

Wenn Sie Ihre Eigentumswohnung vermieten wollen, benötigen Sie dazu keine Erlaubnis. Sie können im Mietvertrag Ihrem Mieter die gleichen Nutzungsrecht an Gemeinschaftseigentum gewähren, die Ihnen selbst zustehen. So entschied das BayObLG am 9.10.1997 (Az. 2Z BR 90/97). Ob der Mieter auch bestehende Sondernutzungsrechte des Eigentümers für sich in Anspruch nehmen kann, richtet sich nach dem jeweiligen Mietvertrag. Stört der Mieter den Hausfrieden, kann die Wohnungseigentümergemeinschaft nach § 1004 BGB Unterlassung verlangen und zudem Sie als seinen Vermieter auffordern, mäßigend auf ihn einzuwirken. Nützt das nichts, können die übrigen Eigentümer Sie per Klage dazu zwingen, dem Mieter zu kündigen. Damit es möglichst nicht zu solchen Konflikten kommt, sollten Sie ihn im Mietvertrag zur Einhaltung der aktuellen ⇢ Hausordnung verpflichten. Sonst wäre er nicht daran gebunden. Ändert die EV die Hausordnung, muss der Mieter die Neuregelungen nur beachten, wenn es in einem Nachtrag zum Mietvertrag vereinbart wird. Das ist aber nur möglich, wenn der Mieter zustimmt. Eine Klausel im Mietvertrag, dass die Hausordnung in der jeweils gültigen Fassung zu beachten sei, wird vielfach für unwirksam gehalten.

Beschränkungen

In einigen wenigen Wohnanlagen ist die Vermietung durch die TE bzw. Gemeinschaftsordnung oder eine Vereinbarung, der alle Eigentümer zugestimmt haben, generell verboten. Dies ist rechtlich zulässig. Manche anderen Gemeinschaftsordnungen schreiben vor, dass für eine Vermietung die Zustimmung des Verwalters nötig ist. Als Vermieter müssen Sie ihn dann über den Mieter so weit informieren, dass er entscheiden kann. Der Verwalter darf die Genehmigung jedoch nur verweigern, wenn zu erwarten steht, dass Ihr Mieter das Zusammenleben im Haus beeinträchtigen wird. Die Gerichte sehen wenig Grund für Verbote. Nach einem Urteil des BGH vom 22.3.2019 (Az. V ZR 105/18) können Vertragsstrafen für Verstöße gegen Vermietungsbeschränkungen nicht wirksam beschlossen werden.

Nach Auffassung des BGH in seinem Urteil vom 25.9.2020 (Az. V ZR 300/18) ist die Nichtvorlage des Mietvertrages kein wichtiger Grund zur Verweigerung der nach einer Vereinbarung der Wohnungseigentümer erforderlichen Zustimmung zur Vermietung.

Gerichtsfälle zur Vermietung

Das KG Berlin befand am 13.12.2004 (Az. 24 W 51/04), dass Wohnungseigentum an einen Verein zur Betreuung Suchtkranker vermietet werden kann, der dort Kranke nach der Klinikbehandlung unterbringen will. Auch eine Vermietung an täglich wechselnde Feriengäste ist zulässig, falls die TE oder die Gemeinschaftsordnung nichts anderes bestimmt, urteilte der BGH am 15.1.2010 (Az. V ZR 72/09). Auch im Fall einer Öffnungsklausel kann die Vermietung an Feriengäste nur einstimmig verboten werden, so der BGH am 12.4.2019 (Az. V ZR 112/18). Das

LG Karlsruhe hielt es am 7.4.2009 (Az. 11 S 56/08) auch noch für eine zulässige Wohnnutzung, wenn der Eigentümer an Feriengäste vermietet und diesen einen Putz- und Wäscheservice bietet.

Als unzulässige gewerbliche Nutzung, stufte dagegen das OLG Saarbrücken am 3.2.2006 (Az. 5 W 115/05) die Vermietung als möblierte Wohnung an Kunden eines benachbarten Hotels ein, die einige Wochen bleiben wollten und den üblichen Hotelservice erhalten sollten. Dieser Betrieb störe mehr als die erlaubte Wohnnutzung. Untersagt wurde auch ein Altenheim in drei von insgesamt acht Wohnungen einer Wohnanlage. Das sei eine gewerbliche Nutzung, die den Wohnwert der übrigen Wohnungen mindere, urteilte das OLG Hamm am 1.2.1988 (Az. 15 W 349/87).

ENTZIEHUNG DES WOHNUNGSEIGENTUMS

Die Eigentümergemeinschaft (EG) kann ein Mitglied, das gröblich seine wohnungseigentumsrechtlichen Pflichten verletzt hat, zum Verkauf seiner Wohnung zwingen. Dazu ist eine Klage zu erheben, für die hohe Gerichts- und Anwaltskosten anfallen, wenn sie scheitert. Die Richter prüfen sehr genau, ob eine weitere Zusammenarbeit für die Gemeinschaft wirklich unzumutbar ist.

WIE KANN DIE GEMEINSCHAFT EIN UNZUMUTBARES MITGLIED LOSWERDEN?

Rechtsgrundlage

Die EG kann von einem ihrer Mitglieder die Veräußerung seiner Wohnung verlangen, wenn es seine Verpflichtungen gegenüber den übrigen Eignern so schwer verletzt hat, dass ihnen eine Fortsetzung der Gemeinschaft mit ihm nicht mehr zugemutet werden kann. So steht es in § 17 (1) WEG. Der zweite Abschnitt dieses Paragrafen nennt die zwei wichtigsten Arten von Verfehlungen, die den Rauswurf eines Eigentümers rechtfertigen:

- Trotz Abmahnung verletzt er wiederholt gröblich seine Pflichten nach § 14 WEG, wonach er sein Sondereigentum instand zu halten und das Sonder- bzw. Gemeinschaftseigentum so rücksichtsvoll zu gebrauchen hat, dass den Miteignern möglichst kein Nachteil erwächst, wobei dies nicht zwingend schuldhaft geschehen muss.
- Er kommt fortgesetzt den nach § 16 WEG bestehenden Zahlungsverpflichtungen nicht nach. Darunter kann im Einzelfall sowohl die Nichtzahlung fallen als auch die fortlaufend unpünktliche Erfüllung des Hausgeldanspruchs.

Wahlmöglichkeiten

Hat der unliebsame Eigentümer entsprechend hohe Schulden gegenüber der Eigentümergemeinschaft, kann sie ihn aber statt nach § 17 WEG auch aufgrund ihrer Forderungen, die er nach § 16 WEG zu zahlen hat, loswerden. Da bei ihm die Mahnungen, die der Verwalter verschickte, keinen Erfolg brachten, kann sie ihre Geldforderungen mit einem gerichtlichen Mahnverfahren oder einer Klage titulieren lassen. Die Gerichts- und Anwaltsgebühren richten sich dabei nach der Höhe der Schulden. Bei 10.000 Euro und kostengünstigem Prozessverlauf fallen für beide Parteien insgesamt Gerichts- und Anwaltskosten von rund 5.000 Euro an. Wenn der Verwalter und der von ihm beauftragte Anwalt das Verfahren sorgfältig vorbereiten, ist das Risiko, dass die Gemeinschaft vor Gericht unterliegt, gering. Bei Erfolg der Klage muss der Schuldner auch die Kosten der Gemeinschaft übernehmen. Liegt der Gemeinschaft der Vollstreckungstitel vor und der säumige Eigentümer zahlt noch immer nicht, kann sie die Zwangsversteigerung betreiben und sich so von ihrem problematischen Mitglied trennen. Mehr dazu bei → Zahlungspflicht.

Eine Klage auf Entziehung des Wohnungseigentums nach § 17 WEG kommt wesentlich teurer. Denn hier wird nicht um einige

Tausend Euro gestritten, sondern um die gesamte Eigentumswohnung. Und es besteht durchaus das Risiko, dass der Richter das Fehlverhalten des Eigentümers nicht schlimm genug findet, um eine Entziehung zu rechtfertigen. Dann müsste die Gemeinschaft die eigenen Verfahrenskosten und die ihres unliebsamen Mitglieds tragen. Gleichwohl bleibt nur dieser Klageweg, um es loszuwerden, wenn es zwar wiederholt schwer gegen seine Pflichten verstößt oder Miteigentümer beleidigt bzw. gar tätlich angreift, aber zumindest halbwegs zuverlässig zahlt.

Die Klage auf Eigentumsentziehung ist objektbezogen. Hat daher ein Wohnungseigentümer mehrere Einheiten, ist für jedes Wohnungseigentum die Entziehung gesondert zu prüfen. Bei belästigendem Gebrauch nur einer Wohneinheit könnte das Eigentum auch nur diesbezüglich entzogen werden.

WELCHES VERHALTEN RECHTFERTIGT EINE ENTZIEHUNG DES WOHNUNGSEIGENTUMS?

Gravierendes Fehlverhalten

Der Schutz des Eigentums, den das Grundgesetz in Artikel 14 garantiert, gewährleistet, dass eine Entziehung des Eigentums nur als letztes Mittel gegen einen gemeinschaftsschädigenden Wohnungseigentümer eingesetzt werden kann. Bevor die EV darüber entscheidet, ob sie eine Entziehungsklage erheben soll, wird deshalb der Verwalter eine chronologische Liste seiner Verfehlungen aufstellen. In ihr sollte er das Fehlverhalten präzise beschreiben, jeweils versehen mit Datum und gegebenenfalls der Uhrzeit sowie den Namen etwaiger Zeugen. Typische Entziehungsgründe sind wiederholte üble Nachrede über Miteigner, Beschimpfungen, Drogenkonsum in Gemeinschaftsflächen, Tätlichkeiten, ständige Lärmbelästigung, mehrfache Beschädigung und Beschmutzung des Gemeinschaftseigentums oder anhaltend üble Gerüche aus der Wohnung. Angemessen kann eine Entziehung auch sein, wenn ein Eigentümer jahrelang seinen Zahlungspflichten erst nachkam, nachdem ihn die Gemeinschaft dazu in einem Gerichtsverfahren gezwungen hatte. So urteilte der BGH am 19.1.2007 (Az. V ZR 26/06).

In der Liste der Missetaten wäre auch aufzuführen, welche Gegenmaßnahmen die Gemeinschaft daraufhin ergriffen hat. Wenn sie nach den Fehltritten des missliebigen Eigentümers immer wieder zur Tagesordnung überging, hatte er – so die wohlwollende Unterstellung mancher Richter – gar nicht erkennen müssen, wie sehr er das Zusammenleben in der Wohnanlage belastete. Deshalb ist es für den Erfolg einer Entziehungsklage notwendig, dass die Gemeinschaft den Störenfried nicht nur mehrfach abgemahnt hat, sondern bereits einmal oder gar mehrmals wegen seiner Verstöße gegen die Hausordnung, etwa Lärmbelästigung, oder gegen allgemeine Gesetze, zum Beispiel fortwährende Beleidigungen, bei Gericht verklagt hat. Setzt ein Wohnungseigentümer, gegen den ein gerichtliches Verfahren auf Entziehung des Wohnungseigentums anhängig ist, sein Verhalten fort, so ist für den BGH (Urteil vom 25.1.2019, Az. V ZR 141/17) eine weitere Abmahnung entbehrlich.

Kritische Vorprüfung

Anhand der Liste der Verstöße sollte die EV bzw. ihr Verwaltungsbeirat gemeinsam mit dem Verwalter und einem im WEG-Recht erfahrenen Anwalt kritisch prüfen, ob die Störungen ausreichen, um das Ausscheiden des störenden Eigentümers zu erzwingen. Aber nicht nur die Vergangenheit zählt: Die Entziehung wird vom Gericht nur genehmigt, wenn damit zu rechnen ist, dass sich die Störungen weiter fortsetzen. Soll die Entziehung versucht werden, sollte die Gemeinschaft mit dem Anwalt auch beraten, wie sich vermeiden lässt, dass der Störenfried die geplante Aktion vereitelt, indem er zum Beispiel seine Wohnung an einen Freund verschenkt und dafür ein im

Kaum Schutz vor Querulanten

Geringe Chancen besitzen Gemeinschaften, wenn sie Querulanten aus der Wohnanlage verbannen wollen. Regelmäßige Beschlussanfechtungen berechtigen nämlich nur im Ausnahmefall zur Eigentumsentziehung, wenn diese etwa nur bezwecken, Verwalter zu vergraulen und einen verwalterlosen Zustand herzustellen, urteilte der BGH am 5.4.2019 (Az. V ZR 339/17).

Grundbuch abgesichertes Nutzungsrecht erhält. Dann wäre die Lage juristisch noch komplizierter, denn die Gemeinschaft könnte sich nur wegen Verstößen, die sich nach dem Eigentumswechsel eintreten, an den neuen Eigentümer wenden. Und der würde wohl allenfalls pro forma seinen Mieter zur Mäßigung mahnen. Weitere Probleme könnten vor Gericht entstehen, wenn sich die Verstöße des Störenfrieds nicht sicher belegen lassen. Gehört die Wohnung Eheleuten gemeinsam, kann das Eigentum insgesamt entzogen werden, auch wenn nur einer der beiden Anlass zur Entziehung des Wohnungseigentums gegeben hat, entschied der BGH am 14.9.2018 (Az. V ZR 138/17).

WIE LÄUFT EINE ENTZIEHUNG DES WOHNUNGSEIGENTUMS AB?

Abmahnung

Bevor die EV beschließt, eine Klage zur Eigentumsentziehung einzureichen, muss der störende Eigentümer eine Abmahnung erhalten. Darauf kann die Gemeinschaft nur verzichten, wenn absolut sicher ist, dass sie wirkungslos bleibt, betonte der BGH in einem Beschluss vom 19.1.2007 (Az. V ZR 26/06). Die Abmahnung soll ihm seine Pflichtverletzungen, die nun drohenden Konsequenzen sowie die Möglichkeiten aufzeigen, eine Eigentumsentziehung doch noch zu vermeiden. Die Abmahnung erfolgt in der Regel durch Beschluss der EV. Diesen Beschluss kann jedoch der Störenfried anfechten. Der bessere Weg: Eine Abmahnung kann auch der Verwalter verfassen, der dafür nicht auf einen Beschluss der EV warten muss. Zudem wäre diese Abmahnung nicht selbstständig anfechtbar. Verstößt der Abgemahnte bald darauf erneut mindestens zweimal gröblich gegen jene Pflichten, die Gegenstand der Abmahnung waren, ist seine Böswilligkeit bewiesen. Eine Klage auf Entziehung könnte dann den erhofften Erfolg bringen.

Beschluss

Den Beschluss, einen Eigentümer auf Entziehung seines Eigentums zu verklagen, muss die EV mit einfacher Mehrheit fassen.

Der auszuschließende Eigentümer kann bei der Diskussion mitwirken, aber nicht mit abstimmen (§ 25 (4) WEG). Die Beschlussfassung ist zwar im Gesetz nicht mehr als Voraussetzung der Entziehung ausdrücklich erwähnt, die Novellierung des WEG zum 1.1.2020 dürfte aber insoweit zu keiner inhaltlichen Änderung geführt haben.

Jeder Eigentümer, auch der Störenfried, kann die Entscheidung mit einer Anfechtung beim Amtsgericht prüfen lassen. Das dürfte jedoch nur beurteilen, ob der Beschluss ordnungsgemäß zustande kam, hinreichend bestimmt ist und das abgemahnte Verhalten abstrakt einen Entziehungsbeschluss rechtfertigt, entschied der BGH am 5.4.2019 (Az. V ZR 339/17). Darüber, ob eine Entziehung angemessen ist, muss anschließend in einem separaten Verfahren geurteilt werden.

Erfolg

Im Verfahren kann der Richter vor einem Urteil einen gerichtlichen Vergleich nach § 17 (4) WEG anregen. Verständigen sich die Streitparteien darauf, ergeht kein Urteil. Stattdessen könnte ein Termin festgelegt werden, bis zu dem der Eigentümer die Wohnung am Markt verkauft haben muss. Allerdings sollte die Gemeinschaft in begründeten Fällen Kaufanwärter ablehnen können. Oder sie erhält ein Vorkaufsrecht. Kommt es nicht rechtzeitig zu einem Verkauf, könnte die Gemeinschaft ein Kaufrecht zum gerichtlich festgestellten Verkehrswert erhalten. Gibt es keinen Vergleich, fällt der Richter sein Urteil. Hat die Klage auf Entziehung des Eigentums Erfolg, kann die Eigentümergemeinschaft nach § 17 (4) WEG die Zwangsversteigerung einleiten.

Fazit: Vom Beschluss der Eigentümergemeinschaft, die Entziehung einzuleiten, bis zur Grundbuchumschreibung auf einen hoffentlich verträglichen, neuen Eigentümer vergehen in der Regel gut zwei Jahre.

ERHALTUNGSRÜCKLAGE

Für die Kosten von Pflege und Reparaturen des ⇢ Gemeinschaftseigentums können die Eigentümer eine Instandhaltungsrücklage bilden, die der Gesetzgeber ohne inhaltliche Änderung in Erhaltungsrücklage umbenannt hat. Sie muss sogar beschlossen werden, wenn auch nur ein Eigentümer darauf besteht. Existiert keine Finanzreserve, riskieren die zahlungskräftigen Eigentümer, dass sie im Notfall für finanzschwache Miteigner einspringen müssen. Bei der Bemessung der Reserve gibt es Orientierungsgrößen und Faustregeln, doch es bleibt ein großer Ermessensspielraum. Die Rücklage muss sicher angelegt werden, dabei aber kurzfristig verfügbar sein, wenn Erhaltungsmaßnahmen zu bezahlen sind. Nur dafür darf sie generell genutzt werden. Doch für einige Monate können die Eigentümer damit auch eine Finanzlücke im allgemeinen Haushalt der Gemeinschaft schließen.

WARUM RESERVEN BILDEN?

Das Gesetz zwingt Eigentümergemeinschaften nicht, eine Erhaltungsrücklage für das Gemeinschaftseigentum zu bilden. Wenn eine Reparatur fällig wird, müssen die Eigentümer dann das nötige Geld per ⇢ Sonderumlage aufbringen. Aber: Wenn ein Eigentümer nicht zahlen kann, müssen in der Regel die übrigen für ihn einspringen. Denn Eigentümergemeinschaften fällt es wegen der komplizierten Haftungsregeln schwer, einen größeren ⇢ Kredit im eigenen Namen aufzunehmen, um damit eine Finanzlücke zu schließen. Fazit: Auch wer sicher ist, dass er selbst jederzeit die Sonderumlagen zahlen kann, sollte fordern, dass eine Reserve durch regelmäßige Beiträge angesammelt wird. Dann muss er nicht befürchten, dass er bei Erhaltungsmaßnahmen für finanzschwache Eigentümer mit bezahlen muss.

Eine Erhaltungsrücklage muss auf jeden Fall dann gebildet werden, sobald ein Eigentümer dies verlangt, das bestimmt § 19 (2) WEG. Damit die Eigentümer korrekt über deren Umfang informiert werden, muss der Verwalter im Rahmen der ⇢ Jahresabrechnung den Betrag ausweisen, der tatsächlich vorhanden ist. Er darf also nicht die Gelder mitrechnen, welche Eigentümer der Gemeinschaft noch schulden, weil sie ihr monatliches ⇢ Hausgeld nicht gezahlt haben. Das enthält neben der Vorauszahlung für die anfallenden Kosten der Gemeinschaft auch den Beitrag zur Erhaltungsrücklage.

Besonders bei Neubauten wollen die Eigentümer oft auf das Ansparen verzichten, weil bei Schäden vielfach noch die Gewährleistung des Bauträgers greift. Doch der muss längst nicht für alle Reparaturen aufkommen. Und bis seine Zahlungspflicht nach fünf Jahren endet, sollte die Gemeinschaft eine Reserve aufgebaut haben. Besonders viel Geld sollten die Erwerber einer Wohnanlage zurückstellen, die durch Umwandlung eines älteren Mietshauses entstanden ist. Denn die Aufteiler statten die neu entstandenen Gemeinschaften meist nur mit einer sehr knapp kalkulierten Erhaltungsrücklage aus, obwohl in der Regel erhebliche Reparaturen zu erwarten sind.

WIE VIEL GELD MUSS DIE GEMEINSCHAFT PRO JAHR ZURÜCKSTELLEN?

Der Gesetzgeber schreibt nur vage vor, es sei eine »angemessene Erhaltungsrücklage« zu bilden. Wie die zu kalkulieren ist, legt er nicht fest. So verfügt jede Eigentümerversammlung über einen weiten Ermessensspielraum, wenn sie den Betrag ermittelt, den die Eigentümer insgesamt im laufenden Jahr in die Erhaltungsrücklage einzahlen sollen. Bestimmungsgrößen sind generell das Alter und der Zustand der Wohnanlage sowie der Umfang des Gemeinschaftseigentums. Gehören etwa ein Aufzug, eine Sauna oder ein Schwimmbad dazu, muss auch für deren Reparatur vorgesorgt werden. Als Orientierung gelten die Werte der staatlichen Berechnungsverordnung sowie Faustregeln, welche Experten der Wohnungswirtschaft anhand des typischen Erhaltungsaufwands entwickelt haben. Die Ergebnisse sind höchst unterschiedlich.

Berechnungsverordnung

Die erste Orientierung bieten für Wohnungseigentümer die Beträge, die bei Sozialwohnungen für die Erhaltung des gesamten Gebäudes je Quadratmeter Wohnfläche in die Mieten einkalkuliert werden dürfen. Festgelegt werden sie in der »Verordnung über wohnungswirtschaftliche Berechnungen nach dem Zweiten Wohnungsbaugesetz«, kurz Zweite Berechnungsverordnung oder II. BV. Das sind dort nach § 28 jährlich je Quadratmeter Wohnfläche bei Gebäuden, die seit

- weniger als 22 Jahre bezugsfertig sind: 9,21 Euro,
- mindestens 22 Jahren bezugsfertig sind: 11,68 Euro,
- mindestens 32 Jahren bezugsfertig sind: 14,92 Euro.

Eingerechnet sind die Ausgaben für die Instandhaltung der Wohnungen, die ein Vermieter tragen muss, etwa für die Reparaturen bzw. den Ersatz von Fliesen, Sanitärobjekten und Armaturen im Badezimmer oder generell der Bodenbeläge. Nicht enthalten sind die Kosten von Schönheitsreparaturen, also Maler- und Tapeziererarbeiten, in den Wohnungen. Trägt der Sozialmieter kleinere Instandhaltungsmaßnahmen, verringern sich die genannten Beträge um 1,36 Euro je Quadratmeter und Jahr, verfügt das Haus über einen Aufzug kommen 1,30 Euro hinzu. Sämtliche Werte gelten seit Januar 2020, alle drei Jahre werden sie nach § 26 (4) II. BV entsprechend dem Verbraucherpreisindex erhöht.

Beispiel: Für eine 20 Jahre alte Wohnanlage wären je Quadratmeter Wohnfläche jährlich 9,21 Euro bzw. monatlich 0,77 Euro in die Erhaltungsrücklage einzuzahlen.

Die Vermieter der Sozialwohnungen, meist Wohnungsgesellschaften, klagen allerdings, die Ansätze der Verordnung seien äußerst knapp kalkuliert. In der Tat kommen die Praktikerregeln wie die Peterssche Formel oder die Hauffsche Formel allein für das Gemeinschaftseigentum in Wohnanlagen zu weit höheren Instandhaltungskosten, als sie die Verordnung für Sozialbauten inklusive der Wohnungsinstandhaltung ansetzt.

Peterssche Formel

Dieses häufig angewendete Praktikerverfahren geht davon aus, dass innerhalb einer Gebäudelebensdauer von 80 Jahren das 1,5-Fache der ursprünglichen Herstellungskosten für die Erhaltung ausgegeben werden muss. Zwischen 65 und 70 Prozent davon entfallen auf das Gemeinschaftseigentum, für das die Instandhaltungsrückstellung bestimmt ist.

Beispiel: Je Quadratmeter Wohnfläche betragen die Herstellkosten des Gesamtgebäudes 3.000 Euro, davon 70 Prozent sind 2.100 Euro. Mal Faktor 1,5 ergibt 3.150 Euro an Erhaltungskosten während der 80 Jahre. Geteilt durch 80 ergeben sich 39,38 Euro für ein Jahr bzw. 3,28 Euro pro Monat, die in die Erhaltungsrücklage eingezahlt werden müssten.

Hauffsche Formel

Diese Faustregel basiert auf den Marktpreisen für Wohnungseigentum und unterstellt, dass davon 25 Prozent auf das Gemeinschaftseigentum entfallen und dieses im Laufe von 50 Jahren einmal komplett erneuert wird.

Beispiel: Bei einem Marktpreis von 4.000 Euro entfallen 1.000 Euro auf das Gemeinschaftseigentum. Dieser Betrag wird durch die Zahl der Jahre, in denen es komplett erneuert wird, geteilt, also 1.000 Euro durch 50. Das ergibt jährlich 20 Euro bzw. monatlich 1,67 Euro, die für Instandhaltung und -setzung zurückzustellen sind.

WER MUSS WIE VIEL GELD IN DIE RÜCKSTELLUNG EINZAHLEN?

Einheitliche Umlage

Im Rahmen der Beratungen über den ⇢ Wirtschaftsplan beschließt die Eigentümerversammlung (EV) mit einfacher Mehrheit, wie viel Geld die Eigentümer im laufenden Jahr insgesamt in die Erhaltungsrücklage einzahlen sollen. Sie kann von Jahr zu Jahr unterschiedliche Beträge festlegen, je nachdem wie sie den Bedarf einschätzt. Welchen Betrag davon jeder Einzelne aufbringen muss, richtet sich laut § 16 (2) WEG nach seinem ⇢ Miteigentumsanteil am Gemeinschaftseigentum. Dieser entspricht meist dem Anteil seiner Wohnfläche an der Gesamtwohnfläche des Hauses. Manche ⇢ Gemeinschaftsordnungen nennen als Maßstab für die Belastung der einzelnen Eigentümer direkt die Wohnfläche.

Rechtsstreit

Wehren sich Wohnungseigentümer mit einer ⇢ Anfechtung gegen eine ihres Erachtens überhöht vereinbarte Umlage für die Erhaltungsrücklage, orientierten sich die Richter des Öfteren an den Werten der Zweiten Berechnungsverordnung. So etwa das OLG Düsseldorf am 21.6.2002 (Az. 3 Wx 123/02). In neuerer Zeit billigten die Gerichte zunehmend eine höhere Reservebildung, weil die Kosten für die Instandhaltung der Gebäudehülle durch die Vorgaben der Energieeinsparverordnung deutlich gestiegen sind. Legt man die Ergebnisse der Praktikerregeln zugrunde, sind ohnehin weit höhere Werte angemessen, als sie die Verordnung nennt.

Mehrhausanlage

Manche Wohnanlage besteht aus mehreren Wohnhäusern oder etwa aus einem Wohnhaus und Garagen, die eigenständig als ⇢ Teileigentum im Grundbuch stehen. In solchen Fällen gibt oft die Gemeinschaftsordnung vor, dass für jeden Komplex eine separate Erhaltungsrücklage gebildet werden muss. In der Regel ist dann auch die Beschlussfassung aufgeteilt: Über Fragen der Rückstellungsbildung und des Erhalts jedes Anlagenteils stimmen nur die ab, die dort Eigentum halten. Sieht die Gemeinschaftsordnung einer Mehrhausanlage keine solche Trennung der Rücklage vor, kann sie durch eine ⇢ Vereinbarung, der ausnahmslos alle Eigentümer zustimmen, eingeführt werden.

WIE SOLL DIE GEMEINSCHAFT IHRE RESERVEN ANLEGEN?

Wie die Erhaltungsrücklage angelegt werden soll, entscheidet die EV. Die Erhaltungsrücklage kann auf einem eigenen Konto abgesondert werden, zwingend vorgeschrieben ist das allerdings vom Gesetzgeber nicht. Notwendig, aber auch ausreichend, ist ein entsprechendes Buchhaltungskonto. Die Eigentümergemeinschaft muss darauf achten, dass das Geld verzinslich und sicher angelegt wird, das Konto auf den Namen der Gemeinschaft und nicht den des Verwalters lautet und sie kurzfristig darüber verfügen kann, wenn Erhaltungsmaßnahmen anstehen. Die Wahl, auf welche Weise Zinsen erwirtschaftet werden, muss ihrerseits ordnungsgemäßer Verwaltung entsprechen. In der Regel entspricht dem nur die „bestmögliche Anlageform". Spekulative Anlageformen und solche, die zu einem Totalverlust führen können, haben zu unterbleiben. Mehr dazu steht unter ⇢ Gemeinschaftsvermögen, zu dem die Erhaltungsrücklage gehört.

WOFÜR KANN DIE GEMEINSCHAFT DIE RÜCKLAGE VERWENDEN?

Baumaßnahmen

Mit einfacher Mehrheit kann die EV beschließen, die Instandhaltungsrückstellung zur Finanzierung von Maßnahmen der ⇢ Instandhaltung, ⇢ Instandsetzung und ⇢ Modernisierung des Gemeinschaftseigentums zu nutzen. Ob die EV eine Baumaßnahme ausschließlich aus einer entsprechend gefüllten Instandhaltungsrückstellung bezahlt bzw. dazu eine ⇢ Sonderumlage erhebt oder sich für eine Mischung aus beidem entscheidet, bleibt ihr überlassen. Wenn zu Fragen der Erhaltung oder Modernisierung ein Architekt bzw. ein Sachverständiger oder etwa bei

Schadenersatzfragen ein Anwalt eingeschaltet wird, kann dessen Honorar ebenfalls aus der Rücklage bezahlt werden. Eine etwaige Sondervergütung des Verwalters darf aus der Rücklage dagegen nicht bezahlt werden, denn es handelt sich insoweit um Verwaltungskosten. Ansonsten darf die EV damit allenfalls noch einen Rasenmäher für die Wohnanlage anschaffen.

Kaufpreis um Rückstellung mindern

Vor einem Verkauf sollte ein Eigentümer seinen Anteil an der Erhaltungsrücklage selbst berechnen oder vom Verwalter berechnen lassen. Im notariellen Kaufvertrag wird dann ein Kaufpreis, der um den Wert des Rückstellungsanteils gemindert wurde, angegeben, und der Wert des Rückstellungsanteils wird separat ausgewiesen. Er zählt dann – wie etwa der Preis für miterworbene Möbel und Gardinen – bei der Bemessung der Grunderwerbsteuer nicht mit. Der Käufer profitiert, ohne dass der Verkäufer etwas verliert.

Kontoausgleich

Droht das Girokonto der Gemeinschaft ins Minus zu rutschen, weil ein Eigentümer sein ⇢ Hausgeld nicht pünktlich zahlt, kann die EV mit einfacher Mehrheit beschließen, die Lücke für etwa fünf Wochen mithilfe ihrer ausreichenden Erhaltungsrücklage zu schließen. Das AG Brühl billigte am 18.4.2011 (Az. 23 C 583/10) sogar, dass eine EV im Oktober eine Entnahme bis zum Jahresende beschlossen hatte. Im EV-Beschluss muss stehen, warum das Rückstellungsgeld kurzzeitig quasi entliehen wird und wofür es verwendet werden soll. Stets muss aber ein ausreichender Betrag für Notreparaturen in der Erhaltungsrücklage als „eiserne Reserve" verbleiben.

Auszahlung

Wer seine Eigentumswohnung verkauft, dem wird kein Anteil an der Erhaltungsrücklage ausgezahlt. Sie verbleibt wie das gesamte Gemeinschaftsvermögen im Eigentum der Gemeinschaft. Aber mit einer Vereinbarung, der ausnahmslos alle Eigentümer zugestimmt haben, können sie die Rückstellung komplett oder teilweise auflösen. Das Geld wird entsprechend dem Verteilungsschlüssel, der bei der Bildung der Rückstellung genutzt wurde, auf die Eigentümer verteilt. Fallen künftig Erhaltungskosten an, müssten sie diese jeweils mit einer Sonderumlage finanzieren. Das geht so lange, bis ein Eigentümer fordert, eine Erhaltungsrücklage zu bilden.

Werbungskosten

Wer seine Eigentumswohnung vermietet, kann seine anteiligen Kosten für die Renovierung und Modernisierung des Gemeinschaftseigentums nach erfolgter Ausgabe steuerlich geltend machen, nicht jedoch bereits die Einzahlungen in die Erhaltungsrücklage.

G

GARTENNUTZUNG

Im gemeinschaftlichen Garten können sich alle Eigentümer gleichermaßen erholen, unabhängig davon, wie viel des Gemeinschaftseigentums ihnen gehört. Doch kann die Eigentümerversammlung (EV) mit einer Gartenordnung die Nutzung regeln. Welcher Teil der grünen Oase als Rasen, Blumenbeet oder eventuell Spielplatz anzulegen ist, bestimmt die Teilungserklärung (TE). Abweichungen müssten alle Eigentümer vorab genehmigen. Allseitige Zustimmung wäre auch notwendig, wenn zum Beispiel eine Gartenbank oder eine Laube aufgestellt werden sollen.

WER BESTIMMT, WIE DER GARTEN ANGELEGT WIRD?

Die ⇢ Teilungserklärung beschreibt, wofür welche Teile des Gartens zu nutzen sind: wo eine Rasenfläche oder ein ⇢ Spielplatz, ein Blumenbeet oder gegebenenfalls ein Platz zum ⇢ Grillen liegen sollen. Doch was, wenn Eigentümer dauerhaft eine andere Gestaltung wünschen, etwa die Rasenfläche verkleinern wollen, um den Spielplatz zu vergrößern? Oder wenn sie einen neuen Gartenweg anlegen wollen? Eine solche Veränderung wäre nur zulässig, wenn ihr ausnahmslos alle Eigentümer in einer ⇢ Vereinbarung zustimmen. Sie sollte explizit klarstellen, dass damit die frühere Regelung in der TE ersetzt wird. Damit die Änderung auch später hinzukommende Eigentümer bindet, muss sie im Grundbuch eingetragen werden. Das setzt voraus, dass die Unterschriften aller Eigentümer von einem Notar beglaubigt werden.

WELCHE REGELN GELTEN FÜR DIE NUTZUNG DES GARTENS?

Den gemeinschaftlichen Garten können alle Eigentümer gleichermaßen nutzen. Mieter dürfen den Garten allerdings nur gebrauchen, wenn das in ihrem Mietvertrag ausdrücklich vorgesehen ist. Aber für alle Gartenfreunde gilt als oberstes Gebot: Durch den Gebrauch des Gartens dürfen den Mitbewohnern nicht mehr Nachteile erwachsen, als es bei einem geordneten Zusammenleben unvermeidlich ist.

Gartenordnung

Um für ein friedliches Miteinander in der Wohnanlage zu sorgen, kann die EV die ⇢ Hausordnung um eine Gartenordnung ergänzen. Jedoch darf sie darin auf einer Rasenfläche nicht generell das Sonnenbaden (außer FKK) oder das zeitweise Aufstellen von Gartenmöbeln verbieten. Auch das Wäschetrocknen im Garten kann nicht grundsätzlich untersagt werden, befand das OLG Düsseldorf am 1.10.2003 (Az. 3 Wx 393/02). In einem großen Garten darf die EV sogar das Aufstellen eines Partyzelts für einige Tage gestatten, in einer kleinen Grünoase kann sie dagegen Gartenpartys ganz verbieten. Von den örtlichen Gegebenheiten hängt es auch ab, ob und gegebenenfalls mit welchem Gerät und wie oft dort das Grillen zu erlauben ist. Letztlich lässt sich trefflich darüber streiten, ob im konkreten Fall die EV mit ihren Regelungen den Gartenspaß unnötig schmälert oder so viel erlaubt, dass Miteigentümer unzulässig gestört werden. Eigentümern, die sich mit ihren Argumenten in der EV nicht durchsetzen konnten und nun mit den Beschlüssen nicht einverstanden sind, bleibt nur ein Weg: Sie können innerhalb eines Monats nach der Entscheidung mit einer ⇢ Anfechtung dagegen vorgehen. Dann entscheidet das Gericht, was im Garten zu erlauben ist.

Gartenausstattung

Wenn ein Eigentümer im Gemeinschaftsgarten etwa eine kleine Tierfigur bzw. eine Vogeltränke aufgestellt oder ein Vogelhäuschen an einem Baum befestigt, wird sich kaum ein Miteigner beschweren. Kommt es doch zu Kritik, muss die EV über den Fall mit einem Mehrheitsbeschluss entscheiden.

Auch das dauerhafte Aufstellen einer Sitzgruppe aus Massivholz stellt eine bauliche Veränderung dar, befand das OLG Karlsruhe am 28.8.1997 (Az. 11 Wx 94/96). Dann müsste die Aufstellung mit Mehrheit beschlossen werden

Gartenzwerge

Die Frage, ob Gartenzwerge niedlich oder spießig sind, kann Eigentümergemeinschaften entzweien. So geschehen in Hamburg, wo ein Eigentümer von Frühjahr bis Herbst zwei übliche, mittelgroße Zwerge im Gemeinschaftsgarten aufgestellt hatte. Eine Miteignerin sah sich durch die Wichtel provoziert. Als die EV nicht dagegen vorgehen wollte, sah sie nach § 1004 BGB ihr Eigentum beeinträchtigt und klagte. In dritter Instanz erhielt sie vor dem HansOLG am 20.4.1988 (Az. 2 W 7/87) Recht. Die Zwerge mussten verschwinden. Wie riskant eine solche Klage ist, bei der die örtlichen Gegebenheiten und die Meinung des Richters eine große Rolle spielen, zeigt ein Streit um Zwerge in einem ⇢ Gartenteil zur Sondernutzung. Das AG Recklinghausen fand am 18.10.1995 (Az. 9 II 65/95), sie störten das Gesamtbild der Wohnanlage nicht. Wohl aber hat der Prozess das dortige Miteinander nachhaltig gestört. Auch das AG München erkannte am 28.2.2018 (Az. 481 C 793/17 WEG) in den Gartenzwergen keine bauliche Veränderung.

GARTENPFLEGE

Aufgabe des Gärtners in einer Wohnanlage ist es, den optischen Gesamteindruck des Gartens zu bewahren. Maßnahmen, die diesen Gesamteindruck verändern, bedürfen vorab der Zustimmung der Eigentümermehrheit. Wenn einer von ihnen selbst gärtnern möchte, kann ihm das die Eigentümerversammlung (EV) mit einfacher Mehrheit ermöglichen. Doch eine Pflicht zur Mitarbeit besteht in der Regel nicht.

WER HÄLT DEN GARTEN IN ORDNUNG?

Der Verwalter muss für die Instandhaltung des Gartens sorgen, wobei die EV per Beschluss vorgibt, wie viel Pflege sie für die grüne Oase wünscht. Schließlich müssen die Eigentümer dafür bezahlen. Konkret: Die Rechnungen des Gärtners werden nach den ⇢ Miteigentumsanteilen umgelegt und die Beträge im Rahmen des ⇢ Hausgelds kassiert. So bestimmt es § 16 (2) WEG. Eigenleistungen der Eigentümer sieht das WEG nicht vor.

Grenzen der Instandhaltung

Durch eine sachgerechte Instandhaltung soll das Erscheinungsbild der Wohnanlage bewahrt werden. Dazu zählen auch Regelungen, wann der Rasen gemäht, Unkraut oder abgestorbene Pflanzen entfernt und Bäume bzw. Sträucher beschnitten werden müssen. Wird jedoch eine Hecke, die für Sichtschutz sorgt, deutlich gestutzt, kann dies eine bauliche Veränderung sein, der stets vorab die Eigentümermehrheit zustimmen müsste. So urteilte das OLG Köln am 15.10.1979 (Az.16 Wx 249/03). Auch müssten die meisten Eigentümer zustimmen, bevor ein Baum gepflanzt wird, der in einigen Jahren das Erscheinungsbild der Wohnanlage prägen würde. Erst recht müssen sie zustimmen, wenn die vorhandene Bepflanzung weitgehend gegen eine andersartige ausgetauscht würde, sodass der Garten einen anderen optischen Gesamteindruck vermittelt.

Baum fällen

Unstrittig: Ein Baum, der nicht mehr standsicher ist, muss gefällt werden. Doch auch wenn ein Baum standsicher ist, wollen ihn Eigentümer manchmal entfernen lassen, weil er so gewachsen ist, dass er die Wohnungen verdunkelt. Die erste Maßnahme wäre, ihn zurückzuschneiden und auszulichten. Reicht das nicht aus, bleibt zu klären, ob eine kommunale Baumschutzregelung zum Erhalt des Baumes zwingt. Ist das nicht der Fall, dürfte er nach einem Mehrheitsbeschluss gefällt werden.

Ernterecht

Blumen, Obst und Gemüse aus dem Gemeinschaftsgarten stehen den Eigentümern entsprechend ihren Miteigentumsanteilen zu. Vergibt die EV das Nutzungsrecht an einer etwaigen Ernte an einen Interessenten gegen Entgelt, fließt dieses in die Kasse der Eigentümergemeinschaft.

DÜRFEN EIGENTÜMER DIE GARTENARBEIT SELBST ÜBERNEHMEN?

Das Gesetz kennt keine persönliche Mitarbeit der Eigentümer bei der Gartenpflege. Sie sollen nur nach § 16 (2) WEG deren Kosten übernehmen, anteilig nach ihren Miteigentumsanteilen. Doch die Teilungserklärung bzw. die Gemeinschaftsordnung könnten eine Pflicht zur Mithilfe vorsehen. Oder die Eigentümer beschließen sie mit einer ⇢ Vereinbarung, der ausnahmslos alle zustimmen.

Doch ein einzelner Eigentümer darf auch ohne eine solche Pflicht mit Rechen, Spaten und Mähmaschine gegen den Wildwuchs vorgehen. Wenn er dafür keine Bezahlung erwartet, wird es ihm die EV gern gestatten, einfache Mehrheit genügt (⇢ Gebrauchsregelungen). Sie wird ihn dabei verpflichten, die oben beschriebenen Grenzen der Instandhaltung nicht zu überschreiten. Dafür kann sie ihm zusagen, dass ihm die Ausgaben etwa für neue Pflanzen und Düngemittel erstattet werden. Sie sollte dafür aber eine Obergrenze setzen oder man vereinbart eine Pauschale. Übernimmt der Hobbygärtner nur einen Teil der Gartenpflege, kann ihm die EV auch bei der verbleibenden Gärtnerrechnung entgegenkommen: Nach § 16 (2) WEG kann sie mit einfacher Mehrheit die anfallenden Kosten anders als nach Miteigentumsanteilen verteilen.

Verlangt der Hobbygärtner eine Bezahlung, kann er sich als Kleinunternehmer beim Verwalter um den Auftrag zur Gartenpflege bewerben. Oder er bietet an, sie als Angestellter der Eigentümergemeinschaft im Minijob zu übernehmen. In beiden

Fällen könnte ihm die EV mit einfacher Mehrheit die Arbeiten übertragen. Ein hohes Risiko wäre es, ihn als Schwarzarbeiter zu beschäftigen, insbesondere weil er dann ohne Versicherungsschutz bliebe. Bei einem Unfall müsste die Eigentümergemeinschaft haften.

GARTENTEIL ZUR SONDERNUTZUNG

Zum Wohnungseigentum kann ein Sondernutzungsrecht an einem Teil des Gartens gehören, etwa bei einer Parterrewohnung die Terrasse und angrenzende Flächen. Diese darf nur der Sonderberechtigte nutzen und gärtnerisch bearbeiten, muss aber in der Regel auch die Instandhaltung seines Areals allein bezahlen. Doch wenn er etwa einen neuen Weg anlegen oder eine Gartenlaube aufstellen will, braucht er die Zustimmung aller übrigen Eigentümer.

WORAUF BERUHT EIN SONDERNUTZUNGSRECHT IM GARTEN?

Die ⇢ Teilungserklärung (TE) kann einzelnen Eigentumswohnungen ein ⇢ Sondernutzungsrecht an einem Gartenteil zuordnen. Typischerweise wird bei einer Parterrewohnung ein Sondernutzungsrecht für die Terrasse und gegebenenfalls angrenzende Grünflächen gewährt. Bei einem großen Grundstück gehören manchmal sonstige Teile des Gartens als Sondernutzungsrecht zu einzelnen Etagenwohnungen. In aller Regel wird ein solches Recht im Grundbuch eingetragen und bleibt so unwiderrufbar mit der Wohnung verbunden, auch wenn der Eigentümer wechselt. Formal gehört die im Sondernutzungsrecht übertragene Fläche zwar weiterhin zum Gemeinschaftseigentum, doch nur der Eigentümer der betreffenden Wohnung darf dieses nutzen.

Handlungsvollmacht

Ohne die Miteigentümer zu fragen, darf der Sondernutzungsberechtigte auf seiner Parzelle all das tun, worüber im Gemeinschaftsgarten mit einfachem Mehrheitsbeschluss der Eigentümerversammlung (EV) entschieden wird (→ Gartennutzung). Insbesondere darf er im Rahmen der Gartenpflege dort Blumen, Sträucher und kleinwüchsige Bäume pflanzen. Eine etwaige Ernte gehört allein ihm. Meist bestimmt die TE oder eine Vereinbarung, dass er die Pflege seines Areals bezahlen muss. Ohne eine solche Vorgabe müsste die Eigentümergemeinschaft dafür aufkommen, denn es handelt sich ja formal um Gemeinschaftseigentum.

Rücksichtnahme

Selbstverständlich muss auch ein Sondernutzer entsprechend § 14 (1) WEG dafür sorgen, dass die Miteigentümer durch sein Tun nicht mehr gestört werden, als es bei einem geordneten Zusammenleben unvermeidlich ist. So gelten für ihn die gleichen Ruhezeiten wie im Gemeinschaftsgarten. Gartenpartys samt → Grillen sind allenfalls einige wenige Male im Jahr erlaubt. Eine Orientierung gab das BayObLG am 18.3.1999 (Az. 2 Z BR 6/99). Danach darf bei einer großen Sondernutzungsfläche fünf Mal im Jahr gebrutzelt werden, wobei der Grill 25 Meter vom Haus entfernt aufgestellt werden muss. Bei kleineren Arealen dürfte der Sondernutzer entsprechend seltener feiern.

Zur Rücksichtnahme auf die Miteigner gehört auch, dass der Sondernutzer durch seine Aktivitäten den Gesamteindruck der Wohnanlage nicht verändert. Doch bevor es darüber zu Diskussionen im Haus kommt, sollten alle Beteiligten in der TE nachschauen, ob mit der Sondernutzung ausnahmsweise bestimmte Rechte oder gegebenenfalls Pflichten zur Umgestaltung verbunden sind. Schreibt die TE vage eine übliche Gartengestaltung vor, wäre zu berücksichtigen, wie groß das Areal ist und wie Gärten in der Nachbarschaft angelegt sind. So wären umfangreiche Gemüsepflanzungen, die der Sondernutzer statt der von den Miteigentümern gewünschten Blumenbeete angelegt hat, in ländlicher Umgebung eher zu tolerieren als in der Stadt. Entsprechend beurteilen Gerichte die Lage, wenn ein Streit unter Eigentümern zu einer Klage führt.

WOFÜR BRAUCHT EIN SONDERNUTZER DIE ZUSTIMMUNG DER MITEIGNER?

Genehmigung einholen

Unstrittig benötigt ein Sondernutzungsberechtigter die vorherige Zustimmung die Mehrheit der Eigentümer, wenn er ⇢ bauliche Veränderungen plant. Das sind Maßnahmen, die das Erscheinungsbild der Wohnanlage dauerhaft verändern. Dazu zählt etwa der Bau einer Gartenlaube, das Anlegen eines Weges oder gar eines Autostellplatzes, aber auch das Fällen eines Baumes, der das Erscheinungsbild der Wohnanlage prägt. Prägend ist allemal ein freistehender, großer Baum. Ein Sondernutzer, der da vorsätzlich zur Axt greift, obwohl er weiß, dass dies die meisten Miteigentümer nicht billigen, muss den früheren Zustand wiederherstellen. Das heißt, er muss für viel Geld einen bereits entsprechend großen Baum pflanzen lassen. So befand des OLG Düsseldorf am 28.2.2002 (Az. 3 Wx 166/02). Ein Sondernutzer sollte ebenfalls frühzeitig mit den Miteignern sprechen, wenn er einen kleinen Baum pflanzen will, der groß heranwachsen wird. Denn auch dazu braucht er eine Zustimmung der Eigentümermehrheit. Die wäre sicher auch nötig, wenn er seine Parzelle in ein Feuchtbiotop verwandeln wollte. Eventuell wäre es bereits eine bauliche Veränderung, wenn ein Sondernutzer – ganz im Sinne der Ökologie – sein Areal zu einem naturnahen Garten verwildern lässt. Vernünftigerweise sollte er deshalb bei den Miteigentümern für sein Projekt werben, noch bevor die vermeintlichen Unkräuter wuchern.

Einzäunung

Eine friedliche Einigung verpasste der Sondernutzer, der ohne Rücksprache mit den Miteignern seine Parzelle mit einem 60 Zentimeter hohen Zaun begrenzte. Unstrittig ist das eine zustimmungspflichtige bauliche Veränderung. Der Fall eskalierte und landete in dritter Instanz vor dem OLG Düsseldorf. Das verbot den Minizaun am 20.12.1996 (Az. 3 WXC 9/96).

Festmontage

Auch über eine Wäschespinne, die ein Sondernutzer auf seiner Wiese einbetoniert hatte, kam es zum Rechtsstreit. Sie ist ebenfalls eine zustimmungspflichtige bauliche Veränderung, entschied das OLG Zweibrücken am 23.12.1999 (Az. 3 W 198/99). Doch sie schrieben im Urteil, was zulässig wäre: ein Rohr senkrecht in die Wiese zu rammen, dass nur ein kleines Loch sichtbar bleibt, in das bei Bedarf eine Wäschespinne eingesteckt werden kann. Eine Lösung, auf welche die Eigentümer bei einem Glas Wein selbst hätten kommen können.

Gartenzwerge

Vielleicht wusste ein Sondernutzer gar nicht, dass er den Garten baulich verändert, als er vier bis zu 75 cm große, freundliche Gartenzwerge aufstellte. Miteigner störten sich daran und keine Seite wollte nachgeben. Glück für die Zwerge: Das AG Recklinghausen fand am 18.10.1995 (Az. 9 II 65/95), sie störten das Gesamtbild der Wohnanlage nicht. Auch das Amtsgericht München (Az. 481 C 793/17 WEG vom 28.2.2018) erkannte in den Gartenzwergen keine bauliche Veränderung. Dagegen verbannte in Hamburg das HansOLG am 20.4.1988 (Az. 2 W 7/87) Zwerge aus einem Gemeinschaftsgarten. Wie solche Fälle ausgehen, lässt sich also kaum abschätzen. Das Aufstellen von »Frustzwergen« ist demgegenüber immer verboten, so das AG Grünstadt am 11.2.1994 (Az. 2a C 334/93).

Unversöhnlich standen sich auch zwei andere Eigentümer in Hamburg gegenüber, die um Figuren einer ganz anderen Dimension stritten. Ein Sondernutzer hatte auf seinem großen Areal einen weißen Kiesweg angelegt und zahlreiche übermannshohe Skulpturen aufgestellt. Ein Miteigner klagte auf Beseitigung und erhielt am 12.12.2012 vor dem LG Hamburg Recht (Az. 318 S 31/12): Der Weg musste dem Rasen weichen und nur einige Figuren durften verbleiben.

GEBRAUCHSREGELUNGEN

Die ⇢ Teilungserklärung (TE) und der Aufteilungsplan enthalten die grundlegenden Gebrauchsregelungen: Sie zeigen, welche Flächen ⇢ Eigentumswohnungen und welche ⇢ Teileigentum, also zum Beispiel Garagen oder Gewerberäume, sind und wofür bestimmte Teile des ⇢ Gemeinschaftseigentums zu nutzen sind: außen zum Beispiel als Park- oder Spielplatz, innen etwa als Fahrradkeller oder Abstellraum. Änderungen sind möglich, wenn alle Eigentümer zustimmen. Dagegen genügt eine Mehrheit von Ja-Stimmen, wenn die Eigentümerversammlung (EV) zum Beispiel ein Recht am Gemeinschaftseigentum vergibt: etwa, im nächsten Jahr den Pflaumenbaum im Garten abzuernten oder für einige Zeit einen Abstellraum zu nutzen. Gebrauchsregeln für das Miteinander der Eigentümer im Alltag enthält die ⇢ Hausordnung.

WELCHE ARTEN VON GEBRAUCHSREGELUNGEN GIBT ES UND WIE LASSEN SIE SICH ÄNDERN?

Flächennutzung

Die TE und der zugehörige Aufteilungsplan, die noch vor Verkaufsbeginn vom Bauträger bzw. Aufteiler verfasst werden, geben die grundlegende Gebrauchsregelungen vor: welche Einheiten als Wohnung bzw. als Laden oder etwa Büro dienen sollen. Nur in Grenzen sind Abweichungen erlaubt, so darf etwa eine ⇢ Eigentumswohnung für ein ruhiges Gewerbe mit wenig Publikumsverkehr, etwa ein Steuerberaterbüro, genutzt werden.

Die TE bestimmt zudem, wofür welche Teile des Gemeinschaftseigentums zu nutzen sind: die Außenanlage als Rasen- oder Spielfläche, als Grillplatz oder zum Abstellen von Autos, ein Kellerraum als Waschküche oder ein Dachraum als Abstellkammer. Würde zum Beispiel eine ungenutzte gemeinschaftliche Waschküche stillschweigend zum Fahrradkeller, könnte später ein Eigentümer verlangen, dass die Räder wieder verschwinden, weil er dort seine Waschmaschine aufstellen will. Eine dauerhafte Umnutzung kann nur durch eine ⇢ Vereinbarung, der ausnahmslos alle Eigentümer zugestimmt haben, beschlossen werden. Damit die Änderung auch später hinzukommende Eigentümer bindet, muss sie im Grundbuch eingetragen werden.

Sondernutzungsrecht

Die TE ordnet gegebenenfalls einzelnen Eigentumswohnungen oder Gewerbeeinheiten auf Dauer ein ⇢ Sondernutzungsrecht an einem Teil des Gemeinschaftseigentums zu. Das kann ein Autostellplatz, ein Gartenteil oder etwa ein Abstellraum sein, den ein Wohnungseigentümer exklusiv nutzen darf. Somit ist das Sondernutzungsrecht die weitestgehende Gebrauchsregelung für Gemeinschaftseigentum. Es wird im Grundbuch eingetragen und bleibt mit der Eigentumswohnung verbunden, auch wenn sie verkauft wird. Es kann nur aufgehoben werden, indem ausnahmslos alle im Grundbuch eingetragenen Eigentümer – also auch der Inhaber des Sondernutzungsrechts – einer entsprechenden Vereinbarung zustimmen.

Die Einräumung eines Sondernutzungsrechts bleibt möglich, auch wenn an Stellplätzen, Terrassen oder Gartenflächen nach der Novellierung des WEG Sondereigentum erleichtert möglich geworden ist. Bereits begründete Sondernutzungsrechte bleiben durch die Neuregelung unberührt.

Hausordnung

Mitunter enthält die TE bzw. die ihr beigefügte Gemeinschaftsordnung (GO) als weitere Gebrauchregelung die ⇢ Hausordnung. Sie regelt das Miteinander der Hausbewohner im Alltag. Dabei kann sie die Nutzung des Sondereigentums – also auch Ihrer Wohnung – einschränken, zum Beispiel mit Regeln für das Musizieren oder die Tierhaltung. Zudem greift die Hausordnung beim Gemeinschaftseigentum ein, das jeder Eigentümer nach § 13 (2) WEG nutzen darf. Sie bestimmt unter anderem, ob Fahrräder im Hausflur abgestellt und zu welchen Zeiten der Spielplatz oder die

Waschküche benutzt werden dürfen. Damit die Hausordnung nicht zu umfangreich wird, können Einzelfragen ausgegliedert werden, etwa in eine Garten- oder eine Garagenordnung.

Nutzungsrecht

Mit einer Gebrauchsregelung kann die EV zum Beispiel festlegen, wer im kommenden Jahr das Nutzungsrecht am Pflaumenbaum im gemeinschaftlichen Garten erhält, also ihn abernten darf, und was er dafür zu zahlen hat. Im Unterschied zum Sondernutzungsrecht (siehe oben) wird ein Nutzungsrecht nur für eine begrenzte Zeit vergeben und nicht im Grundbuch eingetragen. Spätestens wenn der Inhaber des Nutzungsrechts seine Eigentumswohnung verkauft, erlischt es. Ein anderes Beispiel für Nutzungsrechte: Die EV gibt vor, wer etwaige gemeinschaftliche Abstellräume im Keller und auf dem Dachboden in welchem Umfang, wofür und für welchen Zeitraum nutzen darf. Gibt es nicht genügend solcher Abstellräume, kann die EV beschließen, sie zu verlosen. Wer per Los oder Zuteilung eine solche Abstellfläche erhielt und nicht braucht, kann sie vermieten – aber nur an Miteigner. Für die ⇢ Beschlussfassung über Nutzungsrechte genügt nach § 19 (1) WEG eine einfache Mehrheit.

Vermietung

Die EV kann Räume im Gemeinschaftseigentum zu einer ortsüblichen Miete vermieten. Miteigentümer genießen dabei den Vorzug vor einem Außenstehenden. Der Vertrag darf nur eine Mietdauer von wenigen Jahren vorsehen oder er muss der Eigentümergemeinschaft bei längerer Laufzeit ein Recht zur vorzeitigen Kündigung einräumen. Gleiches gilt, wenn die EV etwa einen Teil der Fassade als Werbefläche vermarktet. In solchen Fällen tauschen die Eigentümer ihren Nutzungsanteil am Gemeinschaftseigentum gegen einen Anteil an den Mieteinnahmen. Für die Beschlussfassung über eine Vermietung gelten dieselben Regeln, wie sie zuvor bei Nutzungsrecht beschrieben wurden.

WANN BESTEHT EIN ANSPRUCH AUF EINE NEUE REGELUNG?

Jeder Wohnungseigentümer kann nach § 16 (1) WEG verlangen, dass er seine Wohnung und das Gemeinschaftseigentum so nutzen darf, wie es dem Gesetz, den Vereinbarungen und Beschlüssen der Eigentümergemeinschaft entspricht. Fehlt eine dafür notwendige Gebrauchsregelung, hat er Anspruch darauf, dass eine beschlossen wird. Sie muss das Interesse der Gesamtheit der Wohnungseigentümer in fairer Weise berücksichtigen.

Benachteiligung

Nach § 10 (2) Satz 3 WEG hat ferner jeder Eigentümer einen Anspruch auf eine Änderung der Teilungserklärung, wenn sie ihn unbillig benachteiligt. Doch wann gilt den Juristen ein Nachteil als unbillig? Das lässt sich am deutlichsten bei finanziellen Ansprüchen zeigen. Die gelten als unbillig, wenn ein Eigentümer um mindestens 25 Prozent gegenüber einer möglichen fairen Verteilung benachteiligt wird. Lenkt die EV nicht ein und gewährt ihm keinen angemessenen Anteil, kann er vor Gericht eine Änderung einklagen. Nach einem Urteil des BGH vom 22.3.2019 (Az. V ZR 298/16) setzt der Anspruch nicht voraus, dass sich die tatsächlichen oder rechtlichen Verhältnisse nachträglich geändert haben.

Nichtigkeit

Für Ärger können auch unklare Gebrauchsregelungen sorgen. Beispiel: Die EV hat beschlossen, dass ein Eigentümer seine Umzugskisten in einem gemeinschaftseigenen Kellerraum lagern darf. Offen bleibt, wie viele Kartons für welchen Zeitraum. Solche unklaren Regeln sind nichtig und müssen von der EV präzisiert werden. Kommt es nicht dazu, kann jeder Eigentümer das Gericht anrufen. Es beurteilt dann diese Gebrauchsregelung, erklärt sie gegebenenfalls für ungültig und erlässt eine klare Festlegung. Bevorzugen die Eigentümer eine andere Regelung, kann die EV den Richterspruch mit einfacher Mehrheit ändern.

GEMEINSCHAFTSEIGENTUM

Zum Gemeinschaftseigentum (GE) zählen das Grundstück sowie alle Teile des Gebäudes, die für dessen Bestand und Sicherheit erforderlich sind. Ebenso gehören Einrichtungen dazu, welche die Hausbewohner gemeinschaftlich nutzen, etwa der Aufzug. Die ⇢ Teilungserklärung (TE) kann zudem einzelne Gebäudeteile, die auch zum ⇢ Sondereigentum (SE) gehören könnten, dennoch dem GE zuordnen, zum Beispiel den Dachboden oder die Tiefgarage. Vereinfacht: Zum GE zählt alles, was nicht zu einer ⇢ Eigentumswohnung oder einem ⇢ Teileigentum gehört. Letzteres sind Gewerbeeinheiten, Lagerräume oder rechtlich selbstständige Garagen bzw. Garagenstellplätze.

WAS SAGEN DIE GESETZE ÜBER DAS GEMEINSCHAFTSEIGENTUM?

Nach § 1 (5) WEG gehören zum gemeinschaftlichen Eigentum das Grundstück sowie laut § 5 (2) WEG alle Teile des Gebäudes, die für dessen Bestand oder Sicherheit erforderlich sind. Ferner zählen dazu die Anlagen und Einrichtungen, die dem gemeinschaftlichen Gebrauch der Wohnungseigentümer dienen, etwa der Aufzug sowie die Heizung, sofern diese nicht von Unternehmen wie den Stadtwerken gemietet sind, in deren Eigentum sie bleiben. GE sind auch Teile, die sich im Bereich der im Sondereigentum stehenden Räume befinden. Beispiele: Die Geschossdecken und die tragenden Wände, die Dachkonstruktion und das Treppenhaus, ferner die Ver- und Entsorgungsleitungen bis zum Übergabepunkt in der Eigentumswohnung bzw. im Teileigentum, von dem etwa die Wasserleitungen ab der letzten Absperrmöglichkeit, nun als Sondereigentum, in die Küche und das Bad abzweigen.

WOZU SIND EIGENTÜMER GEGENÜBER DEM GEMEINSCHAFTSEIGENTUM VERPFLICHTET?

Die Wohnungseigentümer sind nach § 14 (1) WEG verpflichtet, das GE sorgsam zu behandeln, falls nötig seine Instandhaltung bzw. -setzung zu organisieren und für alle Kosten des GE aufzukommen (⇢ Jahresabrechnung). Die Kostenverteilung richtet sich meist nach den ⇢ Miteigentumsanteilen am GE, welche die TE jedem Sondereigentum zugeteilt hat. Bei Eigentumswohnungen richtet sich die Zahl der zugeteilten Anteile in der Regel etwa nach dem Verhältnis von deren Wohnfläche zur Gesamtwohnfläche.

WER BESTIMMT ÜBER DAS GEMEINSCHAFTSEIGENTUM?

Abstimmungsregeln

Die ⇢ Beschlussfassung in der Eigentümerversammlung (EV) über das Gemeinschaftseigentum (GE) obliegt den Wohnungs- bzw. Teileigentümern. Meist sind die Stimmrechte eines Eigentümers nach dessen Miteigentumsanteilen am Gemeinschaftseigentum verteilt. Über die Instandhaltung oder Verwaltung des GE wird üblicherweise mit einfacher Mehrheit entschieden.

Ausführung der Beschlüsse

Es gibt Beschlüsse, die keiner Durchführung bedürfen, etwa die Regelungen der Hausordnung zum Musizieren. Hat der Beschluss einen umzusetzenden Inhalt, kommt es auf die Durchführungsreife an. Daran kann es etwa bei einem Instandhaltungsbeschluss vor der Beschlussfassung über die Ausführungsart und Kostentragung fehlen. Die durchführungsreifen Beschlüsse der Eigentümer führt der Verwalter aus. Dies gehört zu seinen Amtspflichten gegenüber der Wohnungseigentümergemeinschaft. Der einzelne Wohnungseigentümer kann vom Verwalter die Beschlussdurchführung nicht verlangen. Abgesehen von Notfallmaßnahmen, zu denen jeder Eigentümer berechtigt und verpflichtet ist, darf nur der Verwalter zum Beispiel Reparaturaufträge für das GE vergeben. Dies gilt sogar dann, wenn ein Eigentümer die Kosten der Arbeiten tragen muss. Umgekehrt haftet der Verwalter, wenn er einen Beschluss, beispielsweise zu Dacharbeiten, nicht umgehend umsetzt und dadurch ein Schaden am Gemeinschafts- oder Sondereigentum eintritt.

Schadenersatz

Was aber, wenn es keinen Beschluss gab, etwa das Dach abzudichten, und in der Dachwohnung wird es feucht? Dann muss die Gemeinschaft dem betroffenen Eigentümer den Schaden nur ersetzen, wenn sie schuldhaft nicht gehandelt hatte, befand das HansOLG Hamburg am 21.3.2000 (Az. 2 Wx 56/96). Tritt der Schaden zum ersten Mal auf und war er dem Verwalter bisher noch nicht gemeldet worden, nehmen die Gerichte an, dass keine Schuld vorliegt.

Vergabe von Sonderrechten

Teile des GE kann die TE einer Eigentumswohnung bzw. einem Teileigentum als ⇢ Sondernutzungsrecht zur dauerhaften, alleinigen Nutzung übertragen. Beispiele: Eine Lagerfläche im Gemeinschaftskeller oder ein Autostellplatz im Freien, eine Terrassenfläche angrenzend an eine Parterrewohnung oder, wenn zum Beispiel eine Gaststätte zur Wohnanlage gehört, eine Freifläche für die Außengastronomie.

WAS ZÄHLT ZUM GEMEINSCHAFTSEIGENTUM, WAS ZUM SONDEREIGENTUM?

Das Gesetz hilft kaum, wenn Eigentümer wissen wollen, welche Bauteile im Detail nun GE oder SE sind. Aus Unwissenheit beschädigen sie GE, weil sie es für einen Teil ihres SE halten. Oder es gibt Streit darüber, wer welche Bauarbeiten bezahlen muss. Im Folgenden in alphabetischer Reihenfolge Zuordnungen, die sich über die Jahrzehnte anhand von Gerichtsurteilen herausgebildet haben.

- **Antenne und Kabel-TV:** Anlagen für terrestrischen oder Satellitenempfang, die alle Wohnungen versorgen, sind GE.

Das gilt ebenso für die Hausverteilung bis zu den Übergabepunkten für die jeweilige Wohnung, zu deren SE das restliche Kabel sowie die Antennensteckdose zählen. Entsprechend gehört beim Kabel-TV die Zuleitung ins Haus samt dem Verteilerkasten zum GE, sofern sie nicht im Besitz des Kabelbetreibers sind. Die Leitung, die vom Verteiler separat in die einzelne Wohnung führt, gehört mit der Antennendose zum SE der Wohnung. Achtung: Eine Antenne, gleich ob für den Fernsehempfang einer Wohnung oder für eine Amateurfunkanlage, die auf Gemeinschaftseigentum montiert ist, kann diesem zuzurechnen sein – auch wenn sie der Nutzer bezahlt hat. Für Reparaturen und Ersatz muss dann die Eigentümergemeinschaft aufkommen, wenn sie es mit dem Nutzer nicht anders vereinbart hat.

- **Aufzug:** Falls ihn alle Bewohner nutzen können, ist er Teil des GE. Aber: Ein Lift, der nur direkt in das Penthouse und zurück fährt, kann zu ihm als Sondernutzungsrecht oder als SE gehören. Gleiches gilt für einen Lastenaufzug, der ausschließlich Waren in den Keller einer Gewerbeeinheit und zurück bringt.
- **Außenjalousie, Markise, Rollladen:** Als Teil der Fassade zählen sie meist zum GE und die Eigentümergemeinschaft muss etwaige Reparaturen oder einen Ersatz bezahlen. Das gilt auch, wenn ein Eigentümer sie gekauft hat und die Gemeinschaft mit ihm keine Absprache über Folgekosten getroffen hat. Aber: Die ins Zimmer reichenden Gurte zum Bedienen gelten immer als SE, das der Wohnungseigentümer instand halten muss.
- **Autostellplatz:** Unter freiem Himmel gehört er ebenso wie ein Carport meist zum GE. Wenn er eindeutig markiert ist, kann ihn die Eigentümergemeinschaft an Miteigentümer oder Außenstehende vermieten. Oft ordnet ihn aber bereits die TE als Sondernutzungsrecht einem einzelnen SE zu. Stellplätze können nach § 3 (1) WEG aber auch zu SE erklärt werden.
- **Badezimmer:** Tragende Wände, die Decke sowie der Boden samt Schalldämmung und Estrich gehören zum GE, ferner gegebenenfalls der Abluftkanal samt Ventilator und Messge-

räte für den Kalt- und Warmwasserverbrauch. Ebenso zählt das Fenster zum GE, ausgenommen sein Innenanstrich und die Beschläge und Fenstergriffe. Diese rechnen wie die Badezimmertür, die Boden- bzw. Wandfliesen und der Innenputz mit Anstrich, die Sanitärobjekte samt Armaturen sowie die Leitungen ab bzw. zu den Hauptrohren zum SE.

- **Balkon und Loggia:** Die Tragkonstruktion samt Abdichtungen und etwaiger Aufbauschichten zählt wie die Balkonwände und die Decke mit Verputz und Anstrich bzw. die Fassadenverkleidung zum GE, ferner das Balkongitter bzw. die Brüstung samt Abdeckplatte oder -blech. Balkontüren und -fenster gehören ebenfalls zum GE, ausgenommen der Anstrich an der Innenseite und die dortigen Beschläge, die als SE gelten. Ebenfalls SE sind der Verputz samt Anstrich an der Innenseite der Brüstung bzw. eine dort montierte Verkleidung sowie der Fußbodenbelag des ⇢ Balkons. Aber: Ist ein fest montierter Pflanztrog oder Schrank Teil einer Brüstung, zählt er zum GE.
- **Dach:** Zum GE zählen beim Schrägdach das Gebälk, der Dachbelag, die Wärmedämmung sowie die Folien gegen Wind und Regen, ferner die Dachfester, sogar wenn sie der Eigentümer der Dachwohnung auf eigene Kosten einbauen ließ. Wenn die Eigentümergemeinschaft mit diesem Eigentümer nichts anderes vereinbart hat, muss sie auch in diesem Fall die Instandsetzung bzw. den Ersatz bezahlen. Beim Flachdach gehören die Deckenkonstruktion, die Dämmung, die Dichtbahnen und die Kiesschicht zum GE.
- **Dachterrasse und Dachgarten:** Dürfen alle Hausbewohner solche Freisitze nutzen, gehören sie von der Tragkonstruktion bis zum Oberbelag und der Brüstung zum GE. Die TE kann eine Dachterrasse bzw. einen Dachgarten auch einer angrenzenden Wohnung als Sondernutzungsrecht oder SE zuteilen. Auch dann werden die für die Hauskonstruktion wichtigen Teile zum GE gerechnet. Als SE gelten nur der Bodenoberbelag, der Verputz samt Anstrich an der Innenseite der Brüstung und Pflanztröge sowie beim Dachgarten die Erdschüttung und die Pflanzen.

- **Einbaumöbel:** Sie zählen zu der Eigentumsart, zu der der Raum gehört, in dem sie montiert sind.
- **Fenster:** Es zählt samt Scharnieren und äußerem Fensterbrett als konstruktives Teil zum GE. Falls der zugehörige Raum zum SE zählt, gehören auch der innere Fensteranstrich, der Beschlag und das innere Fensterbrett dazu. Die TE oder eine Vereinbarung aller Eigentümer kann dennoch die Instandhaltungskosten für das gesamte Fenster dem Eigentümer der Wohnung auferlegen, in deren Bereich sich das Fenster befindet.
- **Fußbodenheizung:** Die Leitungen sowie die im Fußboden verlegten Rohrschlangen und die Ventile gehören zum GE, ferner die Heizkostenzähler, falls sie nicht gemietet sind.
- **Garage:** Sie oder dauerhaft markierte Garagenstellplätze kann die TE dem GE oder dem SE zuordnen. Stellplätze einer Duplex -Hebebühne, bei der zwei Autos übereinander parken, können nach neuem Recht ebenfalls zum SE erklärt werden.
- **Garten:** Er gehört wie das gesamte Grundstück zum GE. Jedoch kann nach § 3 (2) WEG neuerdings die TE einzelnen Eigentumswohnungen das Sondereigentum an Teilen des Gartens zuteilen. Beispiel: Die Parterrewohnungen erhalten das SE für ihre Terrassen.
- **Geschossdecke.** Sie zählt als Teil der Hauskonstruktion zum GE, ebenso etwaige Dämmaufbauten an der Oberseite sowie der Estrich. Der Deckenputz, dessen Anstrich bzw. Verkleidung sowie der Fußbodenbelag gehören mit dem jeweiligen Raum zu dessen Eigentumsart.
- **Hauseingang:** Er sowie das Treppenhaus zählen zur Hauskonstruktion und samt Bodenbelag, Verputz mit Anstrich bzw. Tapeten zum GE. Ebenfalls gehören dazu die Haustür sowie die Wohnungstüren samt deren Beschlägen auf der Treppenhausseite, die Beleuchtung, die Briefkästen, die Namensschilder an der Wohnungstür, die Klingel-, Gegensprech- oder Videoanlage vor dem Haus und im Treppenhaus. Nur deren Empfangsteil in der Wohnung sowie die Innenseite der Wohnungstür sind Teil des SE, für dessen Instandhaltung der Wohnungseigner sorgen muss.

- **Hausmeisterwohnung:** Die TE kann eine der Eigentumswohnungen als Domizil des Hausmeisters ausweisen oder die Eigentümergemeinschaft kauft sie zu diesem Zweck. Diese Wohnung gehört nicht zum GE sondern zum ⇢ Gemeinschaftsvermögen der Eigentümergemeinschaft.
- **Heizkörper:** Sie werden in der Regel durch die TE dem SE zugeordnet – dann gehören dazu ebenso die Verbindungsrohre zu den Hauptleitungen, die Ventile, ferner die Heizkostenverteiler, sofern sie nicht gemietet sind. So entschied der BGH am 8.7.2011 (Az. V ZR 176/10). Der Sondereigentümer darf aber die Heizkörper samt Zubehör nur soweit verändern, demontieren oder ersetzen, als dadurch der Heizungsgebrauch im übrigen Haus und die Kostenverteilung nicht gestört werden. Sollte aber die TE die Heizkörper zum GE rechnen, zählte das Zubehör mit dazu.
- **Heizung:** Zum Gemeinschaftseigentum gehören bei einer Zentralversorgung
  - die nötigen Räume (Heizkeller usw.),
  - die Wärmeerzeuger (samt entsprechendem Zubehör, Anschlüssen, Zählern und Steuerungen), gleich ob Kessel, Fernwärme, Wärmepumpe mit Erdsonden oder Solarkollektoren, sofern die Anlagen nicht gemietet sind,
  - Hauptrohre zur Wärmeverteilung; zu den Nebenrohren samt Heizkörpern bzw. Fußbodenheizung mit Zubehör siehe oben.

  Eine Etagenheizung gehört als SE zur Wohnung.
- **Hof:** Er ist stets GE mit Regelungen wie beim Garten. SE ist möglich.
- **Keller:** Das Fundament, die tragenden Kellerwände und der Boden sowie die Dämm- bzw. Isolierschichten zählen als Teile der Hauskonstruktion zum GE. Nicht tragende Wände, der Bodenbelag sowie der Innen- und Deckenputz eines Kellerraums gehören mit diesem entweder zum GE oder SE.
- **Telekommunikation:** Der Hausanschluss und die Hauptleitungen samt Verteilboxen werden dem GE zugerechnet, die davon abgehenden Leitungen in die Wohnungen samt An-

schlussdose zum SE. Einzelne Teile des Systems können auch dem Datenlieferanten, etwa der Telekom, gehören.

- **Ver- und Entsorgung:** Die Hauptleitungen für Strom und Wasser, die vom Hausanschluss zum Dach führen, gehören zum GE, die abzweigenden Zuleitungen ab der letzten Absperrmöglichkeit für die einzelnen Wohnungen bzw. Gewerbeeinheiten zum SE. Entsprechendes gilt für die Abwasserrohre.
- **Wände:** Sämtliche tragenden Wände zählen als Teile der Hauskonstruktion zum GE, an der Fassade zudem der Außenputz samt Anstrich bzw. die Fassadenverkleidung. Nicht tragende Wände im Sondereigentum gehören samt der Innentüren zu ihm. Trennt eine nicht tragende Wand zwei Eigentumswohnungen, was im Altbau vorkommt, so ist diese Wand Mitsondereigentum der beiden Wohnungen. Der Innenputz zählt mit dem jeweiligen Raum zum SE bzw. GE.

GEMEINSCHAFTSORDNUNG

Die Gemeinschaftsordnung (GO) stellt quasi die Vereinssatzung oder Verfassung der Wohnanlage dar. Aufgestellt wird sie vom Bauträger bzw. bei Bestandsimmobilien vom Aufteiler. Die Regeln können von Wohnanlage zu Wohnanlage unterschiedlich ausfallen, da er recht frei in der Gestaltung ist. Teils greifen Bauträger oder Aufteiler auf die gesetzlichen Bestimmungen zurück, teils präzisieren sie diese, teils passen sie diese an die Gegebenheiten der Liegenschaft an – und wenn das im Einzelfall zulässig ist, ersetzen er auch mal die Gesetzesregeln durch praxisgerechtere Lösungen. Die Vorgaben der Gemeinschaftsordnung müssen die Eigentümer einhalten. Doch wenn sie sich einig sind, können sie sie auch ihrerseits abändern.

BESITZT JEDE WOHNANLAGE EINE GEMEINSCHAFTSORDNUNG?

Die GO gehört zur ⇢ Teilungserklärung (TE), dem Gründungsdokument einer Wohnanlage. Kein Gesetz verlangt, dass darin umfangreich die Regeln aufgeführt werden, welche die Eigentümer bei der gemeinsamen Verwaltung ihrer Wohnanlage befolgen müssen. Genau genommen würde dieser eine Satz genügen: Für die Rechtsbeziehungen der Eigentümer untereinander gelten die gesetzlichen Regelungen. Bei alten Wohnanlagen finden sich auch häufig nur kurze Anweisungen dazu. Da Gesetze allgemeingültig sein müssen und deshalb im Detail oft nicht weiterhelfen, schufen sich dann die Eigentümer mit Beschlüssen je nach Situation eigene Regelungen. Fazit: Heute ist bei Streitfragen die Rechtslage in solchen Gemeinschaften oft nur schwer zu ermitteln.

Verpflichtende Vorgaben

Für gut ein Dutzend gesetzlicher Vorschriften gilt eine ⇢ Unabdingbarkeit, sie dürfen also nicht angetastet werden. So muss es stets der ⇢ Eigentümerversammlung (EV) vorbehalten bleiben, etwa die Jahresabrechnung zu genehmigen, den Verwalter zu bestellen und Baumaßnahmen zu beschließen. Mehrheitsbeschlüsse dürfen auch immer nur im Rahmen einer EV erfolgen,im schriftlichen Verfahren könnten sie nicht eingeführt werden. Ebenso wenig kann die Gemeinschaftsordnung die Eigentümer von ihrer Pflicht befreien, die Wohnanlage instand zu halten und die Kosten zu tragen.

Um für mehr Klarheit zu sorgen, ist es längst üblich, neue Wohnanlagen mit einer umfangreichen GO auszustatten. Ihr Ziel sollte es sein, das Zusammenleben und die gemeinsame Verwaltung zu erleichtern und vorausschauend zu helfen, Konflikte zu vermeiden. Spezialisierte Anwälte und Notare verfügen über Musterregeln, aus denen sie Gemeinschaftsordnungen zusammensetzen. Bei der Auswahl herrscht weitgehend Vertragsfreiheit. Auch wenn fast alle Gemeinschaftsordnungen auf vorformulierten Mustern beruhen, sind die Regelungen über die Inhaltskontrolle allgemeiner Geschäftsbedingungen in §§ 307 ff. BGB auf die Gemeinschaftsordnung der Wohnungseigentümer grundsätzlich nicht entsprechend anwendbar. Dies stellte zuletzt der BGH am 20.11.2020 (Az. V ZR 196/19) klar. Es gebe lediglich eine Missbrauchskontrolle der einseitigen Gestaltungsmacht.

WELCHE GESETZLICHEN REGELN ZUR EIGENTÜMERVERSAMMLUNG WERDEN OFT GEÄNDERT?

Stimmrecht

Bei der ⇢ Beschlussfassung in der EV hat nach § 25 (2) WEG jeder Eigentümer eine Stimme, unabhängig von der Größe seines Anteils an der Wohnanlage. Um Käufern mehrerer Wohnungen entgegenzukommen, kann die GO für Abstimmungen ein Stimmrecht je Wohnung vorsehen. Oder sie erfreut auch Eigentümer großer Wohnungen und verteilt – wie in den meisten Wohnanlagen üblich – die Stimmrechte nach den ⇢ Miteigentumsanteilen.

Zugang der Einladung

Die Einberufungsfrist für Eigentümerversammlungen beträgt drei Wochen. Die Einladung muss dem jeweiligen Eigentümer fristgerecht zugehen, sonst kann dies zu einer Beschlussklage führen. Nicht mitgeteilte Anschriftenänderungen oder Verzögerungen beim Postversand können zum Problem werden. In der Gemeinschaftsordnung wird daher vielfach geregelt, dass für die Ordnungsmäßigkeit der Einberufung die Absendung der Einladung genügt bzw. die Absendung an die dem Verwalter zuletzt mitgeteilte Anschrift.

Mindestzustimmung

Die Autoren einiger Gemeinschaftsordnungen sind der Meinung, die Hürden für einen EV-Beschluss seien zu niedrig: Sie ist nach § 25 (1) WEG beschlussfähig, wenn bereits ein Eigentümer anwesend oder vertreten ist. Die GO kann deshalb die Anforderungen an die Beschlussfähigkeit erhöhen. Sie könnte auch anordnen, dass Stimmenthaltungen als Nein zählen, oder etwa verlangen, dass Anträge erst bei einer Mehrheit von drei Vierteln als angenommen gelten. Aber: Gerade bei großen Wohnanlagen mit erfahrungsgemäß nur relativ wenigen Teilnehmern bei EVs sieht manchmal die GO vor, dass diese zum Beispiel schon mit nur 40 Prozent Präsenz beschlussfähig sein soll.

Altvereinbarungen, die das vor dem 1.12.2020 anordnen, sind nach § 47 WEG insoweit in der Regel allerdings nicht anzuwenden, wenn sich aus ihnen nicht ein anderer Wille ergibt.

Verzicht auf Einstimmigkeit

Die GO kann aber auch die Hürden bei bestimmten Sachverhalten senken. So erfordern nach § 23 (3) WEG Umlaufbeschlüsse die Zustimmung ausnahmslos aller Eigentümer. Die GO kann Beschlüsse zum Beispiel mit Zwei-Drittel- oder Drei-Viertel-Mehrheit zulassen. Juristen sprechen von einer Öffnungsklausel, weil sie die Möglichkeit für einen Mehrheitsbeschluss eröffnen, wo sonst allseitige Zustimmung nötig wäre.

Vertreterwahl

In der EV darf sich ein Eigentümer von jeder geschäftsfähigen Person vertreten lassen. Die GO kann den Personenkreis einschränken, sogar eine enge Begrenzung nur auf Ehepartner, andere Eigentümer und den Verwalter wäre zulässig.

Teilnahmerecht

Die EV tagt nicht öffentlich. Soll ausnahmsweise ein Externer teilnehmen, müssen die anwesenden Eigentümer über seine Zulassung abstimmen. Die GO kann jedoch etwa Ehepartnern oder einzelnen Berufsgruppen generell Zutritt gewähren, wenn sie einen Eigentümer begleiten, zum Beispiel Rechtsanwälten oder Pflegekräften.

Zweitversammlung

An die Beschlussfähigkeit der Versammlung der Wohnungseigentümer stellt das Gesetz keine besonderen Anforderungen. Etwas Anderes kann sich jedoch aus der Teilungserklärung ergeben, wenn darin ein bestimmtes Quorum geregelt ist. Altvereinbarungen, die das anordnen, sind nach § 47 WEG insoweit in der Regel allerdings nicht anzuwenden, wenn sich aus ihnen nicht ein anderer Wille ergibt. Der Bedarf nach einer Zweitversammlung wird daher nur noch in seltenen Ausnahmefällen bestehen.

Teilversammlung

Nach § 23 (1) WEG sollen alle Eigentümer an einer EV teilnehmen. In Wohnanlagen, die mehrere Gebäude oder zum Beispiel außer dem Wohnhaus noch eine Tiefgarage mit teilweise anderen Eigentümern umfassen, kann die GO vorgeben, dass bei Themen, die nur einen der Anlageteile betreffen, lediglich deren Eigentümer zusammenkommen und entscheiden.

WIE KANN EINE GEMEINSCHAFTSORDNUNG DIE KOSTEN UMVERTEILEN?

Mehrhausanlage

Nach § 16 (2) WEG sollen sich alle Eigentümer entsprechend ihrer Miteigentumsanteile an den Kosten der Gemeinschaft beteiligen. In Mehrhausanlagen kann die GO regeln, dass für Kosten, die nur ein Gebäude betreffen, auch lediglich dessen Eigentümer aufkommen und die zugehörigen Entscheidungen treffen. Das könnte etwa für die Instandhaltung des Treppenhauses gelten.

Gewerbebetrieb

Betriebskosten werden laut § 16 (2) WEG nach Miteigentumsanteilen umgelegt, also in der Regel etwa nach dem Anteil an der Wohn- bzw. Nutzfläche. Aber zum Beispiel haben Gaststätten oft einen weit höheren Wasserverbrauch je Quadratmeter als Wohnungen, Büros dagegen weniger. Um Streit zu vermeiden, kann die GO Zwischenzähler vorschreiben, wie sie in Neubauten ohnehin üblich sind.

Fenster und Balkonabdichtungen

Diese gehören zum → Gemeinschaftseigentum, für dessen Erhaltung alle Eigentümer aufkommen müssen. Doch als Anreiz, diese Bauteile pfleglich zu behandeln, kann die GO die Kosten entsprechender Reparaturen den Eignern der jeweiligen Wohnung anlasten. Das birgt allerdings das Risiko, dass sie dem Verwalter, der für die Auftragsvergabe allein zuständig bleibt, Schäden verspätet melden. Achtung: Die GO kann auch die kompletten Kosten einer Balkonsanierung oder neuer Fenster dem jeweiligen Wohnungseigner zuordnen.

Heizkörper

Sie gehören nach herrschender Meinung zum jeweiligen Wohnungseigentum. Das kann die GO bestätigen, um Debatten der Eigentümer darüber auszuschließen. Oder sie ordnet sie dem Gemeinschaftseigentum zu, weil der einzelne Eigentümer ohnehin die Heizkörper nicht verändern sollte, um das Gesamtsystem nicht zu stören.

Erhaltungsrücklage

Weil § 19 (2) WEG nur allgemein den Aufbau einer angemessenen Reserve verlangt, kann die GO präzisieren, wie viel Geld dafür mindestens aufgebracht werden muss.

WIE GREIFT DIE GEMEINSCHAFTSORDNUNG IN DIE VERFÜGUNGSGEWALT EIN?

Gebrauchsregelung

Die GO kann vorgeben, dass die EV die Stellflächen auf dem gemeinschaftseigenen Parkplatz nur an Hausbewohner vermieten darf. Teil der GO könnte auch eine ⇢ Hausordnung sein, die sonst meist von den Eigentümern erstellt wird.

Nutzungsänderung

Die TE legt fest, wie die Flächen und Räume des Gemeinschaftseigentums zu nutzen sind – bei den Freiflächen etwa, wo der Parkplatz und der Spielplatz liegen sollen. Laut Gesetz erfordert jede Nutzungsänderung die Zustimmung aller Eigentümer. Die GO kann sie zum Beispiel mit einer Drei-Viertel-Mehrheit erlauben.

Baumaßnahme

Die GO kann eventuell später anstehende Arbeiten vorab billigen, zum Beispiel dass die Gemeinschaft einen Aufzug anbaut oder der Eigentümer der Parterrewohnung die Terrasse erweitert. Der aber wohl wichtigste Fall in der Praxis ist der vorab genehmigte Dachgeschossausbau. Ohne eine vorsorgliche Regelung erforderten solche ⇢ baulichen Veränderungen die Zustimmung der Mehrheit der Eigentümer. Der Bauherr muss der EG Kopien sämtlicher technischen Unterlagen übergeben, damit sie eventuell später notwendige Sanierungsarbeiten planen kann. So entschied das AG Aachen am 8.1.2014 (Az. 118 C 13/13). Falls Mängel beim Ausbau das Gebäude beschädigen, muss sie der Bauherr beheben lassen.

Gesondertes Nutzungsrecht

Das Privileg, Teile des Gemeinschaftseigentums, etwa einen Parkplatz, exklusiv zu nutzen, wird üblicherweise im Hauptteil der TE gewährt. Es kann aber auch im Rahmen der GO zugeordnet werden. Laien erwarten solche Regelungen meist nicht und denken, das gesamte Gemeinschaftseigentum stehe allen Eigentümern zur Verfügung.

Verkaufsbeschränkung

Weit verbreitet ist die Regelung, dass ein Eigentümer den Verkauf seiner Wohnung vorab von den übrigen Eignern oder etwa dem Verwalter genehmigen lassen muss. Doch nach § 12 (2) WEG ist ein Verkaufsstopp nur zulässig, wenn schwerwiegende sachliche Gründe gegen den Kaufanwärter sprechen. Das Verkaufsrecht darüber hinaus einzuschränken wäre gesetzwidrig (siehe ⇢ Unabdingbarkeit).

WIE LASSEN SICH DIE VORGABEN DER GEMEINSCHAFTSORDNUNG ÄNDERN?

Vereinbarung

Die Regeln der GO können durch eine ⇢ Vereinbarung, der ausnahmslos alle Eigentümer zugestimmt haben, geändert werden. Oder sie werden per Vereinbarung gestrichen, sodass die gesetzlichen Vorgaben gelten. Vereinbarungen können aber auch wie die GO die meisten Verwaltungsregeln des WEG ändern, ergänzen oder ersetzen.

Gerichtshilfe

In einigen Gemeinschaftsordnungen finden sich schwer erfüllbare Vorgaben, etwa dass die Eigentümerversammlung nur beschlussfähig ist, wenn 90 Prozent oder gar alle Eigentümer teilnehmen. Einigen sich diese nicht auf eine Änderung per Vereinbarung, kann jeder von ihnen das Gericht anrufen. Denn mit dieser Klausel ist eine ordnungsgemäße Verwaltung kaum möglich ist. Der Richter würde die Regelung für ungültig erklären, sodass die Versammlung fortan entscheiden kann, wenn mehr als die Hälfte der Miteigentumsanteile vertreten ist.

Nichtige Vorschriften

GO-Vorgaben, die gegen gesetzliche Verbote verstoßen, sittenwidrig sind oder Dinge regeln, die mit der Verwaltung des Wohnungseigentums nichts zu tun haben, sind nichtig und brauchen nicht beachtet zu werden. So kann eine GO Fenster nicht wirksam zum Sondereigentum erklären. In anderen Fällen wird nur ein im WEG-Recht erfahrener Rechtsanwalt beurteilen können, ob eine Vorgabe nichtig ist.

GEMEINSCHAFTSVERMÖGEN

Das Gemeinschaftsvermögen bildet die finanzielle Basis für die Verwaltung der Wohnanlage durch die Eigentümergemeinschaft. Denn ihre ⇢ Erhaltungsrücklage und das Guthaben ihres Girokontos sind in der Regel die wertvollsten Bestandteile dieses Vermögens. Zudem zählen die gemeinsam angeschafften Güter dazu. Verkauft ein Eigentümer seine Wohnung, kann er keinen Anteil am Gemeinschaftsmögen fordern. Vielmehr tritt automatisch der Käufer an seine Stelle.

WORAUS BESTEHT DAS VERMÖGEN DER GEMEINSCHAFT?

Das Gemeinschaftsvermögen besteht nach § 9 a (3) WEG aus den Gütern und geldwerten Rechten, welche die ⇢ Eigentümergemeinschaft (EG) im Rahmen der Verwaltung des ⇢ Gemeinschaftseigentums erlangt hat, abzüglich der Zahlungspflichten, die sie eingegangen ist. Konkret setzt sich das Gemeinschaftsvermögen zusammen aus:

- der ⇢ Erhaltungsrücklage für künftige Erhaltungs- und Modernisierungsmaßnahmen,
- dem Saldo des Girokontos, über das die Zahlungen der Gemeinschaft abgewickelt werden. Darauf zahlen die Eigentümer das ⇢ Hausgeld ein und dorthin fließen eventuell weitere Einnahmen der Gemeinschaft, etwa aus der Vermietung von gemeinschaftseigenen Parkplätzen oder dem Verkauf von Waschmünzen,
- sonstigen Forderungen, etwa fälligen Hausgeldzahlungen säumiger Eigentümer oder Ansprüchen an Versicherungen nach einem Schaden,
- den eigenen Geräten und Maschinen, etwa zur Gartenpflege,
- gegebenenfalls dem Heizöl im Tank oder bezahltem, aber noch nicht abgenommenen Erdgas bzw. Strom,
- etwaigen Nutzungsrechten, zum Beispiel an einem angrenzenden Grundstück oder einer Kehrmaschine, die einem Nachbarn gehört.

Davon abgezogen werden:
- Verbindlichkeiten wie unbezahlte Handwerkerrechnungen.

Würde die Gemeinschaft ihrem Hausmeister eine Dienstwohnung zur Verfügung stellen, zählte diese ebenfalls zum Gemeinschaftsvermögen. Nicht dazu gehört dagegen das ⇢ Gemeinschaftseigentum, also das Grundstück und alle Teile des Gebäudes, die zum gemeinschaftlichen Gebrauch bestimmt sind. Denn das wurde durch die ⇢ Teilungserklärung (TE) in Form der Miteigentumsanteile komplett und dauerhaft auf die ⇢ Eigentumswohnungen und das ⇢ Teileigentum, etwa Garagen und Gewerbeflächen, verteilt.

WER KANN ÜBER DAS GEMEINSCHAFTSVERMÖGEN VERFÜGEN?

Eigentümerversammlung

Zur ⇢ Beschlussfassung über das Gemeinschaftsvermögen genügt eine einfache Mehrheit in der Eigentümerversammlung (EV), soweit es sich um Sachverhalte der ⇢ ordnungsgemäßen Verwaltung handelt. Was im Einzelnen »ordnungsgemäß« bedeutet, steht nicht im Gesetz. Vielmehr haben die Gerichte das im Laufe der Jahrzehnte in ihren Urteilen definiert. Etwa bei der Instandhaltungsrückstellung entspräche einer ordnungsgemäßen Verwaltung nur die Geldanlage auf Tages-, Festgeld- und Sparkonten sowie in sichere festverzinsliche Wertpapiere. Fasst die EV keinen Beschluss zur Geldanlage, wählt der Verwalter nach § 27 (1) Nr. 1 WEG eine zinsbringende, sichere Anlageform aus, wobei für ihn die gleichen Regeln ordnungsgemäßer Geschäftsführung gelten wie für die EV.

Wollte die Gemeinschaft mit ihrem Geld spekulieren, wäre dazu die Zustimmung ausnahmslos aller Eigentümer nötig. Trotz des einstimmigen Beschlusses müsste der Verwalter eindringlich auf die drohenden Verlustrisiken hinweisen, denn er muss die erforderlichen Maßnahmen für eine ordnungsgemäße Instandsetzung treffen und dazu gehört sicherzustellen, dass genügend Geld dafür vorhanden ist – also die Rücklage nicht verspekuliert wird. Einen Verwalter, der eine spekulative Anlage der Rücklagegelder sogar noch förderte, verurteilte das OLG Celle am 14.4.2004 dazu, ein Viertel des Schadens zu ersetzen (Az. 4 W 7/04).

Eingeschränkt wird die Verfügung über die Rücklage auch dadurch, dass sie nur für Instandhaltung und -setzung genutzt werden darf. Rückzahlungen an die Eigentümer sind nur zulässig, wenn alle Eigentümer zustimmen. Per Mehrheitsbeschluss dürfen sie aber weitere Zuzahlungen stoppen, wenn die Reserve eine angemessene Höhe erreicht hat. Ist die Rücklage üppig, erlauben es manche Gerichte, dass die Gemeinschaft damit eine Finanzierungslücke stopft, etwa wenn Miteigner ihr Hausgeld nicht zahlen. Jedoch muss sichergestellt sein, dass das entnommene Geld bald wieder in die Rücklage zurückfließt.

Auf die Erhaltungsrücklage wie auch auf das übrige Gemeinschaftsvermögen könnten allerdings alle Gläubiger der EG zugreifen, die bei Gericht einen vollstreckbaren Titel erlangt haben. Das könnte ein Handwerker sein, dessen Rechnung die Gemeinschaft nicht bezahlt hat, oder eine Bank, bei der die Gemeinschaft auf ihren Namen einen ⇢ Kredit aufnahm, den sie nicht vertragsgemäß bediente.

Bestandsschutz

Wenn ein Eigentümer seine Wohnung verkauft, kann er nicht verlangen, dass ihm ein Anteil am Gemeinschaftsvermögen ausgezahlt wird. Denn der geht auf den Käufer über, ohne dass es dazu einer Regelung im notariellen Kaufvertrag bedarf. Entsprechend geht das Gemeinschaftsvermögen anteilig auf den neuen Eigentümer über, wenn die Wohnung verschenkt oder vererbt wird.

Kontoführung

Die Konten der Gemeinschaft werden vom Verwalter eröffnet und geführt, und er darf sie auch schließen, wenn sie nicht mehr benötigt werden. Dazu berechtigen und verpflichten ihn § 27 (1) WEG. Auf das Girokonto der Gemeinschaft überweist jeder Eigentümer das Hausgeld, das aus seiner monatlichen Abschlagszahlung für die von der Gemeinschaft zu tragenden Kosten sowie einem Beitrag zur Erhaltungsrücklage besteht. Diese Ansparrate für Erhaltungs- und Modernisierungsmaßnahmen wird vom Verwalter auf ein separates Konto übertragen. Meist handelt es sich dabei um ein Tagesgeldkonto, das Zinsen bringt und von

Verfügungen begrenzen

Um eigenmächtigen Verfügungen des Verwalters oder gar einer größeren Unterschlagung vorzubeugen, kann die EG jederzeit ein Verfügungslimit beschließen. Dazu ist sie nach § 27 (2) WEG berechtigt. Höhere Beträge darf der Verwalter dann nur noch gemeinsam mit einem Mitglied des Verwaltungsbeirats, einem anderen Eigentümer oder einem sonstigen Vertrauten der Gemeinschaft überweisen. Der Verwalter muss die Bank über das Limit informieren und die Mitzeichnungsberechtigten müssen ihre Unterschriften hinterlegen.

dem der Verwalter trotzdem jederzeit bei Reparaturbedarf Geld abheben kann. Die Verfügbarkeit ist wichtig, weil der Verwalter das Girokonto nicht ohne Beschluss der EV überziehen darf, es sei denn, sie hätte ihn dazu mit einfacher Mehrheit bevollmächtigt. Größere und vor allem langfristige ⇢ Kredite nehmen Eigentümergemeinschaften selten auf.

Um Kontrollen durch die Eigentümer zu erleichtern, muss der Verwalter die Gelder der Gemeinschaft stets getrennt von seinem eigenen Firmen- und Privatvermögen sowie Geldern einer anderen EG halten, also auf separaten Konten. Ein Verstoß gegen diese Regel rechtfertigt eine sofort wirksame Verwalterabberufung nach § 26 (1) WEG. Zudem kann es als Untreue strafrechtlich verfolgt werden, urteilte der BGH am 23.8.1995 (Az. 5 StR 371/95).

Um Betrügereien frühzeitig erkennen zu können, sollte es zur ⇢ Verwaltungsbeiratsarbeit gehören, dass der Beirat jederzeit die Konten der EG einsehen kann. Beim Internetbanking erhält er dazu den Zugangscode, damit er vom heimischen PC aus die Buchungen des Verwalters beobachten kann. Alternativ kann die Bank dem Beirat Duplikate der Kontoauszüge zukommen lassen. Gibt es keinen Beirat, beauftragt die EV einen Eigentümer mit der Kontrolle. Damit immer klar ist, an wen wofür geleistet wird, sollten Sammelüberweisungen, bei denen mehrere Zahlungen zu einer Abbuchung zusammengefasst werden, unterbleiben. Gleiches gilt für Barabhebungen, weil sich da der weitere Geldfluss schwer verfolgen lässt.

Insolvenzschutz

Nach herrschender Meinung der Juristen müssen alle Konten der Gemeinschaft auf ihren Namen lauten, also etwa »Eigentümergemeinschaft Mus-

Treuhandkonto antiquiert

Vor der Reform des WEG im Jahr 2007 waren Treuhandkonten, die auf den Namen des Verwalters lauteten, üblich. Noch heute führen viele ältere Eigentümergemeinschaften solche Konten. Deren Risiko: Gerät der Verwalter persönlich in Zahlungsverzug, können seine Gläubiger solche Guthaben der EG pfänden. Sollte er insolvent werden, gehören sie zur Insolvenzmasse und die Gemeinschaft müsste mühsam ihre Rechte geltend machen. Ein weiteres Risiko besteht darin, dass Unterschlagungen leichter möglich wären.

terstraße 99 in 12345 Beispielstadt«. Bankkaufleute sprechen hier von offenen Fremdkonten oder auch Fremdgeldkonten. Ihr Vorteil: Gerät der Verwalter in wirtschaftliche Schwierigkeiten, haben seine Gläubiger keinen Zugriff auf die Guthaben der Gemeinschaft. Zudem bleiben die Konten bestehen, falls die EG einen anderen Verwalter bestellt.

GESCHÄFTSORDNUNG DER EIGENTÜMERVERSAMMLUNG

Der Gesetzgeber achtet die Wohnungseigentümer als mündige Bürger: Deshalb bestimmt § 24 (5) WEG zum Ablauf der Eigentümerversammlung (EV) nur, dass der Verwalter die Versammlung leitet – und selbst diese Bestimmung können die anwesenden Eigentümer kippen, indem sie einen Versammlungsleiter aus ihren Reihen wählen. Weitere Regeln für den formellen Versammlungsablauf können durch die ⇢ Teilungserklärung (TO) bzw. ⇢ Gemeinschaftsordnung (GO) oder förmliche ⇢ Vereinbarungen der Eigentümer vorgegeben sein. Ansonsten können die Eigentümer mit einfacher Mehrheit weitere Regeln aufstellen oder auch spontan mit einem Antrag zur Geschäftsordnung den Ablauf der Versammlung beeinflussen.

WAS SOLLTE EINE GESCHÄFTSORDNUNG KLÄREN?

Fehlen in der TE bzw.GO wichtige Vorgaben zur Geschäftsordnung, sollten die Eigentümer nicht bei jeder Versammlung neu über solche Fragen abstimmen. Sie sollten stattdessen einmal dauerhafte Regelungen formulieren und mit einem Mehrheitsbeschluss verabschieden.

Die wichtigsten Fragen

- Wo sollen die Versammlungen stattfinden? Kleine Eigentümergemeinschaften könnten gegebenenfalls im Tagungsraum des Verwalters zusammenkommen, wo bei Detailfragen auch Akten eingesehen werden könnten.
- Wer leitet die Versammlung?
- In welchen Fällen darf das Rederecht beschränkt werden?
- Sollen wichtige Themen wie Jahresabrechnung, Wirtschaftsplan oder aufwendige Baumaßnahmen stets am Anfang der Tagesordnung stehen, falls bei der Versammlung darüber beschlossen werden soll? So wäre sichergestellt, dass genügend Zeit für die Aussprache darüber bleibt.
- Soll festgelegt werden, dass nach der Aussprache der Beschluss präzise formuliert und protokolliert werden muss, bevor darüber abgestimmt wird? Leider wird oft nach der Debatte gefragt: Wer ist dafür? Wer dagegen? Dem Verwalter bzw. dem Protokollanten bleibt es dann überlassen, den Beschluss im Nachhinein zu gestalten. Ihn dann zu korrigieren fällt schwer.
- Über welche Sachverhalte soll geheim abgestimmt werden, etwa bei der Wahl des Verwalters und des Beirats sowie bei deren Entlastung oder auch Abwahl? Oder soll geheim abgestimmt werden, wenn ein einzelner Eigentümer das wünscht?
- Soll umgekehrt offen abgestimmt werden, wenn ein Einzelner das verlangt? Dann würden die Interessengruppen im Haus deutlich. Soll der Einzelne auch verlangen können, dass protokolliert wird, wer wie abgestimmt hat? Wenn ein Beschluss später zu Problemen führt, wüsste man, wer die Maßnahme einst befürwortete.
- Soll ein einzelner Eigentümer das Recht haben, eine lange dauernde Versammlung zu beenden, zum Beispiel wenn diese bereits vier Stunden läuft? So könnte verhindert werden, dass Beschlüsse fallen, nachdem viele Eigentümer gegangen sind. Wann müsste dann spätestens eine neue Versammlung einberufen werden?
- Soll das Protokoll nur die Beschlüsse festhalten oder auch die Diskussion wiedergeben? Oder sollen generell lediglich die

Beschlüsse protokolliert werden, aber auf Antrag eines einzigen Eigentümers, der ein Thema für besonders wichtig hält, die Debatte dazu mit allen Rednern und ihren Beiträgen?
- Soll ein Rauchverbot gelten, vielleichtmit einer zehnminütigen Raucherpause nach jeweils 90 Minuten?
- Darf während der Versammlung mit dem Handy telefoniert werden?
- Wie schnell muss das Protokoll nach der Versammlung vor liegen?
- Ist eine Online-Teilnahme an der Versammlung möglich? Welche Versammlungsrechte sind davon erfasst?

Soweit die Regeln durch einfache Mehrheit in der EV beschlossen wurden, können sie auf gleiche Art auch wieder geändert werden. Aber: Die Regelungen der TE bzw. GO – etwa zum Stimmrecht – können nur durch eine formelle → Vereinbarung, der ausnahmslos alle Eigentümer zustimmen, geändert werden. Gleiches gilt für Vorgaben aus früheren Vereinbarungen.

WIE KÖNNEN SIE DEN ABLAUF DER VERSAMMLUNG BEEINFLUSSEN?

Beide Arme in die Höhe: So signalisieren Sie in der EV, dass Sie sich nicht zum aktuellen Tagesordnungspunkt, sondern mit einem Antrag zur Geschäftsordnung zum Ablauf der Veranstaltung äußern wollen. Das ist jederzeit während der Versammlung möglich. Der Versammlungsleiter lässt gegebenenfalls den gerade Sprechenden seinen Redebeitrag beenden, dann muss er Ihnen sofort das Wort erteilen.

Geschäftsordnungsanträge betreffen insbesondere:

- Ausschluss eines Versammlungsbesuchers, der nicht zur Teilnahme berechtigt ist,
- die Wahl eines anderen Versammlungsleiters, wenn der bisherige etwa voreingenommen agiert oder nicht für einen geregelten Ablauf sorgt,
- Begrenzung der Redezeit auf eine bestimmte Länge,

- eine Schließung der Rednerliste zum aktuellen Tagesordnungspunkt, wenn die Sprecher nur noch bekannte Argumente wiederholen,
- das Abstimmungsverfahren, etwa statt Handzeichen eine geheime Abstimmung oder gerade umgekehrt einfaches Handheben statt Abgabe von Wahlzetteln, um den Ablauf der Versammlung zu beschleunigen,
- das Vorziehen eines wichtigen Tagesordnungspunktes, damit er behandelt wird, bevor Teilnehmer zu fortgeschrittener Stunde abwandern,
- das Ende der Versammlung bevor die Tagesordnung abgearbeitet ist, weil es bereits spät geworden ist und die verbleibenden Themen auf einer weiteren EV besprochen oder schriftlich im Umlaufverfahren erledigt werden sollen,
- Rauchverbot,
- Unterbrechung der Sitzung, um sich beraten (lassen) zu können.

Nach einer allenfalls kurzen Begründung formuliert der Antragsteller sein Anliegen: »Die Versammlung möge beschließen, dass ...« Danach wird der Versammlungsleiter fragen, ob jemand gegen den Geschäftsordnungsantrag sprechen will. Meldet sich niemand, gilt der Antrag ohne Abstimmung als angenommen. Gibt es Widerspruch, darf in der Regel nur eine kurze Gegenrede gehalten werden, bevor abgestimmt wird.

Geschäftsordnungsantrag nicht anfechtbar

Anträge zur Geschäftsordnung werden auf Grund des Versammlungsablaufs gestellt, sie lassen sich also nicht voraussehen. Entsprechende Beschlüsse sind deshalb wirksam, ohne dass sie vorab in der Tagesordnung angekündigt wurden. Da sie sofort den Versammlungsablauf beeinflussen und dieser nicht mehr nachträglich geändert werden kann, sind Beschlüsse zur Geschäftsordnung nicht vor Gericht anfechtbar. Ausnahme: Wenn der Beschluss zur Geschäftsordnung vorsieht, dass die beschlossene Regelung auch bei nachfolgenden Versammlungen gelten soll, kann wegen dieser Fortwirkung geklagt werden.

GRILLEN

Ob Steaks oder Bratwürste: Sommerzeit ist Grillzeit. Doch Bratgeruch und Qualm erbosen nicht selten die Nachbarn. Bevor es zum Streit kommt, sollte die Eigentümergemeinschaft festlegen, wie oft ein Hausbewohner zur Barbecue-Party laden darf. Müssen Gerichte darüber befinden, hängt ihr Urteil stark von den örtlichen Gegebenheiten ab.

DARF MAN AUF DEM EIGENEN BALKON GRILLEN?

Immerhin: Ein elektrischer Tischgrill darf auf dem Balkon oder auf einer Terrasse betrieben werden, so befinden meist die Gerichte. Dagegen kann es die ⇢ Hausordnung verbieten, einen Gartengrill mit Holzkohle auf dem Balkon anzufeuern. So urteilte das OLG Zweibrücken am 6.4.1993 (Az. 3 W 50/93), etliche andere Gerichte waren derselben Meinung. Beim Einsatz von Holzkohle entsteht außer dem Bratdunst auch Rauch, der die Fassade schwärzen kann. Gegebenenfalls droht Brandgefahr. Ob ein Gasgrill auf dem Balkon gezündet werden darf, hängt von der davon ausgehenden Belästigung für die Nachbarn ab. Stets ist der Grill möglichst entfernt von deren Balkon bzw. Fenster aufzustellen. Zieht Qualm in fremde Wohnungen, kann das sogar gegen die Immissionsschutzgesetze verstoßen und zur Verhängung eines Ordnungsgelds führen.

WIE OFT DARF MAN GRILLEN?

Selbst wenn ein Grillmeister Rücksicht auf die Nachbarn nimmt, darf er nur an wenigen Tagen im Jahr seinem Hobby frönen. Wie oft, richtet sich nach den örtlichen Gegebenheiten. So billigte das AG Bonn Mietern – und das gilt dann auch für Wohnungseigentümer – am 29.4.1997 zu, einmal im Monat auf dem Balkon zu grillen. Bedingung: Die Nachbarn müssen 48 Stunden vorher informiert werden (Az. 6 C 545/96). Das LG Stuttgart fand allerdings am 14.8.1996, Grillen sei dreimal im Jahr für je zwei Stunden akzeptabel (Az. 10 T 359/96). Dreimal jährlich Grillen scheint den Freunden des Fleischbrutzelns wenig, doch wenn in einer größeren Wohnanlage jede Partei dieses Recht in Anspruch nimmt, bleibt kaum ein lauer Sommerabend ohne Bratgeruch, der das Haus umweht.

IST GRILLEN IM GARTEN UNBEGRENZT ERLAUBT?

Gehört ein Garten zur Wohnanlage, hängt es von dessen Größe, seiner Lage und der Entfernung vom Grill zum Haus sowie der Art des Grills ab, ob und gegebenenfalls wie oft dieser dort gezündet werden darf. So entschied das BayObLG am 18.3.1999 (Az. 2 Z BR 6/99). Dabei zeigten die Richter im behandelten Fall, dass strenge Maßstäbe anzulegen sind. Der Beklagte war Eigentümer der Parterrewohnung und hatte das alleinige Nutzungsrecht am 25 Meter langen und 20 Meter breiten Garten. Trotz dieser großen Fläche erlaubte ihm das Gericht lediglich, fünfmal pro Jahr zu grillen – und auch das nur, wenn er den Holzkohlegrill am äußersten Ende des Gartens aufstellt.

Grillordnung

Kam es auch in Ihrer Wohnanlage schon zu Streit über das Grillen? Fehlen in der Hausordnung oder in den Beschlüssen Vorgaben, wann gebrutzelt werden darf, oder haben sich diese als unzureichend erwiesen? Dann sollten Sie schon früh im Jahr dieses Thema mit Ihren Mitbewohnern besprechen, zum Beispiel bei einem Umtrunk der Eigentümergemeinschaft zum Frühlingsanfang. Leben die Grillgegner zurückgezogen, kommt ihnen vielleicht ein Treffen im kleinen Kreis eher entgegen, etwa mit dem → Verwaltungsbeirat und nur wenigen Grillfans. Im Gespräch lockern sich oft verhärtete Fronten und man findet Kompromisse. Auf dieser Basis kann dann die nächste Eigentümerversammlung neue Grillregeln erlassen oder bestehende anpassen. Dazu genügt ein Mehrheitsbeschluss. Doch wie stets gehört es zu einer ordnungsgemäßen Verwaltung, im Sinne des Hausfriedens auch die Wünsche der Minderheit angemessen zu berücksichtigen.

H

HAUSGELD

Jeder Eigentümer ist verpflichtet, seinen Anteil an den Kosten zu tragen, die der Eigentümergemeinschaft entstehen. Hinzu kommen Beiträge zur ⇢ Erhaltungsrücklage oder sonstigen Rücklagen. Anhand des ⇢ Wirtschaftsplans der Gemeinschaft werden für jeden Eigentümer monatliche Abschlagszahlungen berechnet, das Haus- bzw. Wohnungsgeld. Bleibt ein Eigentümer das Hausgeld für zwei Monate schuldig, wird meist sofort der gesamte Jahresbetrag fällig. Das erleichtert es dem Verwalter, ausstehende Gelder einzutreiben. Achtung: Ein Erwerber muss nicht für etwaige Hausgeldschulden seines Vorgängers aufkommen.

WAS VERSTEHT MAN UNTER HAUSGELD?

Begriff

Die monatliche Abschlagzahlung, mit der ein Eigentümer seinen Anteil an den Kosten der Eigentümergemeinschaft begleicht, wird als Hausgeld bezeichnet. Vielfach wird auch von Wohngeld gesprochen. Doch da drohen Missverständnisse: So heißt bereits die staatliche Hilfe für finanzschwache Mieter und Eigenheimbewohner, von der auch selbst nutzende Wohnungseigentümer mit geringem Einkommen profitieren können.

Bestandteile

Das Hausgeld umfasst eine Vorauszahlung für Wasser und Abwasser, ⇢ Heizung und Warmwasser, Müllabfuhr und Straßenreinigung, Gartenpflege, Aufzugwartung und Hausmeisterservice, Gebäude- und Hausbesitzerhaftpflicht sowie Grundsteuer. Dieser Kostenblock entspricht dem monatlichen Abschlag für die Wohnnebenkosten, die ein vermietender Wohnungseigentümer von seinem Mieter verlangen kann. Hinzu kommen Anteile an den typischen Kosten eines Eigentümers, nämlich den Ausgaben für den Erhalt und die Modernisierung des Gemeinschaftseigentums sowie dessen Verwaltung, dazu gegebenenfalls Honorare für Berater wie Rechtsanwälte, Architekten oder Gutachter, sowie Bankgebühren und -zinsen, ferner ein Beitrag zur ⇢ Erhaltungsrücklage und möglichen sonstigen Rücklagen.

Bei der ⇢ Jahresabrechnung wird festgestellt, ob die Ansätze des Wirtschaftsplans ausgereicht haben, die Ausgaben zu decken. Entsprechend wird eine Nachzahlung fällig oder der Überschuss wird anteilig an die Eigentümer zurücküberwiesen bzw. mit ihren künftigen Zahlungspflichten verrechnet.

WANN WIRD WIE VIEL HAUSGELD FÄLLIG?

Forderungsbasis

Grundvoraussetzung für die Zahlungspflicht der Eigentümer ist ein in der Eigentümerversammlung (EV) aufgrund des Wirtschaftsplans gefasster Beschluss der Eigentümergemeinschaft über zu leistende Vorschüsse zur Kostentragung und zu den Rücklagen für das laufende Jahr samt den Einzelwirtschaftsplänen für jeden Eigentümer, in denen das jeweils zu zahlende Hausgeld beziffert wird. Für diesen Beschluss genügt eine einfache Mehrheit.

Auch ein Beschluss über die zu leistenden Vorschüsse, gegen den ein Eigentümer mit einer ⇢ Beschlussklage vorgeht, muss erfüllt werden, bis ihn gegebenenfalls der Richter außer Kraft setzt. Besteht – aus welchen Gründen auch immer – kein Beschluss über die Vorschusspflichten für das laufende Jahr, gilt meist der alte fort. Denn in aller Regel enthält dieser einen Passus, wonach er bis zur Verabschiedung des neuen Plans in Kraft bleibt. Diese Fortgeltung muss jedes Mal neu mitbeschlossen werden, eine Dauerregelung bedarf einer Vereinbarung. So entschied der BGH in seinem Urteil vom 14.12.2018 (Az. V ZR 2/18). Wäre das nicht der Fall, müsste die EV die Eigentümer mit einer

⇢ Sonderumlage zur Kasse bitten, bis ein neuer Wirtschaftsplan steht.

Fälligkeit

Liegen anzuwendende Einzelwirtschaftspläne und der Beschluss über die Vorschusspflicht vor, müssen die Eigentümer das Hausgeld nach § 28 (1) WEG zahlen, sobald der Verwalter sie dazu auffordert. Enthält bereits die ⇢ Gemeinschaftsordnung einen Zahlungstermin, ist das Geld zu diesem Tag fällig. Das letzte Wort hat jedoch die EV: In der Praxis legt sie mit dem Beschluss über den Einzelwirtschaftsplan zugleich einen monatlichen Fälligkeitstermin fest. Normalerweise können die Eigentümer eine Bestimmung der Gemeinschaftsordnung nur mit einer ⇢ Vereinbarung, der ausnahmslos alle Eigentümer zugestimmt haben, außer Kraft setzen. § 28 (3) WEG gibt der EV ausnahmsweise das Recht, Vorgaben der Gemeinschaftsordnung bereits mit einfacher Mehrheit abzuändern.

Die EV kann zudem vorgeben, wie das Geld zu zahlen ist. In der Regel beschließt sie auf Verlangen des Verwalters, dass er das Hausgeld per Lastschrift auf das Konto der Eigentümergemeinschaft (⇢ Gemeinschaftsvermögen) holen kann und von Eigentümern, die das ablehnen, eine besondere Bearbeitungsgebühr verlangen darf. Der Vorteil des Verwalters beim Lastschriftverfahren: Er braucht nicht laufend die Zahlungseingänge zu kontrollieren, denn die Bank informiert ihn umgehend, wenn eine Lastschrift nicht ausgeführt würde. Die Arbeit des Verwalters kann auch durch ein Verbot der Sammelzahlung für mehrere Einheiten erleichtert werden.

Einbehalt

Sie dürfen als Eigentümer eine fällige Hausgeldrate nicht zurückhalten, wenn Sie etwa mit dem Verwalter unzufrieden sind oder durch Ihre Zahlungsverweigerung dafür sorgen wollen, dass Handwerker, die bei Arbeiten am Gemeinschaftseigentum gepfuscht haben, nicht bezahlt werden. Sie können auch ihre Zahlungspflicht nicht mit eigenen Forderungen an die Eigentümergemeinschaft aufrechnen, die Sie zum Beispiel für einen Schaden an Ihrem ⇢ Sondereigentum verantwortlich machen. Aufrechnen wäre nur erlaubt, wenn die EV den Anspruch in einem Beschluss anerkannt hat oder es sich um einen Betrag handelt, den Sie im Rahmen einer ⇢ Notgeschäftsführung nach § 18 (3) WEG im Interesse der Gemeinschaft aufgewendet haben.

§

Leerstand

Steht Ihre Wohnung leer, etwa weil Sie als neuer Eigentümer erst später einziehen wollen oder weil Sie keinen Mieter finden, müssen Sie doch stets das in Ihrem Einzelwirtschaftsplan genannte Hausgeld zahlen. Erst bei der Jahresabrechnung wird sich der Leerstand bei den nach Verbrauch abgerechneten Kosten auswirken. Wenn im Haus sonst alles halbwegs nach Wirtschaftsplan verlief, erhalten Sie Geld zurück. Die geringen Verbrauchskosten aus der Jahresabrechnung werden berücksichtigt, wenn der Einzelwirtschaftsplan für das Folgejahr aufgestellt wird. Dann mindert der Leerstand Ihr fälliges Hausgeld.

WER MUSS BEI EINEM EIGENTÜMERWECHSEL ZAHLEN?

Laufende Zahlungen

Das Hausgeld muss stets derjenige tragen, der am Fälligkeitstermin als Eigentümer im Grundbuch eingetragen ist. In der Regel erfolgt aber bei einem Eigentümerwechsel die Umschreibung erst Wochen oder Monate, nachdem der Erwerber die Wohnung gekauft und übernommen hat. Im notariellen Kaufvertrag wird deshalb üblicherweise vereinbart, dass der Käufer ab der Übernahme für das Hausgeld aufkommt. Sollte er jedoch nicht zahlen, kann die Eigentümergemeinschaft den Noch-Eigentümer in die Pflicht nehmen, weil für sie der Grundbuchstand entscheidend ist. Der Notarvertrag regelt nur das Verhältnis zwischen Käufer und Verkäufer.

Hausgeldschulden

Die ⇢ Gemeinschaftsordnung kann vorgeben, dass der Erwerber für die Hausgeldschulden seines Voreigentümers aufzukommen hat. So wird sichergestellt, dass die Eigentümergemeinschaft zahlungsfähig bleibt. Fehlt aber ein solcher Passus, haftet weiterhin allein der vorherige Eigentümer für seine Hausgeldschulden.

Etwas anders sieht die Lage aus, wenn die EV eine ⇢ Sonderumlage beschließt, weil sie wegen des vom Verkäufer nicht gezahlten Hausgelds in Finanznot gerät. Stand der Käufer am Tag der Fälligkeit bereits als Eigentümer im Grundbuch, hat er seinen Anteil an der Sonderumlage zu zahlen. Der neue Eigentümer wird also anteilig zur Schließung der Finanzlücke herangezogen, die der Veräußerer herbeigeführt hat. Dieses Ergebnis hat der BGH am 15.12.2017 (Az. V ZR 257/16) bestätigt, wonach es auf die Fälligkeit ankommt und nicht auf den Zeitpunkt der Beschlussfassung. Die Gemeinschaft wird aber weiterhin versuchen, beim Verkäufer die ausstehenden Forderungen einzutreiben. Sollte dies gelingen, wäre der Käufer schadlos gestellt.

WIE KANN DIE EIGENTÜMERGEMEINSCHAFT BEI ZAHLUNGSVERZUG REAGIEREN?

Veränderte Fälligkeit

Fehlen einem Eigentümer vorübergehend die Mittel, um das Hausgeld zu zahlen, kann ihm die EV mit einer Stundung oder der Erlaubnis zur Ratenzahlung entgegenkommen. Aber auch wenn ein Eigentümer Monat für Monat das Hausgeld schuldig bleibt, ohne dass Besserung in Sicht ist, erweist sich die gesetzliche Regelung als nützlich. Damit in solchen Fällen nicht jede Monatszahlung neu gemahnt werden muss, ist es der EV möglich, eine Verfallklausel bzw. Vorfälligkeitsregelung vorzusehen. Sie bestimmt, dass das Hausgeld für das gesamte Jahr sofort fällig ist, aber gestundet wird, solange der Abschlag pünktlich monatlich auf dem Gemeinschaftskonto eingeht. Gerät ein Eigentümer mit zwei Hausgeldraten in Verzug, erlischt das Recht zur Monatszahlung. Das restliche Hausgeld für das Jahr ist sofort zu zahlen und kann gemahnt bzw. eingeklagt werden. Auf diese Weise kann auch verhindert werden, dass eine Hausgeldklage monatlich erweitert werden muss.

Machtvolle Instrumente

Zahlt ein säumiger Zahler trotz einer Zahlungserinnerung des Verwalters nicht, muss nach pflichtgemäßem Ermessen der Verwalter entscheiden, ob er ein gerichtliches Mahnverfahren in Gang setzen will. Die EG kann auch Verzugszinsen in Höhe von fünf Prozentpunkten über dem Basiszins der Zentralbank verlangen (§ 288 (1) BGB). Gegebenenfalls kann sie Schadenersatz fordern. Statt ein Mahnverfahren einzuleiten, kann sie auch direkt Zahlungsklage erheben. Einem hartnäckigen Schuldner kann sie vom Verwalter das Wasser abdrehen lassen oder im Extremfall bei Gericht die Zwangsversteigerung seiner Wohnung beantragen. Mehr zu den Möglichkeiten der Gemeinschaft, zu ihrem Geld zu kommen, lesen Sie bei → Zahlungspflicht.

H

HAUSORDNUNG

Die Hausordnung kann den Gebrauch des → Sondereigentums – also auch Ihrer Wohnung – einschränken, zum Beispiel wenn sie das Musizieren oder die Tierhaltung begrenzt. Vor allem aber greift die Hausordnung beim → Gemeinschaftseigentum ein, das jeder Eigentümer nach § 16 (1) WEG nutzen darf. Sie bestimmt unter anderem, ob Fahrräder im Hausflur abgestellt werden und zu welchen Zeiten Kinder den Spielplatz benutzen dürfen. Fehlt für einen Sachverhalt eine → Gebrauchsregelung oder gar generell eine Hausordnung, können sie die Eigentümer nach § 19 (2) WEG meist mit einfacher Mehrheit beschließen.

WAS BESTIMMT DIE HAUSORDNUNG?

Die Hausordnung soll für ein harmonisches Zusammenleben in der Wohnanlage sorgen. Was sie konkret wie regelt, hängt von den örtlichen Gegebenheiten und den Wünschen der Eigentümer ab. Grundsätzlich gehören diese Vorgaben dazu:

Mietvertrag

Wenn Sie Ihre Wohnung vermieten, sollten Sie die Hausordnung dem Mietvertrag beifügen und im Vertrag vermerken, dass sie für den Mieter verpflichtend ist. Ohne einen solchen Passus im Mietvertrag müsste sich Ihr Mieter nicht an die Hausordnung halten, denn die verpflichtet ansonsten nur die Eigentümer. Streit im Haus wäre programmiert. Beachten Sie dabei, dass viele Mustermietverträge bereits eine Hausordnung enthalten, die einen abweichenden Inhalt haben kann. Diese wäre dann zu streichen. Spätere Änderungen der Hausordnung der Gemeinschaft werden nicht Bestandteil des Mietvertrags. Eine Bindung des Mieters an die Hausordnung in der jeweils gültigen Fassung, also mit eventuellen späteren Änderungen, ist rechtlich nicht möglich.

- Regeln über das Aufstellen von Gegenständen auf Gemeinschaftsflächen, etwa von Fahrrädern und Kinderwagen im ⇢ Treppenhaus,
- Ruhezeiten am Mittag und in der Nacht allgemein und speziell etwa für die Nutzung des Spielplatzes oder für das ⇢ Musizieren,
- Bestimmungen zur ⇢ Tierhaltung,
- Gebrauchsregelungen für Räume und Anlagen im Gemeinschaftseigentum, zum Beispiel Aufzug, Keller- und Dachräume, Sauna und Schwimmbad sowie Freiflächen,
- Sicherheitsregeln, etwa für das Schließen der Fenster und Türen des Gemeinschaftseigentums,
- Ge- und Verbote für den Umgang mit gefährlichen oder brennbaren Gegenständen,
- Waschküchennutzung,
- Rauchen auf dem Balkon,
- Treppenhauslüftung.

WIE LÄSST SICH EINE HAUSORDNUNG EINFÜHREN, ÄNDERN UND ERGÄNZEN?

Im Rahmen ihrer ⇢ Beschlussfassung kann die Eigentümerversammlung (EV) eine Hausordnung einführen, wenn sie bislang fehlt. Oder sie kann eine bestehende abändern bzw. ergänzen, zum Beispiel um Gebrauchsregeln für die Tiefgarage oder zur ⇢ Gartennutzung. Letztere könnten etwa bestimmen, ob, und wenn ja, wann, das ⇢ Grillen erlaubt ist.

In solchen Abstimmungen genügt nach den §§ 19 (2) und 25 (1) WEG eine einfache Mehrheit. Bedingung: Die Beschlüsse müssen der ordnungsgemäßen Verwaltung dienen. Das heißt, sie müssen den rechtlichen Vorgaben sowie den Gegebenheiten der Wohnanlage entsprechen und auch möglichst die Wünsche derer angemessen berücksichtigen, die in der EV keine Mehrheit fanden. Ihr Ziel soll es sein, für ein friedliches Zusammenleben der Bewohner zu sorgen. Eine einfache Mehrheit genügt sogar zur Änderung, wenn die Hausordnung Teil der ⇢ Teilungserklärung (TE) bzw. der ⇢ Gemeinschaftsordnung (GO) ist. Die Vorgaben dieser vertraglichen Fundamente der Wohnanlage dürfen ansonsten nur mit einer ⇢ Vereinbarung aller Eigentümer geändert werden.

Ausnahme: Abweichend vom Gesetz kann die TE bzw. GO oder eine Vereinbarung auch für Hausordnungsbeschlüsse eine qualifizierte Mehrheit verlangen. Etwa könnte vorgegeben werden, dass ein Beschluss nur angenommen ist, wenn die dafür stimmenden Eigentümer über eine Mehrheit der Miteigentumsanteile verfügen. Eine solche erschwerende Bedingung für den Beschluss hat den Vorteil, dass Regelungen nicht von Zufallsmehrheiten in der EV beschlossen und alsbald wieder abgeändert werden.

§

Verwalter beauftragen

Statt selbst die Regeln für die Hausordnung zu formulieren und zu verabschieden, kann die EV den Verwalter damit beauftragen. Manchmal bestimmt auch die TE bzw. GO, dass er diese Aufgaben übernehmen soll. Stets hat jedoch die EV die Entscheidungshoheit und kann die vom Verwalter in Kraft gesetzten Regelungen mit Mehrheit ändern oder abschaffen.

WAS, WENN EIGENTÜMER GEGEN DIE HAUSORDNUNG VERSTOSSEN?

Der Verwalter ist nicht durch Gesetze verpflichtet, die Einhaltung der Hausordnung ständig zu überwachen. Stichprobenweise Kontrollen genügen, befand das LG Hannover am 21.5.1986 (Az. 1 T 134/85). Erfährt der Verwalter bei den Kontrollen oder von Zeugen von Verstößen, muss er dagegen vorgehen. Er kann etwa Verbotsschilder aufhängen und den ⇢ Verwaltungsbeirat einschalten, der ihn bei seiner Arbeit unterstützen soll. Oft hilft schon ein klärendes Gespräch des Beirats mit dem Störenfried. Eine gütliche Einigung ist wichtig, denn alle weiteren Schritte, wie in den folgenden Abschnitten beschrieben, verschärfen die Situation. Und das sollten alle Beteiligten tunlichst vermeiden, um den Hausfrieden nicht noch stärker zu gefährden.

Lenkt der Störer nicht ein, ist der Verwalter verpflichtet, ihn schriftlich oder mündlich zur Rede zu stellen. Verstößt der Delinquent weiterhin gegen die Hausordnung, muss der Verwalter ihn bei den nächsten Vorfällen wiederum jeweils abmahnen. Drohen weitere Regelverstöße muss der Verwalter der EV Bericht erstatten. Nur sie entscheidet, ob, und wenn ja, wie, sie gegen den Wiederholungstäter vorgehen will. Ein einzelner Miteigentümer kann gegen den Störenfried nur dann selbst unmittelbar vor Gericht ziehen, wenn es um eine konkrete Störung seines Sondereigentums geht.

Entstand durch den Verstoß gegen die Hausordnung ein Sachschaden, wird die EV jedoch in aller Regel beschließen, Schadenersatz vom Verursacher zu fordern. Zusätzlich kann sie von ihm nach § 16 (2) WEG einen Ausgleich für den durch den Verstoß verursachten Verwaltungsaufwand verlangen, wenn dies beim Verstoß bereits Beschlusslage war. Für diese Beschlüsse genügt die einfache Mehrheit.

Schwieriger wird es, den Verursacher zu einer Zahlung zu zwingen, wenn – wie zum Beispiel bei einer Lärmbelästigung – kein messbarer materieller Schaden entstanden ist. Versucht die EV ihre Forderung vor Gericht einzuklagen, will der Richter, dass der Sachverhalt höchst präzise dargelegt wird. Nur selten kann die Hausgemeinschaft alle Fragen zu dessen Zufriedenheit beantworten. Wenn einige Hausordnungen bei Verstößen Strafzahlungen vorsehen und die EV das Geld einklagen will, scheitert auch sie meist an den hohen Anforderungen der Gerichte. Sehr schwerwiegende, lange anhaltende und gegenüber dem Gericht eindeutig belegbare Störungen können aber nach

§ 17 WEG nach Abmahnung zur ⇢ Entziehung des Wohnungseigentums führen.

WANN KANN EIN EIGENTÜMER NEUE REGELUNGEN VERLANGEN?

Um Streitfällen vorzubeugen, kann jeder Eigentümer nach § 19 (2) Nr. 1 WEG verlangen, dass eine Hausordnung verabschiedet wird, falls sie bislang fehlt. Ferner gibt der Paragraf Anspruch darauf, dass einzelne Regelungen bei Bedarf ergänzt bzw. an geänderte Gegebenheiten angepasst oder auch gestrichen werden. Zudem kann jeder Eigentümer verlangen, dass die Hausordnung – wie auch andere Regelungen in der Wohnanlage – geändert werden, die ihn benachteiligen (⇢ Gebrauchsregelungen). Zunächst muss er dabei versuchen, in der EV einen Beschluss durchzusetzen, der das Problem beseitigt. Gelingt das nicht, kann er das Gericht anrufen, damit dieses eine Hausordnung aufstellt, abändert oder ergänzt. Eine vom Gericht aufgestellte Hausordnung kann dann ohne Weiteres wieder durch Beschluss geändert werden.

WELCHE VORGABEN MACHEN RICHTER FÜR EINE HAUSORDNUNG?

Meist kann die EV einen Streit im Haus beilegen, indem sie den fraglichen Sachverhalt mit einem Mehrheitsbeschluss regelt. Oder der Verwaltungsbeirat bzw. der Verwalter vermitteln einen Kompromiss. Ansonsten müssen die Gerichte entscheiden.

Abstellen von Gegenständen

Dürfen Kinderwagen, Fahrräder oder Spielgeräte im Eingangsbereich abgestellt werden? Oder regennasse Schuhe vor der Wohnungstür? Mehr dazu unter ⇢ Treppenhaus.

Schließen der Haustür und der Kellerfenster

Die Hausordnung kann bestimmen, dass die Fenster im Treppenhaus und im Keller nur zu bestimmten Zeiten geöffnet werden dürfen. Teil der Hausordnung ist auch regelmäßig eine Vorschrift, ob, und wenn ja, für welche Zeiten, nachts die Haustür abzuschließen ist. Doch eine verschlossene Tür blockiert bei einem Brand den Fluchtweg. Deshalb urteilte das LG Frankfurt/Main am 12.5.2015 (Az. 13 S 127/12), ein Nachtschließgebot entspreche nur ⇢ ordnungsgemäßer Verwaltung, wenn die abgeschlossene Tür notfalls auch ohne Schlüssel von innen zu öffnen sei. Das ist nur bei einigen neueren Schließsystemen möglich. Bei einem normalen Schloss kann demnach jeder Eigentümer eine Streichung eines Abschließgebots verlangen.

Aufzugnutzung

Eine Beschränkung des Aufzugsbetriebs auf einige Etagen oder bestimmte Zeiten, um Kosten zu sparen oder Betriebsgeräusche zu vermeiden, widerspricht ordnungsgemäßem Gebrauch und kann deshalb nur mit einer Vereinbarung, der alle Eigentümer zustimmen, beschlossen werden.

Autostellplatz

Generell dürfen Autos lediglich auf jenen gemeinschaftseigenen Flächen parken, die in der Teilungserklärung als Stellplätze ausgewiesen sind. Die vorgegebene Flächennutzung kann nur mit einer ⇢ Vereinbarung, der alle Eigentümer zustimmen, geändert werden. Die EV kann jedoch durch Mehrheitsbeschluss anordnen, dass auch die ordnungsgemäß ausgewiesenen Stellplätze nicht für Wohnmobile genutzt werden. Dieses Verbot gilt jedoch nicht für einen Stellplatz, für den ein Eigentümer ein im Grundbuch eingetragenes ⇢ Sondernutzungsrecht besitzt. Doch was tun, wenn nicht genug Stellplätze vorhanden sind? Dann kann die EV mit Mehrheit eine Gebrauchsregelung erlassen, die zum Beispiel die Plätze den Eigentümern im Wechsel zuordnet. Sie könnte auch den Parkraum etwa jeweils für ein Jahr verlosen.

Bade- und Duschverbot

Ein Mehrheitsbeschluss, der das Baden und Duschen zwischen 22 und 5 Uhr generell verbietet, ist zulässig, wenn sonst durch den Wasserlauf im Haus Geräusche oberhalb der DIN-Norm, die bei Bau des Hauses galt, entstehen.

Dekoration und Plakate

Die EV kann nicht die zeitweilige Verzierung der Wohnungstür, der Fenster oder des Balkon etwa mit Schmuckwerk zu Ostern und Weihnachten verbieten. Entsprechend sind im Advent auch einige blinkende Girlanden am Balkon zu dulden. Und an den Tagen der Fußball-WM darf eine Fahne am Balkon oder Fenster hängen, solange sie keinem Mitbewohner die Aussicht versperrt. Ansonsten kann die EV per Hausordnung Plakate, Schilder oder etwa Spruchbänder an der Fassade und im Fenster untersagen. Wenn ein Eigentümer dennoch welche aufhängt, sollte er den Nachbarn mitteilen, dass er sein Bekenntnis zu einem Fußballverein, einer Bürgerinitiative oder einer politischen Partei nach ganz wenigen Tagen wieder abhängt. Dann hat er kaum Konsequenzen zu fürchten, außer dass mancher Miteigentümer ihn weniger freundlich grüßt. Eine dauerhafte Dekoration des Gemeinschaftseigentums – ob außen am Haus oder im Inneren, etwa an den Wänden des Treppenhauses bzw. außen an der Wohnungstür – wäre jedoch eine ⇢ bauliche Veränderung.

Heizung und Warmwasser

Über den Betrieb der ⇢ Heizung entscheidet grundsätzlich die EV mit Mehrheit. Als Grundregel gilt, dass am Tag in den Zimmern eine Temperatur von mindestens 20 Grad Celsius und in der Nacht von 17 Grad erreichbar sein muss. Die Nachtabsenkung darf frühestens um 22 Uhr beginnen und muss spätestens um 7 Uhr enden. Auch an kühlen Sommertagen sind etwa diese Temperaturen einzuhalten. Eine komplette Abschaltung der Heizanlage im Sommer müsste die EV beschließen, nicht der Verwalter. Das Warmwasser muss mindestens 41 Grad heiß aus dem Hahn fließen, befand das Amtsgericht München am 26.10.2011 (Az. 463 C 4744/11). Die EV kann festlegen, dass nur der Verwalter einen Schlüssel zum Heizungskeller erhält, damit kein Unbefugter die Anlageregelung verändern kann.

Müllschlucker

Die Nutzung des Müllschluckers während der Ruhezeiten kann die EV mit einfacher Mehrheit verbieten. Sie kann die Anlage aber nicht dauerhaft stilllegen, etwa um die Mülltrennung zu fördern. Damit würde sie den Eigentümern das Nutzungsrecht an diesem Gemeineigentum entziehen, das ihnen nach § 16 (1) WEG zusteht. Ausnahmen: Der Müllschlucker ist stillzulegen, wenn dies die Bauvorschriften, wie etwa in NRW, vorschreiben, oder, wenn ausnahmslos alle Eigentümer dies in einer ⇢ Vereinbarung so festlegen.

Ruhezeiten

Die EV kann mit Mehrheit Ruhezeiten beschließen. Üblich ist eine Dauer von 22 bis höchstens 7 Uhr sowie von 13 bis 15 Uhr.

Saunanutzung

Der Betrieb einer Sauna im Gemeinschaftseigentum kann von der EV mit Mehrheit auf zwei Tage in der Woche begrenzt werden, wenn dem keine Vorgabe in der Teilungserklärung bzw. Gemeinschaftsordnung oder in einer bestehenden Vereinbarung entgegensteht. Das befand das OLG Düsseldorf am 2.6.2003. (Az. 3 Wx 94/03)

Gartenpflege, Treppenhausreinigung und Winterdienst

Der Verwalter muss dafür sorgen, dass der Garten gepflegt, das Treppenhaus geputzt und der Schnee geräumt wird. Die Eigentümer sind nur verpflichtet, mit dem ⇢ Hausgeld für den Service zu zahlen, so der BGH am 9.3.2012 (Az. V ZR 161/11). Wie es sich regeln lässt, dass die Bewohner selbst Hand anlegen dürfen, wird beim ⇢ Treppenhaus am Beispiel des Putzdienstes beschrieben. Ausnahme: Die EV kann mit Mehrheit beschließen, dass jeder Eigentümer auf seinem ⇢ Balkon bzw. seiner Terrasse den Schnee beseitigt, damit kein Schmelzwasser in das Mauerwerk eindringen kann.

Waschküche und Trockenraum

Benutzungsregeln und -zeiten für einen Waschkeller oder im Gemeinschaftseigentum stehende Wasch- und Trockenmaschinen können im Rahmen der Hausordnung von der EV mit Mehrheit beschlossen werden. Dabei müssen die Zeiten so gewählt werden, dass auch Berufstätige die Anlagen nutzen können; sonntags kann die EV das Waschen ab 9 Uhr erlauben. Auch wenn Waschkeller und Trockenraum vorhanden sind, darf die Hausordnung keinem Eigentümer verbieten, eigene Maschinen in der Wohnung aufzustellen. Ein entsprechendes Verbot wäre von Anfang an nichtig.

HAUSVERBOT ERTEILEN IST SCHWIERIG

Mancher Bewohner mag Besucher empfangen, die seine Nachbarn nicht im Haus sehen wollen. Vielleicht sind es Angst einflößende Rocker, nachlässig gekleidete Personen oder sonstige Außenseiter. Warum die Mitbewohner die Besucher abweisen wollen, spielt keine Rolle. Solange diese aber nicht wiederholt ernsthaft gegen die Hausordnung verstoßen haben, kann ihnen die EV nicht per Mehrheitsbeschluss das Hausverbot erteilen. Vielmehr muss die Eigentümergemeinschaft einen Kompromiss finden zwischen den Interessen des gastgebenden Bewohners – gleich ob Mieter oder Eigentümer – und der Mehrheit der Eigentümer. So urteilte das BVerfG am 6.10.2009 (Az. 2 BVR 693/09).

HEIZUNG

Eigentümer entscheiden, wie warm sie es haben wollen. Das birgt schon genug Konfliktpotenzial. Doch außerdem müssen sie noch zahlreiche Vorschriften beachten. Die Heizkostenverordnung schreibt vor, wie die Umlagen für die Heizung verbrauchsabhängig zu berechnen sind. Das gleiche Prinzip sollte auch für das Warmwasser gelten, doch verfügen ältere Wohnanlagen selten über die dafür nötigen Messgeräte in den Wohnungen. Das Energieeinspargesetz schließlich verlangt die Dämmung der Rohrleitungen und bei Instandsetzungsarbeiten den Einbau energieeffizienter Geräte. Für die Umsetzung muss der Verwalter sorgen, sonst drohen Geldstrafen.

WER BESTIMMT, WANN UND WIE STARK GEHEIZT WIRD?

Regelungsbeschluss

Die Eigentümerversammlung entscheidet mit einfacher Mehrheit über die Heizungsregelung. Jeder Wohnungseigentümer hat aber ein Recht darauf, dass er seine Räume zwischen 7 und 22 Uhr mindestens auf 20 Grad Celsius erwärmen kann, so das OLG Celle am 29.12.1989 (Az. U 200/88). Zwischen 22 und 7 Uhr sollen es mindestens 17 Grad sein, bestimmte das AG Hannover am 22.12.1983 (Az. 514 C 1852/83). Weniger Wärme wäre nur zulässig, wenn alle Eigentümer einverstanden sind. Falls alle Eigentümer zustimmen, kann auch die Heizung im Sommer komplett abgeschaltet werden. So befand das BayObLG am 9.8.1984 (Az. BReg 2 Z 77/83). Dasselbe Gericht urteilte am 26.2.1993 (Az. 2Z BR 117/92), dass der Verwalter grundsätzlich nicht ohne entsprechende Beschlussfassung der Eigentümergemeinschaft die Heizung abschalten darf.

Schlüsselgewalt

Manchmal pfuschen eifrige Eigentümer dem Verwalter ins Handwerk, wenn sie eigenmächtig im Heizraum den Temperaturregler hoch oder runter drehen. Da dies meist heimlich geschieht, rücken oft aufgrund eingehender Beschwerden Wartungsfirmen an, was zu nicht unerheblichen Kosten führen kann. Um derlei zu verhindern und für klare Verantwortlichkeit zu sorgen, kann die EV beschließen, dass nur der Verwalter einen Schlüssel für den Heizraum erhält und/oder der Hausmeister. Gegebenenfalls kann der Schlüssel auch beim Beiratsvorsitzenden deponiert werden. Zur Sicherheit verbleibt dann meist ein weiterer in einem verplombten Notfallkasten nahe der Heizungskellertür.

WELCHE REGELUNGEN SIND FÜR DIE HEIZKOSTENABRECHNUNG MÖGLICH?

Heizkostenverordnung

Die Verordnung über die verbrauchsabhängige Abrechnung der Heiz- und Warmwasserkosten (HeizkostenV) verlangt, was ihr langer Name beschreibt: die Kostenverteilung nach Verbrauch. Davon ausgenommen sind laut § 11 (1) Nr. 1 HeizkostenV nur hochgedämmte Häuser, die pro Jahr weniger als 15 kWh Heizenergie benötigen.

Jeder Wohnungseigentümer kann die Einhaltung der Heizkostenvereinbarung durch die Wohnungseigentümergemeinschaft verlangen. Dieser Anspruch schließt die Anbringung von Erfassungsgeräten ein. Allerdings: Wenn sich alle Eigentümer in einer Wohnanlage einig sind, brauchen sie keine Erfassungsgeräte einbauen zu lassen. Ein solcher Verstoß gegen die HeizkostenV wird nicht als Ordnungswidrigkeit geahndet. Fast immer rechnen die Eigentümer die Heiz- und Warmwasserkosten dann nach Wohnfläche ab. Sollte das irgendwann einem Wohnungsnutzer – egal ob Eigentümer oder Mieter – nicht mehr passen, kann er aber nach § 4 (4) der HeizkostenV verlangen, dass künftig entsprechend der HeizkostenV nach Verbrauch abgerechnet wird. Dieses Interesse könnten zum Beispiel Eigentümer haben, die tagsüber nicht zu Hause sind und entsprechend weniger heizen, oder solche, deren Domizile weniger Außenwände haben als etwa Eckwohnungen. Ohnehin hat ein Mieter stets das Recht, seine Heizabrechnung um 15 Prozent zu kürzen, wenn sie nicht entsprechend der HeizkostenV auf einer individuellen Verbrauchsmessung beruht.

Dabei gelten die Bestimmungen der HeizkostenV explizit auch für Wohnungseigentum, und § 3 der Verordnung legt fest, dass sie gegebenenfalls Vorrang genießt gegenüber abweichenden Beschlüssen der Eigentümer oder etwa Vorgaben der Gemeinschaftsordnung. Widerstand gegen die HeizkostenV findet sich ohnehin nur vereinzelt in kleinen Wohnanlagen, deren Eigentümer sich die Kosten der verbrauchsabhängigen Abrechnung ersparen wollen. In aller Regel beschließt die EV mit einfacher Mehrheit den Einbau bestimmter Heizkostenverteiler, den dann alle Wohnungseigentümer dulden müssen. Kauft sie die Geräte, müssen die Eigentümer die Kosten nach § 16 (2) WEG entsprechend ihrer Miteigentumsanteile tragen. Meist werden solche

Kostenverteiler aber von Firmen gemietet, die zugleich das Ablesen und die Abrechnung übernehmen.

Kostenverteilung

§ 7 (2) HeizkostenV führt auf, welche Positionen zu den Heizkosten eines Hauses zählen. Es sind dies die Kosten

- der verbrauchten Energie samt Lieferung bzw. der Grund- und Zählergebühren,
- des Stroms für die Heizungsanlage samt der Pumpen inklusive der Grund- und Zählergebühren,
- der Wartung, Bedienung und Reinigung,
- Abgasmessungen nach dem Bundesimmissionsschutzgesetz,
- der Schornsteinreinigung.

Zu den Kosten des Betriebs der zentralen Heizungsanlage kommen die der Verbrauchserfassung (Gerätemiete, Ablese- und Abrechnungsdienst). Die Summe ist nach § 7 (1) HeizkostenV je nach Wahl der Eigentümerversammlung zu 50 bis 70 Prozent nach dem erfassten Wärmeverbrauch auf die Wohnungen zu verteilen. Stets 70 Prozent der Heizkosten sind nach Verbrauch zu verteilen, wenn ältere Gebäude nicht der Wärmeschutzverordnung vom August 1994 entsprechen, mit Öl oder Gas geheizt wird und die freiliegenden Heizrohre entsprechend der bindenden Vorgaben der Energieeinsparverordnung überwiegend gedämmt sind. Der übrige Betrag kann nach Wohn- oder Nutzfläche oder Raumvolumen verteilt werden; um den Aufwand gering zu halten, wird meist die Größe genutzt, die für die Wohnungen im Grundbuch eingetragen ist.

Die Regeln für die Kostenverteilung gelten entsprechend für Fernwärme oder für den Wärmebezug im Rahmen eines Contracting-Vertrags. Hier gehört die Heizanlage nicht zum → Gemeinschaftseigentum der Eigentümergemeinschaft, vielmehr überlässt sie den Heizraum einer Firma, die dort auf ihre Rechnung eine Heizanlage einbaut. Der Dienstleister erzeugt dann die Wärme nach den Wünschen der Eigentümer, die dafür bezahlen. Diesen Weg nutzen vor allem finanzschwache Eigentümergemeinschaften bei einer anstehenden Instandsetzung, obwohl die Heizkraft dann unterm Strich teurer kommt als bei einer Eigenproduktion.

§ 10 HeizkostenV erlaubt es einer EV, mit einfacher Mehrheit mehr als 70 Prozent der Heizkosten nach Verbrauch aufzuteilen. Allerdings ist das nur angemessen, wenn das Haus sehr gut gedämmt ist. Sonst leiden etwa Dach- und Parterrewohnungen baubedingt unter stärkeren Wärmeverlusten, ohne dass dies die Bewohner beeinflussen können.

WELCHE REGELN GELTEN FÜR EINE ZENTRALE WARMWASSERVERSORGUNG?

Temperatur

Wenn der Hahn aufgedreht wird, soll gut 50 Grad warmes Wasser fließen. Allenfalls die ersten drei Liter dürfen kühler sein. Das sehen die Regeln der Deutschen Vereinigung des Gas- und Wasserfachs vor. Mindestens 41 Grad müssen es aber sein, befanden Gerichte. Diese Wasserleistung muss rund um die Uhr zur Verfügung stehen. Nur wenn alle Eigentümer zustimmen, darf eine Schaltuhr die Zirkulationspumpe zeitweise stoppen oder die Temperatur gesenkt werden.

Kostenverteilung in Altanlagen

In der Regel sorgt der Heizkessel nebenbei für das Warmwasser. In älteren Wohnanlagen wird weder erfasst, um wie viel Kubikmeter Wasser es sich insgesamt handelt, noch wird in den Wohnungen gemessen, wieviel dort jeweils verbraucht wird. Bis Ende 2013 durfte sogar nach § 9 (2) der Kostenanteil, der auf die Wassererwärmung entfällt, pauschal mit rund 18 Prozent der gesamten Betriebskosten der Heizanlage angesetzt werden. Ab 2014 muss diese Wärmemenge mit einem Zähler im Heizungskeller erfasst werden. Die danach errechneten Energiekosten, die Ausgaben für den meist gemieteten Wärmemengenzähler sowie die Stromkosten der Zirkulationspumpe zählen zu den Warmwasserkosten des Gesamthauses. Sie werden traditionell nach der Wohnfläche umgelegt. Ältere Wohnungen mit Warmwasserzählern nachzurüsten ist aufwendig. Will man nicht die Wände aufstemmen, müsste man vor jeder Zapfstelle einen Zähler einschrauben.

Kostenverteilung in Neuanlagen

In neueren oder grundlegend modernisierten Wohnanlagen führen in jede Wohnung ein Warm- und ein Kaltwasserrohr, an dem ein Zähler den Wasserdurchfluss misst. Erst danach erfolgt die Rohrverteilung innerhalb der Wohnung. Im Heizungskeller misst ein Wärmemengenzähler, wie viel der vom Kessel erzeugten Energie für die Wassererwärmung benötigt wurde. So können deren Kosten exakt ermittelt werden, die dann – je nach Wahl der EV – zu 50 bis 70 Prozent anhand des Warmwasserverbrauchs auf die Wohnungen verteilt werden. Der verbleibende Kostenanteil wird nach der Wohn- oder Nutzfläche zugeordnet und steht für die Wärmeverluste, die entstehen, wenn das Warmwasser Tag und Nacht durch das Haus zirkuliert.

Die Warmwasserzähler werden wie entsprechende Kaltwasserzähler in der Regel bei einer Firma gemietet, die auch das Ablesen und die Abrechnung übernimmt. Im Preis enthalten ist der Austausch des Zählwerks gegen ein neu geeichtes. Er ist beim Wärmemengenzähler im Keller sowie bei den Warmwasserzählern in den Wohnungen alle fünf Jahre, bei Kaltwasserzählern alle sechs Jahre vorgeschrieben.

WELCHE VORGABEN BESTEHEN FÜR ENERGIESPARMASSNAHMEN?

Bei Heizungsanlagen müssen zugängliche Heiz- und Warmwasserleitungen sowie Armaturen, die sich nicht in beheizten Räumen befinden, in Dämmstoff eingepackt werden. Das schreibt § 10 (2) der Energieeinsparverordnung (EnEV) aus dem Jahr 2009 vor, welche seitdem regelmäßig verschärft wird. § 14 bestimmt, dass Zentralheizungen automatisch nach dem Heizbedarf gesteuert werden, also in der Regel entsprechend der

Außentemperatur. Beim Neubau oder bei Reparaturen dürfen in Zentralheizungen mit mehr als 25 kW Nennleistung, wie sie in Wohnanlagen in aller Regel benötigt werden, nur Umwälzpumpen installiert werden, die ihre Leistung selbstständig an den Bedarf anpassen. Gleiches gilt für die Zirkulationspumpen von Warmwasseranlagen. Der Verwalter muss für die Einhaltung der EnEV sorgen, sonst droht ihm eine Geldstrafe wegen Ordnungswidrigkeit. Insofern ist kein Beschluss der EV in der Sache nötig, sondern nur über die Frage, wie die Vorgaben der Verordnung umgesetzt werden sollen.

Muss der Kessel ohnehin bald ersetzt werden, kann ein Wechsel von Öl- auf Gasfeuerung oder ein Umstieg auf Fernwärme als modernisierende ⇢ Instandsetzung mit einfacher Mehrheit beschlossen werden. Auch die Einbindung von Solarkollektoren wäre möglich. Kommt es darüber aber zu einem Streit zwischen den Eigentümern, kippen die Gerichte den Beschluss, wenn die Sonnenfreunde nicht mit einer Prognoserechnung zeigen können, dass sich die Investition innerhalb eines Jahrzehnts rechnet. Gleiches gilt für Wärmepumpenanlagen, die sich aber ohnehin für Altbauten nur eignen, wenn diese vorab umfassend gedämmt wurden.

Ist die bestehende Anlage noch funktionsfähig, gilt ein entsprechender Austausch der Heizanlage als Modernisierung. Hier stellen in Streitfällen die Gerichte etwas geringere Anforderungen an die Wirtschaftlichkeit des Austauschs.

I

INSTANDHALTUNG DES GEMEINSCHAFTSEIGENTUMS

Ziel der Eigentümer ist es, den Wert ihrer Wohnanlage zu erhalten bzw. möglichst zu steigern. Das setzt eine sorgsame Instandhaltung voraus: Die Liegenschaft muss gepflegt, die technischen Anlagen gewartet und auftretende Macken repariert werden. Dabei spielt der Verwalter eine wichtige Rolle, der meist kleinere Aufträge selbstständig vergeben darf. Über größere Vorhaben entscheidet die Eigentümerversammlung (EV) mit einfacher Mehrheit. Die anfallenden Ausgaben werden in der Regel auf alle Eigentümer umgelegt.

Begriffsbestimmung

Die Eigentümer müssen für die Instandhaltung der Wohnanlage sorgen, das verlangt § 19 (2) Nr. 2 WEG. Darunter fallen alle Maßnahmen, welche den Schäden, die durch den Gebrauch und die Alterung der Materialien drohen, vorbeugen sollen. Der Begriff umfasst den Putz- und Gartenservice, das Ausbessern von Schrammen, die Kontrolle technischer Anlagen, aber auch etwa das Nachjustieren und Schmieren von Fenstern und Türen.

Verwalteraufgaben

Der Verwalter hat die Eigentümer bei der Erhaltung der Wohnanlage zu unterstützen, indem er die für die ordnungsgemäße Instandhaltung des Gemeinschaftseigentums erforderlichen Maßnahmen trifft. Bereits das Gesetz ermöglicht es ihm in § 27 (1) WEG, Aufträge für kleine Maßnahmen eigenverantwortlich zu erteilen und aus der ⇢ Erhaltungsrücklage zu bezahlen. Doch es sorgt für Klarheit, wenn die EV durch Beschluss festlegt, bis zu welchem Wert pro Einzelauftragswert der Verwalter ohne Rücksprache handeln darf. Auch ein Jahreslimit macht Sinn., damit nicht durch die Zerstückelung in Einzelaufträge Gesamtausgaben in nicht vorhergesehener Höhe entstehen. Eventuell nennt bereits die ⇢ Gemeinschaftsordnung solche Beträge. Welche Höhe sinnvoll ist, hängt von Größe und Zustand der Wohnanlage ab. Ferner spielt es eine Rolle, ob die Eigentümer zu jedem Zeitpunkt eine perfekt gepflegte Wohnanlage wünschen oder eine Schramme auch einmal für einige Monate dulden. In der ⇢ Jahresabrechnung muss der Verwalter nachträglich über seine selbstständig vergebenen Instandhaltungsaufträge Rechenschaft ablegen.

Beschlussfassung

Die regelmäßig anfallenden Ausgaben für den Putzdienst und gegebenenfalls die Gartenpflege sind in der Regel übers Jahr so hoch, dass die EV selbst darüber entscheiden sollte. Als Grundlage dienen ihr die entsprechende Firmenangebote, die der Verwalter eingeholt hat. Für einen Beschluss genügt die einfache Mehrheit, die Kosten werden üblicherweise nach § 16 (2) WEG auf alle Eigentümer nach ihren ⇢ Miteigentumsanteilen verteilt. Es kann aber auch ein anderer Verteilungsschlüssel sachgerecht sein und beschlossen werden.

Dabei sind die Regeln der Entscheidungsfindung und Kostenverteilung bei Instandhaltung identisch mit denen für die ⇢ Instandsetzung, sodass sie nur bei diesem Stichwort genauer beschrieben werden. Die Instandsetzung sorgt für die Behebung von Schäden, die sich trotz Instandhaltung nicht vermeiden lassen.

INSTANDSETZUNG DER EIGENTUMSWOHNUNG

Jeder Eigentümer ist für die Erhaltung seines ⇢ Sondereigentums selbst verantwortlich. Der Verwalter hat kein Recht, aber auch keine Pflicht, sich darum zu kümmern. Er kommt ins Spiel, wenn eine Wohnung durch Defekte am ⇢ Gemeinschaftseigentum beschädigt wird. Die Kosten für die dadurch nötige Instandsetzung in der Wohnung trägt bei Verschulden die ⇢ Eigentümergemeinschaft (EG). Doch auf die Rechnung des Wohnungseigentümers kann es gehen, wenn Gemeinschaftseigentum saniert werden muss, das ausschließlich er nutzt – etwa die Fenster oder den Balkon.

WELCHE REGELN GELTEN FÜR DIE INSTANDHALTUNG UND INSTANDSETZUNG IHRER EIGENEN WOHNUNG?

Entscheidungsfreiheit

Als Eigentümer sind Sie lediglich verpflichtet, Ihr ⇢ Sondereigentum so zu bewahren, dass Miteignern keine vermeidbaren Nachteile erwachsen. So bestimmt es § 14 (1) WEG. Konkret: Sie müssen nur dafür sorgen, dass keine Folgeschäden bei Nachbarn oder am ⇢ Gemeinschaftseigentum entstehen. Weiter braucht Ihre Instandhaltung – die Pflege, um Schäden zu vermeiden – bzw. die Instandsetzung, also die Schadenbeseitung, nicht zu gehen. Würde die Eigentümerversammlung (EV) versuchen, sich einzumischen, wäre ein entsprechender Beschluss wegen Beschlussunzuständigkeit nichtig. Die EV und der Verwalter dürften nur aktiv werden, wenn ein Eigentümer seine Wohnung so verwahrlosen ließe, dass die Mitbewohner etwa durch Gerüche belästigt würden.

Schadenersatz

Doch was passiert, wenn Sie sich wegen anderweitiger Belastungen nicht ausreichend um die Erhaltung Ihres Sondereigentums kümmern konnten? Führt die Nachlässigkeit zu einem Schaden außerhalb Ihrer Wohnung, müssen Sie Schadenersatz leisten. Beispiel: Das Abflussrohr der Küchenspüle durch Spülrückstände ist irgendwo in der Wand auf dem Weg zum Hauptrohr verstopft, das Abwasser wird gestaut und läuft nur ganz langsam ab, doch Sie beauftragen keinen Installateur mit der Rohrreinigung. Nach einiger Zeit tritt an einer Steckverbindung des Rohrs Abwasser aus und die Wand beim Nachbarn wird feucht. Zum Glück zahlt das Ihre Privathaftpflichtversicherung.

Bricht aber etwa das Wasserrohr, das zu ihrer Badewanne führt und damit zu ihrem Sondereigentum gehört, ohne ihr Zutun und wird die Wand beim Nachbarn feucht, zahlt die von der EG abgeschlossene Gebäudeversicherung. Denn in aller Regel schützt sie auch bei Leitungswasserschäden im gesamten Gebäude. Sie würde ebenfalls den Schaden des Nachbarn ersetzen, wenn Sie die Rohrleitung aus Versehen angebohrt hätten, ohne Sie in Regress zu nehmmen.

Kommt es durch das defekte Rohr in Ihrer Wohnung zu einem Schaden an fest mit dem Gebäude verbundenen Dingen wie Tapeten, Fliesen, Parkettböden oder verklebten Teppichböden, übernimmt die Schadenregulierung ebenfalls die Gebäudeversicherung der EG. Sonstige Schäden, etwa an den Möbeln, ersetzt Ihre Hausratversicherung. Aber: Wenn Sie den Schaden fahrlässig verursacht haben, kürzen beide Versicherungen je nach dem Grad Ihrer Mitschuld die Leistungen für Ihre Wohnung.

Verwalterzutritt

Der Verwalter darf nicht zu Ihnen kommen, um den Zustand der Wohnung zu prüfen. Dazu wäre er nur befugt, wenn Sie ihn unabhängig von seiner Tätigkeit für die EG mit der Verwaltung ihrer Wohnung betraut haben. Haben Sie diese einem Mieter oder Nießbraucher, also einem Dauernutzer, überlassen, hätte der Verwalter deren Rechte zu beachten.

Schadensbegrenzung

Bemerkt ein Nachbar in Ihrer Abwesenheit einen Schaden, der seine Ursache in Ihrem Sondereigentum hat, wird er versuchen, den Schaden gering zu halten, also zum Beispiel bei einem Rohrbruch das Hauptventil im Keller zudrehen. Sodann muss er den Verwalter informieren. Sind Sie als Eigentümer nicht erreichbar, darf dieser im Notfall Ihre Wohnungstür öffnen lassen und, wenn etwa der Zulauf der Badewanne defekt ist, das Wohnungsabsperrventil schließen. Er darf jedoch keinen Handwerker mit Reparaturen beauftragen. Wäre der Verwalter nicht erreichbar, wäre jeder Wohnungseigentümer nach § 18 (3) WEG zu entsprechenden Maßnahmen im Rahmen der ⇢ Notgeschäftsführung berechtigt.

WELCHE GEFAHREN DROHEN IHRER WOHNUNG VOM GEMEINSCHAFTSEIGENTUM?

Ihr Sondereigentum ist umgeben vom Gemeinschaftseigentum. Denn dazu gehören die konstruktiven Teile des Hauses, also weitgehend die Decken und Fußböden, die tragenden Wände, die Fenster, das Balkontragwerk, ferner die Hauptleitungen zur Ver- und Entsorgung, die oft in den Wänden verlegt sind. Muss an diesen Teilen etwas instand gesetzt werden, ist meist anschließend auch eine Renovierung Ihres Sondereigentums fällig.

Duldungspflicht

Wenn es zur Reparatur oder zur Erneuerung des Gemeinschaftseigentums erforderlich ist, müssen Sie den Verwalter oder einen von ihm beauftragten Experten zur Begutachtung sowie Handwerker für die Arbeiten in Ihre Wohnung lassen. So bestimmt es § 14 (1) WEG. Haben Sie Ihre Wohnung einem Mieter oder Nießbraucher überlassen, ist dieser nach § 15 Nr. 1 WEG zur Duldung verpflichtet. Ist es nötig, das Mobiliar umzuräumen, muss das der Verwalter organisieren. Gleiches gilt später für die oft fälligen Malerarbeiten in ihrer Wohnung und die Wiederherstellung der alten Ordnung.

Doch wenn keine konkreten Anhaltspunkte für Schäden vorliegen, brauchen Sie den Verwalter nicht in Ihre Wohnung zu lassen. Ein Recht auf eine turnusmäßige Kontrolle von Teilen des Gemeinschaftseigentums, etwa der Fenster, gibt es nicht. Entsprechend untersagte das OLG Zweibrücken am 24.11.2000 (Az. 3 W 184/00) einem Verwalter solche Überprüfungen, obwohl ihn die ⇢ Gemeinschaftsordnung dazu verpflichtet hatte. Die im Artikel 13 (1) Grundgesetz verankerte Unverletzlichkeit der Wohnung geht vor. Allerdings: Es ist im Interesse jedes Eigentümers, dass der Verwalter Schäden frühzeitig erkennt. Wenn er einmal im Jahr besichtigen will, dafür akzeptable Termine anbietet und seine Inspektion auf das Gemeinschaftseigentum beschränkt, ist wenig dagegen einzuwenden.

Aufgabenverlagerung

Manche ⇢ Gemeinschaftsordnung überträgt die Instandhaltung oder auch die Instandsetzung von Fenstern und Balkonen komplett auf die Eigentümer der jeweiligen Wohnung. So entsteht ein Anreiz, damit pfleglich umzugehen.

Selbsthilfe

Was tun, wenn zum Beispiel seit Monaten der Wind durch Ritzen an Ihrer Balkontür (Gemeinschaftseigentum) pfeift, aber der Verwalter trotz Ihrer wiederholten Meldung keinen Schreiner vorbeischickt? Dann müssen Sie ihn noch einmal schriftlich über den Schaden informieren und eine Frist zur Reparatur setzen. Lässt er den Termin tatenlos verstreichen, können Sie als Ersatzvornahme selbst einen Handwerker rufen. Bereiten Sie eine Schadenbeschreibung samt Fotos vor und lassen Sie sie von Ihrem Fachmann bestätigen, bevor er mit der Arbeit beginnt. Bei teuren Maßnahmen kann es sich lohnen, einen Sachverständigen mit einem Gutachten zu beauftragen. Die Durchführung eines selbstständigen Beweisverfahrens setzt dabei nicht voraus, dass sich der Eigentümer vorher um eine Beschlussfassung über die Einholung eines Sachverständigengutachtens bemüht hat, so der BGH am 14.3.2018 (Az. V ZB 131/17). Die EG muss Ihnen die Reparaturkosten und auch die Gutachterkosten in angemessener Höhe ersetzen. Ihr Risiko: Arbeitet die von Ihnen gerufene Firma nicht ordnungsgemäß, kann die Gemeinschaft Sie für Schäden haftbar machen. Sie müssten Ihrerseits versuchen, den Handwerker zur Verantwortung zu ziehen.

Schuldfrage

Wird in Ihrer Wohnung zum Beispiel eine Wand wegen eines Fassadenschadens feucht, weil die EV wochenlang keine Reparatur beschließt oder diese sogar per Beschluss abgelehnt hat, muss die Wohnungseigentümergemeinschaft für Ihren Schaden aufkommen, weil sie nicht für die Sanierung gesorgt hat. Denn die Wohnungseigentümergemeinschaft ist nach § 18 (1) WEG für die ordnungsgemäße Verwaltung des Gemeinschaftseigentums zuständig. Da nach der Gesetzesnovelle ab 1.12.2020 die Wohnungseigentümergemeinschaft und nicht mehr die Wohnungseigentümer zuständig sind, ist die frühere Haftung der Wohnungseigentümer für ihr Stimmrechtsverhalten bei einer notwendigen Sanierungsmaßnahme regelmäßig ausgeschlossen. Lag aber ein Sanierungsbeschluss vor und hat der Verwalter ihn nicht unverzüglich ausgeführt, haben Sie ebenfalls einen Anspruch gegenüber der Gemeinschaft. Diese wird ihrerseits den Verwalter zur Kasse bitten. War der Fassadenschaden jedoch nur vor Kurzem erstmals aufgetreten, gehen die Gerichte davon aus, dass niemanden eine Schuld trifft. Folge: Sie müssen Ihren Schaden selbst tragen. So urteilte das HansOLG Hamburg am 21.3.2000 (Az. 2 Wx 56/96). Weder Ihre Hausratversicherung noch die Gebäudeversicherung der Gemeinschaft helfen.

Anders ist die Lage, wenn ein Sturm das Dach beschädigt hat und der Regen Ihre Wände oder Decken durchnässt. Hier kommt in der Regel die Gebäudeversicherung der Gemeinschaft, die in aller Regel auch bei Sturmschäden zahlt, für Sachschäden auf.

INSTANDSETZUNG DES GEMEINSCHAFTSEIGENTUMS

Kommt es trotz regelmäßiger ⇢ Instandhaltung, also Wartung und Pflege, zu Schäden, muss die Instandsetzung dafür sorgen, den vorherigen Zustand wieder herzustellen. Doch oft lohnt es, bei dieser Gelegenheit die Wohnanlage mit besseren Materialien und mehr Komfort aufzuwerten. Fachleute sprechen dann von einer modernisierenden Instandsetzung. Auch solche Möglichkeiten sollte der Verwalter der ⇢ Eigentümerversammlung (EV) aufzeigen, statt sie nur pflichtgemäß über die notwendigen Reparaturen und deren Kosten zu informieren. Über das Vorgehen entscheidet sie mit einfacher Mehrheit. Die anfallenden Ausgaben werden in der Regel auf alle Eigentümer umgelegt.

WAS BEDEUTET INSTANDSETZUNG?

Pflichtprogramm

Instandsetzung bedeutet, Schäden zu beheben, gleich ob sie durch Alterung, Abnutzung, Unachtsamkeit, Vandalismus oder Naturgewalten entstanden sind. Da wird eine Wand neu verputzt, weil sich der alte Putz vom Mauerwerk löst, dort eine schadhafte Balkonabdichtung erneuert bzw. eine Heizungspumpe ausgetauscht. Auch Maßnahmen, die durch neue staatliche Vorschriften nötig werden, ordnen die Juristen unter Instandsetzung ein. Es gibt daher auch einen Anspruch auf die Herstellung eines plangerechten Zustands, wozu auch die bauordnungsrechtlich vorgeschriebene Herstellung eines zweiten Rettungsweges gehören kann, urteilte der BGH am 23.6.2017 (Az. V ZR 102/16). Ebenso wie zur ⇢ Instandhaltung sind die Eigentümer nach § 19 (2) WEG zur Instandsetzung verpflichtet. Der Übergang zwischen den beiden Arten von Erhaltungsmaßnahmen ist fließend. Beider Ziel ist es, die Wohnanlage in der ursprünglichen Form zu erhalten. Gleichwohl können modernere Materialien eingesetzt werden, also etwa verbesserte Lacke und Fugendichtmassen oder Edelstahl statt rostgefährdetes Blech.

Auftragsumfang

Mit der Instandsetzung braucht die Eigentümergemeinschaft (EG) nicht zu warten, bis ein Bauteil ausfällt. Es kann ersetzt werden, wenn nach Alter und Zustand ein baldiger Ausfall zu erwarten ist, urteilte das LG Nürnberg-Fürth am 28.7.2010 (Az. 14 S 438/10) im Fall einer Heizanlage. Der Instandsetzungsauftrag kann auch erweitert werden, wenn dies wirtschaftlich sinnvoll ist: Es wird beispielsweise nicht nur der abgerissene Haustürgriff ersetzt, falls ohnehin demnächst die gesamte Tür erneuert werden muss.

WIE LASSEN SICH INSTANDSETZUNG UND MODERNISIERUNG KOMBINIEREN?

Modernisierende Erhaltung

Wenn ohnehin ein Bauteil instandgesetzt werden muss, bietet es sich oft an, nicht den ursprünglichen Zustand wiederherzustellen, sondern eine Verbesserung anzustreben. Beispiel: Statt das defekte Schloss am Tiefgaragentor auszutauschen, könnte eine Schließanlage eingebaut werden, die sich komfortabel vom Auto aus per Funk steuern lässt. Nach § 18 (2) WEG kann jeder Eigentümer eine solche Modernisierung verlangen, wenn sie dem Interesse der Gesamtheit entspricht, wobei im Einzelfall auf ein zumutbares Maß abzustellen ist. Sind die Kosten unzumutbar, ist der Anspruch ausgeschlossen. Eine konkrete Maßnahme kann regelmäßig nicht beansprucht werden, weil die Wohnungseigentümergemeinschaft ein Ermessen über das „Ob" und „Wie" einer Maßnahme hat.

Energiesparende Maßnahmen

Die Energieeinsparverordnung (EnEV) schreibt in § 8 (3) eine modernisierende Instandsetzung vor. Konkret: Werden ohnehin 10 Prozent einer Fassadenseite oder eines Dachteils instand gesetzt, muss dieser Bauteil immer komplett energetisch saniert werden. Entsprechend sind bei einer Erneuerung des Heizkessels energieeffiziente Modelle Pflicht.

WIE LASSEN SICH SCHÄDEN BEGRENZEN?

Der Verwalter sollte mindestens einmal im Halbjahr die Wohnanlage inspizieren, um Reparaturbedarf frühzeitig zu erkennen. Wenn die EV es beschlossen hat und die Kosten übernimmt, kann er einen Architekten oder Bauingenieur mit der Prüfung beauftragen.

WANN ERTEILT DER VERWALTER SELBSTSTÄNDIG REPARATURAUFTRÄGE?

Notmaßnahmen. Wenn zum Beispiel ein Hauptwasserrohr gebrochen ist, gibt § 27 (1) WEG dem Verwalter das Recht, in → Notgeschäftsführung selbstständig zu handeln. Allerdings darf er nur gerade so viel Rohr austauschen lassen, wie unbedingt nötig ist. Keinesfalls dürfte er die Steigleitung vom Keller bis zum Dach erneuern lassen, selbst wenn das wegen des Rostes wirtschaftlich sinnvoller wäre als Flickwerk. Oder: Das Dach soll laut EV-Beschluss neue Ziegel erhalten. Doch als die alten entfernt sind, zeigt sich, dass einige Tragbalken angefault sind. Der Verwalter darf das Dach provisorisch abdichten lassen, dann aber muss er eine EV einberufen, damit sie die Sanierung beschließt.

Kleinreparaturen. In der Regel bestimmt ein Eigentümerbeschluss, dass der Verwalter kleinere Routinearbeiten ohne einen EV- Beschluss in Auftrag geben und aus dem Konto der EG bezahlen darf. Meist werden Höchstbeträge, die sich an den Reparaturkosten vergangener Jahre orientieren, pro Fall und für das Gesamtjahr vereinbart. Eine Regelung im Verwaltervertrag kann wegen des Beschlusserfordernisses nach § 27 (2) WEG lediglich dokumentierend wirken. Dies gilt jedoch nicht, wenn auch der Verwaltervertrag Beschlussgegenstand war und nicht nur die Verwalterbestellung. Gegebenenfalls kann die EV für die

→ Verwaltungsbeiratsarbeit bestimmen, dass über mittelgroße Reparaturen, für die sie ebenfalls einen Höchstbetrag festlegt, der Verwalter gemeinsam mit dem Beirat entscheiden darf.

WIE ORGANISIERT DER VERWALTER NOTWENDIGE ENTSCHEIDUNGEN DER EIGENTÜMER?

Bei einem Schaden, für dessen Behebung der Verwalter nicht selbstständig sorgen darf, unterrichtet er die Eigentümer. In einfachen Fällen wird er ihnen zugleich geeignete Maßnahmen nennen. Im Idealfall hat er bereits Firmenangebote eingeholt. Bei größeren Maßnahmen muss er drei Angebote einholen, urteilte das LG München I am 6.7.2015 (Az. 1 S 12587/14). So viele Offerten gelten aber auch generell als üblich. Es können weniger sein, wenn nach der Art der Arbeiten nennenswerte Preisunterschiede praktisch ausgeschlossen sind.

Anhand der Angebote muss die EV die Art und den Zeitpunkt der Instandsetzung sowie einen Preisrahmen festlegen, befand das LG Berlin am 20.1.2015 (Az. 55 S 130/14). Entscheiden dann nur noch klar benannte, untergeordnete Details die Firmenauswahl, darf die EV diese dem Verwalter, einem Experten oder zum Beispiel dem Verwaltungsbeirat überlassen. Die Kontrolle des Baufortschritts sowie die Abnahme der fertigen Arbeiten und deren Bezahlung gehören dann zu den typischen Aufgaben des Verwalters. Diese müssen ihm aber im EV-Beschluss über die Baumaßnahme explizit übertragen werden.

Keinesfalls genügt ein vager Beschluss, etwa: »Der Verwalter soll Kostenvoranschläge beschaffen und dann den billigsten Handwerker beauftragen.« Ginge ein Eigentümer dagegen mit einer → Anfechtung vor, würde der Richter den Beschluss aufheben. Ausnahme: Falls die EV etwa aufgrund eines Gutachtens oder einer kürzlich erfolgten ähnlichen Reparatur recht genau die möglichen Maßnahmen und deren Preise kennt, kann sie die Sanierung beschließen, bevor die Kostenvoranschläge vorliegen. Bei komplizierteren Fällen bestimmt die EV zunächst die

Art der Maßnahme, der Verwalter holt Kostenvoranschläge ein, und die Eigentümer entscheiden in einer zweiten Versammlung.

Informative Einladung

Steht ein Beschluss über Sanierungsarbeiten an, muss der Verwalter schon in der Einladung zur EV den Sachverhalt beschreiben und die voraussichtlichen Kosten beziffern. Ab geschätzten Sanierungskosten von etwa 3.000 Euro sollte er der Einladung eine fachmännische Schadensbeurteilung und bereits vorliegende Kostenvoranschläge beifügen. Im Einzelfall kann ein Preisspiegel genügen, in dem die Angebote vergleichend zusammengefasst sind, urteilte das LG München I am 6.10.2014 (Az. 1 S 21342/13). Die Eigentümer müssen aber noch vor der EV die kompletten Angebote einsehen können. Die Einladung muss ferner darauf hinweisen, wenn einzelne Eigentümer von den Arbeiten besonders betroffen werden. Gehen Eigentümer wegen einer vagen oder lückenhaften Tagesordnung gegen die Beschlüsse einer EV mit einer ⇢ Anfechtung vor, werden diese vom Richter aufgehoben, falls die Entscheidung bei Teilnahme aller Eigentümer anders hätte ausfallen können.

Die Nachgenehmigung einer ohne Beschlussfassung und ohne Einholung von mindestens drei Vergleichsangeboten vom Verwalter durchgeführten Instandsetzung eines Aufzugs ist auch ohne Notfall vom Ermessen der Eigentümer gedeckt, wenn die Kosten angemessen sind, der Verwalter sich um Vergleichsangebote bemühte und eine sofortige Reparatur im Interesse der Eigentümermehrheit lag, so das AG Düsseldorf am 19.11.2018 (Az. 290a C 162/17).

WIE LÄUFT EINE UMFANGREICHE SANIERUNG AB?

Für aufwendige Bauarbeiten, zum Beispiel die Sanierung eines größeren Dachs, muss die EV in der Regel mehrfach tagen. Nachfolgend ein typischer Ablauf:

1. Schadensanalyse. Zu einer ⇢ ordnungsgemäßen Verwaltung gehört es, dass vor größeren Arbeiten eine Bestandsaufnahme des Schadens und seiner Ursachen erfolgt, auf die dann eine Kostenschätzung aufbaut. Es ist aber zum Beispiel bei einem Schaden am Dach nicht notwendig, dessen Deckschichten großflächig aufzureißen, um die darunterliegende Konstruktion zu prüfen. Stichproben genügen, urteilte das OLG München am 27.09.2006 (Az. 34 Wx 59/06).

Ist die Lage übersichtlich, kann ein erfahrener Verwalter die Analyse selbst leisten. Andernfalls muss er der EV mitteilen, welche Ingenieure oder Architekten als Gutachter helfen können, und wie viel Honorar sie etwa verlangen. In solchen Fällen sollte die EV zugleich klären, ob der Verwalter in der Lage ist, die Ausschreibung der Bauarbeiten durchzuführen und auszuwerten, danach die Arbeiten zu überwachen sowie sie schließlich nach Abschluss zu prüfen und gegebenenfalls Nachbesserungen zu verlangen. Kann der Verwalter dies nicht leisten, wäre am besten ein Experte zu beauftragen, der alle notwendigen Funktionen ausüben kann. Entsprechend beauftragt die EV den Verwalter, Angebote von Fachleuten einzuholen, wobei der Beschluss die gewünschten Beratungsleistungen genau beschreiben sollte. Auch kann die EV ihm bestimmte Experten nennen, von denen er Angebote einholen soll.

2. Grundlagenbeschluss. Auf Basis der vom Verwalter bzw. vom Gutachter gelieferten Informationen entscheidet die EV über die Maßnahmen und beauftragt den Verwalter bzw. den Experten per Beschluss, Kostenvoranschläge anzufordern. Das ⇢ Protokoll der EV muss die der Entscheidung zugrunde liegenden fachlichen Auskünfte wiedergeben; vorliegende Schadensbeurteilungen sind im Protokoll zu nennen und als Anhang beizufügen.

3. Sanierungsbeschluss. Sind die Kostenvoranschläge ausgewertet, legt der Verwalter das Ergebnis der EV vor. Zugleich sollte er erklären, ob sich das Vorhaben aus der ⇢ Erhaltungsrücklage bezahlen lässt oder eine ⇢ Sonderumlage nötig wird. Die EV beschließt den Umfang sowie den gewünschten Beginn der Arbeiten und welche Firma der Verwalter beauftragen soll, ferner bei Bedarf zugleich die Sonderumlage. Die Versammlung muss keinesfalls den billigsten Anbieter auswählen, wenn sachliche Gründe gegen diesen sprechen. Das Protokoll muss so abgefasst werden, dass später hinzukommende Eigentümer Art und Umfang der Arbeiten erkennen können. Sämtliche Kostenvoranschläge sind im Protokoll aufzuführen und als Anhang beizufügen.

4. Kontrolle. Der Verwalter bzw. der beauftragte Experte überwacht die Arbeiten und prüft sie mit der Endabnahme. Gegebenenfalls fordert er Nachbesserungen. Bei gravierenden Mängeln stellt er die Lage der EV dar. Diese kann den Verwalter beauftragen, ein Beweissicherungsverfahren einzuleiten, falls ein Streit mit den Handwerkern vor Gericht droht. Allein die EV kann entscheiden, ob sie tatsächlich vor Gericht klagen will. Sie kann aber auch die Kündigung des Vertrags mit dem Handwerker beschließen.

WELCHE REGELN GELTEN BEI EINER MODERNISIERENDEN INSTANDSETZUNG?

Akzeptable Veränderungen

Nach § 19 (2) WEG hat jeder Eigentümer Anspruch darauf, dass die Wohnanlage in der ursprünglichen Art und Gestaltung erhalten wird. Auf diese Regelung stützen sich häufig Eigentümer, denen ein Beschluss ihrer EV zur modernisierenden Instandhaltung zu weit geht, sodass sie ihn anfechten. Doch die Gerichte gestehen der Eigentümerversammlung einen Ermessensspielraum zu, wie folgende Beispiele zeigen:

- **Heiztechnik.** Das LG Nürnberg-Fürth billigte am 28.7.2010 (Az. 14 S 438/10) die Umstellung von Ölkessel auf Fernwärme.
- **Dach.** Das BayObLG erlaubte es am 12.3.1998 (Az. 2Z BR 4/98), ein wiederholt undichtes Flachdach durch ein Walmdach zu ersetzen.
- **Balkon.** Das OLG München akzeptierte am 14.11.2005 (Az. 34 Wx 105/05), dass eine Balkonbrüstung, die teils gemauert war, teils aus einem verrosteten Eisengeländer bestand, komplett durch ein Leichtmetallgeländer ersetzt wurde.

Unzulässige Maßnahmen

Doch falls ein Eigentümer den Beschluss anficht, würden längst nicht alle Maßnahmen, welche die EV als modernisierende Instandhaltung beschließt, vom Gericht als solche anerkannt. So würde es zum Beispiel die an sich sinnvolle Kombination einer notwendigen Fassadensanierung mit einer Wärmedämmung stoppen, wenn kein bis dahin kaum erprobtes Verfahren oder Material vorgesehen wird. Und wenn sich die Maßnahme nach Prognoserechnungen nicht innerhalb von zehn Jahren bezahlt macht, hat sie auch kaum Chancen bei den Richtern.

NACH WELCHEM PRINZIP WERDEN DIE KOSTEN AUF DIE EIGENTÜMER VERTEILT?

Die Kosten für Arbeiten am Gemeinschaftseigentum werden laut § 16 (2) WEG nach Miteigentumsanteilen auf die Eigentümer umgelegt. Aber: § 16 (2) WEG ermöglicht es der EV, die Kosten für die Instandhaltung und Instandsetzung des Gemeinschaftseigentums abweichend zu verteilen, etwa nach dem Gebrauch oder den Gebrauchsmöglichkeiten. Dies kann auch nachträglich geschehen, so das LG Berlin am 8.1.2019 (Az. 55 S 14/18 WEG).

WELCHE KOSTENREGELUNG WÄRE UNZULÄSSIG?

Soll der geltende Umlageschlüssel auf einer Eigentümerversammlung geändert werden, ist dies nach § 23 (2) WEG ausdrücklich und gesondert mit der Einladung anzukündigen. Ein Wohnungseigentümer muss damit nämlich nicht rechnen. Aus dem Beschluss muss ferner konkret hervorgehen, dass die Wohnungseigentümer das Bewusstsein haben, eine Änderung der bisherigen Kostenverteilung zu beschließen.

Bestimmen die Wohnungseigentümer einen von § 16 (2) WEG abweichenden Umlageschlüssel für Erhaltungsmaßnahmen, muss dieser ausreichend bestimmt sein. Für die Änderung des geltenden Umlageschlüssels bedarf es eines sachlichen Grundes, sie darf nicht willkürlich sein. Wegen der Vielgestaltigkeit möglicher Beschlüsse über die Kostenverteilung hat der Gesetzgeber auf besondere inhaltliche Vorgaben verzichtet. Insbesondere gibt es keinen Zwang, dass der Verteilungsmaßstab dem Gebrauch oder der Möglichkeit des Gebrauchs Rechnung tragen muss. Dies würde das Entscheidungsermessen der Wohnungseigentümer unnötig beschränken. Im Rahmen des billigen Ermessens werden jedoch in der Regel der Gebrauch und die Möglichkeit des Gebrauchs zu berücksichtigen sein. Bei gleichförmiger Gebrauchsmöglichkeit können die Nutzungsfrequenz, die Personenzahl oder objektbezogen die räumliche Zuordnung (z. B. Verteilung der Aufzugkosten nach Etagen) herangezogen werden. Eine flächenbezogene Verteilung wäre im Zweifel dagegen unbillig und anfechtbar.

WER HAFTET FÜR SCHÄDEN WEGEN UNTERLASSENER INSTANDSETZUNG?

Es gehört zu den ⇢ Verwalteraufgaben, die Beschlüsse der Eigentümer unverzüglich auszuführen. Nur der Verwalter darf Reparaturaufträge für das Gemeinschaftseigentum vergeben, sofern es sich nicht um einen Fall von ⇢ Notgeschäftsführung handelt. Verzögert sich eine Instandsetzung durch die Schuld des Verwalters, haftet er, wenn es dadurch zu einem Schaden kommt.

Was aber, wenn es keinen Beschluss gab, etwa das Dach abzudichten, und in der Dachwohnung wird es feucht? Passiert das erstmals, gab es zuvor keine Anzeichen für einen Defekt und liegt auch kein versicherter Sturmschaden vor, muss der betroffene Eigentümer selbst für seinen Schaden aufkommen, urteilte das HansOLG Hamburg am 21.3.2000 (Az. 2 Wx 56/96). Anders, wenn die EV von den Mängeln am Gemeinschaftseigentum wusste und dennoch keine Instandsetzung beschlossen hat. Hier wurde schuldhaft nicht gehandelt. Erleidet ein Eigentümer dadurch einen Schaden, haftet die für die Erhaltung nach § 18 (1) WEG zuständige Wohnungseigentümergemeinschaft.

J

JAHRESABRECHNUNG

Wenn das Wirtschaftsjahr abgelaufen ist, muss der Verwalter den Wohnungseigentümern eine Übersicht aller Einnahmen und Ausgaben übersenden, die in dieser Zeit angefallen sind. Zudem legt er dar, wie sich die ⇢ Erhaltungsrücklage entwickelt hat und welche Eigentümer im Rückstand sind mit ihren monatlichen Zahlungen des ⇢ Hausgelds sowie etwaiger ⇢ Sonderumlagen. Mit dem Geld, das diese Abschlagszahlungen einbringen, werden die Ausgaben der Gemeinschaft beglichen. Jeder Eigentümer hat das Recht, die Jahresabrechnung anhand der Originalbelege zu prüfen. Falls ein ⇢ Verwaltungsbeirat gewählt wurde, gehört eine solche Prüfung zu dessen Pflichten. Etwa einen Monat nach Vorlage der Jahresabrechnung tritt die ⇢ EV zusammen, um den Bericht zu diskutieren und – falls die Prüfungen nicht zu Beanstandungen führten – mit einfacher Mehrheit zu verabschieden. Reichten die Abschlagszahlungen der Eigentümer nicht aus, um alle Kosten der Gemeinschaft zu decken, müssen sie Geld nachentrichten. Bei Überschüssen können sie es zurück erhalten.

WER ERSTELLT DIE JAHRESABRECHNUNG UND WELCHE DATEN MUSS SIE LIEFERN?

Verwalteraufgabe

Es gehört zu den Verwalteraufgaben, die Jahresabrechnung zu erstellen, so § 28 (2) WEG. Mit deren Genehmigung beschließen die Wohnungseigentümer nach der Novellierung des WEG zum 1.12.2020 über die Einforderung von Nachschüssen oder die Anpassung der beschlossenen Vorschüsse. Die Jahresabrechnung ist eine Abrechnung über den Wirtschaftsplan, die darüber hinaus die Einnahmen und Ausgaben enthält. Wirtschaftsplan und Jahresabrechnung dienen nur der Beschlussvorbereitung. Gedanklich ist streng zwischen der Jahresabrechnung als Zahlenwerk, dem Beschluss über die Jahresabrechnung und dem daraus resultierenden Nachschussanspruch bzw. Rückzahlungsanspruch zu unterscheiden.

Am besten bestimmt bereits der ⇢ Verwaltervertrag einen Termin möglichst früh im Folgejahr, bis zu dem der Verwalter das Rechenwerk vorlegen soll. Dann kann daran der Wirtschaftsplan für das laufende Jahr orientiert werden. Liegt die Abrechnung sechs Monate nach Jahresende durch Verschulden des Verwalters immer noch nicht vor, kann das ein Grund sein, ihn mit sofortiger Wirkung abzuberufen, befand das OLG Düsseldorf am 17.4.2002 (Az. 3 Wx 8/02). Bevor Eigentümer über einen solch weitreichenden Schritt entscheiden, sollten sie den Verwalter nach der Ursache der Verzögerung fragen. Vielleicht ist zum Beispiel die Firma in Verzug, welche die Heizkostenabrechnungen erstellt. Dann hätte der Verwalter die Verzögerung nicht zu vertreten. Antwortet er nicht überzeugend, will er womöglich eigene Fehler oder im Extrem sogar eine Unterschlagung vertuschen (siehe ⇢ Verwalteraufgaben). Auch eine unübersichtliche Jahresabrechnung kann einen Täuschungsversuch darstellen. Schließlich können die Eigentümer eine Abrechnung verlangen, die sie ohne Hilfe eines Experten verstehen können, urteilte der BGH am 4.12.2009 (Az. V ZR 44/09).

Das LG Köln setzt allerdings voraus, dass sich Eigentümer ein buchhalterisches Grundwissen aneignen und die Abrechnung gewissenhaft prüfen. Aufgrund eines klar erkennbaren Fehlers in der Jahresabrechnung könnten Eigentümer deshalb keinen Schadenersatz vom Verwalter verlangen, befand das Kölner Landgericht am 18.12.2014 (Az. 29 S 75/14). Sogar wenn ein Richter das Zahlenwerk als mangelhaft beurteilte und entsprechend einem Eigentümer, der Korrekturen verlangt hatte, recht gab, müsse der Verwalter nicht generell haften. Er muss also in diesem Fall auch nicht die Prozesskosten ersetzen, die den Eigentümern entstanden sind. Schadenersatzpflichtig sei er nur, wenn in der beanstandeten Jahresabrechnung grundlegende Pflichtangaben – wie etwa die Kontostände am Jahresanfang und -ende oder die Zuführung zur Erhaltungsrücklage – gefehlt hätten. Oder wenn er nach dem Richterspruch die darin aufgezeigten Mängel nicht sorgsam behebt.

Unstrittig gehört aber zu den gesetzlichen Verwalteraufgaben, die Jahresrechnung jedem Eigentümer zuzuschicken – und zwar so zeitig vor der EV, dass für eine Prüfung genügend Zeit bleibt. Im Fall eines Verwalterwechsels während des Wirtschaftsjahres muss der ausscheidende Verwalter die Jahresabrechnung erstellen, sofern nicht etwas anderes vereinbart ist. Zu einem Ausscheiden des Verwalters beim Jahreswechsel hat sich der BGH am 16.2.2018 (Az. V ZR 89/17) nicht festgelegt. Vor allem praktische Gründe werden dafürsprechen, dass der neue Verwalter die Jahresabrechnung erstellt. Die Verwaltungsunterlagen befinden sich in seinem Besitz, zudem wird er seine Vergütung unter Einbeziehung der Erstellung der Jahresabrechnung kalkuliert haben. Schließlich werden die Wohnungseigentümer nicht immer darauf vertrauen wollen, dass der ausgeschiedene Verwalter noch sorgfältig arbeitet. Dies wird von seinem Nachfolger ohnehin zu kontrollieren sein. Dann kann er sich auch in das neue Objekt einarbeiten und die Jahresabrechnung gleich selbst erstellen.

Bestandteile

Die Jahresabrechnung besteht regelmäßig aus mehreren Teilen:

- Aufstellung der gesamten Ein- und Auszahlungen der Eigentümergemeinschaft (EG).
- Umrechnung der Gesamteinnahmen und -ausgaben auf die einzelnen Eigentümer unter Angabe des bei jedem Posten angewendeten Verteilungsschlüssels. Für vermietende Wohnungseigentümer ist es hilfreich, wenn der Verwalter die Posten danach sortiert, ob sie – je nach Mietvertrag – auf den

Mieter umgelegt werden dürften oder in jedem Fall von den Eigentümern zu tragen sind.

- Heizkostenabrechnung nach den Regeln der Heizkostenverordnung anhand des Jahresverbrauchs.
- Tabelle mit den Beträgen, die aus der Gesamtrechnung für jede der Wohnungen abgeleitet wurden.

Nicht zwingend zur eigentlichen Jahresabrechnung gehört der Vermögensbericht, den der Verwalter nach § 28 (4) WEG nach Ablauf eines Kalenderjahres zu erstellen hat. Der Vermögensbericht enthält den Stand der Rücklagen und eine Aufstellung des wesentlichen Gemeinschaftsvermögens. Mit Blick auf die Kontostände und Rücklagen übernimmt der Vermögensbericht die bisherige Funktion der Jahresabrechnung. Der Vermögensbericht ist jedem Wohnungseigentümer zur Verfügung zu stellen. Er ist nicht Gegenstand einer Beschlussfassung.

Nach dem Urteil des BGH vom 27.10.2017 (Az. V ZR 189/16) gehört eine Übersicht über die Abrechnungsergebnisse aller Wohnungen und etwaige Hausgeldrückstände nicht zu den notwendigen Bestandteilen einer Jahresabrechnung.

Nachweis für das Finanzamt

Der Verwalter sollte zudem für jeden Eigentümer eine Bestätigung für das Finanzamt darüber ausstellen, welche Ausgaben für haushaltsnahe Dienste und Handwerkerleistungen anfielen. Das Finanzamt kürzt die Steuerschuld des Eigentümers dann um 20 Prozent des bestätigten Betrags, maximal um 4.000 Euro für die Dienste sowie 1.200 Euro für Handwerkerlöhne. Da es nicht zu den gesetzlichen Verwalterpflichten zählt, diese Bescheinigung auszustellen, kann er dafür ein Extrahonorar verlangen, falls die Leistung nicht sinnvollerweise bereits im Verwaltervertrag vereinbart wurde. Soweit ein Eigentümer die Kosten haushaltsnaher Dienste und Handwerkerleistungen im Rahmen der Nebenkostenabrechnung an einen Mieter weiterreicht, kann der von seinem Vermieter eine entsprechende Bescheinigung für das Finanzamt verlangen.

WIE WIRD DIE GESAMTAUFSTELLUNG DER EINNAHMEN UND AUSZAHLUNGEN ERSTELLT?

Da in der Regel alle Einnahmen und Ausgaben der EG über ihr Girokonto laufen, stellt die Gesamtabrechnung quasi eine nach Sachpositionen sortierte Zusammenfassung der Kontobuchungen dar. Zahlungen, welche die Vorjahre oder künftige Jahre betreffen, aber im Abrechnungsjahr zu- bzw. abgebucht werden, gehören in die Abrechnung.

Ausnahmslos alle Zahlungen sind aufzuführen, auch wenn sich wahrscheinlich herausstellt, dass sie unzulässig waren, etwa wenn der Verwalter ohne Einwilligung der EV einen Sachverständigen beauftragte und honorierte, weil er sich selbst kein Bild von einem Schaden machen wollte. Oder wenn er eine Reparatur an einem Sondereigentum aus dem Gemeinschaftskonto bezahlte. Solche unzulässigen Zahlungen sind mit einer entsprechenden Anmerkung zu versehen, und der dafür Verantwortliche – in der Regel der Verwalter – muss darüber Rechenschaft ablegen. Auf eventuelle Ersatzansprüche der EG gegen den Verwalter, einzelne Eigentümer oder Dritte hat eine Zustimmung zur Jahresabrechnung keinen Einfluss.

WIE WERDEN DIE KOSTEN AUF DIE EIGENTÜMER VERTEILT?

Verteilungsschlüssel

Generell werden die Kosten der Gemeinschaft nach den Miteigentumsanteilen verteilt. So bestimmt es § 16 (2) WEG. Eventuell gibt aber die ⇢ Teilungserklärung (TE) oder die Gemeinschaftsordnung (GO) einen anderen Verteilungsschlüssel vor. In jedem Fall kann die EV auch neue Regelungen beschließen. Für die Betriebskosten wie Wasser, Abwasser, Müllabfuhr, Straßenreinigung, Winterdienst oder Allgemeinstrom (insbesondere für die Beleuchtung des Treppenhauses, der Zuwege, des Kellers und des Dachbodens) kann sie mit einfacher Mehrheit auf Dauer einen anderen verursachungsgerechten Maßstab festlegen, etwa die Wohnfläche oder die Zahl der in der jeweiligen Wohnung lebenden Personen. Das entspricht § 16 (2) WEG, der es ausnahmsweise erlaubt, Vorgaben von TE bzw. GO oder einer Vereinbarung mit einfacher Mehrheit auszuschalten. Mehr dazu unter ⇢ Kostenverteilung.

Gestaltung der Einzelabrechnung

In der Abrechnung für die einzelnen Wohnungen sollte bei jeder Position der Gesamtbetrag, der dafür in der Gesamtabrechnung genannt ist, angegeben werden, ferner der Verteilungsschlüssel und der damit festgelegte Betrag.

Beispiele:

Allgemeinstrom ⇢ Gesamt 200 Euro ⇢ Verteilung nach Miteigentumsanteil 2.500/10.000 ⇢ 50 Euro

Müllentsorgung ⇢ Gesamt 2.400 Euro ⇢ Verteilung nach Personenzahl (4 von insgesamt 12 Personen im Haus) ⇢ 800 Euro

Sinnvoll ist es, die Kostenpositionen in der Einzelabrechnung danach zu ordnen, ob damit gegebenenfalls Mieter belastet werden können oder ob sie stets der Eigentümer zu tragen hat.

WELCHE SONDERREGELN GELTEN FÜR DIE VERTEILUNG DER HEIZKOSTEN?

Wärmemessung

Die Betriebskosten der Zentralheizung und gegebenenfalls der zentralen Warmwasserversorgung werden entsprechend der Heizkostenverordnung ermittelt. Das heißt: Der Wärmeverbrauch jeder Wohnung muss gemessen werden, wobei nach den einmal im Jahr abgelesenen Verbrauchswerten mindestens 50 Prozent, höchstens 70 Prozent der gesamten Jahresheizkosten des Hauses auf die Wohnungen verteilt werden. Dadurch profitiert ein Bewohner, der sparsam heizt. Die restlichen Kosten werden nach Quadratmetern Wohnfläche verteilt. Mehr dazu steht bei ⇢ Heizung.

Jahresverbrauch

In der Heizkostenabrechnung sind stets die Kosten des tatsächlichen Verbrauchs anzusetzen, nicht die während des Jahres geleisteten Zahlungen. Das bestimmte der BGH am 17.2.2012 (Az. V ZR 251/10). Die Zahlungen sind jedoch in die Jahresabrechnung aufzunehmen. Das hat zur Folge, dass die Einnahmen für Energie, die im Rahmen der Heizkostenabrechnung erzielt werden, höher oder niedriger sein können als die Zahlungen für Energie im selben Jahr.

Beispiel Heizöl: Entsprechend dem in der vorjährigen Abrechnung notierten Endbestand war der Tank zu Jahresbeginn mit 5.000 Litern Heizöl im Anschaffungswert von 4.000 Euro gefüllt. Anfang Oktober wurden 3.000 Liter für 3.000 Euro nachgefüllt, die als Ausgaben in die Jahresabrechnung eingehen. Als der Verwalter pflichtgemäß Ende Dezember den Ölstand misst, zeigt sich, dass noch 2.000 Liter vorhanden sind. Im abzurechnenden Jahr wurden also 6.000 Liter verfeuert: Der Anfangsbestand für 4.000 Euro und 1.000 Liter der neuen Lieferung, die 1.000 Euro kosteten. Das ergibt 5.000 Euro Jahreskosten, die mit der Heizkostenabrechnung als Einnahme in die Jahresabrechnung eingehen. Die Differenz zwischen Einnahmen und Ausgaben für Energie beträgt 2.000 Euro. In dieser Höhe haben die Eigentümer ihren Ölvorrat verringert, der in der Übersicht über das Gemeinschaftsvermögen am Jahresanfang bei 4.000 Euro, am Jahresende bei nur noch 2.000 Euro lag.

Umgekehrter Fall: Wegen umfangreicher Ölkäufe lagen die Ausgaben dafür im Abrechnungsjahr um 2.000 Euro höher als der Betrag, den die Eigentümer mit den Heizkosten einzahlten. Sie legten quasi Geld in Heizöl an. Entsprechend stieg in der Übersicht über das Gemeinschaftsvermögen der Posten »Wert des Ölvorrats« im Jahresverlauf um 2.000 Euro an.

Beispiel Erdgas: Die Eigentümergemeinschaft überweist monatliche Abschlagszahlungen an den Lieferanten, irgendwann einmal im Jahr lässt er den Zähler ablesen und rechnet den

Verbrauch exakt ab. Um dem BGH-Urteil zu entsprechen, muss der Verwalter Ende Dezember den Gaszähler ablesen, den Verbrauch gegenüber dem Endbestand des Vorjahrs ausrechnen und anhand der Preistabelle die Kosten der verbrauchten Energie bestimmen. Diese gehen in die Heizkostenabrechnung ein. Übersteigen die während des Jahres an den Versorger überwiesenen Abschlagszahlungen die Kosten des verbrauchten Gases zum Beispiel um 500 Euro, besitzt die Eigentümergemeinschaft einen Anspruch auf Gas, der in der Übersicht über das Gemeinschaftsvermögen ausgewiesen wird. Der Posten könnte heißen: »Bezahltes aber noch nicht verbrauchtes Gas ... 500 Euro«.

Umgekehrter Fall: Hätte die Gemeinschaft für 500 Euro mehr Gas verfeuert als mit den Abschlägen bezahlt, hätte sie zum Jahresende beim Versorger quasi Schulden. Das würde in der Übersicht über das Gemeinschaftsvermögen mit einem Posten »Verbrauchtes, aber noch nicht bezahltes Gas ... 500 Euro« ausgeglichen. In gleicher Weise wie beim Gas wäre beim Bezug von Fernwärme oder Strom für eine Wärmepumpe zu verfahren.

WELCHE KOSTEN KÖNNEN AN MIETER WEITERGEREICHT WERDEN?

Grundregeln

Sinnvoll ist es, die Kostenpositionen in der Einzelabrechnung danach zu ordnen, ob sie an einen Mieter weitergereicht werden können oder ob sie stets der Eigentümer zu tragen hat.

Bei vermieteten Eigentumswohnungen gilt eine Besonderheit: Die Jahresabrechnung der Wohnungseigentümergemeinschaft gehorcht gänzlich anderen Grundsätzen als die mietrechtliche Betriebskostenabrechnung. So können der Abrechnungszeitraum, die Abrechnungsfrist und vor allem der Umlagemaßstab unterschiedlich sein, denn im Wohnraummietrecht gilt nicht der Umlageschlüssel „Miteigentumsanteile“, sondern die Wohnfläche. Dazu kommt, dass die in der WEG-Jahresabrechnung erfassten Ausgaben nicht vollständig umlagefähig sind. Am gravierendsten ist, dass im Mietrecht das Leistungsprinzip gilt, das heißt, die im Abrechnungszeitraum erbrachten Leistungen sind ohne Rücksicht auf den Zeitpunkt der Bezahlung der dazu gehörenden Rechnung abzurechnen. Für die WEG-Jahresabrechnung gilt aber das Abflussprinzip.

Damit der vermietende Wohnungseigentümer die umlagefähigen Betriebskosten aus der Jahresabrechnung unverändert übernehmen kann, muss er vereinbaren, dass für die Betriebskostenabrechnung ebenfalls das Abflussprinzip gelten soll. Dann steht der Vermieter aber vor dem Problem, dass die EG Änderungen der Verteilerschlüssel beschließen kann. Diese Änderung müsste in das Mietverhältnis überführt werden können. Dies ermöglicht nunmehr der § 556 a (3) BGB.

Ein Mieter braucht nur die Nebenkosten zu bezahlen, die ausdrücklich im Mietvertrag genannt sind. Wenn es dort pauschal heißt »Der Mieter trägt die Betriebskosten im Sinne der Betriebskostenverordnung«, ist das unwirksam. Diese strikte Regel gilt, obwohl auch in der Verordnung bei der Liste der umlegbaren Kosten eine Zeile lautet „sonstige Betriebskosten im Sinne des § 1 der Betriebskostenverordnung". Im Mietvertrag muss eine sonstige Kostenart konkret bezeichnet werden, etwa »Kosten für Regenrinnenreinigung«.

Ein Vermieter muss darauf achten, dass die Mietnebenkosten dem Grundsatz der Wirtschaftlichkeit entsprechen. Beispiel: Die Eigentümer können aufgrund einer ⇢ Beschlussfassung eine Müllmengenerfassungsanlage installieren lassen. Sie ermittelt, wer wie viel Restmüll einwirft, sodass danach die Entsorgungskosten verursachergerecht auf Bewohner umgelegt werden können. Das motiviert dazu, die Restmüllmenge zu verringern und verstärkt die Kunststoff- und die Papiertonne zu nutzen. Doch ein Mieter muss die Betriebskosten der Anlage nur tragen, wenn durch sie unterm Strich die Gesamtkosten der Müllentsorgung gesenkt werden. So entschied das AG Berlin-Mitte am 10.11.2004 (Az. 21 C 109/04). Der Vermieter einer Eigentumswohnung hat über die Betriebskostenvorauszahlungen auch dann innerhalb der gesetzlichen Jahresfrist abzurechnen, wenn zu diesem Zeitpunkt der Beschluss der Eigentümer über die Jahresabrechnung noch nicht vorliegt, entschied der BGH über eine umstrittene Rechtsfrage am 25.1.2017 (Az. V ZR 249/15).

Umlagefähige Betriebskosten

Nach der Betriebskostenverordnung können die folgenden Kostenarten auf einen Mieter umgelegt werden:

- Betriebskosten der Zentralheizung und der zentralen Warmwasserversorgung, soweit sie nach der Heizkostenverordnung auf Basis des Energieverbrauchs im Abrechnungsjahr berechnet wurden,
- Kosten der Wasserversorgung, einschließlich Betriebskosten für eine Wasseraufbereitungsanlage sowie für Wasserzähler samt deren Miete, Auswertung und Eichung,
- Kosten der Entwässerung, insbesondere Gebühren für Abwasser sowie Regenwasser,
- Kosten der Straßenreinigung und Müllbeseitigung,
- die Kosten der Gebäudereinigung und einer regelmäßigen Ungezieferbekämpfung, nicht aber die Ausgaben für eine einmalige Aktion, etwa wenn ein Wespenschwarm vertrieben werden muss,
- Kosten der Pflege des Gartens, des Spielplatzes sowie sonstiger Freiflächen, Zugänge und Zufahrten,
- Kosten der Beleuchtung im Außenbereich sowie in gemeinsam genutzten Gebäudeteilen wie Fluren, Treppen, Keller, Dachboden oder Waschküche,
- Kosten für den Hausmeister, soweit er nicht mit Erhaltungsmaßnahmen oder Verwaltungsarbeiten beschäftigt war,
- Betriebskosten der Gemeinschaftsantenne oder des Kabelfernsehens,
- Prämien der Gebäudeversicherung gegen Feuer, Sturm, Leitungswasser sowie etwa Elementar- oder Glasschäden, der

Gebäudehaftpflicht mit Schutz bei Aufzugunfällen oder Gewässerschäden durch den Öltank,
- die Kosten des Betriebs, der Wartung und der Sicherheitsprüfung des Aufzugs,
- Betriebskosten der gemeinschaftlichen Waschküche nach Abzug der dort erwirtschafteten Einnahmen, etwa aus dem Verkauf von Wertmünzen für den Gebrauch der Maschinen,
- im Einzelnen zu benennende sonstige Betriebskosten im Sinne der Betriebskostenverordnung.

Ferner kann ein Mieter mit der Grundsteuer belastet werden, die allerdings nicht vom Gemeinschaftskonto, sondern direkt von jedem Wohnungseigentümer bezahlt wird.

WELCHE AUSGABEN UND EINNAHMEN BETREFFEN NUR DIE EIGENTÜMER?

Ausgaben

Alle Kosten für die Verwaltung und Erhaltung des Gemeinschaftseigentums müssen stets die Eigentümer tragen. Es sind dies insbesondere:

- das Verwalterhonorar,
- Baukosten,
- Beraterkosten für Rechtsanwälte, Architekten oder Sachverständige, soweit sie durch einen Beschluss der EV oder etwa eine Vollmacht, die der Verwalter in seinem Vertrag erhielt, gerechtfertigt sind,
- Bankgebühren und Zinsen für aufgenommene Kredite,
- die Ausgleichsbuchung für die Differenz zwischen der im Abrechnungsjahr tatsächlich verbrauchten Energie und den Zahlungen für Energie, also für neu geliefertes Heizöl bzw. die Abschlagszahlungen für Gas, Fernwärme oder etwa den Strom für eine Wärmepumpenanlage.

Einnahmen

Die Mittel für ihre Ausgaben erhält die EG von ihren Mitgliedern in Form des monatlich gezahlten → Hausgelds sowie etwaiger Sonderumlagen. Darüber hinaus erwirtschaftet die Gemeinschaft eventuell Einnahmen, welche den Eigentümern in der Regel entsprechend § 16 (1) WEG nach dem Verhältnis der Miteigentumsanteile gutgeschrieben werden. Geldquellen sind etwa Mieten für Parkplätze oder Überschüsse aus dem Betrieb des gemeinschaftlichen Waschkellers.

WELCHE ZAHLUNGSPFLICHTEN ERGEBEN SICH AUS DER JAHRESABRECHNUNG?

Einzelabrechnung

Wenn man zu den Einzahlungen, die ein Eigentümer als Hausgeld sowie eventuell als Sonderumlage zahlen sollte, seinen Anteil an den Gemeinschaftseinnahmen hinzufügt, und von der Summe die Kosten abzieht, die auf ihn entfallen, erhält man – so der Fachjargon – die Abrechnungsspitze. Diese ist alleiniger Gegenstand des Abrechnungsbeschlusses. Entsprechen die auf der Grundlage des Wirtschaftsplans beschlossenen Soll-Vorschüsse den tatsächlichen Kosten und hat der Wohnungseigentümer im Abrechnungsjahr sämtliche Vorschüsse gezahlt, besteht keine Zahlungspflicht mehr. Decken sich – wie im Regelfall – die Sollvorschüsse und die tatsächlichen Kosten nicht, werden die Vorschüsse angepasst: Im Fall der Unterdeckung ergibt sich eine negative Abrechnungsspitze, im Fall der Überdeckung eine positive. Entsprechend ist Gegenstand der Beschlussfassung eine Nachforderung oder eine Erstattung. Hat der Wohnungseigentümer nicht alle Vorschüsse ordnungsgemäß entrichtet, kann er von der Wohnungseigentümergemeinschaft eine Erstattung nur dann verlangen, soweit sich für ihn dennoch ein positiver Saldo herausstellt.

Bei einem Eigentümerwechsel ist Zahlungsempfänger bzw. Zahlungspflichtiger der Abrechnungsspitze, wer zum Zeitpunkt dieser → Beschlussfassung im Grundbuch als Eigentümer eingetragen war. Ein Käufer sollte daher im Kaufvertrag eine Regelung anstreben, falls er für Rückstände des Verkäufers aus der Abrechnungsspitze einstehen muss. Stets haftet jedoch der alte Eigentümer, wenn er mit den laufenden Hausgeldzahlungen oder Sonderumlagen im Verzug ist (→ Zahlungspflicht).

Tabelle der Einzelabrechnungen

Damit Eigentümer einen Überblick über die Finanzlage der Wohnanlage erhalten, sollte die Jahresabrechnung eine Tabelle enthalten, in der für jede der Wohnungen erfasst sind:

- die Summe der auf sie entfallenden Kosten,
- geleistetes Hausgeld und Sonderumlagen,
- Abrechnungsspitze,
- etwaige Rückstände bei den Zahlungen für Hausgeld und Sonderumlagen,
- Angaben, ob bei einem Rückstand ein Mahnverfahren oder eine Klage betrieben wird, um das fällige Geld zu erlangen, sowie der Zeitpunkt, zu dem die Forderung verjährt,
- der Betrag, der wegen der Zahlungsrückstände in der Erhaltungsrücklage fehlt.

WIE WIRD ÜBER DIE ERHALTUNGSRÜCKLAGE INFORMIERT?

In einer Anlage zur Jahresabrechnung muss dargestellt werden, wie sich die Erhaltungsrücklage vom Endwert der Vorjahrsabrechnung bis zum Endbestand des Abrechnungsjahrs entwickelt hat: durch tatsächlich geleistete Einzahlungen im Rahmen des Hausgelds bzw. durch Sonderumlagen, durch Zinsen auf das Rückstellungskonto sowie durch Entnahmen für Erhaltungsmaßnahmen. Als Einzahlung darf nur gebucht werden, was tatsächlich von den Eigentümern überwiesen wurde, nicht das, was sie hätten zahlen sollen. So entschied der BGH am 4.12.2009 (Az. V ZR 44/09). Die Summe der ausstehenden Zahlungen für die Rückstellung sollte aber ergänzend genannt werden. Welche Eigentümer wie viel Geld schuldig blieben, steht in der Tabelle der Einzelabrechnungen. In der Regel werden die Beiträge zur Erhaltungsrücklage als Teil des Hausgelds erhoben und als Einnahme in der Einnahmen-Ausgaben-Gesamtübersicht verbucht;

die Weiterleitung auf das Rücklagenkonto ergibt sich als interner Buchungsvorgang aus der Bankkontenentwicklung.

WIE SIEHT EIN PERFEKTER VERMÖGENSBERICHT AUS?

Grundtabelle

Mit den Werten zum Jahresende ist ein Bericht über das Vermögen zu erstellen, über das die Eigentümergemeinschaft verfügt. Nach § 9 a (3) WEG gehören dazu vor allem:

- der Stand und die Entwicklung der Guthaben auf dem Girokonto, über das die laufenden Zahlungen abgewickelt werden, sowie gegebenenfalls auf sonstigen Konten,
- der Ist-Stand der Erhaltungsrücklage und anderer Rücklagen ohne zur Liquiditätssicherung umgewidmete Mittel sowie deren Entwicklung,
- der Bestand in der Bargeldkasse, die in manchen Wohnanlagen geführt wird, um daraus Kleinbeträge zum Beispiel für den Kauf von Giftspray aus dem Baumarkt zu bezahlen, wenn der Hausmeister die Blattläuse im Rosenbeet bekämpfen will,
- streitige und unstreitige Forderungen gegenüber Eigentümern, die im Abrechnungsjahr oder früher Hausgeldraten oder Sonderumlagen schuldig blieben, oder gegenüber Versicherungen nach einem Schaden oder gegenüber Handwerkern, die gepfuscht haben,
- der Wert von Geräten oder ähnlichen Gegenständen, welche die Gemeinschaft etwa zur Gartenpflege besitzt, wobei eine Bewertung nicht erforderlich ist,
- der Brennstoffvorrat im Tank, wobei eine Bewertung nicht erforderlich ist.

Diesen Wertpositionen sind die Verbindlichkeiten der Gemeinschaft gegenüberzustellen, etwa offene Handwerkerrechnungen oder verbrauchtes, aber noch nicht bezahltes Erdgas.

Abgrenzung zum Folgejahr

In der Vermögensstabelle sind auch die Beträge aufzuführen, welche im Abrechnungsjahr für eine Leistung gezahlt wurden, die erst im folgenden Jahr erbracht wird. Oder für eine Leistung, die im Abrechnungsjahr empfangen wurde, aber erst im Folgejahr bezahlt wird. Im ersten Fall handelt es sich um ein Guthaben, im zweiten um eine Verbindlichkeit.

Beispiel Prämienzahlung: Am 1. Oktober des Abrechnungsjahrs wurden 400 Euro Haftpflichtprämie für die kommenden zwölf Monate gezahlt. Auf das Abrechnungsjahr entfällt nur ein Viertel der Zeit und der Prämie, also 100 Euro. Der Rest steht in der Vermögenstabelle als Position »Für Folgejahr gezahlte Prämien ... 300 Euro«.

Vorkasse: Für eine Reparatur im Januar des Folgejahrs müssen im Abrechnungsjahr für 1.000 Euro Ersatzteile bestellt werden und die Eigentümer zahlen auf Bitten des Handwerkers dafür im Voraus. Der entsprechende Posten in der Vermögenstabelle könnte lauten: »Vorauszahlung für Ersatzteile, die im nächsten Jahr benötigt werden«.

Vergleichswerte

Im Vermögensbericht sollten neben den Werten am Ende des Abrechnungsjahrs in einer Zusatzspalte die entsprechenden Werte aus dem vorjährigen Vermögensstatus gezeigt werden. So können die Eigentümer die Entwicklung ihres Gemeinschaftsvermögens erkennen.

WER PRÜFT DIE JAHRESABRECHNUNG?

Rechtsgrundlagen

Jeder Eigentümer hat nach § 666 BGB das Recht, die Jahresabrechnung anhand der Originalbelege zu prüfen. Kopien können zu leicht gefälscht werden, vom Verwalter erstellte Listen zudem unbeabsichtigt Fehler enthalten. Jeder Eigentümer habe sogar »ein Recht auf Einsicht in sämtliche Verwaltungsunterlagen einschließlich der Einzelabrechnungen aller Wohnungseigentümer, ohne dass hierfür datenschutzrechtliche Einschränkungen zu beachten« sind. So entschied das OLG München am 9.3.2007 (Az. 32 Wx 177/06).

Verwaltungsbeirat

Die Prüfung der Jahresabrechnung ist der Kern der ⇢ Verwaltungsbeiratsarbeit, falls in der Wohnanlage ein solcher Beirat gewählt wurde.Über das Ergebnis der Kontrollen muss der Beirat dann spätestens auf der EV berichten. Der Beirat haftet, wenn ihm bei der Prüfung aus grober Fahrlässigkeit Fehler unterlaufen sollten und die Gemeinschaft dadurch einen Schaden erleidet. Um Vorwürfen vorzubeugen, sollte der Beirat in einem Protokoll festhalten, wann welches Beiratsmitglied welche Prüfungen vornahm. Etliche Eigentümergemeinschaften nehmen ihren Beiräten das Risiko ab, indem sie für sie eine Vermögensschaden-Haftpflichtversicherung abschließen.

Sollte der Verwaltungsbeirat oder ein prüfender Eigentümer Fehler in der Jahresabrechnung finden, sind diese vom Verwalter umgehend zu beseitigen, und zwar vor der entsprechenden Beschlussfassung in der EV. Es widerspricht nämlich den Grundsätzen ordnungsgemäßer Verwaltung, wenn die Wohnungseigentümer die Jahresabrechung »unter dem Vorbehalt nachträglicher Änderungen« genehmigen, so das AG Bergisch Gladbach am 8.5.2012 (70 C 120/11). Dies führt nicht nur zur Aufhebung des Korrekturvorbehalts, sondern erfasst den gesamten Abrechnungsbeschluss, selbst wenn nur eine Kleinigkeit betroffen sein sollte, stellte das LG München I am 22.9.2016 (Az. 36 S 22442/15 WEG) klar.

Hilfreiche Kontrolleure

Einige Fachleute übernehmen es für wenige hundert Euro, im Auftrag einer EG die von deren Verwalter erstellte Jahresabrechnung zu prüfen. Zum Teil sind es Verwaltungsfirmen, die den Kunden ihrer Konkurrenten diesen Service zu einem Preis von 150 bis 200 Euro offerieren. Auch der Verbraucherverein Wohnen im Eigentum bietet an, die Unterlagen zu kontrollieren – je Einzelrechnung für Mitglieder mit Telefonberatung für 120 Euro, mit schriftlichem Kurzgutachten 160 Euro. Diese Beträge sind gering im Vergleich zu dem Schaden, den eine falsche Jahresabrechnung verursachen kann.

Mitwirkungspflicht des Verwalters

Grundsätzlich besitzen Eigentümer keinen Anspruch darauf, dass der Verwalter ihnen Originalunterlagen nach Hause mitgibt. Die »Einsichtnahme ist grundsätzlich in den Geschäftsräumen des Verwalters auszuüben«, entschied der BGH am 11.2.2011 (Az. V ZR 66/10). Der Verwalter muss dazu Termine ermöglichen. In der Regel ist der Verwalter nicht verpflichtet, dem Eigentümer Kopien zu schicken, selbst wenn dieser dafür bezahlt. Eine Ausnahme wäre zu machen, wenn der Verwalter den interessierten Eigentümern nicht mehr rechtzeitig vor der EV einen Termin für eine Prüfung in seinem Büro nennen könnte. Kommt der Eigentümer zur Einsichtnahme ins Verwalterbüro, kann er sich jedoch, so der BGH, ein Kopiergerät mitbringen oder vom Verwalter verlangen, dass er ihm Kopien anfertigt. Gerichte halten dafür 0,30 Euro pro Seite als Auslage für angemessen. Es gilt jedoch das Schikaneverbot nach § 226 BGB: Der Eigentümer darf nicht so viele Kopien verlangen, dass der Betriebsablauf gestört wird.

Wenn bei der Prüfung Fragen auftauchen, wird sie der Verwalter oder ein Mitarbeiter in der Regel ohne Weiteres beantworten. Er ist jedoch laut obigem Urteil nicht verpflichtet, einem einzelnen Eigentümer Auskünfte zu erteilen. Ausnahme: Es handelt sich um Fragen, die allein ihn betreffen. Ein Auskunftsrecht besteht grundsätzlich nur gegenüber der EG. Vielfach bringen mündliche Erläuterungen des Verwalters in der EV wenig, weil die Eigentümer dessen Ausführungen kontrollieren und zu den Akten nehmen wollen. Deshalb wird in der EV besser eine Liste der Fragen beschlossen. Der Verwalter ist verpflichtet, sie in angemessener Frist schriftlich zu beantworten. Was aber, wenn ein Eigentümer – wie das Protokoll zeigt – in der EV eine Frage vorgeschlagen hat, diese aber von der Eigentümermehrheit nicht in die Fragenliste aufgenommen wurde? Dann hat der Eigentümer Anspruch darauf, dass ihm der Verwalter seine Frage individuell beantwortet, erklärte der BGH.

WIE LÄUFT EINE PRÜFUNG DURCH DEN BEIRAT AB?

Zeitplan

Sinnvoll ist es, wenn der Beirat bei größeren Baumaßnahmen bereits innerhalb des Jahres eine – wie Fachleute sagen – Anlassprüfung vornimmt. Bei großen Eigentümergemeinschaften nimmt der Beirat ohnehin manchmal halb- oder gar vierteljährlich Teilprüfungen vor. Für die Kontrolle der Jahresabrechnung sollten die Verwaltungsbeiratsmitglieder – schon bevor der Verwalter das Rechenwerk fertiggestellt hat – ermitteln, wann wer von ihnen Zeit für die Prüfung hat. Dann kann der Beirat frühzeitig mit dem Verwalter abstimmen, wann er in dessen Geschäftsräume kommt, um die Unterlagen zu sichten. Ein früher Beginn der Prüfarbeiten ist notwendig, damit sie bis zur EV beendet sind. Die Belege sollten jeweils zwei Beiratsmitglieder gemeinsam prüfen, denn vier Augen sehen mehr als zwei. Sollte es mit dem Verwalter Streit wegen fehlender Belege geben, hilft es auch, wenn zwei Beiräte bestätigen, dass sie diese nie gesehen haben.

Startpunkt Kontoauszüge

Eine wirksame Kontrolle der Jahresabrechnung beginnt damit, dass geprüft wird, ob die Kontoauszüge im Original komplett vorhanden sind. Die Kontoauszüge sind danach der Ausgangspunkt der Kontrolle. Zu jeder Abbuchung wird untersucht, ob sie durch Beschlüsse oder durch Vollmachten, die der Verwalter erhielt, gerechtfertigt sind. Bei jeder Einnahme ist zu prüfen, ob sie in der Höhe korrekt ist oder ob es der Verwalter durchgehen ließ, wenn Zahlungspflichtige den Betrag großzügig abgerundet haben. Würden die Prüfer statt von den Kontoauszügen von den Rechnungen ausgehen und schauen, ob diese korrekt bezahlt wurden, blieben sonstige Auszahlungen unkontrolliert bzw. unentdeckt – eine Einladung zur Unterschlagung.

Stichprobenweise Prüfung

Oft ist es in großen Wohnanlagen den ehrenamtlichen Beiräten nicht zuzumuten, alle Buchungen zu überprüfen. Dann untersuchen sie gezielt die Belege und Buchungen nur bei den Sachgebieten komplett, bei denen die Einnahmen bzw. Ausgaben unerwartet von den Vorjahreswerten abweichen oder sonstige Verdachtsfälle vorliegen. Sonst wird stichprobenweise geprüft. Wie bei der Komplettprüfung müssen die Beiräte bei einer Stichprobe von den Kontobelegen ausgehen und zum Beispiel jeden fünften auswählen. Bei den darauf angegebenen Buchungen – gleich ob Einnahmen oder Ausgaben – wird dann untersucht, ob sie in der Sache und in der Höhe richtig sind. Keinesfalls dürfen die Prüfer dem Verwalter die Auswahl überlassen oder sich mit von ihm erstellten Tabellen abspeisen lassen, statt anhand der Originalbelege zu kontrollieren.

WELCHES SIND HÄUFIGE FEHLER IN DER ABRECHNUNG?

Übersicht der Einnahmen und Ausgaben

Sind alle bezahlten Rechnungen tatsächlich auf den Namen der Eigentümergemeinschaft ausgestellt oder wurde versehentlich ein Betrag für eine andere, ebenfalls vom Verwalter betreute Gemeinschaft mit überwiesen? Sind alle Ausgaben durch Beschlüsse oder durch Vollmachten, die der Verwalter erhielt, gerechtfertigt? Muss in der Wohnanlage geprüft werden, ob alle in Rechnung gestellten Arbeiten auch ausgeführt wurden? War die Gemeinschaft für diese Maßnahme überhaupt zuständig? Akzeptierte der Verwalter ohne Rücksprache mit der EV Zuschläge gegenüber den Kostenvoranschlägen? Wurden mögliche Skonti und Rabatte genutzt – und wenn nicht, warum nicht? Sind die Ausgaben für Strom, Heizung, Wasser usw. plausibel, wenn man sie mit den Daten der Vorjahre vergleicht? Gleichen die Endwerte der vorherigen Jahresabrechnungsjahr den Anfangswerten der neuen Abrechnung? Ergibt die Summe aus dem Jahresanfangswert plus Einnahmen minus Ausgaben den Endbetrag der neuen Abrechnung? Wurden vom Gemeinschaftskonto unzulässigerweise Ausgaben bezahlt, die eigentlich ein Wohnungseigentümer zu tragen hätte? Wurden Fehlzahlungen auch tatsächlich zurückgeholt?

Besonders sorgsam müssen die Prüfer etwaige Barabhebungen des Verwalters sowie Überweisungen auf seine Konten prüfen. Ein ernstes Warnsignal ist es zudem, wenn Gelder an andere Eigentümergemeinschaften überwiesen werden: Vielleicht will der Verwalter dort Fehlbeträge ausgleichen, die er verursacht hat. Umgekehrt sollte auch eine Zahlung, die von einer anderen Eigentümergemeinschaft auf dem Konto der eigenen EG eingeht, zur Vorsicht mahnen. Ein Praxisfall: Ein betrügerischer Verwalter hatte von EG A an EG B 10.000 Euro überwiesen und etwas später von EG B an EG C und auf sein Privatkonto je 5.000 Euro. Als der Schwindel aufflog, forderte die EG A von EG B die 10.000 Euro wegen ungerechtfertigter Bereicherung zurück. Der BGH gab EG A am 23.1.2014 (Az. III ZR 436/12) recht: EG B muss zurückzahlen, obwohl völlig unklar ist, ob sie die bei ihr abgebuchten zweimal 5.000 Euro je wieder sieht.

Heizkostenabrechnung

Basiert sie auf dem tatsächlichen Energieverbrauch des Abrechnungsjahrs? Sind alle Kosten erfasst, die laut Heizkostenverordnung in die Abrechnung gehören (→ siehe Heizung)?

Einzelabrechnungen

Wurden die Ausgaben und Einnahmen nach den jeweils gültigen Schlüsseln verteilt? Entsprechen die Summen jeder Kosten- und Einnahmeart in den Einzelabrechnungen dem entsprechenden Betrag in der Gesamtübersicht der Einnahmen und Ausgaben?

Tabelle der Einzelergebnisse

Stimmen die Summen der Einnahmen-Ausgaben-Übersicht mit den Summen der Einzelergebnisse überein? Sind bei Zahlungsrückständen die säumigen Eigentümer und die ausstehenden Beträge genannt? Ist dazu angegeben, welche Maßnahmen zur Geldeintreibung ergriffen wurden und wann die Forderungen verjähren?

Effizienteres Ablagesystem

Fiel es bei der Prüfung schwer, die jeweils benötigten Unterlagen in den Ordnern des Verwalters zu finden, sollte die Eigentümerversammlung oder der Verwaltungsbeirat mit ihm die Einrichtung eines effizienteren Ablagesystems vereinbaren.

Erhaltungsrücklage

Wurden nur tatsächlich geleistete Zahlungen verrechnet oder zu Unrecht auch alle fälligen, aber nicht überwiesenen Gelder (Soll-Zahlungen)? Sind die Zugänge bis zum Jahresende komplett verbucht, auch wenn Teile davon vielleicht zunächst verwendet wurden, um ein Minus auf dem Girokonto zu verhindern? Wurde nur Geld entnommen für Maßnahmen der Erhaltung oder Modernisierung, welche von der EV beschlossen wurden oder die der Verwalter aufgrund erteilter Vollmachten ergreifen durfte?

Gemeinschaftsvermögen

Lauten alle Konten auf den Namen der Eigentümergemeinschaft (→ Gemeinschaftsvermögen)? Entsprechen die genannten Anfangs- und Endbestände den Werten auf den Kontoauszügen? Falls mehr als ein Giro- bzw. Anlagekonto genutzt wird: Welchen Vorteil bietet ein zusätzliches Konto den Eigentümern?

Lösbare Aufgabe

In vielen Wohnanlagen übernehmen engagierte Beiräte die Prüfung der Jahresabrechnung. Wo sie fehlen, muss jeder Eigentümer selbst handeln. Mehr als die vier Grundrechenarten und die Kenntnis der Gemeinschaftsordnung bzw. Beschlusslage sind dafür nicht nötig. Im ersten Schritt wird bei der eigenen Einzelabrechnung geprüft, ob die richtigen Verteilungsschlüssel benutzt wurden. Ist das geschafft, schwindet die Furcht vor den Zahlenkolonnen. Am Ende freut man sich in jedem Fall: Wenn man einen Fehler findet, über die eigene Leistung; wenn man keinen entdeckt, darüber, dass man guten Gewissens für die Annahme der Abrechnung stimmen kann.

Haushaltsnahe Dienste und Handwerkerleistungen

Enthalten die Bescheinigungen über die Ausgaben alle steuerlich ansetzbaren Kosten und entsprechen die Beträge denen der Einzelabrechnungen?

WAS UNTERNIMMT DER BEIRAT ANHAND SEINER PRÜFERGEBNISSE?

Besprechung mit Verwalter

Aufgrund seiner Prüfergebnisse sollte der Beirat ein Gespräch mit dem Verwalter führen. Wichtig ist, dass er notwendige Korrekturen und Ergänzungen noch vor der EV vornimmt, wo das Rechenwerk vorgelegt wird. Bei Bedarf sollte der Beirat mit dem Verwalter darüber sprechen, wie sich aufgetretene Abrechnungsprobleme künftig vermeiden lassen.

Bericht an die Eigentümerversammlung

Nach dem Gesetz kann der Beirat in der EV mündlich über die Abrechnungsprüfung berichten. Dies ist die Regel. Besser ist es, für die Miteigentümer einen schriftlichen Bericht zu erstellen. Der wichtigste Punkt des Berichts ist die Aussage, ob die EV die Jahresabrechnung in der vorliegenden Form annehmen soll, also mit den vom Beirat gewünschten und vom Verwalter vorgenommen Änderungen. Empfiehlt der Beirat das nicht, muss er die Gründe nennen und ausführen, wie die EV weiter verfahren soll.

Ein Eigentümer kann in der Versammlung dem Beirat weitergehende Fragen stellen. Er hat jedoch kein Recht darauf, interne Prüfungsunterlagen des Beirats einzusehen, es sei denn, die EV hat ihm dazu eine Vollmacht erteilt. So entschied der BGH am 11.2.2011 (Az. V ZR 66/10).

Ein Abrechnungsbeschluss ist aber nicht bereits deshalb angreifbar, weil die Rechnungsprüfung und die Stellungnahme des Verwaltungsbeirats unterblieben sind.

WELCHE BEDEUTUNG HAT DER BESCHLUSS ÜBER DIE JAHRESABRECHNUNG?

Abrechnungsspitzen

Nachdem die Jahresabrechnung von der EV als Rechenwerk angenommen wurde, beschließt sie über die Einforderung von Nachschüssen oder die Anpassung der beschlossenen Vorschüsse, wozu eine einfache Mehrheit genügt. Dann kann der Verwalter die Nachzahlungen von den Eigentümern einfordern bzw. Überschüsse an sie auszahlen. Gegebenenfalls kann ein Auszahlungsbetrag mit fälligen Zahlungspflichten des Eigentümers verrechnet werden. Wenn die Abrechnungsspitzen bei allen Eigentümern positiv sind, kann die EV auch beschließen, dass ein Teil davon, der nach den Miteigentumsanteilen gestaffelt ist, einbehalten wird – etwa zugunsten der Erhaltungsrücklage.

Entlastung des Verwalters

Routinemäßig setzen Verwalter den Punkt Verwalterentlastung auf die Tagesordnung.

Häufig formulieren auch seriöse Verwalter den Antrag über die Annahme der Jahresabrechnung so, dass ihre Entlastung in einem zusätzlichen Satz wie selbstverständlich mit beschlossen wird. Auch dann sind sie für die gesamte Amtsführung entlastet, nicht nur für die Jahresabrechnung.

Mit der Entlastung sprechen die Eigentümer ihrem Verwalter das Vertrauen aus und bekunden, dass er im Abrechnungsjahr seine Pflichten erfüllt hat. Sie können dann von ihm keinen Schadenersatz mehr für Verwaltungsfehler fordern, falls sie diese erkannt hatten oder bei sorgfältiger Prüfung der Unterlagen hätten erkennen können.

Verfehlungen des Verwalters

Der Verwalter darf keinesfalls entlastet werden, wenn er der Eigentümergemeinschaft gegenüber zu Schadenersatz verpflichtet sein könnte. Denn dann wären die Ansprüche in der Regel nicht mehr durchsetzbar. Aber auch wenn die Eigentümer die Entlastung des Verwalters beschließen, wirkt diese niemals für strafbare Handlungen, etwa Urkundenfälschung. Das gilt sogar, wenn die Eigentümer bei der Abstimmung von den kriminellen Taten wussten, aber sich vom Verwalter zur Entlastung überreden ließen.

Kein Anspruch auf Entlastung

Sogar wenn Eigentümer vermuten, dass der Verwalter nicht korrekt gehandelt hat, scheuen sie sich, in der Versammlung, die er in der Regel leitet, gegen seine Entlastung zu stimmen oder in der Diskussion offen zu versuchen, Miteigner für ein Nein zu gewinnen. Dabei gibt es keinen gesetzlichen Anspruch des Verwalters auf Entlastung, selbst wenn er seine Sache gut gemacht hat. Sie kann aber für diesen Fall im Verwaltervertrag vorgeschrieben sein. Bei der Abstimmung über seine Entlastung darf der Verwalter nicht mitstimmen, falls er selbst Wohnungseigentümer ist oder ihm von Eigentümern Stimmrechte übertragen wurden.

Den Beschluss über die Entlastung kann jeder Eigentümer bei Gericht anfechten. Die Chancen stehen gut, dass der Richter den Beschluss aufhebt. Denn der BGH entschied am 17.7.2003 (Az. V ZB 11/03), dass die Entlastung nur ordnungsgemäßer Verwaltung entspricht, wenn die Eigentümer keinen Anhaltspunkt für Schadenersatzansprüche gegen den Verwalter sehen.

K

KLAGE

Wenn alle Vermittlungsangebote gescheitert sind, bleibt in Streitfällen als Letztes der Gang zum Gericht. Das gilt für Eigentümer, aber auch für die Eigentümergemeinschaft (EG). Sie kann bei Fällen rund um das Wohnungseigentum klagen und selbst verklagt werden. Vor Gericht handelt als gesetzlicher Vertreter der Verwalter, es sei denn, er ist von der Klage selbst betroffen. Für Verfahren nach dem Wohnungseigentumsgesetz (WEG) setzt das Gericht den Streitwert geringer an als bei sonstigen Verhandlungen, was zu günstigeren Gebühren führt.

WIE WAHREN SIE ALS EINZELNER EIGENTÜMER IHRE RECHTE?

Streit mit anderen Eigentümern

Als Eigentümer sind Sie bereit, Kompromisse einzugehen. Sie wissen, dass es sonst kaum möglich ist, harmonisch in einer Wohnanlage zusammen zu leben und diese gemeinsam zu verwalten. Doch nicht immer lässt sich eine gütliche Einigung erzielen, zum Beispiel wenn Ihr Nachbar nicht angemessen für einen Schaden an Ihrem Eigentum aufkommen will, den allein er zu verantworten hat.

Gemeinsame Klage

In manchen Fällen, in denen Sie das Recht zur Klage besitzen, können Sie es aber vermeiden, den Prozess selbst zu führen, indem Sie die EG zu einer Klage bewegen. Beispiel: Von Ihrem Nachbarn gehen erhebliche Geruchs- und Geräuschbelästigungen aus, wodurch sowohl Ihr Sondereigentum als auch das Gemeinschaftseigentum beeinträchtig werden. Da noch mehrere Hausbewohner davon betroffen sind, stehen die Chancen gut, dass die Gemeinschaft mit Mehrheit beschließt, bestehende Unterlassungs- oder Beseitigungsansprüche geltend zu machen und dagegen zu klagen.

Untätige Eigentümer

Die Situation: Ihres Erachtens sollte eine Maßnahme, etwa eine Dachreparatur, schleunigst beschlossen werden. Doch die Eigentümerversammlung (EV) ist uneinig, welchen Auftrag sie erteilen soll, es kommt zu keiner Abstimmung, im Fachjargon: ein Nichtbeschluss. Auch alle weiteren Bemühungen, einen Beschluss herbeizuführen, scheitern. Steht zu befürchten, dass der Schaden deshalb größer und die Reparatur teurer wird, verstößt das Verhalten der EV gegen die Regeln ⇢ ordnungsgemäßer Verwaltung. Und auf die haben Sie Anspruch, sodass Sie deshalb Beschlussersetzungsklage gegen die Miteigner erheben können. Folgt das Gericht Ihren Argumenten, wird es den Beschluss der Eigentümergemeinschaft selbst treffen. Der Richter bestimmt jedoch nicht, welche Methoden die Handwerker anwenden sollen. Darüber muss die EV beschließen.
Variante: Nachdem die EV über den Dachschaden informiert wurde, findet der Antrag, eine Reparatur in Auftrag zu geben, bei der Abstimmung keine Mehrheit. Juristen sprechen von einem Negativbeschluss, gegen den sie – wie gegen jeden Beschluss – gerichtlich vorgehen können.

Klage gegen Beschlüsse

Gegen die EG zu richten wäre eine Klage wegen Ihres Erachtens ungerechtfertigter Beschlüsse. Juristen sprechen hier von einer Anfechtung. Beispiel: Die EV lehnt es mit Mehrheit ab, einen Verwalter zu bestellen, und will sich weiter mit Selbsthilfe durchwursteln.

Anders war die Rechtslage im Fall eines Eigentümers, der eine Reparatur an seinem Balkon selbst in Auftrag gab und dann die Kosten von der EG erstattet haben wollte. Die EV beschloss, er habe keinen Anspruch, worauf der Eigentümer den Negativbeschluss anfocht. Doch die Richter wiesen ihn ab. Die EV habe im Rahmen ihres Entscheidungsspielraums gehandelt. Der Beschluss sei nur aufzuheben gewesen, wenn der Anspruch ohne jeden vernünftigen Zweifel begründet wäre, urteilte der BGH am 2.10.2015 (Az. V ZR 5/15). In strittigen Fällen wie hier könne die EG aber auf Zahlung verklagt werden.

Konflikte mit der Eigentümergemeinschaft

Die EG als juristische Person kann ebenso von Ihnen verklagt werden. Zum Beispiel, wenn Handwerker in Ihrer Wohnung Rohre, die in den Wänden verlaufen und zum ⇢ Gemeinschaftseigentum gehören, reparieren und dabei zwangsläufig Ihr Eigentum beschädigen. Doch obwohl Ihnen für solche Schäden nach § 14 (3) WEG eine Entschädigung zusteht, warten Sie vergeblich auf Geld von der Gemeinschaft. Letztlich bleibt Ihnen nur zu klagen. Oder aber Sie klagen auf Schadensersatz, weil eine notwendige Zustimmung zu einer Veräußerung oder Vermietung schuldhaft verspätet abgegeben wurde.

Ansprüche gegenüber dem Verwalter

Gegen den Verwalter können Sie eigenständig gerichtlich vorgehen, wenn er durch sein Verhalten Ihnen allein einen Schaden zufügt, etwa durch Beschädigung des Sondereigentums. Ansprüche wegen Beschädigung des Gemeinschaftseigentums können sie dagegen nicht selbst einklagen, dies müsste die Wohnungseigentümergemeinschaft. Und zwar auch dann, wenn Sie den Schaden in Höhe Ihrer Kostenbeteiligung mittelbar doch selbst tragen. Ansprüche auf Beschlussdurchführung oder Einsichtnahme in die Verwaltungsunterlagen richten sich dagegen nicht mehr gegen den Verwalter, sondern gegen die Wohnungseigentümergemeinschaft. Insoweit hat sich die Rechtslage geändert.

Fehlende Klagebefugnis

Ärgerlich, wenn weder die EV noch der Verwalter aktiv werden, um Ansprüche der Gemeinschaft mit einer Klage durchzusetzen, etwa gegen eines ihrer Mitglieder, das Zahlungen schuldig blieb. Sie können nicht gegen den säumigen Schuldner klagen. Es gibt in solchen Fällen auch keine ⇢ Notgeschäftsführung, wenn zum Beispiel die Ansprüche zu verjähren drohen. Sie dürften als

Eigentümer nur ersatzweise für die Gemeinschaft Klage erheben, wenn Sie dazu von der EV mit einfacher Mehrheit ermächtigt wurden. Das entschied der BGH am 20.04.1990 (Az. V ZB 1/90).

WIE SCHÜTZT DIE GEMEINSCHAFT IHRE INTERESSEN GEGENÜBER EINZELNEN EIGENTÜMERN?

Klagerecht

Die ⇢ Eigentümergemeinschaft verwaltet nach § 9 a (1) WEG das Gemeinschaftseigentum und führt dabei die Bezeichnung »Eigentümergemeinschaft«, verbunden mit der Adresse der Wohnanlage. Beispiel: Eigentümergemeinschaft Musterstraße 27, 50099 Musterstadt. Unter diesem Namen kann sie nicht nur verklagt werden, sondern auch selbst klagen. Darüber, ob sie in einem Streitfall vor Gericht zieht und wie sie dort handelt, entscheidet die EV mit einfacher Mehrheit.

Typische Fälle

Am häufigsten streitet die EG mit einzelnen Eigentümern über nicht gezahltes Hausgeld. Anstelle einer Klage kann hier auch das einfachere Mahnverfahren zum Erfolg führen. Mehr dazu steht unter ⇢ Zahlungspflicht. Klagen kann die Gemeinschaft auch, wenn ein Eigentümer das Gemeinschaftseigentum beschädigt hat bzw. unzulässig gebraucht, etwa Gemeinschaftsflächen auf dem Dachboden als Abstellraum nutzt. Oder der Extremfall: Die Gemeinschaft erstreitet vor Gericht die ⇢ Entziehung des Wohnungseigentums nach § 17 (1) WEG gegen einen Eigentümer, der wiederholt schwer gegen seine Pflichten verstoßen hat.

Die EG kann zudem klagen, wenn zum Beispiel ein Eigentümer ohne Genehmigung bauliche Veränderungen vorgenommen hat und diese nun wieder zurückbauen soll, bevor die Angelegenheit verjährt. Erfolg wird sie aber nur in den Fällen haben, in denen kein Anspruch auf entsprechende Genehmigung besteht. Siehe dazu „Bauliche Veränderungen".

Klagebeschluss

Will sich die Gemeinschaft mit einer Klage als letztem Mittel gegen das Fehlverhalten eines ihrer Mitglieder wehren, kann dies die EV mit einfacher Mehrheit beschließen. Die Gemeinschaft wird dabei vom Verwalter kraft Gesetzes vertreten, Klage zu führen. Da die Vertretung der Gemeinschaft in einem Gerichtsverfahren nicht zu den Grundaufgaben eines Verwalters gehört, kann er dafür ein angemessenes Zusatzhonorar verlangen. Vorteilhaft ist, wenn es dazu bereits Regelungen im ⇢ Verwaltervertrag gibt. In aller Regel übernimmt der Verwalter aber den Fall nicht selbst, sondern beauftragt im Namen der Gemeinschaft einen Anwalt.

Klageabwehr

Wird die Gemeinschaft von Eigentümern verklagt, etwa auf Schadenersatz, handelt der Verwalter nach § 9 b (1) WEG als ihr Rechtsvertreter, ohne dass es dazu eines Beschlusses der EV bedarf.

WORAUF IST BEI EINEM STREIT DER GEMEINSCHAFT MIT IHREM VERWALTER ZU ACHTEN?

Typische Fälle

Wenn die Gemeinschaft mit Ihrem Verwalter streitet, geht es nicht nur um den konkreten Fall. Oft ist das Vertrauensverhältnis beschädigt, weil er nach Kritik und Fehlerhinweisen sich nicht bemühte, den Schaden gutzumachen sondern Ausreden suchte. Ärger gibt es beispielsweise über eine ausbleibende oder ungenügende Jahresabrechnung. Oder er versäumte es, Versicherungsansprüche anzumelden. Oder er verweigerte Eigentümern die Einsicht oder die Auskunft in Verwaltungsangelegenheiten. Im schlimmsten Fall kann die EG seinen Vertrag kündigen und ihn abberufen (⇢ Verwalterwahl und -abwahl).

Vorgehen

Bei Klagen des oder gegen den Verwalter, wenn sich die Klage der Gemeinschaft gegen ihn auf Schadensersatz richtet oder er auf Restvergütung gegen die Gemeinschaft klagt, ist der Verwalter selbst betroffen. Er kann dann nicht mehr als gesetzlicher Vertreter der Gemeinschaft handeln und darf auch nicht mehr die Gerichts- und Anwaltspost in Empfang nehmen, denn er könnte versucht sein, die Weitergabe zu verzögern oder ganz zu versäumen. Jetzt vertritt nach § 9 b (2) WEG der Beiratsvorsitzende oder ein durch Beschluss ermächtigter Wohnungseigentümer die Gemeinschaft. Notfalls ist Letzterer im Rahmen einer Eigentümerversammlung zu wählen. Am besten erfolgt diese Wahl schon vorsorglich, wenn sich ein entsprechender Fall noch nicht einmal abzeichnet.

WIE WEHRT SICH DIE GEMEINSCHAFT GEGEN AUSSENSTEHENDE?

Handwerker, die Mängelrügen oder Rechnungskürzungen nicht hinnehmen wollen, können die Gemeinschaft verklagen. In solchen Fällen vertritt der Verwalter nach § 9 b (1) WEG die Eigentümergemeinschaft. Will umgekehrt die Gemeinschaft Außenstehende, etwa pfuschende Handwerker oder störende Nachbarn, verklagen, gilt das ebenfalls.

AN WEN WENDET MAN SICH MIT EINER KLAGE?

Gericht

Zuständig für Streitfälle rund um das Wohnungseigentum ist in aller Regel das Amtsgericht, in dessen Bezirk die Wohnanlage liegt. Wichtig zu wissen: Das Gericht ermittelt nicht selbst, sondern fällt sein Urteil nur auf Basis eingereichter Schriftsätze sowie den beigefügten Unterlagen. Eventuell hört es noch Zeugen, die in den Dokumenten genannt werden. Ab Klageerhebung vergehen rund sechs Monate bis zur mündlichen Verhandlung.

Verbündete suchen

Wenn Sie einen Schaden von 100 Euro erleiden und der Verursacher zeigt sich nicht einsichtig, motiviert Sie wohl eher dessen Unverschämtheit zur Klage als der finanzielle Verlust. Doch es fällt schwer, für solche Fälle einen Anwalt zu finden, denn das Honorar hängt vom Streitwert ab und deckt bei geringen Beträgen nicht einmal die Bürokosten. Handelt es sich zum Beispiel um einen Abrechnungsfehler, liegt es nahe, dass Miteigentümer in gleicher Weise betroffen sind. Wenn Sie diese darüber informieren und für ein gemeinsames Vorgehen gegen den Verwalter gewinnen, wird dieser das Anliegen ernster nehmen. Vielleicht erübrigt sich dann eine Klage – oder zumindest findet sich für die gebündelten Fälle und den damit gestiegenen Streitwert leichter ein sachkundiger Anwalt.

Bei einem Rechtsstreit mit Externen ist ab einem Streitwert von 5.000 Euro nicht mehr das Amtgericht, sondern das Landgericht zuständig, während über Klagen zwischen Eigentümern, zwischen Eigentümern und ihrer Gemeinschaft sowie mit dem Verwalter unabhängig vom Streitwert stets vor dem Amtgericht verhandelt wird.

Rechtsanwalt

Vor dem Amtsgericht kann jeder Bürger sein Recht selbst einfordern. Doch es steigert die Erfolgsaussichten erheblich, wenn er einen im WEG-Recht erfahrenen Anwalt hinzuzieht. Er versteht es, die Klageschrift so zu formulieren, dass der Richter sofort sieht, gegen welche Regelungen Ihr Klagegegner verstoßen hat; er zitiert für den Richter aus Urteilen in ähnlichen Fällen oder bereitet die rechtlichen Probleme anhand der Kommentare und der Fachliteratur auf. Und das alles in der Fachsprache der Juristen, sodass der Richter Ihr Anliegen unmittelbar versteht. Das ist angesichts der Zeitnot der Gerichte sehr wichtig. Am Landgericht besteht ohnehin Anwaltszwang.

WER TRÄGT DIE KOSTEN EINER KLAGE?

Gebühren

Nachdem eine Klage bei Gericht registriert wurde, berechnet es einen vorläufigen Streitwert und schickt dem Kläger einen entsprechenden Gebührenbescheid. Keinesfalls darf der Kläger warten, bis seine Rechtsschutzversicherung einen Zuschuss überweist. In der Verhandlung legt das Gericht dann den endgültigen Streitwert fest. Bei Verfahren nach dem WEG gelten für die Betroffenen günstige Berechnungsregeln, damit der Weg zum Gericht nicht durch die Kosten blockiert wird (siehe auch ⇢Anfechtung). Diesen Vorteil gibt es auch bei Prozessen mit dem

Verwalter, nicht jedoch bei Mahnverfahren und Klagen gegen säumige Eigentümer, bei Klagen zur Entziehung des Wohnungseigentums sowie bei Verfahren mit Externen, etwa Handwerkern, Versicherungen oder Grundstücksnachbarn.

Der Richter bestimmt im Urteil auch den endgültigen Streitwert, nach dem sich die Gerichtsgebühren und die Anwaltshonorare bemessen. Immer muss der Verlierer die gesamte Belastung tragen. Im Folgenden wird dargestellt, was ein Sieg bzw. eine Niederlage für die EG bedeuten.

EG gewinnt den Prozess. Ob Wohnungseigentümer, Verwalter, Nachbar, Mieter einer Eigentumswohnung oder sonstiger Externer: Wer im Rechtsstreit mit der EG unterliegt, zahlt die Gerichtskosten, das Honorar seines Anwalts, ferner die Anwaltskosten der EG, soweit sie auf dem vom Gericht festgelegten Streitwert basieren. Hat die EG ihrem Anwalt eine Honorarzulage bewilligt, muss sie diese selbst bezahlen; das heißt, ausnahmslos alle Eigentümer würden damit entsprechend ihren Miteigentumsanteilen belastet.

EG verliert den Prozess. Wenn die EG unterliegt, werden die ihr vom Richter aufgebürdeten Kosten in der Jahresabrechnung als Verwaltungsausgaben verbucht. Bei der internen Verteilung auf die Eigentümer sind zwei Fälle zu unterscheiden:

<u>1) Streit mit Externen.</u> Hatte die EG gegen den Verwalter, einen Nachbarn, den Mieter einer Eigentumswohnung oder etwa einen Handwerker geklagt, oder war sie verklagt worden, trägt bei einer Niederlage jeder Eigentümer die Prozesskosten entsprechend seinem Miteigentumsanteil.

<u>2) Streit mit einem Eigentümer.</u> Verlor die EG vor Gericht gegen eines ihrer Mitglieder, das von ihr auf Zahlung seines Beitrags zu den Gemeinschaftskosten, der Miete für Gemeinschaftseigentum oder eines Schadenersatzes verklagt worden war, werden die Gerichtskosten und das Honorar ihres Anwalts nach § 16 (2)

WEG entsprechend den Eigentumsanteilen auf alle Eigentümer verteilt – also auch auf den beklagten Eigentümer, der den Prozess gewonnen hat. Er sei in diesem Zusammenhang Teil der EG, entschied der BGH am 4.4.2014 (Az. V ZR 168/13).

Wie in den unter Punkt 2) behandelten Fällen werden die Kosten eines verlorenen Prozesses innerhalb der EG verteilt, wenn es aus anderen Gründen zu einem Prozess mit einem Eigentümer kam. Zwei Beispiele: Die EV hatte beschlossen, den Rückbau einer ungenehmigten ⇢ baulichen Veränderung gemeinschaftlich vor Gericht einzuklagen. Oder: Ein Eigentümer hatte die Gemeinschaft auf Schadensersatz verklagt, weil sie eine ⇢ Instandsetzung seiner Eigentumswohnung verweigerte, nachdem diese durch einen Bruch der Hauptwasserleitung durchnässt worden war.

Mehr zu den Themen Kosten und Rechtsanwalt lesen Sie unter ⇢ Anfechtung.

Rechtsschutzversicherung

Eine Rechtsschutzversicherung, die es sowohl für den einzelnen Wohnungseigentümer als auch für die EG gibt, übernimmt in der Regel die anfallenden Kosten, also Gerichts- und Anwaltskosten. Sie zahlt auch, wenn sich die Streitparteien auf einen Vergleich einigen. Entsprechend dem Verfahrensergebnis müssen auch die Verfahrenskosten geteilt werden, sonst erstattet die Versicherung die Kosten nicht. In vielen Fällen empfiehlt sich ein solcher Kompromiss. Denn niemand weiß, ob er in einem Urteil eventuell schlechter gestellt würde.

KOMPROMISSSUCHE DURCH VERMITTLUNG
Ein Gerichtsverfahren endet in der Regel mit einem Urteil, also mit Siegern und Verlierern. Wenn die Streitparteien weiterhin in einer Wohnanlage zusammenleben wollen, ist es oft wichtiger, für das zukünftige Miteinander eine Basis zu schaffen, als unbedingt Recht zu bekommen. Auf dieser Überlegung beruht die Mediation. Sie will auf beiden Seiten Verständnis für die Motive der anderen wecken. Lange Tradition haben die ehrenamtlichen Schiedsleute, die es in 12 Bundesländern gibt. Die Kosten eines Verfahrens betragen bei Ihnen

rund 50 Euro. Adressen nennen die Amtgerichte. Bei Mediatoren, die diese Aufgabe beruflich übernehmen, kosten Sitzungen oft um 150 Euro pro Stunde. Auch manche Anwälte verfügen über eine entsprechende Zusatzausbildung in Mediation. Etliche Rechtsschutzversicherungen übernehmen die Kosten einer Mediation, jedoch sollten sich Versicherte vorab eingehend bei ihrer Gesellschaft informieren. Führt die Mediation zu keiner Lösung, bleibt als letzte Möglichkeit der Weg zum Gericht.

Privates Schiedsgericht

Das private »Deutsche Ständige Schiedsgericht für Wohnungseigentum« verspricht, bei ihm fielen Entscheidungen schneller und kostengünstiger als auf dem Instanzenweg öffentlicher Gerichte. Das ist kein Wunder: Beim Schiedsgericht gibt es nur eine Instanz. Außer bei sehr hohen Streitwerten sind Verfahren vor dem Amtsgericht billiger als bei der privaten Konkurrenz, die von einigen Verbänden und Juristen getragen wird. Als Schiedsrichter fungieren Richter, Rechtsanwälte und Notare. Für den Streitfall müssen alle beteiligten Eigentümer sowie alle sonst vom Ergebnis Betroffenen die ausschließliche Zuständigkeit des Schiedsgerichts anerkennen. Das Interesse ist gering: In den vergangenen Jahren entschieden die Privaten jeweils rund zehn Fälle.

KOSTENVERTEILUNG

Die Eigentümer müssen laut Gesetz die Kosten des Gemeinschaftseigentums tragen – und zwar im Verhältnis ihrer Miteigentumsanteile. Doch die ⇢ Teilungserklärung oder die ⇢ Gemeinschaftsordnung können für einzelne Kostenarten eine andere Verteilung vorgeben. Alle Regelungen können die Eigentümer aber ändern, es genügt dazu eine einfache Mehrheit.

WIE WERDEN DIE KOSTEN AUF DIE EIGENTÜMER VERTEILT?

Verteilungsschlüssel

Die bei der Nutzung und Verwaltung des gemeinschaftlichen Eigentums anfallenden finanziellen Belastungen werden nach den im Grundbuch für jeden Eigentümer eingetragenen ⇢ Miteigentumsanteilen am Gemeinschaftseigentum verteilt. So verlangt es § 16 (2) WEG. In der Regel entsprechen diese Anteile etwa dem Anteil der Eigentumswohnungsfläche an der gesamten Wohn-/Nutzfläche des Hauses. Doch in Wohnanlagen kann für einzelne Kostenarten eine von der gesetzlichen Kostenverteilung abweichende Regelung gelten, wenn das in der ⇢ Teilungserklärung bzw. ⇢ Gemeinschaftsordnung oder einer ⇢ Vereinbarung, der ausnahmslos alle Eigentümer zugestimmt haben, festgeschrieben ist. Bis zur WEG-Reform im Juli 2007 konnte eine bestehende Verteilungsregel auch lediglich mit einer Vereinbarung, der alle Eigentümer zugestimmt haben, geändert werden. Ob es in älteren Wohnanlagen solche Vereinbarungen gibt, zeigt ein Blick in das Grundbuch. Denn eine Vereinbarung muss dort eingetragen werden, damit sie nicht nur für die Unterzeichner, sondern

Abstimmungsfalle

Wenn ein neuer Verteilungsschlüssel beschlossen werden soll, muss diese Abstimmung als eigenständiger Punkt auf der Tagesordnung angekündigt werden. Eine solche Änderung kann nicht etwa unter dem Punkt »Beschluss über die Vorschüsse und die vorgesehenen Rücklagen« mit verabschiedet werden. Die Änderung muss ausdrücklich erfolgen, sonst ist der vom alten Verteilungsschlüssel abweichende Beschluss anfechtbar.

auch für später hinzukommende Eigentümer wirksam ist. Ausnahmen: Einige Gemeinschaftsordnungen aus der Zeit vor Juli 2007 erlauben es, die Kostenverteilung mit einem Mehrheitsbeschluss zu ändern. Seit dieser Reform haben nun alle Eigentümer diese Möglichkeit. Ob es entsprechende Beschlüsse in einer Wohnanlage gibt, zeigt ein Blick in die im Juli 2007 neu eingeführte ⇢ Beschlusssammlung. Diese Möglichkeit, durch Beschluss von der gesetzlichen oder in der Gemeinschaftsordnung enthaltenen Kostenverteilungsregel abzuweichen, ist vom Gesetzgeber mehrfach geändert worden. Von einer Änderungsmöglichkeit lediglich hinsichtlich der Betriebs- und Verwaltungskosten ging es über die lediglich für den Einzelfall zulässige Änderung mit einem erhöhten Abstimmungsquorum bis hin zu einer Beschränkung der alternativ möglichen Umlageschlüssel. Aus diesem Grund ist ältere Rechtsprechung nur eingeschränkt heranzuziehen.

Kosten der Gemeinschaft

Nach § 16 (2) WEG kann die EV die Verteilung der Kosten der Gemeinschaft, insbesondere der Verwaltung und des gemeinschaftlichen Gebrauchs des Gemeinschaftseigentums, durch Beschlussfassung mit einfacher Mehrheit ändern, soweit sich dies auf einzelne Kosten oder bestimmte Arten von Kosten beschränkt. Diese beiden Merkmale dienen der Abgrenzung von einem generellen Verteilungsmaßstab, für dessen Änderung keine Beschlusskompetenz besteht. Dies ist formal zu verstehen. Nicht möglich ist daher nur ein Generalbeschluss, der die betroffenen Kosten nicht näher konkretisiert. Der Sache nach ist das aber dennoch erreichbar, wenn die Wohnungseigentümer für alle denkbaren Kostenarten und alle einzelnen Kosten denselben Umlageschlüssel wählen.

Der zu fassende Beschluss kann sich auf einen Einzelfall beschränken oder dauerhaft die Umlage der Kosten regeln. Zum Beispiel kann beschlossen werden, dass jeder Wohnungseigentümer die Kosten für den Austausch der Fenster und Türen im Bereich seines Sondereigentums selbst zu tragen hat. Wird diese

Regelung nur für den Einzelfall getroffen, kann sich allerdings ein Anspruch der übrigen Wohnungseigentümer auf Gleichbehandlung ergeben. Daher sollte man schon aus Gründen der Rechtssicherheit in einem solchen Fall eine Dauerlösung wählen.

Der wichtigste Grund für eine Änderung des Kostenverteilungsschlüssels ist die Verbesserung der Verteilungsgerechtigkeit. Die Verteilung nach Miteigentumsanteilen ist zwar rechtssicher, hat aber keinen Bezug zur Verteilungsgerechtigkeit. Zumeist wird diese durch eine Verkleinerung des Abrechnungskreises verbessert, etwa in Mehrhausanlagen. Zu einer Verbesserung führt typischerweise die Verteilung nach Verursachung oder Verbrauch. Auch die Berücksichtigung einer besonderen Einwirkungsmöglichkeit von Wohnungseigentümern oder mögliche Vorteile für Eigentümer können relevant sein.

Ob durch die Änderung des Kostenverteilungsschlüssels die erstmalige Begründung einer Kostentragungspflicht oder erstmalige Befreiung von Kosten herbeigeführt werden kann, was in der alten Gesetzesfassung ausdrücklich ausgeschlossen war, in der ab 1.12.2020 geltenden Fassung aber nicht mehr erwähnt wird, ist umstritten.

Der Beschluss über die Änderung des Kostenverteilungsschlüssels muss selbst ordnungsgemäß sein. Die Wohnungseigentümer dürfen bei einem weiten Gestaltungsspielraum daher jeden Maßstab wählen, der nicht zu einer ungerechtfertigten Benachteiligung Einzelner führt. Dabei sind an die Auswahl keine zu strengen Anforderungen zu stellen, weil sich jede Änderung zwangsläufig auf die Kostenlast des einen oder anderen Wohnungseigentümers auswirkt. Die Änderung des alten Kostenverteilungsschlüssels setzt auch nicht voraus, dass dieser einzelne Wohnungseigentümer benachteiligt.

Eine Beschlussfassung setzt nach Ansicht des BGH (Urteil vom 8.6.2018, Az. V ZR 195/17) voraus, dass aus dem Beschluss hinreichend konkret hervorgeht, dass die Wohnungseigentümer das Bewusstsein hatten, eine Änderung der bisherigen Kostenverteilung für künftige Abrechnungen zu beschließen. Darauf sollte bereits in der Einladung hingewiesen werden.

Üblicherweise kann nach einem solchen Beschluss das Verwalterhonorar gleichmäßig auf die Wohnungen – egal, ob klein oder groß – verteilt werden, wenn der Verwalter sein Entgelt nach Wohneinheiten bemisst. Bei den Kosten des Aufzugs können die Parterrewohnungen entlastet und die oberen Etagen stärker belastet werden. Gehört zum Gemeinschaftseigentum eine Sauna, können die Betriebskosten pro Nutzung berechnet werden. Häufig ist auch die Verteilung der Kosten für eine Zustimmung zu einer Veräußerung oder Vermietung nach § 12 WEG auf den Verursacher oder der Kosten einer Versorgungssperre auf den Hausgeldschuldner.

Sonstige Betriebskosten, also Wohnnebenkosten etwa für Wasser, Abwasser, Müll usw., könnten nach der Zahl der Personen, die in den Wohnungen leben, aufgeteilt werden. Nach Ansicht des BGH (Az. VIII ZR 82/07 vom 23.1.2008) ist das Melderegister keine hinreichende exakte Grundlage für die entsprechende Feststellung. Zur Vereinfachung wird man die Zahl einmal im Jahr an einem Stichtag erfassen und dann die Kosten der nächsten zwölf Monate danach verteilen, auch wenn zwischenzeitlich eine weitere Person in einen Haushalt kommen sollte oder eine auszieht. In großen Wohnanlagen kann aber bereits die jährliche Zählung Probleme bereiten.

Einfacher ist es, nach den Anteilen der Wohnungsfläche an der Gesamtwohnfläche abzurechnen, was generell Einzelpersonen in einer großen Wohnung benachteiligt. Diese Umstellung führt aber nur dann zu einer nennenswert anderen Kostenverteilung, wenn der Wohnflächenanteil wesentlich vom Miteigentumsanteil abweicht. Das kann etwa der Fall sein, wenn Wohnungen mit Terrassen oder großen Balkonen zusätzliche Miteigentumsanteile erhielten oder eine Dachwohnung durch den Ausbau des angrenzenden Speichers vergrößert wurde, ohne dass die

Miteigentumsanteile neu verteilt wurden. Ein neuer Verteilungsschlüssel für laufende Betriebskosten bleibt auch für kommende Jahre bestehen, bis er erneut geändert wird. Aber: Rückwirkende Änderungen für bereits abgerechnete Wirtschaftsjahre sind nicht zulässig.

Heizkosten

Bei den Kosten für Heizung schreibt die Heizkostenverordnung zwingend vor, dass sie nach dem gemessenen Wärmeverbrauch jeder Wohnung verteilt werden. Spätestens ab 2014 gilt das auch für die Kosten einer zentralen Warmwasserversorgung (→ Heizung).

Baukosten

Auch die Kosten für → Instandhaltung und → Instandsetzung sowie → Modernisierung können laut § 16 (2) WEG anders verteilt werden, als es den Miteigentumsanteilen entspricht. Wird der Aufzug erneuert, könnten die Kosten verstärkt den Eigentümern der oberen Etagen auferlegt werden. Oder die Parterrebewohner wünschen sich einen neuen, stabileren Zaun, weil sie sich dann auf ihren Terrassen sicherer fühlen; also sind sie auch bereit, einen überproportionalen Anteil an den Ausgaben zu übernehmen.

WER HAT ANSPRUCH AUF EINE NEUVERTEILUNG DER KOSTEN?

Nach § 10 (2) WEG können Sie als Eigentümer verlangen, dass die EV einen anderen Verteilungsschlüssel beschließt, wenn die bisherige Regelung unbillig erscheint, Sie also ohne sachlichen Grund erheblich benachteiligt werden. Dies gilt nach einem Urteil des BGH vom 22.3.2019 (Az. V ZR 298/16) auch dann, wenn die bestehende Regelung von Anfang an unbillig ist. Lehnt die EV ab, können Sie klagen. Nach der Rechtsprechung ist eine Regelung aber erst dann unbillig, wenn Sie gegenüber der von Ihnen angestrebten, fairen Lösung mehr als 25 Prozent zu viel zahlen müssen. Dabei ist die Kostenverteilung mehrerer Jahre heranzuziehen. Der Richter prüft aber nicht nur, ob Unbilligkeit vorliegt, sondern berücksichtigt alle Umstände des Falls. Wenn ein Eigentümer beispielsweise seine Wohnung nur für wenige Ferientage nutzt, ist das seine Sache, er kann keinen Verteilungsschlüssel fordern, der seine lange Abwesenheit honoriert. Abgewiesen wurde auch der Eigentümer einer Souterrainwohnung, der nicht die Sanierung der Balkone mitbezahlen wollte. Es stellte sich im Prozess heraus, dass die Wohnungen in den Obergeschossen mehr Miteigentumsanteile besaßen, als es ihrem Anteil an der Gesamtwohnfläche entsprach – also profitierten sie zwar bei der Balkonsanierung, mussten aber bei anderen Kosten überproportional zahlen. Ein Beschluss nach § 16 (2) WEG kann im Wege einer Beschlussersetzungsklage nach § 44 WEG nach § 18 (2) Nr. 1 WEG erzwungen werden. Einerseits reicht für deren Erfolg noch nicht aus, dass auch der begehrte Kostenverteilungsschlüssel ordnungsgemäßer Verwaltung entspricht. Andererseits bedarf es auch noch keiner Ermessensreduzierung auf null. Analog des Maßstabs des § 10 (2) WEG ist notwendig, aber auch ausreichend, dass ein Festhalten am geltenden Umlageschlüssel aus schwerwiegenden Gründen unter Berücksichtigung der Umstände des Einzelfalls, insbesondere der Rechte und Interessen der anderen Wohnungseigentümer, als unbillig erscheint.

KREDIT FÜR DIE EIGENTÜMERGEMEINSCHAFT

Mit einfacher Mehrheit kann die Eigentümerversammlung eine Kreditaufnahme beschließen. Das geht sogar bei großen Beträgen mit langer Laufzeit, falls sich eine notwendige, teure Sanierung gar nicht anders realisieren lässt. Allerdings birgt eine Kreditaufnahme im Namen der Eigentümergemeinschaft für den einzelnen Wohnungseigentümer ein großes Risiko: Kommt ein Miteigner seinen Verpflichtungen nicht nach, müssen die anderen anteilig

einspringen. Ohnehin weigern sich viele Banken, Geld an Eigentümergemeinschaften zu verleihen. Denn deren Kreditwürdigkeit zu prüfen ist aufwendig, eine Absicherung im Grundbuch unmöglich.

WIE WIRD EINE KREDITAUFNAHME BESCHLOSSEN?

Das kann passieren: Das Konto der Eigentümergemeinschaft (EG) ist leer, weil Eigentümer das Hausgeld nicht pünktlich zahlen oder eine Reparatur teurer wird als geplant. Der Verwalter muss dann unverzüglich die Eigentümer informieren, damit sie entweder eine → Sonderumlage oder die Aufnahme eines Darlehens beschließen.

Ohne einen Beschluss der Eigentümer darf der Verwalter keine Darlehen im Namen der EG aufnehmen, so der Bundesgerichtshof am 18.2.2011 (Az. V ZR 197/10). Manche Verwalter erhalten von der EV allerdings bereits vorsorglich eine Vollmacht, das Girokonto der Gemeinschaft maßvoll für kurze Zeit zu überziehen.

Nur solche Überbrückungskredite galten nach lange herrschender Rechtsauffassung als → ordnungsgemäße Verwaltung und konnten deshalb von der EV mit einfacher Mehrheit beschlossen werden. Grenzen legte zum Beispiel das LG Bielefeld am 15.6.2011 (Az. 23 T 442/10) fest: maximal drei Monate Laufzeit und das dreifache monatliche → Hausgeld als Höchstbetrag.

Solche Limits gibt es seit einem Urteil des Bundesgerichtshofs vom 25.9.2015 (Az. V ZR 244/14) nicht mehr. In dem Fall ging es um eine Wohnanlage, deren Fassade dringend saniert werden musste. Doch viele der Eigentümer hätten die dafür nötige Sonderumlage kaum finanzieren können und deshalb die Sanierung in der EV blockiert. In dieser Lage beschloss die EG, als Gesamtheit ein langfristiges, hohes Darlehen aufzunehmen; Fachleute sprechen von einem Verbandskredit. Eine solche Notlösung könne ordnungsgemäßer Verwaltung entsprechen und folglich von der EV mit einfacher Mehrheit beschlossen werden, urteilte der BGH.

WELCHE STRIKTEN BEDINGUNGEN SIND BEI LANGFRISTIGEN DARLEHEN ZU ERFÜLLEN?

Bei einem Verbandskredit haften die übrigen Wohnungseigentümer, wenn ein Eigentümer seine Zahlungspflichten nicht erfüllt (siehe unten). Welche Probleme da in einigen Jahren auftreten werden, weiß niemand. Deshalb erklärten die obersten Richter langfristige Verbandskredite nur unter strengen Voraussetzungen für zulässig:

- Die Baumaßnahme muss dringend notwendig sein, um die Wohnanlage auf einen zeitgemäßen Standard zu heben.
- Der Verbandskredit muss die einzige Möglichkeit darstellen, die Sanierung zu realisieren, weil eine Sonderumlage für viele der Eigentümer nicht zu finanzieren wäre.
- Der Kredit darf generell nicht länger als zehn Jahre laufen und muss am Ende der Zinsbindung getilgt sein.
- Der Kreditbetrag muss bei Beschlussfassung feststehen, bei Zins und Tilgung darf der Beschluss allenfalls einen geringen Spielraum für Anpassungen lassen, die bis zum Vertragsschluss notwendig werden.
- Das Haftungsrisiko der Eigentümer für den Verbandskredit durch die Nachschusspflicht muss in der EV umfassend dargestellt und besprochen werden.
- Diese Diskussion der Nachschusspflicht muss im Protokoll ausführlich beschrieben werden. Das ansonsten übliche reine Beschlussprotokoll bedarf also einer entsprechenden aussagekräftigen Ergänzung.

WIE GEHT MAN GEGEN UNZULÄSSIGE KREDITBESCHLÜSSE VOR?

Wenn ein Eigentümer binnen eines Monats gegen einen Beschluss zur Aufnahme eines Verbandskredits mit einer →Anfechtung vorgeht, wird der Richter den Fall anhand der vom BGH festgelegten Kriterien prüfen. Achtung: Wendet sich in dieser Frist kein Eigentümer an das Gericht, ist der Beschluss auf Dauer rechtswirksam, auch wenn er nicht ordnungsgemäßer Verwaltung entspricht. Das zeigt ein Urteil des BGH vom 28.9.2012 (Az. V ZR 251/11). Dort sollte eine gesamtschuldnerische Haftung beschlossen werden.

WARUM SIND KREDITE DER EIGENTÜMERGEMEINSCHAFT SO RISKANT?

Die EG haftet nicht etwa mit dem ⇢ Gemeinschaftseigentum, also dem Grundstück und den gemeinschaftlich genutzten Räumen, denn all das gehört untrennbar anteilig zu den Eigentumswohnungen. Deshalb hat die EG als Sicherheit lediglich ihr ⇢ Gemeinschaftsvermögen anzubieten, das in der Regel nur aus ihren Bankguthaben und zum Beispiel den Geräten für die Gartenpflege besteht. Es gibt keine Möglichkeit, ein Darlehen an die EG im Grundbuch abzusichern. Stattdessen trägt jeder einzelne Wohnungseigentümer das Risiko, anteilig einspringen zu müssen, wenn die Gemeinschaft sonst die Raten des Verbandskredits nicht entrichten kann.

Nachschusspflicht

Wenn ein Miteigner sein Hausgeld nicht zahlt, in das der Verwalter anteilig Zins und Tilgung für den Verbandskredit einzurechnen hat, muss die EG das Geld beim säumigen Zahler eintreiben. In letzter Konsequenz wird seine Wohnung zwangsversteigert (siehe ⇢ Zahlungspflicht).

Da die Bank nicht so lange auf die Kreditraten warten wird, müssen die übrigen Eigentümer nach § 16 (2) WEG für den fehlenden Betrag entsprechend ihres Miteigentumsanteils einstehen. Dies geschieht im Rahmen der Jahresabrechnung oder bei akutem Finanzbedarf durch eine Sonderumlage. Diese Nachschusspflicht der EG-Mitglieder ist notwendig, weil § 9 a (5) WEG eine Insolvenz der EG ausschließt. Reicht der Erlös der späteren Zwangsversteigerung nicht aus, um die Forderungen der EG zu begleichen, muss sie sich wohl mit dem Verlust abfinden.

Direktzugriff auf Miteigner

Doch, was ist, wenn nicht alle Eigentümer ihrer Nachschusspflicht nachkommen, sodass der Verwalter auch nach einer Nachfrist die fälligen Raten für den Verbandskredit nicht überweisen kann? Dann darf sich die Bank direkt an jeden Wohnungseigentümer wenden und entsprechend § 9 a (4) WEG von ihm seinen Anteil an der gesamten Zahlungsverpflichtung der EG verlangen. Beispiel: Wären insgesamt 5.000 Euro Kreditkosten fällig und ein Eigentümer verfügt über 100/1000 Miteigentumsanteil, könnte die Bank von ihm 500 Euro verlangen. Darf die Bank wegen der Zahlungsversäumnisse das Darlehen kündigen, müsste auch für die dann fällige Kreditrückzahlung jeder Eigentümer anteilig aufkommen.

Achtung: Begleicht ein Eigentümer die an ihn direkt gerichtete Forderung nicht, kann die Bank dessen Betrag von den übrigen Eigentümern als Zuschlag verlangen – auch hier wiederum anteilig entsprechend den Miteigentumsanteilen.

Haftungsausschluss

Zahlreiche Institute verlangen darüber hinaus, dass sie sich beim Zahlungsausfall der Gemeinschaft gegebenenfalls direkt an einen einzelnen, zahlungskräftigen Eigentümer wenden können, um von ihm die Rückzahlung der gesamten Darlehenssumme zu fordern. Um dem vorzubeugen, muss bereits der Kreditbeschluss der EV sicherstellen, dass es nicht zu einer solchen gesamtschuldnerischen Haftung einzelner Eigentümer kommen kann. Sonst heben die Gerichte den Beschluss auf, falls sich ein Eigentümer dagegen mit einer Anfechtung wehrt. Aber: Wird der ungenügende Beschluss über die Kreditaufnahme nicht angefochten, bleibt er auf Dauer in Kraft.

Einige Fachjuristen hielten es früher für möglich, dass sich ein Eigentümer aus der Mithaftung befreit, indem er gar keinen Gebrauch vom Verbandsdarlehen macht und stattdessen in Höhe seines Anteils an den Baukosten eigene Mittel einzahlt. Folglich forderten sie, dass ein EV-Beschluss stets auch den Verzicht auf den Darlehensanteil oder später eine entsprechende Sondertilgung ermöglichen müsse. Der BGH betonte aber in seinem Urteil vom 25.9.2015 ausdrücklich, kein Eigentümer könne sich von der Mithaftung befreien. Deshalb müsse der Beschluss zur Darlehensaufnahme auch einzelnen Eigentümern keine Möglichkeit eröffnen, ihren Kreditanteil durch eigene Mittel zu ersetzen. Zahlungskräftigen Eignern bleibt also nur, die Vorteile, die eine Sanierung mithilfe eines Verbandskredits bieten mag, gegen das damit unvermeidlich verbundene Haftungsrisiko abzuwägen.

WARUM ERHALTEN EIGENTÜMERGEMEINSCHAFTEN VON BANKEN OFT KEINEN KREDIT?

Ein Beschluss der Eigentümer zur Kreditaufnahme stellt allerdings nur den ersten Schritt dar. Es gilt auch, eine Bank zu finden, die ihnen ein Darlehen gewährt. Die Institute fürchten hohen Verwaltungsaufwand wegen der komplizierten Haftungsregelungen, zudem dauert es länger als bei Hauseigentümern, bis eine Gemeinschaft Entscheidungen fällt. Wegen der genannten Probleme liegen auch die Zinsen für einen Verbandskredit deutlich höher als bei Hypotheken.

Wenn das Institut, bei dem die EG ihre Konten führt, keinen Verbandskredit vergeben will, muss der Verwalter nach einem Anbieter suchen. Einige Institute unterbreiten bundesweit passende Offerten, so die Deutsche Kreditbank aus Berlin, ferner die Hausbank München, die dem Genossenschaftsverband angehört und auch KfW-Darlehen vermittelt.

Förderung

Der Weg zu den zinsgünstigen Krediten, mit denen die staatliche Kreditanstalt für Wiederaufbau (KfW) die Modernisierung fördert, führt beim Verbandsdarlehen – wie bei den Krediten für einzelne Wohnungseigentümer – nur über eine Bank oder eine Sparkasse. Aber längst nicht alle Institute spielen mit, weil sie an eigenen Darlehen mehr verdienen. Stets lohnt es sich, bei den Förderbanken der Bundesländer, die meist den Landesbanken angegliedert sind, nachzufragen. Manche bieten passende Programme, die den Zugang zu KfW-Darlehen eröffnen. Die Stuttgarter Landesregierung ersetzt sogar der kreditgebenden Bank den Fehlbetrag, falls die Wohnungseigentümer ihren Verpflichtungen nicht nachkommen. Das Land versucht allerdings dann seinerseits, das Geld bei den Eigentümern einzutreiben.

M

MITEIGENTUMSANTEILE

Zu jeder Eigentumswohnung gehört untrennbar ein Miteigentumsanteil am ⇢ Gemeinschaftseigentum. Meist richtet sich die Höhe des Anteils in etwa danach, wie groß die jeweilige Wohnung in Bezug zur Gesamtwohnfläche des Hauses ist. Der Umfang seines Miteigentumsanteils bestimmt in der Regel, wie viel der Gesamtkosten einer Wohnanlage der einzelne Wohnungseigner zu zahlen hat. Auch sein Einfluss in der Eigentümerversammlung hängt meist davon ab.

NACH WELCHEM PRINZIP WERDEN DIE ANTEILE AM GEMEINSCHAFTSEIGENTUM VERTEILT?

Das Gemeinschaftseigentum, das heißt, das Grundstück sowie die Räume und Anlagen, welche die Wohnungseigentümer gemeinsam nutzen, gehört ihnen auch komplett gemeinsam. Dazu hat der aufteilende Eigentümer, also der Bauträger oder bei Bestandsimmobilien der Aufteiler, in der ⇢ Teilungserklärung (TE) jeder Wohnung einen Anteil am Gemeinschaftseigentum zugeordnet. Meist wird er als Bruchteil in Tausendstel ausgedrückt. Da steht dann beispielsweise in der TE: 98,04/1000 Miteigentumsanteil verbunden mit Sondereigentum an der Wohnung Nr. 3. In gleicher Weise mit Miteigentumsanteilen wird gegebenenfalls ⇢ Teileigentum bedacht: Das sind etwa Gewerbeeinheiten oder auch Garagen, falls sie nicht Teil eines Wohnungseigentums sind.

Es gibt keine Vorschriften, wie die Miteigentumsanteile auf Wohnungs- und Teileigentum zu verteilen sind. In einem Haus mit zum Beispiel zehn gleich großen Wohnungen müssen keineswegs alle einen gleich hohen Anteil erhalten. Mancher aufteilende Eigentümer berücksichtigt etwa noch den Verkaufswert, sodass eine Wohnung mit Balkon in begehrter Südwestlage quasi eine Zulage erhält. Oder aber er wohnt selbst in der Anlage und will sich eine Sperrminorität für Abstimmungen sichern (siehe unten).

WELCHE BEDEUTUNG HABEN MITEIGENTUMSANTEILE FÜR DIE KOSTENVERTEILUNG?

Ein Eigentümer zu dessen Wohnung ein höherer Miteigentumsanteil gehört als zu einer anderen, wird sich darüber im Zweifel gar nicht freuen. Denn dieser Anteil ist nach § 16 (2) WEG der Maßstab für die ⇢ Kostenverteilung auf die einzelnen Wohnungen. So könnte es sein, dass sich ein trickreicher Bauträger oder der Aufteiler sogar Gründe ausdenkt, warum die Wohnung, die ein Freund kaufen will, relativ wenig Anteile am Miteigentum erhalten sollte.

Wenn viele Eigentümer die Verteilung als unfair empfinden, können sie für laufende Kosten wie Wasser, Strom für Treppenhausbeleuchtung oder das Verwalterhonorar nach 16 (3) WEG mit einfacher Mehrheit einen anderen Maßstab bestimmen. Das könnte die Wohnfläche sein, wie allgemein bei Mietwohnungen.

WANN SPIELEN DIE MITEIGENTUMSANTEILE BEI ABSTIMMUNGEN EINE ROLLE?

Bei einer ⇢ Beschlussfassung in der Eigentümerversammlung bringt ein hoher Miteigentumsanteil häufig Vorteile. Denn in den meisten Wohnanlagen bestimmt die Teilungserklärung, dass sich die Zahl der Stimmrechte, über die ein Eigentümer verfügt, nach dem Miteigentumsanteil richtet.

MODERNISIERUNG

Manche Eigentümer möchten ihre betagte Wohnanlage an den heute üblichen Standard anpassen, obwohl die alten Teile durchaus noch gebrauchstüchtig sind. Solchen an sich vermeidbaren Baumaßnahmen müssten allerdings die Mehrheit der Eigentümer zustimmen. Diese modernisierungswillige Mehrheit darf dann sogar in Grenzen das Erscheinungsbild der Liegenschaft verändern und auch der ablehnenden Minderheit einiges an Kosten aufbürden.

WAS VERSTEHEN JURISTEN UNTER EINER MODERNISIERUNG?

Begriffsbestimmung

Für die Modernisierung seiner Wohnung ist jeder Eigentümer selbst verantwortlich. Das Gesetz kennt weder eine diesbezügliche Modernisierungspflicht noch eine Pflicht zur regelmäßigen Prüfung von Leitungen durch einen Fachmann.

Für das Gemeinschaftseigentum gibt es nach der Gesetzesnovelle keine Regelung mehr, die sich ausdrücklich mit Modernisierungen und/oder modernisierenden Instandsetzungen befasst. Das Gesetz sieht darin einerseits bauliche Veränderungen im Sinne des § 20 WEG. Das sind nämlich alle Maßnahmen, die über die ordnungsgemäße Erhaltung des gemeinschaftlichen Eigentums hinausgehen. Auf der anderen Seite unterfallen nach bisherigem Gesetzesverständnis auch solche Maßnahmen der Erhaltung, die eine zwischenzeitlich eingetretene technische Entwicklung berücksichtigen und über eine bloße Reparatur des gemeinschaftlichen Eigentums und eine Herstellung des bisherigen Zustandes hinausgehen. Die Gesetzesbegründung enthält an der entscheidenden Stelle den Hinweis, „eine modernisierende Instandsetzung könne wie jede bauliche Veränderung mit einfacher Mehrheit beschlossen werden“. Das ist aber nur eine Frage der Abstimmung: Sowohl Erhaltungsbeschlüsse als auch

Beschlüsse über bauliche Veränderungen bedürfen jeweils nur einer einfachen Mehrheit. Ein Unterschied ergibt sich jedoch aus der entsprechenden Kostentragungspflicht. Denn für Erhaltungsmaßnahmen gilt der allgemeine Verteilungsschlüssel des § 16 WEG, das heißt, alle Eigentümer werden nach ihren Miteigentumsanteilen herangezogen. Demgegenüber wären aber Kosten einer baulichen Veränderung nach § 21 (2) WEG nur von den Wohnungseigentümern zu bezahlen, die dem Beschluss zugestimmt haben, falls nicht a) die Maßnahme mit mehr als zwei Dritteln der abgegebenen Stimmen und der Hälfte aller Miteigentumsanteile beschlossen wurde, es sei denn, die bauliche Veränderung ist mit unverhältnismäßigen Kosten verbunden, oder b) wenn sich deren Kosten innerhalb eines angemessenen Zeitraums von in der Regel zehn Jahren amortisieren. Dies erscheint wenig sachgerecht und wird die Gerichte noch beschäftigen. Man wird also zunächst davon ausgehen können, dass es sich im Zweifel um eine Erhaltungsmaßnahme handelt.

WIE KÖNNEN EIGENTÜMER EINE MODERNISIERUNG BESCHLIESSEN?

Mehrheitsentscheid

Eine Modernisierungsmaßnahme kann mit einfacher Mehrheit beschlossen werden, sei es eine bauliche Veränderung oder eine Erhaltungsmaßnahme nach § 19 (2) WEG.

Manche → Gemeinschaftsordnung bestimmt, dass Modernisierungen mit einer qualifizierten Mehrheit beschlossen werden können, zum Beispiel mit einer Zwei-Drittel- oder Drei-Viertel-Mehrheit. Dies ist nach § 47 WEG unzulässig, denn unwirksam wäre eine Vorgabe der Gemeinschaftsordnung, die eine höhere Zustimmung als das Gesetz verlangt.

Damit ein Streit über eine Modernisierung nicht das Klima in der Wohnanlage vergiftet, sollten Modernisierungsbefürworter wie -gegner versuchen, die Argumente der Gegenseite samt deren Hintergrund zu verstehen. Bei einer Energiesparmaßnahme akzeptiert etwa ein jüngerer Eigentümer oft, dass sie sich erst in etlichen Jahren bezahlt macht. Für einen hochbetagten Senior dagegen rechnet sie sich nicht.

Kostenverteilung

Jeder Beschluss, der zu Ausgaben führt, muss eine Angabe enthalten, wie die Modernisierung finanziert werden soll. Etwa aus der ⇢ Erhaltungsrücklage bzw. durch eine Sonderumlage oder mit einer Mischung beider Geldquellen. In der Regel werden die Kosten einer Modernisierung nach § 16 (2) WEG entsprechend der Miteigentumsanteile auf die Eigentümer verteilt. Dazu passt es, dass nach dieser Regel auch stets die Beiträge zur Erhaltungsrücklage erhoben werden.

Damit in solchen Fällen nicht knauserige Eigentümer gegen die Modernisierung stimmen, können die Kosten laut § 16 (2) WEG auch statt nach Miteigentumsanteil nach dem Gebrauch bzw. der Gebrauchsmöglichkeit verteilt werden. Da eine Bemessung nach dem Gebrauch der Eigentümerversammlung (EV) einen großen Ermessensspielraum lässt, kann er auch genutzt werden, um die nötigen Stimmen der Eigentümermehrheit für eine Modernisierung zusammen zu bringen. Beispiel: Die Bewohner der oberen Etagen wünschen, dass als Modernisierung ein Aufzug eingebaut wird. Um die dafür nötige Mehrheit zu erreichen, akzeptieren sie, dass sie für den Lift anteilig mehr bezahlen als die Eigentümer aus den unteren Geschossen.

WAS TUN, WENN NICHT GENUG EIGENTÜMER FÜR DIE MODERNISIERUNG STIMMEN?

Wenn sich auf Anhieb keine Mehrheit für eine Modernisierungsmaßnahme findet, so arbeitet oft die Zeit für deren Befürworter. Denn ein vorhandenes Bauteil, das modernisiert werden soll, muss meist irgendwann ohnehin instand gesetzt werden. Dann kann es im Rahmen einer modernisierenden ⇢ Instandsetzung durch eine bessere, hochwertigere Version ersetzt werden. Für den entsprechenden Beschluss genügt bereits eine einfache

Mehrheit. Das gilt zum Beispiel für eine Umstellung der Heizanlage auf eine andere Energieart oder für eine Wärmedämmung der Fassade. Auf eine solche Maßnahme kann es dann einen Anspruch nach § 18 (2) WEG geben, wenn es dem Gebot wirtschaftlicher Vernunft entspricht, nicht nur die Wiederherstellung des früheren Zustandes zu erwägen, sondern auch eine inzwischen eingetretene Entwicklung des technischen Fortschritts, die bei verhältnismäßig geringfügigen zusätzlichen Aufwendungen einen relativ großen Nutzen für die Zukunft bringt.

WO SIND MODERNISIERUNGSPROJEKTEN GRENZEN GESETZT?

Mangelnde Wirtschaftlichkeit

Wenn in einer EV über eine Modernisierungsmaßnahme diskutiert wird, äußern deren Kritiker häufig die Befürchtung, dass sie sich nicht lohnt und/oder wirtschaftliche Risiken birgt, weil das geplante System nicht den anerkannten Regeln der Technik entspreche.

Zur Einführung des damaligen, heute nicht mehr geltenden § 22 (2) WEG im Juli 2007 schrieb die Bundesregierung in der Bundestagsdrucksache 16/887, welche Anforderungen an Modernisierungsmaßnahmen zu stellen sind. Da sie laut Gesetzestext der Anpassung an den Stand der Technik dienen sollen, können sie technisch fortschrittlicher sein als das, was Handwerker unter dem Begriff »anerkannte Regeln der Technik« normalerweise liefern. Aber es muss dennoch eine in der Praxis bereits bewährte Technik sein. »Bei der Beurteilung ist auf den Maßstab eines vernünftigen, wirtschaftlich denkenden und sinnvollen Neuerungen gegenüber aufgeschlossenen Hauseigentümers abzustellen«, heißt es in der Drucksache.

An diesen Aussagen orientieren sich die Gerichte in Streitfällen, wobei sie der EV einigen Ermessensspielraum einräumen. Das zeigt beispielhaft ein Urteil des LG München I. Ein Eigentümer klagte gegen einen EV-Beschluss, der als Modernisierung den

Austausch noch intakter Holzfenster durch Kunststofffenster vorsah. Sein Argument: Das sei keine Modernisierung, da es sich nicht rechne. Er forderte ein Gutachten darüber, wie lange es dauert, bis sich der Austausch durch Energieersparnis bezahlt macht, also amortisiert. Doch die Richter befanden am 27.4.2009 (Az. 1 S 20171/08), wirtschaftliche Gesichtspunkte seien zwar nach dem Willen des Gesetzgebers zu berücksichtigen, aber der vom Kläger geforderte Maßstab der Amortisation sei zu streng. Da nach der Erfahrung Kunststofffenster pflegeleichter und haltbarer seien als Holzfenster, erhöhe der Austausch den Gebrauchswert. Damit sei ein Kriterium für Modernisierung erfüllt, mehr sei nicht nötig. Das LG Düsseldorf hat am 6.6.2012 (Az. 25 S 8/12) sogar ganz auf eine durchgerechnete Amortisation verzichtet.

Unfaire Benachteiligung

Im Rahmen einer Modernisierung darf kein Eigentümer gegenüber anderen unbillig benachteiligt werden. Dabei kann das juristische Wort »unbillig« vereinfacht mit »unfair« übersetzt werden. So darf einem vorhandenen Balkon nicht Sicht und Licht genommen werden, weil in der darüber liegenden Etage ein großer, neuer Balkon angebaut wird. Im Rahmen einer Modernisierung kann die Eigentümermehrheit aber ihren Miteignern durchaus Nachteile zumuten. Dazu heißt es in der Bundestagsdrucksache, es sei hinzunehmen, dass nach einer Modernisierung häufiger Wartungs- und Reparaturarbeiten anfallen oder etwa die Treppe enger wird, weil ein Lift eingebaut wurde. Das übersteigt, was sonst in einer Wohnanlage nach § 14 (1) WEG erlaubt ist. Der verlangt, dass keinem Eigentümer ein Nachteil erwachsen darf, der über das hinausgeht, was bei einem geordneten Zusammenleben unvermeidbar ist.

Finanzielle Überlastung

Auch finanzielle Opfer darf die Eigentümermehrheit ihren Miteignern für eine Modernisierung abverlangen, stellt die Bundesregierung fest. Denn ein Eigentümer müsse damit rechnen, dass solche Ausgaben einmal nötig werden und entsprechend

Reserven bilden. Die Maßnahmen dürften allerdings nicht den allgemein üblichen Rahmen sprengen wie bei Luxusmodernisierungen. Und kein Eigentümer dürfe gezwungen sein, seine Wohnung zu verkaufen, weil er die anteiligen Modernisierungskosten nicht aufbringen könne. Hier kann die modernisierungswillige Mehrheit einem finanzschwachen Miteigner entgegenkommen und ihm mit einfacher Mehrheit eine Ratenzahlung ermöglichen oder die Sonderumlage stunden.

---

§

Bauliche Veränderung

Eine Eigentümergemeinschaft kann auch eine Luxusmodernisierung beschließen, eine noch unerprobte Technik einsetzen oder die Gestaltung der Wohnanlage grundlegend verändern. Doch das gilt nicht mehr als Modernisierung, sondern als ⇢ bauliche Veränderung, für welche die Zustimmung der Eigentümermehrheit notwendig ist.

MUSIZIEREN

Viele Menschen mögen Musik, aber nur wenige schätzen die Hausmusik der Nachbarn. Deren Hobby kann den übrigen Hausbewohnern den letzten Nerv rauben. Allerdings lassen sich die Übungszeiten mit einem Mehrheitsbeschluss der Eigentümerversammlung (EV) begrenzen. Ob in einer Wohnanlage das Musizieren ganz verboten werden kann, ist umstritten. Die Regeln, die das Musizieren begrenzen, gelten entsprechend auch für lauten Gesang und überhaupt für jede Art von Geräuschbelästigung etwa durch eine Stereoanlage, ein Fernsehgerät oder ein Computerspiel.

KANN DIE HAUSORDNUNG DAS MUSIZIEREN ZEITLICH BEGRENZEN?

Die meisten ⇢ Hausordnungen geben vor, zu welchen Zeiten musiziert werden darf. Bei deren Festlegung sind die Schalldämmung des Hauses und die Lautstärke der Instrumente zu berücksichtigen, erklärte der BGH in einem Beschluss vom 10.9.1998 (Az. V ZB 11/98). Wohnen überwiegend junge Leute im Haus, darf es etwas lauter sein als sonst. Und in einer Wohnanlage direkt an einer Hauptverkehrsstraße ist auch im Haus mehr Lärm zulässig als in einer Villengegend.

Störendes Gewerbe

Vorsicht, wenn die Wohnanlage neben Wohnungen auch Gewerberäume, enthält. Schließt dafür die Teilungserklärung nicht Branchen aus, von denen eine Geräuschbelästigung ausgeht, könnten sich dort eine Musikschule und fleißig übende Musiker etablieren. Und für Gewerberäume gelten die zeitlichen Begrenzungen nicht, welche die Hausordnung ansonsten für das Musizieren vorgibt. So urteilte das BayObLG am 28.2.2002 (Az. 2 Z BR 141/01). Ein Ausschluss geräuschintensiver Betriebe kann auch nachträglich durch eine ⇢ Vereinbarung, der alle Eigentümer zustimmen, beschlossen werden. Fraglich jedoch, ob der Eigentümer der Gewerberäume das Verbot billigt.

Selbstverwirklichung

Selbst in ruhigen Wohnlagen darf aber eine Mehrheit in der EV die Hausordnung nicht so gestalten, das Musizieren zu sehr beschränkt wird. Denn jeder Bewohner hat ein Recht auf Selbstverwirklichung, und das Musizieren gehört zu den grundlegenden Gebrauchsrechten eines Wohnungseigentümers, befand der Bundesgerichtshof. Auch für einen Berufsmusiker gelten keine Sonderrechte, stellte der BGH am 26.10.2018 (Az. V ZR 143/17) klar. Dieser muss sich nicht in leisere Nebenräume verbannen lassen. Er muss sich an die üblichen Ruhezeiten halten. Abhängig vom Einzelfall stellt der BGH die Regel auf: Außerhalb der Ruhezeiten ist eine Beschränkung auf zwei bis drei Stunden an Werktagen und ein bis zwei Stunden an Sonn- und Feiertagen möglich.

KANN FÜR DAS MUSIZIEREN ZIMMERLAUTSTÄRKE VERORDNET WERDEN?

Zum Schutz vor Lärm enthalten viele Hausordnungen den Passus, Hausmusik sei nur mit Zimmerlautstärke zulässig. Sie darf also in den Nachbarwohnungen nicht zu hören sein. Anders als eine Stereoanlage, die man beliebig drosseln oder mit Kopfhörern nutzen kann, lassen sich viele Instrumente aber kaum so leise spielen. Für ihre Besitzer ist damit das Musizieren faktisch verboten. Doch wie der eingangs zitierte BGH-Beschluss aus dem Jahr 1998 festlegte, gehört das Musizieren zu den grundlegenden Gebrauchsrechten eines Wohnungseigentümers, die nicht per Hausordnung entzogen werden dürfen.

Klavierspiel

Was das konkret bedeutet, legte das BayObLG am 3.8.2001 (Az. 2 Z BR 96/01) dar. Ein Wohnungsnachbar hatte verlangt, dass eine Hobbypianistin beim Spielen die Zimmerlautstärke nicht überschreitet. Schließlich habe die Hausordnung dieses Limit bereits enthalten, als die Beklagte ihre Wohnung kaufte. Dennoch spiele sie mehrmals in der Woche außerhalb der Ruhezeiten laut bis zu eine Stunde lang. Daraufhin urteilte das Gericht, Klavier lasse sich kaum mit Zimmerlautstärke spielen. Ein solches Gebot gleiche einem Musizierverbot für Pianisten, das aber aufgrund des BGH-Beschlusses nicht durch eine Hausordnung ausgesprochen werden dürfe. Mitbewohner müssten deshalb das Klavierspiel für begrenzte Zeit dulden. Eine Stunde Klavier einige Male pro Woche fanden die Richter zumutbar. Ob sie eine längere Übungszeit akzeptiert hätten, lässt das Urteil offen.

Juristische Feinheit: Nach dem Urteil durfte die Hobbypianistin dennoch nicht sofort ihr Musizierrecht wahrnehmen. Denn die Richter fanden, dass das Gebot der Zimmerlautstärke zwar unzulässig ist, aber wirksam bleibt bis zu seiner Änderung. Darauf habe die Frau allerdings einen Anspruch.

Kompromisslösungen

Damit ein Streit um die Hausmusik nicht alsbald vor Gericht landet, sollten Musizierende und Mitbewohner frühzeitig nach Kompromissen suchen. Für etliche Instrumente vom Klavier über Saxophon bis zum Schlagzeug gibt es Dämpfer oder sogar elektronische Varianten, bei denen die Töne nur über einen Kopfhörer zu vernehmen sind. Oder es lässt sich ein Kellerraum im Gemeinschaftseigentum, den dicke Betondecken und -wände von den Wohnungen trennen, als Übungsraum herrichten.

Fazit: Für begrenzte Zeit darf auch ein lautes Instrument mehrmals in der Woche gespielt werden. Untersagt das die Hausordnung, hat der Musikant Anspruch auf eine Änderung der unzulässigen, aber rechtswirksamen Bestimmung.

WIE KÖNNEN SIE SICH GEGEN UNZUMUTBARES MUSIZIEREN WEHREN?

Verkürzte Übungszeiten

Grundsätzlich gilt: Je lauter die Musik, desto kürzer müssen die den Nachbarn zumutbaren Übungszeiten ausfallen. Aber werktags zwei Stunden gelten Richtern auch etwa bei einem Saxophon oft als zumutbar. Neben dem Instrument sind der Musikstil und der Schallschutz des Hauses zu berücksichtigen. Lädt der Musiker Freunde von außerhalb zum gemeinsamen Spiel ein, fällt die zumutbare Übungszeit kürzer aus als beim Solo. Eine verbindliche Tabelle, welche Dauer jeweils angemessen ist, kann es nicht geben. Zu vielfältig sind die Kriterien, welche die EV berücksichtigen muss, wenn sie die zulässigen Spielzeiten für die einzelnen Instrumente in der Hausordnung festlegt. Um einen Beschluss anzunehmen, genügt eine einfache Mehrheit. Aber Vorsicht: Eine lediglich das Musizieren beschränkende Regelung über Ruhezeiten in einer Hausordnung ist anfechtbar, weil sie nicht auch für das laute Hören von Musik gilt. Darauf wies das LG Frankfurt a. M. am 4.10.2017 (Az. 2-13 S 131/16) hin.

Hält der Musiker die ihm zugebilligten Übungszeiten für zu kurz, kann er binnen eines Monats nach der ⇢ Beschlussfassung mit einer ⇢ Anfechtung das Gericht anrufen. Trotzdem muss er bis zum Urteil die Hausordnung respektieren. Der Richter muss beurteilen, ob die neuen Zeiten einen fairen Ausgleich zwischen dem Interesse des Musizierenden und dem Ruhebedürfnis der Mitbewohner darstellen. Um ihren Standpunkt zu untermauern, kann sich die Eigentümergemeinschaft ein Messgerät beschaffen und den Lärmpegel messen, während der Musiker spielt. Oder sie beauftragt damit einen Fachmann, der im Verfahren als Zeuge auftreten kann.

Gerichtsverfahren

Hält sich der Musizierende nicht an die in der Hausordnung festgelegten Übungszeiten und der Verwalter erfährt davon, muss er einschreiten (siehe ⇢ Hausordnung). Bei anhaltenden Störungen kann die EV mit Mehrheit beschließen, auf Unterlassung zu klagen. Dieser Weg steht auch jedem einzelnen Wohnungseigentümer offen. Im Vorfeld sollten die genervten Nachbarn in einem Lärmprotokoll festhalten, wann der Störenfried wie laut spielt. Wird die Lautstärke nur geschätzt, sind viele Richter skeptisch. Überzeugender sind verlässliche Messdaten.

Schadenersatz

Besonders teuer kann es für einen vor Gericht unterlegenen Musiker werden, wenn ein Mieter zu den Lärmgeschädigten gehört. Hat er deshalb die Miete gekürzt, kann sein Vermieter verlangen, dass der Lärmverursacher den Mietausfall ersetzt.

KANN EINE VEREINBARUNG DAS MUSIZIEREN GANZ VERBIETEN?

Ein generelles Musikverbot kann die Eigentümerversammlung nicht mit einer Klausel in der Hausordnung einführen, die mit Mehrheit beschlossen wurde. Das bestimmt der oben genannte BGH-Beschluss von 1998. Allerdings könne eventuell eine entsprechende ⇢ Vereinbarung für ein wirksames Verbot sorgen. Denn Vereinbarungen müssen nicht nur von einer Mehrheit befürwortet werden wie die Hausordnung, sondern von allen im Grundbuch eingetragenen Eigentümern. Gleichrangig mit einer Vereinbarung wäre eine entsprechende Regelung in der ⇢ Teilungserklärung (TE) bzw. ⇢ Gemeinschaftsordnung (GO). Leider beantworten die bayerischen Richter ihre Frage nicht, weil dies für ihren Fall nicht nötig war. Ein Urteil des BGH zu einem Musizierverbot per Vereinbarung fehlt bislang.

N

NOTGESCHÄFTSFÜHRUNG

Wenn keine Zeit bleibt, einen Beschluss der Eigentümer herbeizuführen, darf der Verwalter selbstständig Maßnahmen ergreifen, um das Gemeinschaftseigentum zu erhalten. Ein Eigentümer ist dagegen nur berechtigt, ohne Rücksprache mit den Miteignern oder dem Verwalter zu handeln, wenn unmittelbar ein erheblicher Schaden droht. Beide dürfen im Rahmen der Notgeschäftsführung keine umfassenden Reparaturen in Auftrag geben, sondern nur die Arbeiten veranlassen, die zur Abwehr der akuten Gefahren notwendig sind. Entstehen ihnen dabei Kosten, muss die Eigentümergemeinschaft sie ersetzen.

WAS DARF JEDER EIGENTÜMER ZUR GEFAHRENABWEHR UNTERNEHMEN?

Jeder Wohnungseigentümer darf Maßnahmen treffen, die notwendig sind, um einen unmittelbar drohenden Schaden vom Gemeinschaftseigentum abzuwenden, das regelt § 18 (3) WEG. Eine Zustimmung der Miteigentümer ist dafür nicht erforderlich. Das Recht auf Notgeschäftsführung eines Eigentümers setzt aber voraus, dass keine Zeit bleibt, den Verwalter einzuschalten. Während seiner Bürozeiten dürfte es daher kaum zu einer Notgeschäftsführung kommen. Auch sonst sind viele Verwalter bzw. einer ihrer Mitarbeiter per Mobiltelefon für Notfälle erreichbar. Ist das nicht der Fall, sollte der Eigentümer versuchen, den → Verwaltungsbeirat einzubeziehen, falls ein solcher in der Wohnanlage gewählt wurde.

Notfallmaßnahmen

Typische Auslöser für eine Notgeschäftsführung sind Feuer, Sturm, Hagelschlag, Überschwemmung, Wasserrohrbruch, Verstopfung eines Hauptabflussrohrs oder Heizungsausfall. Wenn etwa die Haustür wegen eines Einbruchs nicht mehr schließt, kann ebenfalls ein sofortiges Handeln notwendig werden. Dagegen rechtfertigt ein Ausfall des Aufzugs in einem Haus mit vier Etagen und gesunden Bewohnern keine Notgeschäftsführung. Denn der Lift ist für die Erhaltung des Gemeinschaftseigentums nicht notwendig. Was gilt, wenn die zentrale Warmwasserversorgung streikt, bleibt unter Juristen umstritten.

Im Rahmen der Notgeschäftsführung dürfen zudem nur Aufträge erteilt werden, die unmittelbar der Gefahrenabwehr dienen. Beispiel: Bricht ein Wasserrohr, darf der Eigentümer als Notgeschäftsführer lediglich das schadhafte Stück des Rohrs ersetzen lassen und nur die dafür anfallenden Kosten muss die EG übernehmen. Lässt er den Installateur den Strang komplett austauschen, weil der ebenfalls stark angerostet ist, muss die Eigentümergemeinschaft die Rechnung nicht übernehmen. Wenn ein über die Gefahrenabwehr hinausgehender Auftrag eines Notgeschäftsführers allerdings so eindeutig wirtschaftlich sinnvoll ist wie im Rohrbruchfall, wird die EV den weitblickenden Miteigentümer aber hoffentlich nicht im Regen stehen lassen.

Verkehrssicherungspflicht

Die Notgeschäftsführung umfasst nicht nur das Recht zur Abwendung eines sachlichen Schadens von der Wohnanlage. Sie schließt auch Maßnahmen ein, welche die EG vor Schadenersatzansprüchen bewahren. Die entstünden insbesondere, wenn sie nicht entsprechend der Verkehrssicherungspflicht dafür sorgt, dass von der Wohnanlage keine Gefahren für Personen und Sachen ausgehen. Diese drohen zum Beispiel, wenn sich Fassadenteile lösen könnten, Gehwegplatten locker sind oder im Winter nicht ordnungsgemäß Schnee und Eis weggeräumt werden. Lässt sich die Gefahr nicht beseitigen, muss der umsichtige Eigentümer die Gefahrenstelle absperren oder zumindest Warnschilder aufstellen.

WANN DARF DER VERWALTER OHNE AUFTRAG DER EIGENTÜMER HANDELN?

Handlungspflicht

Der Verwalter darf nach § 27 (1) WEG stets zur ⇢ Instandhaltung kleinere Reparaturaufträge vergeben. Eine solche Begrenzung gibt es im Rahmen der Notgeschäftsführung nicht. Er hat in Notfällen dieselben Rechte wie sie oben für die Eigentümer beschrieben werden. Aber während diese lediglich berechtigt sind einzugreifen, ist der Verwalter dazu verpflichtet. Und sie dürfen erst tätig werden, wenn die Gefahr unmittelbar droht. Dagegen muss der Verwalter nach § 27 (1) WEG bereits als Notgeschäftsführer handeln, wenn die Gefahrenabwehr eilbedürftig ist. Das heißt, wenn ihm keine Zeit bleibt, eine Eigentümerversammlung einzuberufen, obwohl er in solch dringenden Fällen die Einladungsfrist von drei Wochen nach § 24 (4) WEG nicht beachten müsste. Rein juristisch liegt eine Notgeschäftsführung daher nur in Extremfällen vor. Dies wird in Fällen höherer Gewalt bei einem Brand, Gasleck oder Leitungsbruch bzw. dem Ausfall der Heizungsanlage im Winter gelten.

Konfliktsituation

Der Verwalter muss ebenfalls selbstständig handeln, wenn er die EV informiert hat, diese aber keine angemessenen Beschlüsse zur Gefahrenabwehr fasst. Beispiel: Am Dach sind bereits etliche Ziegel zerbrochen und der Verwalter fürchtet, dass der nächste Sturm zu schweren Schäden führt. Doch die EV will kein Geld für eine Notreparatur ausgeben, weil das Dach in absehbarer Zeit komplett erneuert werden soll. Für den Verwalter eine heikle Situation: Gibt er verantwortungsbewusst die Instandsetzung in Auftrag, sind die Eigentümer wegen seiner Eigenmächtigkeit verärgert. Zögert er, obwohl er die Gefahr kannte, und es entsteht ein Schaden, ist er ersatzpflichtig. Kommt es zu einem

Personenschaden, wird das Gericht dem Beschlusserfordernis kaum Beachtung schenken.

WAS GILT, WENN EIN EIGENTÜMER EINE GEFAHR SIEHT, DIE ANDEREN ABER NICHT?

Rechtsweg

Enttäuschend ist die Rechtslage für einen Eigentümer, der eine Gefahr als unmittelbar bedrohlich einschätzt, während die EV und der Verwalter gelassen bleiben – und das, obwohl alle die Lage kennen. Denn das OLG Celle urteilte am 20.12.2001 (Az. 4 W 286/01), wenn ein Problem bereits »seit geraumer Zeit bekannt« sei und diskutiert werde, sei die »für eine Notgeschäftsführung erforderliche Eilbedürftigkeit regelmäßig nicht gegeben.« Folge: Der besorgte Eigentümer müsste versuchen, die EV bzw. den Verwalter mit einem Gerichtsverfahren zum Handeln zu zwingen.

Angemaßte Geschäftsführung

Monatelang auf ein Urteil des Amtsrichters wollte ein Eigentümer nicht warten, der einen Dachstuhl gekauft und – wie in der Teilungserklärung vorgesehen – ausgebaut hatte. Seines Erachtens musste das Dach neu gedeckt werden, damit der Regen sein neues Domizil nicht bald durchnässt. Als die Miteigentümer dazu aber keine Notwendigkeit sahen, vergab er dennoch den Auftrag. Er hielt dies für eine Notgeschäftsführung und verlangte, die Gemeinschaft solle die Kosten übernehmen. Als es zu einem Verfahren vor dem HansOLG Hamburg kam, sahen die Richter keine akute Gefahr, die eine Notgeschäftsführung gerechtfertigt hätte. Auch eine Geschäftsführung ohne Auftrag liege nicht vor. Denn die setze voraus, dass der Auftraggeber annehmen durfte, sein Handeln entspreche dem Willen der Eigentümergemeinschaft. Doch er wusste, dass dies nicht der Fall war. Ob sich dabei die Miteigentümer vielleicht unvernünftig verhielten, spiele keine Rolle, urteilten die Richter am 16.11.2006 (Az. 2 Wx 35/05). Noch rigoroser der BGH am 14.6.2019 (Az. V ZR 254/17): Dem Wohnungseigentümer, der eigenmächtig

– ob vorsätzlich oder irrtümlich – Instandsetzungsarbeiten am Gemeinschaftseigentum durchführt, steht grundsätzlich kein Ersatzanspruch zu, und zwar auch dann nicht, wenn diese Maßnahme ohnehin hätte durchgeführt werden müssen.

ORDNUNGSGEMÄSSE VERWALTUNG

Eine ordnungsgemäße Verwaltung muss eine geordnete Nutzung des Gemeinschaftseigentums ermöglichen und dessen Erhaltung bzw. Verbesserung dienen. Auf eine solche Verwaltung hat jeder Eigentümer Anspruch. Mehrheitsbeschlüsse der Eigentümerversammlung (EV) müssen auch immer dem Interesse aller verständigen Eigentümer entsprechen.

Begriffsbestimmung

In mehreren Paragrafen verlangt das WEG eine »ordnungsgemäße Verwaltung« des Gemeinschaftseigentums. Was darunter zu verstehen ist, leiten Juristen aus den bruchstückhaften Angaben im Gesetz ab. Etwa bestimmt § 14 (1) WEG, dass jeder Eigentümer das Gemeinschaftseigentum nur so gebrauchen soll, dass keinem Miteigentümer ein Nachteil erwächst, der über das bei einem geordneten Zusammenleben unvermeidliche Maß hinausgeht. Das verpflichtet nicht nur zur Rücksichtsnahme im Alltag, sondern auch zu einer ⇢ Beschlussfassung in der EV, die das harmonische Zusammenleben in der Wohnanlage fördert. Dazu passt, dass jeder Eigentümer nach § 18 (2) WEG Regelungen verlangen kann, die dem Interesse der Gesamtheit der Wohnungseigentümer entsprechen. Das bedeutet, dass die Mehrheit bei Beschlüssen soweit möglich auch die Interessen der Minderheit zu berücksichtigen hat. Das OLG Hamm fasst in einem Urteil vom 13.11.1990 (Az. 15 W 330/90) zusammen: Ordnungsgemäßen Verwaltung entsprechen Entscheidungen der EV, »die im Interesse aller Wohnungseigentümer auf die Erhaltung, Verbesserung und normale Nutzung der Anlage gerichtet sind«. Konflikte drohen insbesondere in Wohnanlagen, in denen ein einzelner Eigentümer die Stimmenmehrheit in der EV besitzt. So hob denn auch das LG Berlin am 23.9.2014 (Az. 55 S 302/12) einen Beschluss wegen Machtmissbrauchs auf, mit dem ein Mehrheitseigentümer die Wahl eines ungeeigneten Verwalters durchgesetzt hatte.

Wichtige Bausteine einer ordnungsgemäßen Verwaltung nennt § 19 (2) WEG: das Aufstellen einer ⇢ Hausordnung, eine ordnungsgemäße ⇢ Instandhaltung und ⇢ Instandsetzung, der Abschluss einer Feuer- sowie Haus- und Grundbesitzerhaftpflicht, die Ansammlung einer angemessenen ⇢ Erhaltungsrücklage, die Festsetzung von Vorschüssen sowie die Bestellung eines zertifizierten Verwalters.

Beschlusskompetenz

§ 19 (1) WEG bestimmt, dass die Wohnungseigentümer in Fragen des ⇢ Gemeinschaftseigentums mit einfacher Mehrheit beschließen können. Voraussetzung: Der Beschluss entspricht einer ordnungsgemäßen Verwaltung. Dabei sind die jeweiligen Gegebenheiten einer Wohnanlage zu berücksichtigen. Beispiel: Nur wenn zur Wohnanlage eine große Wiese gehört, mag der Beschluss, einen Aufsitzrasenmäher zu kaufen, ordnungsgemäß sein, sonst genügt eine kleine Maschine.

Das Gegenteil einer ordnungsgemäßen Verwaltung sind Beschlüsse, die wirtschaftlich unsinnig sind, nur einem Einzelnen bzw. einer Gruppe von Eigentümern nutzen oder aber Außenstehenden dienen, etwa Nachbarn oder in der Wohnanlage tätigen Firmen. Dem genannten Urteil des OLG Hamm lag ein Fall zugrunde, in dem die EV einem Nachbarn eine direkte Grenzbebauung erlaubt, was ausschließlich ihm nützt. Auch solche nicht ordnungsgemäßen Entscheidungen darf die EV treffen, aber nicht als Mehrheitsbeschluss, sondern als ⇢ Vereinbarung, der ausnahmslos alle Eigentümer zustimmen.

Gerichtshilfe

Trotz aller Versuche festzulegen, was eine ordnungsgemäße Verwaltung ist, gibt es darüber zahlreiche Konflikte. Wenn ein Eigentümer der Meinung ist, ein Beschluss der EV widerspreche ordnungsgemäßer Verwaltung, kann er mit einer ⇢ Anfechtung bei Gericht dagegen vorgehen.

Findet ein Eigentümer, dass aus dem Grundsatz der ordnungsgemäßen Verwaltung ein bestimmter Beschluss gefasst werden müsste, kann er jedoch nicht gleich das Gericht anrufen, damit es eine entsprechende Anweisung gibt. Vielmehr muss er zunächst versuchen, einen ordnungsgemäßen Beschluss in der EV zu erreichen. Erst wenn das trotz allen Bemühens nicht gelingt, würde das Gericht aktiv werden. Ausnahme: Wenn man mit an Sicherheit grenzender Wahrscheinlichkeit davon ausgehen kann, dass die EV den notwendigen Beschluss nicht treffen wird, gibt das Gericht der Klage statt, ohne dass zuvor Einigungsversuche in der EV nötig wären. Dass die Vorbefassung der Eigentümerversammlung verzichtbar ist, kann man bei tiefgreifender Zerstrittenheit der Wohnungseigentümer und Stimmengleichheit annehmen. Selbst aus einer Beschlussablehnung kann aber noch nicht abgeleitet werden, die Wohnungseigentümer würden einem anderen Antrag als dem gestellten ebenfalls nicht zustimmen, entschied der BGH am 15.1.2010 (Az. V ZR 114/09). Ein Anspruch auf eine Maßnahme ordnungsgemäßer Verwaltung verjährt nicht, entschied der BGH am 27.4.2012 (Az. V ZR 177 /11).

P

PROTOKOLL DER EIGENTÜMERVERSAMMLUNG

Nach § 24 (6) WEG sind die in einer ⇢ Eigentümerversammlung (EV) gefassten Beschlüsse in »eine Niederschrift aufzunehmen«. Sodann ist sie vom Versammlungsvorsitzenden zu unterzeichnen, das ist in der Regel der Verwalter. Außerdem von einem beliebigen bzw. einem von der Mitgliederversammlung bestimmten Wohnungseigentümer sowie vom Vorsitzenden oder Stellvertreter des Verwaltungsbeirats, sofern einer besteht. Selbstverständlich können nur Personen unterschreiben, die an der Versammlung teilnahmen und dadurch beurteilen können, ob das Protokoll die Beschlüsse korrekt und vollständig wiedergibt.

GIBT ES EINE GESETZLICH FESTGELEGTE FORM?

Nein. Die Gestaltung der Niederschrift überlässt der Gesetzgeber den Eigentümern. Sie müssen auch regeln, wer das Protokoll verfasst. In der Regel übernimmt das der Verwalter oder einer seiner Mitarbeiter. Dabei handelt es sich um ein Beschlussprotokoll, nicht um ein Verlaufsprotokoll. Daher wird nicht jeder Redebeitrag oder der Meinungsbildungsprozess aufgenommen, sondern der gefasste Beschluss, gegebenenfalls mit Erläuterungen.

WIE SOLLTE DER VERWALTER DAS PROTOKOLL HANDHABEN?

Der ⇢ Verwaltervertrag bestimmt üblicherweise, dass der Verwalter das Protokoll verfassen muss, wobei er diese Arbeit einem Mitarbeiter übertragen kann.

Fristsetzung

Für die Vorlage des mit den gesetzlich vorgeschriebenen Unterschriften versehenen Dokuments billigt die Rechtsprechung dem Verwalter meist knapp drei Wochen zu. Die Frist darf keinesfalls länger sein, damit Eigentümer anhand der Mitschrift eine Beschlussfassung prüfen und gegebenenfalls mit einer ⇢ Anfechtung bei Gericht dagegen vorgehen können. Diese Klage müsste innerhalb eines Monats nach der Versammlung eingereicht werden.

Versand

Nach Gesetz ist der Verwalter nicht verpflichtet, das Protokoll an die Eigentümer zu verschicken, sie müssten also in sein Büro kommen und Einsicht nehmen. Eine Versendungspflicht ergibt sich auch nicht aus einer ständigen Praxis. Nach den gängigen Verwalterverträgen sagt der Verwalter aber den Versand zu. Dieser macht ihm weniger Arbeit als viele Besuche, zudem wäre für auswärtige Eigentümer eine Abholung nicht zumutbar.

Korrektur

Entdeckt ein Eigentümer im Protokoll Fehler, muss es der Verwalter nur korrigieren, wenn es nachweislich wichtige Sachverhalte falsch bzw. den Versammlungsverlauf oder gefasste Beschlüsse unvollständig wiedergibt.

WAS MUSS IM PROTOKOLL ENTHALTEN SEIN?

Es ist üblich, im Ergebnisprotokoll folgende Fakten festzuhalten:

- Bezeichnung der Eigentümergemeinschaft,
- Angaben zur Ladungsfrist,
- Ort, Datum und Beginn der Versammlung,
- Versammlungsleiter,
- Anzahl der anwesenden und der durch Vollmacht vertretenen Eigentümer bei Versammlungsbeginn samt ihrer Miteigentumsanteile,

- Aussage des Versammlungsleiters, ob die Versammlung beschlussfähig ist,
- gegebenenfalls anwesende Beiratsmitglieder, die nicht Eigentümer sind,
- gegebenenfalls weitere Nicht-Eigentümer und der Grund ihrer Anwesenheit, etwa als beratender Fachmann,
- gegebenenfalls Angaben zu Stimmberechtigten, die verspätet eintreffen oder die Versammlung vorzeitig verlassen und deren Miteigentumsanteilen,
- gegebenenfalls Angabe zu der Frage, warum ein Stimmberechtigter vom Stimmrecht ausgeschlossen war,
- in zeitlicher Abfolge die Anträge laut Tagesordnung oder zur Geschäftsordnung in genauem Wortlaut mit Nennung des Antragstellers und der zur Annahme nötigen Mehrheiten,
- Angaben, wie das Abstimmungsergebnis ermittelt wurde,
- die dazu abgegebenen Ja und Nein-Stimmen sowie die Enthaltungen,
- die Aussage, ob damit der Antrag angenommen wurde oder nicht,
- das Ende der Versammlung,
- Geschäftsordnungsbeschlüsse, wenn sie Teilnehmerrechte beschränken, wie etwa eine Redezeitbeschränkung oder die Zurückweisung eines Vertreters bzw. Beraters.

Zu allen Tagesordnungspunkten sollten die in der Diskussion gemachten Kernaussagen im Protokoll wiedergegeben werden – und insbesondere auch die Argumente, die zu den Beschlüssen führten. Nur so kann man die Entscheidungen später nachvollziehen. Doch solche Angaben schreibt das Gesetz nicht vor.

Die vorab versandte Tagesordnung wird dem Protokoll beigefügt, ebenso eine Namensliste der stimmberechtigten Anwesenden, in der bei Vertretern vermerkt wird, für welchen Eigentümer sie mitwirken und ob dies aufgrund einer Vollmacht geschieht oder als Zwangs- oder Insolvenzverwalter bzw. Testamentsvollstrecker oder Nachlassverwalter.

S

SONDEREIGENTUM

Sondereigentum ist all das, was in einer Wohnanlage einzelnen Eigentümern bzw. Eigentümergruppen gehört, also die ⇢ Eigentumswohnungen und gegebenenfalls das ⇢ Teileigentum. Letzteres sind Gewerbeeinheiten, Lagerräume oder etwa Garagen und Garagenstellplätze, die rechtlich selbstständig sind. Garagen und Garagenstellplätze können aber ebenso Eigentumswohnungen und Teileigentum fest zugeordnet sein, so wie etwa auch Kellerabteile und Abstellräume unter dem Dach. Was in einer Wohnanlage nicht zum Sondereigentum zählt, gilt als ⇢ Gemeinschaftseigentum, an dem alle Sondereigentümer ⇢ Miteigentumsanteile halten.

WAS UMFASST EIN SONDEREIGENTUM KONKRET?

Das Sondereigentum einer Wohnanlage bilden die Eigentumswohnungen und das Teileigentum. Wichtig ist die ⇢ Abgeschlossenheit jedes Sondereigentums. Das heißt, eine Eigentumswohnung bzw. ein Teileigentum muss gegenüber anderem Sondereigentum sowie dem Gemeinschaftseigentum durch Wände, Fußböden und Decken abgegrenzt sein. Der durch sie gebildete Raum bzw. die Räume stellen den Kern des Sondereigentums dar. Salopp formuliert: die Luft zwischen diesen Abgrenzungen. Hinzu kommen die dazugehörigen Teile des Gebäudes, die nach § 5 (1) WEG »verändert, beseitigt oder eingefügt werden können, ohne dass dadurch ein anderes Sondereigentum oder das Gemeinschaftseigentum mehr als nur geringfügig beeinträchtigt oder verändert wird«. Konkret: Zum Sondereigentum zählt alles, was herausgenommen oder auch eingebaut werden kann, ohne dass die Wohnung eines anderen

Eigentümers und das Gemeinschaftseigentum verändert werden oder gar ihr Bestand gefährdet wird. Damit gehören zum Sondereigentum etwa die Tapeten und der Innenverputz, die Wandfliesen samt Mörteluntergrund und der Oberbelag des Fußbodens, sowie die nicht tragenden Zwischenwände oder die Badezimmerarmaturen. Der Estrich, die Betondecke, die tragenden Wände oder die Hauptleitungen gehören dagegen zum Gemeinschaftseigentum.

WELCHE RECHTE BESITZT EIN SONDEREIGENTÜMER?

Ob Eigentumswohnung oder Teileigentum: Der Eigentümer kann darüber weitgehend frei verfügen. Er kann sein Eigentum mit einem Kredit belasten. Er darf auch die Räume innen nach seinem Geschmack gestalten, solange er nicht das Gemeinschaftseigentum verändert oder beschädigt. Falls ein Wohnungseigentümer die Räume selbst nutzt, muss er sich dabei allerdings an die Hausordnung und ergänzende Beschlüsse der Eigentümerversammlungen (EV) halten. Dafür verfügt er über das Recht, an der EV teilzunehmen, Anträge zu stellen und bei der ⇢ Beschlussfassung mitzustimmen.

Jederzeit kann ein Sondereigentümer seine Räume verkaufen, benötigt dazu aber in etlichen Wohnanlagen eine ⇢ Zustimmung zur Veräußerung. Diese muss allerdings gewährt werden, wenn zu erwarten ist, dass der angehende Käufer den finanziellen Verpflichtungen eines Eigentümers nachkommt und den Hausfrieden nicht gefährdet.

SONDERNUTZUNGSRECHT

Ein Wohnungseigentümer, der ein Sondernutzungsrecht an einem Teil des ⇢ Gemeinschaftseigentums besitzt, darf ihn auf Dauer exklusiv gebrauchen – etwa einen Autostellplatz,

eine Terrasse, einen Gartenteil oder einen Abstellraum unter dem Dach. Das Sondernutzungsrecht bleibt auch bei einem Eigentümerwechsel bestehen, falls es im Grundbuch eingetragen wurde. Nur wenn der Berechtigte zustimmt, kann es aufgehoben werden.

WIE WIRD EIN SONDERNUTZUNGSRECHT GEWÄHRT?

In der Regel werden Sondernutzungsrechte vom Bauträger oder Aufteiler noch vor Verkaufsbeginn in der ⇢ Teilungserklärung (TE) und im Aufteilungsplan einzelnen ⇢ Eigentumswohnungen oder Gewerbeeinheiten zugeordnet. In einzelnen Fällen gewährt auch eine bereits bestehende Eigentümergemeinschaft (EG) einem ihrer Mitglieder ein Sondernutzungsrecht, etwa an einem Autostellplatz. Hierzu wäre allerdings eine ⇢ Vereinbarung notwendig, der alle übrigen im Grundbuch eingetragenen Eigentümer zugestimmt haben. Schließlich verzichten diese auf Dauer darauf, den Teil des Gemeinschaftseigentums zu nutzen, für den das Sondernutzungsrecht gilt. Wichtig ist, dass der Sondernutzungsberechtigte ohne ausdrückliche Regelung nicht verpflichtet ist, die Kosten und Lasten des Sondernutzungsrechts, also der Instandhaltung und Instandsetzung, zu tragen. Es handelt sich schließlich um Gemeinschaftseigentum. In der Vereinbarung müssen zudem die Lage und Größe des ihm überlassenen Teils des Gemeinschaftseigentums genau beschrieben und in einem Plan markiert werden.

Kein Widerrufsrecht

Möchte die EG ein Sondernutzungsrecht zum Beispiel an einer Gartenfläche teilweise aufheben, um den angrenzenden Kinderspielplatz zu erweitern, kann sie das nicht gegen den Willen des Sondernutzungsberechtigten durchsetzen. Sie muss mit ihm verhandeln und gegebenenfalls eine Entschädigung zahlen.

Gebrauchsregelung als Alternative

Eine bestehende Eigentümergemeinschaft kann einem Miteigner, der gerne gärtnern möchte, leichter ein Nutzungsrecht an einem Gartenteil gewähren, als ihm ein Sondernutzungsrecht einzuräumen. Einen Autostellplatz oder eine Lagerfläche könnte die Gemeinschaft an Interessenten vermieten. Anders als ein Sondernutzungsrecht gelten allerdings solche ⇢ Gebrauchsregelungen, welche die EV mit einfacher Mehrheit beschließt, nur für eine begrenzte Zeit oder sie sind kündbar.

Grundbucheintrag

Wäre ein Sondernutzungsrecht lediglich in einer Vereinbarung festgehalten, müssten es nur die Unterzeichner respektieren, nicht aber später hinzukommende neue Miteigentümer. Folge: Wenn ein Neuling das Sondernutzungsrecht nicht anerkennt, ist es damit aufgehoben. Ein Sondernutzungsrecht soll aber in aller Regel von Dauer sein. Das lässt sich erreichen, indem es in das Grundbuch eingetragen wird.

Fehlender Grundbucheintrag

Würde einem Eigentümer im Kaufvertrag zugesichert, dass ein bestimmtes Sondernutzungsrecht zur Wohnung gehöre, hat er darauf nur Anspruch, wenn es auch im Grundbuch eingetragen ist. Wäre das nicht der Fall, kann er vom Verkäufer Schadenersatz oder gar die Rückabwicklung des Vertrags fordern.

WELCHE RECHTE UND PFLICHTEN BRINGT EIN SONDERNUTZUNGSRECHT?

Festgelegte Nutzung

Ein Sondernutzungsrecht erlaubt seinem Eigentümer nur jene Art des Gebrauchs, die von der Teilungserklärung oder der Vereinbarung über das Sondernutzungsrecht vorgegebenen wird. So darf er eine als Abstellraum deklarierte Dachkammer nicht zu Wohnzwecken ausbauen. Die EV kann aber auch einen Eigentümer, der ein Rasenstück im ⇢ Garten zur Sondernutzung erhielt, nicht nachträglich verpflichten, es in einen Ziergarten zu verwandeln. Er darf jedoch ebenso wenig dort einen Autostellplatz oder etwa eine Terrasse anlegen.

Unberechtigter Nutzer

Besitzt ein Eigentümer ein Sondernutzungsrecht, zum Beispiel an einer Abstellkammer, aber ein anderer lagert dort Kisten, so muss dieser sie abtransportieren. Ein solcher Räumungsanspruch des Sondernutzungsberechtigten verjährt nach § 902 Abs. 1 BGB nie.

Instandhaltungskosten

In der TE oder in der Vereinbarung, die einem Eigentümer ein Sondernutzungsrecht gewährt, sollte zugleich verankert werden, dass er die ordnungsgemäße Instandhaltung des überlassenen Gemeinschaftseigentums übernimmt. Bei Außenflächen sollte er auch für den Winterdienst sorgen müssen. Kommt er seinen Pflichten trotz Mahnung nicht nach, kann die Eigentümergemeinschaft gegebenenfalls Schadenersatz verlangen. Oder sie lässt die anstehenden Arbeiten von Fachleuten ausführen und stellt ihm die Kosten in Rechnung.

Pflicht zur Instandhaltung

Wird bei der Vergabe eines Sondernutzungsrechts nicht geregelt, wer für die Instandhaltung der überlassenen Fläche oder Räume zu sorgen hat, ist die Eigentümergemeinschaft in der Pflicht: Sie trägt die Kosten und muss sie nach § 16 (2) WEG entsprechend den Miteigentumsanteilen auf alle Eigentümer umlegen. Denn trotz Sondernutzungsrecht handelt es sich weiterhin um Gemeinschaftseigentum.

KANN EIN SONDERNUTZUNGSRECHT VERKAUFT ODER ZURÜCKGEGEBEN WERDEN?

Ein Sondernutzungsrecht kann verkauft oder unentgeltlich übertragen werden, aber nur an einen Miteigner derselben Wohnanlage. Denn es muss stets einer dortigen Eigentumswohnung oder Gewerbeeinheit zugeordnet werden. Auch eine teilweise Abgabe ist möglich.

Der Sondernutzungsberechtigte muss jedoch zunächst die Zustimmung seiner Bank einholen, falls seine Eigentumswohnung mit einem Grundschulddarlehen belastet ist. Denn wenn er zum Beispiel das Sondernutzungsrecht an einem Stellplatz abgibt, verliert sein Domizil dadurch an Wert. Dagegen ist für die Weitergabe des Sondernutzungsrechts keine Genehmigung der EV notwendig, es sei denn, dies ist ausdrücklich vereinbart worden. Damit das Sondernutzungsrecht für den neuen Berechtigten im Grundbuch eingetragen werden kann, muss der Vertrag über den Verkauf bzw. die Übertragung notariell beglaubigt sein.

Doch was passiert, wenn der Sondernutzungsberechtigte seinen Anspruch nicht länger nutzen will, weil ihm zum Beispiel die Gartenpflege zu mühsam wird, aber kein Miteigentümer das Sondernutzungsrecht samt den damit verbundenen Pflichten übernehmen möchte? Auch dann bleibt nur eine Verhandlungslösung, denn er kann sein Recht nur abgeben, wenn das von allen Miteigentümern in einer Vereinbarung akzeptiert wird. So entschied der BGH am 13.9.2000 (Az. V ZB14/00).

SONDERUMLAGE

Droht das Konto der Eigentümergemeinschaft (EG) durch einen unvorhergesehenen Finanzbedarf ins Minus zu rutschen, muss der Verwalter einen Beschluss der Eigentümer herbeiführen, der das Problem behebt. In der Regel beschließen sie, dass jeder von ihnen einen bestimmten Betrag zusätzlich zum Hausgeld einzahlt: die Sonderumlage. Entstand das Finanzloch, weil zum Beispiel Eigentümer das Hausgeld nicht pünktlich gezahlt haben, sprechen Fachleute auch von einer Liquiditätsumlage.

Engpass

Der Verwalter muss den Eigentümern darlegen, wie es zur Ebbe in der Kasse der EG kommt bzw. warum er mit den vorhandenen Mitteln nicht auskommt und wie sich das Problem beheben lässt. Der Grund für die Finanzkrise ist häufig eine unerwartet teure Reparatur, die nicht aus der ⇢ Erhaltungsrücklage bezahlt werden kann oder soll. Ob nämlich Reparaturarbeiten aus einer eigentlich ausreichenden Erhaltungsrücklage gezahlt werden oder ob eine Sonderumlage erhoben werden soll, um einen Abbau der Rücklage zu verhindern, kann die Gemeinschaft nach eigenem Ermessen entscheiden. Es besteht kein Anrecht darauf, dass immer erst die Erhaltungsrücklage angegriffen wird. Sind nicht gezahlte ⇢ Hausgelder die Ursache, muss der Verwalter auflisten, wer mit welchem Betrag für welche Zahlungstermine im Rückstand ist. Wenn er die Höhe der notwendigen Sonderumlage kalkuliert, kann er einen Sicherheitspuffer einplanen. Geht er davon aus, dass einige Eigentümer ihren Anteil an der Sonderumlage trotz ⇢ Zahlungspflicht nicht überweisen werden, muss er den Gesamtbetrag so hoch ansetzen, dass die zuverlässigen Zahler genug Geld in die Kasse bringen. Die säumigen Zahler sind natürlich an der Sonderumlage zu beteiligen, sie kann nicht auf die solventen Eigentümer beschränkt werden. Die Mittel müssen zudem so zeitig bereitstehen, dass der Verwalter gegebenenfalls Rabatte (Skonti) nutzen kann, welche die Firmen oft jenen Kunden gewähren, die ihre Rechnungen schnell begleichen.

Liquiditätshilfe

Was tun, wenn das laufende Konto der EG leer ist, etwa weil Eigentümer das Hausgeld nicht pünktlich zahlen? Ist die ⇢ Erhaltungsrücklage gut gefüllt, darf der Verwalter dort für kurze Zeit Geld entnehmen, falls ihm das die Eigentümerversammlung (EV) vorab genehmigt hat. Aber: Er muss sicher sein, dass er die Entnahme innerhalb von etwa vier bis sechs Wochen wieder zurücklegen kann, und es muss stets eine eiserne Reserve für Notfälle in der Rücklage verbleiben. Sonst muss die EV für frisches Geld sorgen, weil die Eigentümer nach § 16 (2) WEG verpflichtet sind, die Kosten des Gemeinschaftseigentums zu tragen. Die EV könnte statt einer Sonderumlage die Verschiebung nicht dringender Arbeiten in Folgejahre beschließen – oder die Aufnahme eines ⇢ Kredits, doch das ist wegen der schwierigen Haftungsregelung für eine EG selten.

Beschluss

Zur ⇢ Beschlussfassung über eine Sonderumlage genügt die einfache Mehrheit in der EV. Der Beschlusstext muss die Gesamthöhe der Sonderumlage enthalten sowie die Beträge, die auf die einzelnen Eigentümer entfallen. Verteilungsmaßstab sind dabei nach § 16 (2) WEG die von ihnen gehaltenen Miteigentumsanteile. Doch je nach Verwendungszweck der Sonderumlage können in Ihrer Wohnanlage auch andere Verteilungsschlüssel gelten, die EV kann auch einen neuen beschließen. Manchen Richtern genügt es in strittigen Fällen, wenn im Beschluss zwar nicht die Einzelbeträge, aber immerhin die Verteilungsregel genannt wird, sofern jeder Eigentümer seinen Anteil leicht selbst ausrechnen kann. Diese kann fehlen, wenn im Sonderumlagenbeschluss die Kosten nach den anteiligen Wohn- und Nutzflächen verteilt werden, diese aber streitig sind. Als nicht ausreichend wird zum Teil auch angesehen, wenn lediglich der „geltende" Umlageschlüssel angewendet wird. Würde nur der Gesamtbetrag der Sonderumlage beschlossen, müsste kein Eigentümer zahlen. Zur Klarheit sollte der Beschluss auch das Datum nennen, bis zu dem das Geld spätestens auf dem Konto der EG gutgeschrieben werden muss. Der Beschluss kann eine Ratenzahlung vorsehen, falls der Gesamtbetrag der Sonderumlage nicht sofort benötigt wird.

Zahlung

Die Eigentümer müssen ihren Beitrag zu dem Termin leisten, der im Beschluss genannt wird. Fehlt eine solche Datumsangabe, wird die Zahlung fällig, wenn sie der Verwalter anfordert. Den Betrag muss derjenige zahlen, der zum Fälligkeitstermin als Eigentümer im Grundbuch steht. Das gilt auch, wenn er die Wohnung verkauft hat, aber der Erwerber bei Fälligkeit noch nicht als Eigentümer im Grundbuch steht. Die Auflassungsvormerkung ist hier unerheblich. Ist aber das Eigentum im Grundbuch umgeschrieben, wenn der Anteil an der Sonderumlage fällig wird, dann muss ihn der Käufer zahlen. Dies bestätigte der BGH am 15.12.2017 (Az. V ZR 257/16). Der Zeitpunkt der Beschlussfassung ist nicht entscheidend. Wie die EG gegen säumige Zahler vorgehen kann, steht bei → Zahlungspflicht.

Klagerecht

Doch was geschieht, wenn die Versammlung pflichtwidrig keine ausreichend hohe Sonderumlage oder eine andere Maßnahme gegen die Finanzkrise beschließt? Da solide Finanzen zu einer ordnungsgemäßen Verwaltung gehören, auf die Sie wie jeder Eigentümer Anspruch haben, können Sie das Amtsgericht auffordern, nach § 44 (1) WEG eine Lösung vorzugeben.

---

§

Sichere Auftragsvergabe

Der Verwalter darf Aufträge erst vergeben, wenn deren Finanzierung gesichert ist. Die Mittel müssen aber nicht bereits auf den Gemeinschaftskonten liegen. Es genügt, wenn die nötigen Beschlüsse gefasst wurden und er davon ausgehen darf, dass die Eigentümer genug Geld einzahlen werden. Hat der Verwalter schlechte Erfahrungen gemacht, wird er von der Gemeinschaft beschließen lassen, ob er bereits vor dem vollständigen Zahlungseingang den Auftrag erteilen darf.

SPIELPLATZ

Kinder brauchen Bewegung an der frischen Luft. Deshalb müssen die Miteigentümer den Lärm von Kindern, die sich auf dem Spielplatz austoben, hinnehmen. Der Nachwuchs aus dem Haus darf auch Freunde zum Mitspielen einladen. Ballspiele und den Aufbau zusätzlicher Spielgeräte kann die Eigentümergemeinschaft (EG) jedoch verbieten. Fehlt ein Spielplatz in der Wohnanlage, kann sein Bau mehrheitlich beschlossen werden.

WO UND WANN DÜRFEN KINDER SPIELEN?

Spielplatz

Existiert ein Kinderspielplatz, muss die Eigentümerversammlung (EV) für dessen Erhaltung sorgen. In der Regel werden die dabei entstehenden Kosten nach § 16 (2) WEG nach den Miteigentumsanteilen auf alle Eigentümer – auch die kinderlosen

– umgelegt. Nach § 16 (2) WEG könnten jedoch die Kosten auch nach der Möglichkeit des Gebrauchs verteilt werden. Voraussetzung für eine solche Belastung von Familien mit Kindern.

Ferner muss die EV Ruhezeiten beschließen. Außerhalb dieser Zeiten müssen die Anwohner den üblichen Lärm spielender Kinder hinnehmen. Das gilt auch, wenn auf dem Spielplatz außer dem Nachwuchs aus dem Haus noch dessen Freunde herumtoben, urteilte das LG Heidelberg am 23.10.1996 (Az. 8 S 2/96), aber auch zahlreiche andere Gerichte. Bei begrenzter Fläche kann die EV jedoch etwa Ballspiele oder den Einsatz von Skateboards bzw. Inline-Skatern verbieten. Einig sind sich die Richter ferner darin, dass eine Tischtennisplatte nur fest montiert werden darf, wenn ein Beschluss der Mehrheit das gestattet. Denn das wäre nicht nur eine ⇢ bauliche Veränderung, es würde auch der Nutzerkreis erweitert: Außer kleinen Kindern kämen Jugendliche auf den Spielplatz.

Spielen auf dem Rasen

Die EV kann mit Mehrheit erlauben, dass Kinder auch auf einem in der ⇢ Teilungserklärung (TE) als »Rasenfläche« ausgewiesenen Gartenteil herumtollen dürfen. Sie können dann auch Spielsachen und sogar ein kleines, aufblasbares Planschbecken mitbringen, wenn diese Dinge höchstens für einige Tage dort bleiben und nicht fest im Boden verankert werden. Im Grunde ist mit einem solchen Beschluss der EV nur Vorschulkindern geholfen.

Denn häufig bleibt auf dem Gemeinschaftsrasen das Spielen etwa von Federball oder Fußball verboten. Das trifft vor allem junge Schulkinder, die noch nicht allein zu den oft weiter entfernten öffentlichen Spiel- und Sportplätzen gehen können. Vielleicht lässt sich für sie ein Kompromiss finden, der bestimmte Ballspiele erlaubt, aber nur bis zu einem definierten Alter. Auch könnten die Spielzeiten oder die Zahl der Mitspieler begrenzt werden. Vieles hängt selbstverständlich davon ab, wie groß die Rasenfläche ist. Im Idealfall stimmen dann alle Eigentümer der gefundenen Lösung zu. Denn die Gerichtsurteile zum Thema sind uneinheitlich. Im Grunde geht es darum, welche Nutzung erlaubt ist, wenn ein Gartenteil in der TE als Rasenfläche oder etwa Grünfläche bezeichnet wird. Das OLG Saarbrücken urteilte am 24.10.1989 (Az. 5 W 187/89), die EV könne auf einer »Grünfläche« Ballspiele mit einfacher Mehrheit erlauben. Das OLG Düsseldorf verlangte am 27.11.1985 (Az. 3 Wx 352/85), eine »Rasenfläche« müsse erst zu einer Spielfläche umgewidmet werden. Das erfordert eine ⇢ Vereinbarung, der ausnahmslos alle Eigentümer zustimmen.

Aufbau von Spielgeräten

Diplomatie und Kompromissbereitschaft sind auch angeraten, wenn eine Kinderschaukel auf einer in der TE ausgewiesenen Rasenfläche fest verankert werden soll. Am besten sollte man auch hier versuchen, eine Lösung zu finden, der alle zustimmen können. Denn wie ein Gerichtsverfahren um diese Frage ausgehen würde, ist offen. Das OLG Düsseldorf fand am 14.8.1989 (Az. 3 Wx 261/89), dass der Aufbau einer zweisitzigen Schaukel zulässig ist. Das KG Berlin urteilte dagegen am 18.7.1990 (Az. 24 W 2488/90), die Montage einer Schaukel sei eine ⇢ bauliche Veränderung.

Beschwerden

Ob Nachbarn, Hausmeister oder Verwalter: Sie können Kinder bitten, leiser zu sein oder bestimmte Spiele zu unterlassen, befehlen dürfen sie es ihnen aber nicht. Vielmehr müssen Sie bei Konflikten mit den Eltern sprechen, damit diese ihren Nachwuchs anhalten, die Haus- oder Gartenordnung einzuhalten.

WAS TUN, WENN EIN SPIELPLATZ FEHLT?

Wenn es in Ihrer Wohnanlage keinen Spielplatz gibt, Sie sich aber einen für Ihre Kinder wünschen, prüfen Sie zunächst, ob nicht in der TE einer vorgesehen war. Dann wäre die Anlage nachzuholen, es sei denn, es gab es eine ⇢ Vereinbarung aller Eigentümer, auf den Spielplatz zu verzichten. Selbst das ist aber für später hinzukommende Eigentümer nur verbindlich, wenn es im Grundbuch steht.

Bauamt

Liefert die TE keinen Ansatzpunkt und zeigen die übrigen Eigentümer wenig Interesse an Ihrem Vorhaben, sollten Sie die Landesbauordnung studieren und die Miteigner diplomatisch darauf verweisen. Denn das Bauamt kann auch für bestehende Mehrfamilienhäuser eine Spielgelegenheit für Vorschulkinder verlangen, diese Möglichkeit wird aber selten genutzt. Viel hängt davon ab, ob in der Wohnanlage eine zum Spielplatzbau geeignete Fläche vorhanden ist oder in der Nähe bereits ein öffentlicher Spielplatz existiert. Die Regeln sind in den Bundesländern unterschiedlich.

Modernisierungsmaßnahme

Wird bei einem Besuch im Bauamt klar, dass es keinen Spielplatz verlangen wird, bleibt nur, genügend Miteigentümer für das Projekt zu gewinnen. Dabei hilft es, dass eine erstmalige Anlage juristisch als ⇢ Modernisierung gilt, die den allgemeinen Wohnwert erhöht. Um eine Fläche, die in der TE zum Beispiel als Rasen ausgewiesen ist, zum Spielplatz umzuwidmen, genügt deshalb nach § 20 (1) WEG eine einfache Mehrheit in der EV. Weitere Voraussetzung laut Gesetz: Die Maßnahme darf keinen Eigentümer unangemessen benachteiligen. Also muss die Lage des Spielplatzes so gewählt werden, dass der von ihm ausgehende Kinderlärm möglichst alle Eigentümer gleichermaßen trifft. Um späteren Streit zu vermeiden, empfiehlt es sich aber, die genaue Lage des geplanten Spielplatzes bereits im Baubeschluss festzulegen.

SPIELEN IM GARAGENHOF

Gerade in den Altbauquartieren größerer Städte fehlt in Wohnanlagen oft ein Spielplatz. Auch in Hausnähe sind entsprechende Flächen selten. In solchen Fällen darf es jüngeren Kindern nicht verboten werden, auch in Garagen- oder Hinterhöfen zu spielen. So entschieden mehrere Gerichte, zum Beispiel das LG Berlin am 16.1.1986 (Az. 61 S 288/85). Älteren Kindern und Jugendlichen ist es allerdings zuzumuten, zu einem auch weiter entfernten Bolzplatz zu gehen. Welche Regelungen im Detail zulässig sind, richtet sich nach den örtlichen Verhältnissen, insbesondere der Entfernung zum Bolzplatz und dem Alter der Kinder.

T

TEILEIGENTUM

Ein Teileigentum entspricht in seinen Rechten und Pflichten einer Eigentumswohnung, nur sind seine Räume nicht zum Wohnen bestimmt. Vielmehr handelt es sich etwa um Läden oder Büros. Auch Garagen zählen dazu, falls sie juristisch selbstständige Einheiten darstellen und nicht Wohnungs- oder Teileigentum zugeordnet sind. Wie das Wohnungseigentum gehört das Teileigentum individuellen Eigentümern. Doch während beim Wohnungseigentum eine Nutzung vorgegeben wird, nämlich Wohnen, wird beim Teileigentum unterschieden etwa zwischen Laden, Café oder Arztpraxis. Ein Wechsel zwischen den Verwendungsarten kann schwierig werden.

WAS GEHÖRT ZUM TEILEIGENTUM?

Die ⇢ Teilungserklärung (TE), die Gründungsurkunde der Wohnanlage, führt jedes Teileigentum auf und nennt die zugehörigen Nebenräume wie Lagerflächen oder Garagen. Auf den Grundrissen des zur TE gehörenden Aufteilungsplans sind die Räume entsprechend eingezeichnet. Ebenso sind gegebenenfalls ⇢ Sondernutzungsrechte vermerkt, etwa eine Gartenterrasse für das Café oder Autostellplätze für Kunden und Personal. Diese Flächen darf der Teileigentümer exklusiv nutzen, doch formal gehören sie zum ⇢ Gemeinschaftseigentum (GE). Zu diesem zählt alles, was in der Wohnanlage nicht einzelnen Eigentümern oder Eigentümergruppen gehört, also insbesondere das Grundstück und die konstruktiven Teile des Gebäudes. Zum Teileigentum, über das der Eigentümer allein verfügt, kommt ein Bruchteilseigentum am Grundstück und dem sonstigen Gemeinschaftseigentum. Wie viel das im Einzelfall ist, drückt der im Grundbuch eingetragene ⇢ Miteigentumsanteil aus. Neben Teil- und Gemeinschaftseigentum kann es in einer Wohnanlage noch ⇢ Eigentumswohnungen geben. Wohn- und Teileigentum werden zusammenfassend als ⇢ Sondereigentum bezeichnet.

WIE DARF TEILEIGENTUM GENUTZT WERDEN?

Grundregeln

Wozu die Räume verwendet werden sollen, gibt die TE vor, zudem ist es an den jeweiligen Stellen im Aufteilungsplan vermerkt, etwa Supermarkt, Apotheke, Restaurant, Büro oder Werkstatt. Zum Beispiel in einem Laden dürfen weder eine Bäckerei noch eine Pizzeria oder ein Spielsalon entstehen. Er darf auch nicht als Garage oder Verkaufskiosk dienen und sich auch nicht zum Waschsalon mit Getränkeausschank wandeln. Teilweise sind auch mehrere Nutzungsmöglichkeiten angegeben. Passen die Angaben auf dem Aufteilungsplan und in der TE nicht zusammen, gilt die Aussage der TE. So entschied das OLG Frankfurt am 1.11.2012 (Az. 20 W 12/08).

Angesichts des Strukturwandels in der Wirtschaft lassen sich kleine Läden abseits der Lauflagen schwer vermieten, oft gilt das auch für kleinere oder ältere Büroflächen. Um überhaupt Interessenten zu finden, wollen deshalb Teileigentümer häufig von der in der TE vorgegebenen Nutzung abweichen. Das ist grundsätzlich zulässig, wenn die Nachbarn erfahrungsgemäß durch die geplante Verwendung nicht mehr gestört werden als durch die vorgesehene. Doch häufig verweigern sich die übrigen Eigentümer der Wohnanlage den Wünschen des Teileigentümers. So kommt es häufig zu Klagen: Entweder der Teileigentümer klagt auf Zustimmung oder die übrigen Eigentümer auf Unterlassung der geplanten Nutzung. Nachfolgend einige Beispiele dafür, welche Umwidmungen die Richter genehmigen und welche sie untersagen.

Erlaubter Nutzungswechsel

Egal, ob der Teileigentümer seine Flächen verkaufen oder vermieten will: Seine Marktchancen steigen, wenn die TE die Nutzung möglichst wenig einschränkt. Extremfall: In der TE heißt es nur »Teileigentum«. Das ermöglichte in dem Fall, den das OLG Frankfurt am 1.11.2012 entschied (Az. 20 W 12/08), den Einzug eines islamischen Gemeindezentrums in Räumlichkeiten, die zuvor als Supermarkt genutzt wurden. Dass im Aufteilungsplan bei dieser Fläche »Supermarkt« stand, spielte keine Rolle, weil es nicht auch in der TE so beschrieben wurde. Sehr weit gefasst ist auch die Angabe in der TE »Die Ausübung eines beliebigen Gewerbes oder Berufes im Erdgeschoss ist zulässig«. Hier erlaubte das OLG Düsseldorf am 14.1.2002 (Az. 3 Wx 336/01) die Vermietung an die städtische Methadonabgabestelle, zumal das Umfeld einen sozialen Brennpunkt darstellte. Präziser ist schon die Angabe »Laden«, bei der wohlwollende Richter gerade noch die Nutzung als Café genehmigen, sofern es nur tagsüber öffnet.

Allerdings zeigen die Gerichte mehr Verständnis für eine Zweckentfremdung von Räumen, wenn die übrigen Eigentümer einer Wohnanlage es lange Jahre geduldet haben, dass zum Beispiel eine Ladenfläche als Gaststätte genutzt wurde und sie den Betrieb vielleicht sogar mit weiteren Zugeständnissen gefördert haben. Hier könnte ein Richter urteilen, das Recht der übrigen Eigentümer auf eine korrekte Nutzung der Räume sei durch ihr Handeln verwirkt und der Wirt nach Treu und Glauben weiterhin zu dulden (siehe ⇢Teilungserklärung).

DARF EIN TEILEIGENTUM ZUM WOHNRAUM WERDEN?

Gerade Büros ließen sich oft leicht zum Wohnen nutzen, doch das ist im Teileigentum grundsätzlich untersagt. Denn für Nachbarn haben Büroräume die angenehme Eigenschaft, dass sie in aller Regel nur an fünf Tagen der Woche tagsüber genutzt werden. Bei Wohnungen können dagegen zur Unzeit störende Geräusche auftreten. So dachten auch die übrigen Eigentümer einer kleinen Wohnanlage, als der Eigentümer des einzigen, im Parterre gelegenen Büros dieses in Wohnungseigentum umwandeln wollte. Denn er hatte über ein Jahr lang vergeblich versucht, die Räume wieder als Büro zu vermieten oder zu verkaufen. Als Wohnung hätte er sie leicht verwerten können. Der Streit endete am 24.1.2003 vor dem OLG Düsseldorf (Az. 3 Wx 381/02). Das gab dem Büroeigner Recht, weil an dem Standort solches Teileigentum kaum nachgefragt werde. Deshalb habe er nach Treu und Glauben aufgrund der zwischen Eigentümern bestehenden Treuepflicht einen Anspruch auf die Zustimmung zur Umwidmung. Dagegen untersagen es die Gerichte in aller Regel, Teileigentum im Souterrain oder Dach zum Wohnen zu nutzen (siehe ⇢ Eigentumswohnung und ⇢ Teilungserklärung). Aber selbst, wenn ein solcher Anspruch auf Änderung der zulässigen Nutzung besteht, kann man sich nicht erst dann wehren, wenn man auf Unterlassung der unrechtmäßigen Nutzung in Anspruch genommen wird. Grundsätzlich muss aktiv auf Zustimmung geklagt werden, bevor man Fakten schafft. Das will der BGH laut Urteil vom 23.3.2018 (Az. V ZR 307/16).

WERDEN TEILEIGENTUM UND WOHNUNGSEIGENTUM RECHTLICH UNTERSCHIEDLICH BEHANDELT?

Das WEG handelt konsequent nur von Eigentumswohnungen. Doch ganz zu Anfang des Gesetzeswerks stellt § 1 (6) klar: »Für das Teileigentum gelten die Vorschriften über das Wohnungseigentum entsprechend.« Somit gelten die Regelungen, die unter ⇢ Eigentumswohnung etwa zur Zusammenlegung oder Aufteilung von Eigentumswohnungen beschrieben werden, auch für Teileigentum.

TEILUNGSERKLÄRUNG

In der Teilungserklärung (TE) legt der Alleineigentümer, also der Bauträger oder Aufteiler, fest, welche Räume seines Hauses die einzelnen ⇢ Eigentumswohnungen umfassen und welche Nebenräume, etwa Keller und Garage, eventuell jeweils noch hinzukommen sollen. In gleicher Weise kann er Einheiten bilden, die nicht dem Wohnen dienen, etwa Läden oder Garagen, und zusammenfassend als ⇢ Teileigentum bezeichnet werden. Übrig bleiben das Grundstück sowie etwa das Treppenhaus und Räume, welche die Wohnungs- und Teileigentümer gemeinsam nutzen werden: das ⇢ Gemeinschaftseigentum. Davon ordnet der aufteilende Alleineigentümer jedem Wohnungs- und Teileigentum einen Bruchteil zu. Die Teilungserklärung und ergänzende Urkunden werden beim Grundbuchamt eingereicht, das seine Eintragungen entsprechend ändert. Damit wird aus einem bebauten Grundstück im Alleineigentum eine Wohnanlage.

WAS ERKLÄRT EINE TEILUNGSERKLÄRUNG?

Aufteilung

Die TE stellt die Gründungsurkunde der Wohnanlage dar. Sie führt jede Eigentumswohnung – versehen mit einer fortlaufenden Nummer – samt zugehöriger Nebenräume wie Keller und Garage auf, ferner listet sie gegebenenfalls das Teileigentum auf. Das können Einzelräume sein, etwa eine Garage, die nicht einer Wohnung zugeordnet ist. Oder es sind Einheiten aus mehreren, zusammenhängenden Räumen, etwa Büros. Dabei gelten für das Teileigentum die gleichen gesetzlichen Regelungen wie für Eigentumswohnungen. Beide Eigentumsarten werden zusammenfassend als ⇢ Sondereigentum bezeichnet.

Grundvoraussetzung für Sondereigentum ist seine ⇢ Abgeschlossenheit gegenüber anderem Sondereigentum und dem Gemeinschaftseigentum. Konkret: Ein Sondereigentum – gleich ob eine Garage, eine Wohnung oder eine Gewerbeeinheit – muss generell durch Wände, Decken und Böden abgegrenzt sein und einen abschließbaren Zugang von einem gemeinschaftlichen Flur bzw. Treppenhaus aus oder direkt von außerhalb des Gebäudes besitzen. Unbebaute Flächen können mangels Abgeschlossenheit nur in bestimmten Fällen Sondereigentum sein, dann treten an die Stelle der Abgeschlossenheitsbescheinigung Maßangaben für die betreffenden Flächen im Aufteilungsplan.

Gemeinschaftseigentum

Räume, die nicht einem Sondereigentum zugeordnet werden, bleiben wie das Grundstück Gemeinschaftseigentum. Das wird komplett so aufgeteilt, dass jede Wohnung und jedes Teileigentum daran einen ⇢ Miteigentumsanteil erhält. Dieser stellt als ideelle, also gedankliche Größe, keinen Anspruch auf irgendein konkretes Stück des Gemeinschaftseigentums dar. Doch unabhängig davon kann die TE Teile des Gemeinschaftseigentums in Form von exklusiven ⇢ Sondernutzungsrechten einzelnen Wohnungen oder einem Teileigentum unkündbar zuordnen: etwa einen Autostellplatz oder für Parterrewohnungen eine Terrasse.

Verwendungszweck

Wenn die TE Räume als Wohnung bezeichnet, ist klar, wofür sie verwendet werden sollen. Außer zum Wohnen dürften sie höchstens für ein ruhiges Gewerbe ohne viele Besucher genutzt werden, etwa ein Steuerberaterbüro (⇢ Eigentumswohnung). Entsprechend gibt die TE bei Teileigentum vor, wozu es dienen soll: als Büro, Laden oder etwa Lager. Beim Gemeinschaftseigentum bestimmt sie zum Beispiel, in welchem Keller Fahrräder abgestellt werden sollen oder welcher Teil der Freifläche Parkplatz, Rasen oder Spielplatz sein soll.

Widersprechen sich die Angaben im Aufteilungsplan und in der Teilungserklärung, gilt letztere. Denn der Aufteilungsplan regelt grundsätzlich nur die räumliche Abgrenzung und nicht die Nutzung. Das betonte der BGH am 8.5.2015 (Az. V ZR 163/14) und erlaubte den Beschluss einer EV, wonach die Bewohner mit ihren Hunden auf einer Rasenfläche spielen dürfen, obwohl an dieser Stelle im Aufteilungsplan Kinderspielgeräte eingezeichnet sind.

Aufteilungsplan

Bei ihren Beschreibungen verweist die TE auf den Aufteilungsplan, der als Pflichtbestandteil zu ihr gehört. Genau genommen ist es nicht ein einzelner Plan, sondern ein Sortiment von Bauzeichnungen, welche die Lage und Nutzung des Grundstücks, Schnitte durch das Haus, Außenansichten sowie die Grundrisse aller Etagen zeigen. Dort trägt jeder Raum, der zu einem Sondereigentum gehört, die gleiche Nummer, die es in der TE-Beschreibung erhalten hat. Alle Räume ohne Nummer gehören zum Gemeinschaftseigentum. An den jeweiligen Stellen im Plan ist vermerkt, wozu dieser Teil verwendet werden soll.

Die Baubehörde kontrolliert den Aufteilungsplan daraufhin, ob beim Sondereigentum die Abgeschlossenheit gegeben ist. Ferner achtet sie bei einem Neubau darauf, dass er mit den genehmigten Bauplänen übereinstimmt. Bei bestehenden Gebäuden prüft sie, ob die Pläne den aktuellen Zustand des Gebäudes wiedergeben und dafür Baugenehmigungen vorliegen.

Doch Kontrolleure können irren, wie in einem Fall, den der BGH am 20.11.2015 (V ZR 284/14) entschieden hat: Eine nicht tragende Wand im Keller war falsch eingezeichnet. Ein Raum sollte laut Aufteilungsplan acht Quadratmeter groß sein, tatsächlich waren es nur vier Quadratmeter. Das erkannte der Eigentümer erst nach dem Kauf. Er forderte dann von der Eigentümergemeinschaft, dass sie die Wand auf ihre Kosten versetzt. Die obersten Richter betonten, jeder Eigentümer könne von der EG eine erstmalige plangerechte Herstellung des Eigentums verlangen. Dass der Eigentümer die Abweichung bei der Besichtigung nicht gesehen habe, spiele keine Rolle. Aber: Eine nur unwesentliche Abweichung gibt keinen Änderungsanspruch. Der kann auch nach Treu und Glauben entfallen, wenn die bauliche Korrektur unverhältnismäßig teuer käme.

Präzise Angaben

In der Liste der durch die Aufteilung geschaffenen Wohnungen wird jede Einheit aufgeführt und der Umfang des Eigentums genannt. Der Miteigentumsanteil wird dabei als genauer Bruchteil in Tausendstel angegeben. Beispiel: laufende Nr. 3, Wohnung im 1. Obergeschoss links, verbunden mit 98,04/1.000 Miteigentumsanteil, bestehend aus zwei Zimmern, Flur, Küche, Bad, Balkon, Wohnfläche ca. 80 qm, sowie Kellerverschlag Nr. 3, verbunden mit dem Sondernutzungsrecht am Parkplatz Nr. 3, alle Teile im Aufteilungsplan grün umrandet und mit der Nr. 3 gekennzeichnet.

Zweifelsfälle

Regelt die TE nicht eindeutig, dass ein Raum zu einem Sondereigentum gehört, wird er stets dem Gemeinschaftseigentum zugerechnet.

WARUM REGELT DIE TEILUNGSERKLÄRUNG AUCH DAS MITEINANDER DER EIGENTÜMER?

Die TE teilt nicht nur die Liegenschaft auf. Obwohl dies die Gesetze nicht vorschreiben, gibt sie den künftigen Sondereigentümern fast immer auch verpflichtende Regeln für die Verwaltung des Gemeinschaftseigentums vor. Meist werden dieses Bestimmungen mit → Gemeinschaftsordnung (GO) überschrieben und füllen das längste Kapitel der TE. Oder die GO bildet wegen des Umfangs ohnehin einen Anhang zur TE.

Ziel dieses Regelwerks ist es, gesetzliche Vorgaben zu präzisieren, sie – wenn das im Einzelfall zulässig ist – durch praxisgerechtere Lösungen zu ersetzen oder sie an die Gegebenheiten der Wohnanlage anzupassen. Besteht diese zum Beispiel aus mehreren Gebäuden, kann die TE bestimmen, dass bei Angelegenheiten, die nur ein Haus betreffen, lediglich die dortigen Eigner mitstimmen dürfen. Die Stimmrechte in der Eigentümerversammlung teilt die GO meist nach den Miteigentumsanteilen zu, obwohl nach § 25 (2) WEG jeder Eigner bei der ⇢ Beschlussfassung über eine Stimme verfügen soll, unabhängig von der Größe seines Anteils an der Wohnanlage.

WELCHE ROLLE SPIELT DAS GRUNDBUCHAMT BEI ENTSTEHUNG EINER WOHNANLAGE?

Hat der bisherige Alleineigentümer die TE fertiggestellt, unterzeichnet er sie vor einem Notar. Dieser reicht sie samt Aufteilungsplan und Gemeinschaftsordnung sowie der Bescheinigung des Bauamts über die Abgeschlossenheit beim Grundbuchamt ein. Die Behörde ersetzt die bisherigen Grundbucheintragungen durch ein Wohnungsgrundbuch, das für jedes Sondereigentum separate Seiten enthält. Dort werden der Umfang des Miteigentumsanteils und etwaige Sondernutzungsrechte eingetragen, ferner insbesondere die jeweiligen Eigentümer und deren Grundschulden. Die TE mit ihren Bestandteilen wird ebenfalls Teil der Grundbucheintragung.

WAS GESCHIEHT, WENN DIE TEILUNGSERKLÄRUNG MISSACHTET WIRD?

Wenn ein Eigentümer sein Sondereigentum anders nutzt, als es die TE vorschreibt, kann jeder Miteigentümer ein Einschreiten der Eigentümergemeinschaft gegen die Zweckentfremdung verlangen. Die EV beschließt dann mit einfacher Mehrheit als Eigentümergemeinschaft zu klagen.

Auch wenn die übrigen Eigentümer eine der TE widersprechende Nutzung hingenommen haben, verschafft das keinen Anspruch auf weitere Duldung. Zum Beispiel musste der Eigner eines als Keller ausgewiesenen ⇢ Teileigentums dessen Wohnnutzung aufgeben, obwohl er die Räume bereits einige Jahre bewohnt hatte, ohne dass es zu Beschwerden gekommen war. Eine Verjährung trete nicht ein, denn jeder Tag, den die Zweckentfremdung anhält, stelle einen neuen Verstoß gegen die TE dar, urteilte der BGH am 16.6.2011 (Az. V ZA 1/11).

In einem anderen Fall klagten die übrigen Eigentümer auf Unterlassung, nachdem ein Teileigentum, das als Keller in der TE stand, bereits rund 20 Jahre lang wechselnden Mietern als Wohnung überlassen worden war. Der BGH prüfte deshalb, ob die Kläger ihre Ansprüche verwirkt hätten. Von Verwirken sprechen Juristen, wenn ein Rechtsverstoß schon lange besteht, ohne dass Betroffene dagegen vorgegangen sind, und zudem der Rechtsbrecher aufgrund ihres Verhaltens nach Treu und Glauben davon ausgehen darf, dass diese sein Handeln weiterhin dulden werden. Im besagten Fall seien die Ansprüche der Kläger nicht verwirkt, befanden die obersten Richter am 8.5.2015 (Az. V ZR 178/14). Jede Neuvermietung sei ein neuer Rechtsverstoß, seit dem letzten Vertragsabschluss sei noch keine lange Zeit vergangen. Also musste die Wohnnutzung enden.

Anders urteilte der BGH am 25.3.2010 (Az. V ZR 159/09). In diesem Fall hatte ein Wirt ohne Unterbrechung lange Jahre eine Gaststätte in Räumen betrieben, die in der TE als Laden ausgewiesen waren. Das hatte die EG nicht nur geduldet, sondern ihm zudem seit Jahren eine Freifläche, die zum Gemeinschaftseigentum gehörte, kostenlos für einen Biergarten überlassen. Hier sei das Klagerecht durch das langjährige tatsächliche Handeln verwirkt, urteilten die obersten Richter. Das gelte auch für einen neuen Wohnungseigentümer, denn der trete rechtlich in die Fußstapfen des Voreigentümers. Aber: Auch wenn der Unterlassungsanspruch verwirkt ist, müssen die übrigen Eigentümer nur den bisherigen Umfang der Zweckentfremdung dulden, die Lage darf sich also nicht verschlimmern, entschied der BGH am 10.7.2015 (Az. V ZR 169/14). Weitere Gerichtsfälle siehe ⇢ Eigentumswohnung und ⇢ Teileigentum.

Wie lässt sich die Teilungserklärung ändern?

Die Regelungen der TE können durch eine ⇢ Vereinbarung geändert werden, die ausnahmslos alle im Grundbuch eingetragenen Sondereigentümer vor einem Notar unterzeichnen. Er lässt die Änderung im Grundbuch eintragen, denn nur dann ist sie auch für nachfolgende Eigentümer bindend. Eine Vereinbarung ist zum Beispiel nötig, bevor ein in der TE als Rasenfläche bezeichneter Grundstücksteil als Parkplatz planiert werden darf. Ebenso lassen sich die Vorgaben der Gemeinschaftsordnung anpassen.

VERMÖGENSTEILUNG
Manches Mehrfamilienhaus gehört nicht einem, sondern mehreren Eigentümern, etwa einer Erbengemeinschaft, zu ideellen Bruchteilen. Durch eine Teilungsvereinbarung, so der Fachbegriff, können sie es in eine Wohnanlage umwandeln und die Eigentumswohnungen unter sich aufteilen. Eventuell werden noch Ausgleichszahlungen fällig. Jeder ist frei, irgendwann seine Eigentumswohnung zu verkaufen. Er kann also sein Kapital, das früher im gemeinsamen Haus gebunden war, entnehmen, ohne dass die Miteigner zustimmen müssen und finanziell betroffen wären.

TIERHALTUNG

Für viele Menschen sind Haustiere liebe Begleiter durch das Leben, für andere zumindest in Wohnanlagen ein Ärgernis. In manchen Eigentümergemeinschaften werden nur harmlose Kleintiere geduldet. Die Hausordnung kann außerdem die Zahl der Tiere begrenzen und Vorschriften für ihre Haltung erlassen sowie gefährliche Arten ganz verbieten.

WELCHE TIERE DÜRFEN GEHALTEN WERDEN, WELCHE NICHT?

Harmlose Kleintiere

Die Haltung etwa von Meerschweinchen, Hamstern, Zierfischen oder Vögeln kann grundsätzlich nicht verboten werden. Falls jedoch in den Ruhezeiten etwa ein Papagei häufig störend laut krächzt und pfeift, kann die Haltung dieses konkreten Tiers von der Eigentümerversammlung (EV) mit Mehrheit untersagt werden. Auch Katzen, die nur in der Wohnung bleiben, sind stets erlaubt. Wer seinem Stubentiger allerdings auf dem ⇢ Balkon mit einem Katzennetz ein Freigehege bauen will, scheitert in aller Regel daran, dass es von außen sichtbar ist. Denn das Netz gilt als ⇢ bauliche Veränderung, die nur zulässig ist, wenn zuvor die Eigentümermehrheit zugestimmt hat.

Gefährliche Tiere

Die EV kann mit einem Mehrheitsbeschluss die Haltung von Schlangen, Giftspinnen sowie von Ratten und Mäusen verbieten, auch wenn sie bei sorgsamer Pflege immer in ihren Terrarien oder Käfigen verbleiben. Ebenso kann sie einen Kampfhund aus der Wohnanlage verbannen. Geschieht das nicht und lässt ihn sein Eigentümer sogar in der Anlage frei laufen, kann auch ein einzelner Wohnungseigentümer auf Unterlassung klagen.

Begrenzung der Tierhaltung

Mit Mehrheit kann die EV in der Hausordnung die Haltung von Hunden und Hauskatzen auf je ein Tier pro Wohnung begrenzen, urteilte das OLG Celle am 31.1.2003 (Az. 4 W 15/03). Andere Gerichte akzeptierten Regelungen, die einen Hund und drei Katzen pro Wohnung erlaubten. Die vorübergehende Aufnahme weiterer Hunde und Katzen kann auf sechs Wochen begrenzt werden, befand das AG Hannover am 4.10.2005 (Az. 71 II 293/05). Die EV kann ferner bestimmen, dass Hunde und Katzen in der Wohnanlage stets an der Leine zu führen sind, auch wenn es zuvor nicht zu Störungen kam. Das führte das OLG Köln am 28.7.2008 (Az. 16 Wx 116/08) aus. Ohnehin berechtigt ist ein Leinenzwang, wenn ein Hund bzw. eine Katze bereits für Zwischenfälle sorgte. Stört ein Hund durch dauerhaftes Gebell die Nachtruhe, kann die EV die Haltung dieses konkreten Hundes verbieten.

Mieter per Vertrag verpflichten

Die Regeln zur Tierhaltung in der Teilungserklärung bzw. Gemeinschaftsordnung oder in einer Vereinbarung binden lediglich die Eigentümer. Mieter sind nur zu ihrer Einhaltung verpflichtet, wenn dies ausdrücklich im Mietvertrag vereinbart wurde. Dringen allerdings wegen der Tierhaltung üble Gerüche aus der Wohnung eines Mieters oder zeigen sich Schädlinge, können ihn die übrigen Wohnungsbesitzer auf Unterlassung verklagen. So befand das LG Köln am 22.11.1988 (Az. 10 S 198/88).

Aber Richter können auch im Sinne der Tierfreunde entscheiden, so der BGH am 8.5.2015 (Az. V ZR 163/14). Es ging um die ⇢ Anfechtung eines Beschlusses der EV, der es den Bewohnern erlaubte, auf einer Rasenfläche im Gemeinschaftseigentum mit ihren Hunden zu spielen, ohne dass diese angeleint sind. In dieser Wohnanlage sei dies zulässig, entschieden die obersten Richter, ansonsten komme es auf die Situation vor Ort an. Dass im behandelten Fall auf dem Aufteilungsplan an dieser Stelle Kinderspielgeräte eingezeichnet seien, stelle keine bindende Nutzungsvorgabe, sondern nur eine Nutzungsmöglichkeit dar.

Bei Kleintieren entscheidet die sogenannte Verkehrsanschauung, also die in der Bevölkerung übliche Einschätzung, wie viele Tiere in einer Wohnung zuzulassen sind. Mehr als 100 Kleintiere in einer Zweizimmerwohnung sind nach einem Urteil des OLG Köln vom 26.9.1995 jedenfalls zu viel, auch wenn keine Geruchsbelästigung oder Ungezieferbefall vorliegen (Az. 16 Wx 134/95). Fürchten Hausbewohner, dass die Tierhaltung in einer Wohnung gegen das Tierschutzgesetz und die Hygienevorschriften verstoßen, können sie das Ordnungsamt einschalten.

Um Hygiene ging es auch bei einer EV, die einer Bewohnerin per Beschluss untersagte, im Garten Futter für fremde Katzen auszulegen. Ein solches Verbot sei zulässig, urteilte das AG Bottrop am 10.1.2013 (Az. 20 C 55/12).

IST EIN KOMPLETTES TIERVERBOT MÖGLICH?

Abgesehen von harmlosen Kleintieren kann ein komplettes Tierverbot in der ⇢ Teilungserklärung bzw. ⇢ Gemeinschaftsordnung verankert sein. Oder es haben alle Eigentümer einer entsprechenden ⇢ Vereinbarung zugestimmt. Auch ein Mehrheitsbeschluss der EV kann für ein generelles Verbot der Hunde- und Katzenhaltung genügen, befand das OLG Frankfurt am Main am 17.1.2011 (Az. 20 W 500/08). Voraussetzung: Kein Eigentümer wehrt sich innerhalb eines Monats nach dem EV-Beschluss dagegen mit einer ⇢ Anfechtung. Ein Hunde- und Katzenverbot sei auch nach übereinstimmender Rechtsprechung weder sittenwidrig noch berühre es den Kernbereich des Wohnungseigentums. Somit könne ein solcher unangefochtener Mehrheitsbeschluss eine Vereinbarung ersetzen. Im fraglichen Fall sollte das Verbot zudem nicht für Hunde und Katzen gelten, die bereits im Haus lebten, um Härten für Mensch und Tier zu vermeiden.

§

Grundbucheintrag mit Dauerwirkung

Wird die Tierhaltung durch eine ⇢ Vereinbarung aller Eigentümer verboten, bindet das nur die Unterzeichner. Später hinzukommende Eigentümer müssen sich nur an das Tierverbot halten, wenn es im Grundbuch eingetragen ist.

Ausnahmesituation

Ein Hundeverbot kann gegen Treu und Glauben verstoßen, befand das BayObLG am 25.10.2001 (Az. 2Z BR 81/01). In dem Fall hatte eine Frau, die wegen schwerer Behinderung kaum Kontakt zu Menschen hatte, trotz eines Hundeverbots einen Dackel gehalten. Dies erlaubten ihr die Richter. Nachbarn hatten sich über das Bellen beschwert. Entsprechend ließe sich in solchen Fällen auch ein Katzenverbot kaum durchsetzen. Entsprechendes gilt, wenn der Eigentümer auf einen Blindenhund angewiesen ist.

TREPPENHAUS

Zum zentralen Zugang zu den Wohnungen gehören der Eingangsbereich, die Treppen, die Wohnungstüren, Fenster, Geländer, zum Treppenhaus orientierte Außenwände der Wohnungen oder auch ein Lift. Alle diese Einrichtungen gehören zum ⇢ Gemeinschaftseigentum, dementsprechend kann nur die ⇢ Eigentümerversammlung (EV) über ihre Gestaltung entscheiden. Denn alle Bewohner gehen tagtäglich hindurch und entsprechend wichtig sind der Hauseingang und das Treppenhaus dafür, wie wohl sie sich im Haus füh-

len. Für Besucher vermittelt das Entree den ersten Eindruck über die Qualität der Wohnanlage. Über die Bedeutung dieses wichtigen Teils des Gemeinschaftseigentums sind sich die Bewohner meist einig, doch gerade deshalb streiten sie über dessen Nutzung und Gestaltung oft heftig.

WAS SAGT DIE HAUSORDNUNG?

Wer Streit mit den Miteigentümern vermeiden will, sollte die → Hausordnung gründlich studieren, die die → Eigentümerversammlung mit Mehrheit der Stimmrechte erlassen und jederzeit wieder ändern kann. So regelt die Hausordnung zum Beispiel, ob die Haustür nachts abgeschlossen werden muss – und wenn ja, zu welchen Zeiten. In manchen Wohnanlagen ist das Abschließen dagegen untersagt, weil dadurch im Brandfall der Fluchtweg blockiert wird und Einbrüche ohnehin meistens tagsüber erfolgen.

Dekoration

Da sich über Geschmack entweder gar nicht oder besonders heftig streiten lässt, sind die Regeln bezüglich des Eingangsbereichs und des Treppenhauses sehr streng. Hausordnungen verbieten oft jede dauerhafte Dekoration mit Postern, Bildern oder Blumen. Denn formal ist das eine → bauliche Veränderung, der die Mehrheit der Eigentümer im Einzelfall zustimmen müsste. Aber: Wohnen Sie im Dachgeschoss und wollen dort den Treppenabsatz dekorieren, genügt das Einverständnis der übrigen Eigentümer auf der Etage, denn nur die sind betroffen und die Dekoration könnte einfach wieder entfernt werden. Generell dürfen Sie vorübergehend die Außenseite der eigenen Wohnungstür schmücken, etwa an Weihnachten und Os-

Verbündete anwerben

Wenn Sie das Treppenhaus umgestalten möchten, sollten Sie frühzeitig mit den Miteigentümern darüber sprechen. Bewährt hat sich das Vorgehen, zunächst gar keine Lösung zu präsentieren, sondern ein Defizit festzustellen: etwa, dass bedauerlicherweise das Treppenhaus so kahl aussieht. Dann schlägt der Gesprächspartner vielleicht von selbst vor, Bilder aufzuhängen – und man findet eine Auswahl, die allen gefällt. Überrumpeln Sie Miteigentümer dagegen mit einem konkreten Vorschlag und sollen sie unter Zeitdruck entscheiden, lehnen sie häufig schon aus Vorsicht ab.

tern, ohne andere Eigentümer zu fragen, so das LG Düsseldorf am 10.10.1989 (Az. 25 T 500/89). Aber Ärger kann es bringen, wenn Sie im Treppenhaus für Tannen-, Blumen- oder sonstige Düfte sorgen – egal zu welcher Jahreszeit.

Nutzung behindert

Untersagt ist es zum Beispiel auch, im Treppenhaus neben der Wohnungstür einen Schuhschrank aufzustellen oder eine Garderobe zu montieren, weil das die Nutzung des Treppenhauses für die Miteigentümer einschränkt. Kurzfristig dürfen jedoch regennasse Schuhe vor der Wohnungstür stehen, so das OLG Hamm am 20.4.1988 (Az. 15 W 168-169/88).

DÜRFEN KINDERWAGEN ODER ROLLSTÜHLE IM TREPPENHAUS GEPARKT WERDEN?

Die Hausordnung kann Eltern nicht generell verbieten, Kinderwagen, Kinderräder und Spielgeräte im Hausflur abzustellen. Denn die Richter halten es für unzumutbar, dass die Eltern derlei stets in die Wohnung oder in den Keller tragen, wenn sie in recht kurzen Abständen mit den Kleinen nach draußen gehen. Doch für die Nacht kann die Hausordnung ein Abstellverbot vorgeben, meinte das OLG Hamm am 3.7.2001 (Az. 15 W 444/00). Weil ein Sportkinderwagen in der Regel weniger Platz beansprucht, darf er dagegen generell immer im Hausflur parken, befand das AG Hameln am 29.3.2004 (Az. 12 II 12/04).

Tagsüber wäre ein Parkverbot für jede Art von Kinderwagen lediglich in einem sehr engen Hausflur zulässig, wenn das Gefährt im Brandfall den Fluchtweg unzulässig einschränken würde. Bei solch beengten Verhältnissen wäre die EV aus Sicherheitsgründen sogar verpflichtet, selbst das Abstellen eines Rollators oder eines Rollstuhls im Eingangsbereich und im Treppenhaus zu verbieten, sonst dürfte sie es wegen der sozialen Verpflichtung des Nachbarschaftsverhältnisses nicht.

ZUGANG FÜR BEHINDERTE
Wegen der nachbarschaftlichen Rücksichtnahme müssen es Eigentümer genehmigen, wenn ein gehbehinderter Bewohner auf eigene Kosten eine Rampe für seinen Rollstuhl bauen lassen will und dies nach Baurecht möglich ist, so das AG Köln am 26.9.1988 (Az. 204 II 230/88). Gleiches gilt im Grunde, wenn er einen Lift installieren will. Allerdings muss die Gemeinschaft nur den Eingriff dulden, der das gewünschte Ziel, einen möglichst barrierefreien Zugang zur Wohnung, mit den geringsten Nachteilen für die Mitbewohner erreicht. Genügt dazu statt eines vollwertigen Aufzugs auch ein Treppenlift, muss sie nur diesen genehmigen. Stets kann die EV verlangen, dass der Gehbehinderte für Folgeschäden aus der baulichen Veränderung haftet und mit einer Kaution bzw. einer Grundbucheintragung sicherstellt, dass später einmal ein Rückbau bezahlt werden kann.

WIE LÄSST SICH DIE TREPPENHAUSREINIGUNG REGELN?

Einigkeit dürfte darüber herrschen, dass der Eingangsbereich und das Treppenhaus möglichst adrett sein sollen. Damit es nicht müffelt, kann die Hausordnung vorgeben, dass zu lüften ist. Ein Beschluss, der dem Hausmeister die ausschließliche Befugnis erteilt, das Hausflurfenster zu kippen, wenn es witterungsbedingt angepasst ist, ist allerdings nichtig, weil darin eine Gebrauchsentziehung der Eigentümer liegt, urteilte das LG Koblenz am 22.8.2016 (Az. 2 S 15/16). Vor allem aber regelt die Hausordnung, wie oft und wie intensiv dort von wem geputzt werden soll. Eigenleistungen sieht das WEG nicht vor: Die Eigentümer sind nach § 16 (2) WEG nur verpflichtet, für den Unterhalt des Gemeinschaftseigentums zu zahlen. Die Kosten eines professionellen Putzdienstes werden nach Miteigentumsanteilen umgelegt, so bestimmt es § 16 (2) WEG. Andere angemessene Regelungen sind möglich (→ Hausgeld).

Selbst putzen

Ein freiwilliger, persönlicher Putzeinsatz ist nur zulässig, wenn er in der Teilungserklärung bzw. Gemeinschaftsordnung vorgesehen ist oder in einer → Vereinbarung, der ausnahmslos alle im Grundbuch eingetragenen Eigentümer zugestimmt haben. Die EV kann dann nach § 16 (2) WEG auch mit einfacher Mehrheit die Kosten anders verteilen, wenn dies der Verursachung besser entspricht. Zum Beispiel könnte die Versammlung einen Miteigentümer finanziell entlasten, weil er nach allgemeiner Genehmigung selbst auf seiner Etage die Treppe säubert. Bedingung: Dadurch darf der verbleibende professionelle Putzdienst für die einzelnen Eigentümer, die ihn nutzen wollen, nicht teurer werden.

GIBT ES GRENZEN FÜR RENOVIERUNGEN?

Natürlich muss das Treppenhaus instand gehalten werden, aber ein krasser Stilwechsel ist nicht so leicht durchsetzbar. Nach § 19 (2) Nr. 2 WEG kann die Eigentümerversammlung zwar mit einfacher Mehrheit über die Renovierung von Gemeinschaftseigentum – hier also des Hauseingangs und des Treppenhauses – entscheiden. Die Machart und die Farbgebung dürfen dabei aber allenfalls geringfügig von der früheren Gestaltung abweichen.

Deutliche Abweichungen bedürfen als bauliche Veränderungen nach § 20 (1) WEG der Zustimmung der Mehrheit der Eigentümer, ebenso wie etwa der erstmalige Bau eines Windfangs vor der Haustür. Eine etwas geringere Hürde gilt für die Modernisierungen, etwa wenn die alte Haustür durch ein neues, wärmegedämmtes Modell ersetzt werden soll.

Individuelle Gestaltung

Wünschen Sie sich ein schickes, individuelles Namensschild? Nicht einmal das darf ein Eigentümer an der Wohnungstür montieren. Erst recht darf er diese Tür nicht durch eine Stahlsicherheitstür oder ein schallhemmendes Modell ersetzen. Denn die Wohnungseingangstüren samt der Beschläge gehören zum Gemeinschaftseigentum – und eben auch das Namensschild. Es auszuwechseln wäre eine bauliche Veränderung

Teurer Rückbau

Nimmt ein Eigentümer bauliche Veränderungen vor, ohne dass ein wirksamer Beschluss vorliegt, muss er wieder den vorherigen Zustand herstellen, falls das auch nur ein einziger betroffener Miteigentümer verlangt.

Nur die Türinnenseite dürfen Sie nach Gutdünken gestalten. Gerichte haben allerdings einige Ausnahmen zugelassen: So kann etwa ein Steuerberater, der eine Wohnung als Büro nutzen darf, an seiner Tür und am Hauseingang mit einem ortsüblichen Schild auf sich aufmerksam machen. Und einem sicherheitsbewussten Bewohner ist es erlaubt, einen Türspion einzubauen, obwohl sich Nachbarn auf der Treppe dann beobachtet fühlen können.

Sprechanlage mit Videokamera

Der Einbau einer Sprechanlage mit Videoübertragung ist eine bauliche Veränderung nach § 20 (1) WEG. Voraussetzungen: Die Kamera schaltet sich nur beim Betätigen der Klingel ein, das Bild wird lediglich für den Bewohner, bei dem geklingelt wurde, sichtbar und eine Minute nach dem Klingeln automatisch abgeschaltet. So wird verhindert, dass ein Bewohner dauerhaft beobachten oder gar aufzeichnen kann, wer das Haus betritt. Denn das wäre nach einem Beschluss des BGH vom 8.4.2011 (Az. V ZR 210/10) unzulässig. Fazit: Der Einbau einer solchen Kamera kann von der EV nach § 20 (2) Nr. 3 WEG mit Mehrheit beschlossen oder auch von einem Miteigentümer verlangt werden.

U

UNABDINGBARKEIT

Die meisten gesetzlichen Regelungen zur Verwaltung einer Wohnanlage dürfen durch die ⇢ Gemeinschaftsordnung oder eine ⇢ Vereinbarung geändert oder komplett durch andere Vorgaben ersetzt werden. Doch an gut einem Dutzend seiner Vorschriften lässt der Gesetzgeber nicht rütteln, sie sind unabdingbar.

Wohnungseigentümern darf ihr Grundrecht, gemeinsam das Geschick der Wohnanlage zu bestimmen, nicht genommen werden – weder durch die ⇢ Gemeinschaftsordnung, welche die Regeln für die Verwaltung der Wohnanlage vorgibt, noch durch eine Vereinbarung, die sie selbst geschlossen haben. So muss es stets der ⇢ Eigentümerversammlung (EV) vorbehalten bleiben, etwa die Jahresabrechnung zu genehmigen, den Verwalter zu bestellen und Baumaßnahmen zu beschließen. Auch können sich die Eigentümer nicht per Vertrag von ihrer Pflicht befreien, die Wohnanlage instand zu halten und die Kosten zu tragen. Ebenso verlangt der Gesetzgeber bei gut einem Dutzend seiner Verwaltungsregeln unabdingbar, dass sie eingehalten werden. Die Übersicht beschreibt sie und erläutert, warum er die Vertragsfreiheit in diesen Fällen beschränkt.

Standsicherheit

Teile des Gebäudes, die für dessen Bestand und Sicherheit erforderlich sind, dürfen nicht dem Sondereigentum zugeordnet werden, so § 5 (2) WEG. Denn sonst wären sie – zum möglichen Schaden der Miteigner – der Verfügungsgewalt eines Eigentümers unterworfen.

Zusammenhalt

Eine Eigentumswohnung darf nicht von dem ihr zugeordneten Miteigentumsanteil getrennt werden, so § 6 WEG, etwa um sie separat zu verkaufen oder zu übertragen. Wäre das erlaubt, müsste wohl der Eigentümer der Wohnräume an den des Miteigentumsanteils eine Art Erbbauzins zahlen oder eine Gebühr für die Nutzung des Treppenhauses. Und wer hätte dann welche Rechte in der EV? Es würde ein Chaos drohen.

Bestandsgarantie

Kein Eigentümer darf verlangen, dass die Gemeinschaft der Wohnungseigentümer aufgelöst wird, bestimmt § 11 WEG. Das heißt: Kein Eigentümer kann erzwingen, dass das Haus als Ganzes verkauft und der Erlös an die bisherigen Wohnungseigentümer verteilt wird. Eine Abweichung ist nur für den Fall zulässig, dass das Gebäude ganz oder teilweise zerstört wird und eine Verpflichtung zum Wiederaufbau nicht besteht.

Veräußerungsbeschränkung

Grundsätzlich darf jeder Eigentümer mit seinem Eigentum nach seinem Belieben verfahren, es insbesondere frei veräußern. Die Teilungserklärung kann jedoch vorsehen, dass er für die Veräußerung seines Wohnungseigentums der Zustimmung der Wohnungseigentümergemeinschaft bedarf. Die Zustimmung darf nach § 12 (1) WEG nur aus wichtigem Grund verweigert werden. Die Beschränkung der Versagung auf einen wichtigen Grund ist unabdingbar.

Insolvenz

Über das Vermögen einer rechtsfähigen Wohnungseigentümergemeinschaft findet kein Insolvenzverfahren statt. So stellt es § 9 a (5) WEG fest. Argumentiert wird dabei, dass die Kosten eines Insolvenzverfahrens in keinem angemessenen Verhältnis zu den Vorteilen stehen, denn das Gemeinschaftseigentum stellt deren eigentlichen Wert dar und nicht das Gemeinschaftsvermögen. Dieses steht den Eigentümern zu. Davon kann auch in der Teilungserklärung nicht abgewichen werden.

Entziehung

Wenn ein Eigentümer wiederholt seinen Verpflichtungen gegenüber den Miteignern in schwerwiegender Weise nicht nachkommt, können ihn diese zwingen, seine Wohnung zu verkaufen, regelt § 17 WEG. Würde ein solcher Rauswurf vertraglich ausgeschlossen, könnte sich die Gemeinschaft nicht von Störenfrieden befreien.

Ordnungsgemäße Verwaltung

Die Bestellung eines Verwalters darf nach § 26 (5) WEG nicht ausgeschlossen werden. Die Eigentümer können zwar auf die Wahl eines Verwalters verzichten und dessen Aufgaben selbst übernehmen. Doch wenn auch nur einer von ihnen mit dem Do-it-Yourself unzufrieden ist, kann er aufgrund des Gesetzes die Wahl eines Verwalters erzwingen.

Umlaufbeschluss

Statt in einer EV können die Stimmen für eine ⇢ Beschlussfassung auch außerhalb dieser Zusammenkünfte schriftlich abgegeben werden. Hierbei gilt jedoch ein Beschluss nur als angenommen, wenn ausnahmslos alle im Grundbuch eingetragenen Eigentümer zustimmen. Diese strenge Anforderung kann nicht aufgeweicht werden. Denn sie stellt sicher, dass nur wenige Fragen per Umlaufbeschluss entschieden werden, bei denen ohnehin Einvernehmen vermutet wird. So bleibt die EV, wo in der Regel einfache Mehrheiten ausreichen, der Ort, an dem diskutiert und entschieden wird. Auf diese kann auch nicht wirksam verzichtet werden.

Minderheitenschutz

Wenn mehr als ein Viertel der Eigentümer eine EV wünscht, muss sie nach § 24 (2) WEG anberaumt werden. Für das Miteinander in einer Wohnanlage ist es wichtig, dass Probleme möglichst diskutiert und gelöst werden, sobald sie auftauchen. Das würde verhindert, wenn für die Einberufung einer Versammlung mehr Befürworter gefunden werden müssten, als es das Gesetz verlangt.

Verwalterbestellung

Der erste Verwalter einer Wohnanlage darf für maximal drei Jahre berufen werden, seine Nachfolger für höchstens fünf Jahre; eine Wiederwahl ist nach § 26 (2) WEG möglich. Länger will der Gesetzgeber den Eigentümern einen Verwalter, mit dem sie nicht mehr zusammenarbeiten wollen, nicht zumuten.

Verwalterabberufung

Die EV kann den Verwalter jederzeit mit einfacher Mehrheit abwählen. Die Wohnungseigentümer sollen stets die Möglichkeit haben, sich von einem Verwalter zu trennen, in den sie das Vertrauen verloren haben. Zugleich wird der für alle Seiten belastende Streit vermieden, ob die Voraussetzungen für seine Abberufung vorliegen. Diese Entscheidungsfreiheit kann nicht eingeschränkt werden.

Verwaltungsaufgaben

Das Gesetz hat mit dem Inkrafttreten des neuen WEG die Grundsatzentscheidung getroffen, dass die Verwaltung des gemeinschaftlichen Eigentums von der Eigentümergemeinschaft wahrzunehmen ist, nicht jedoch – wie früher – von den Wohnungseigentümern. Dadurch haben sich die Zuständigkeiten verschoben, denn der Verwalter vertritt nicht mehr die Eigentümer, sondern nur noch die Gemeinschaft. Würde dieser Grundgedanke so verändert, dass die Verwaltung wie bisher durch die Wohnungseigentümer erfolgt, wäre dies ungültig.

Änderbare Gesetzesregeln

Anders als die unabdingbaren Vorschriften können die meisten Regelungen, die das WEG für die Verwaltung des Wohnungseigentums vorgibt, ergänzt, geändert oder sogar ersetzt werden, wenn dadurch das Zusammenwirken der Eigentümer erleichtert wird. Anpassungen finden sich bereits in der ⇢ Gemeinschaftsordnung, die der Bauträger bzw. bei Bestandsimmobilien der Aufteiler für die neue Wohnanlage verfasst. Später können die Eigentümer ihrerseits die Vorgaben der Gesetze ebenso wie die der Gemeinschaftsordnung ändern, ergänzen oder ersetzen, wenn sie dazu eine ⇢ Vereinbarung treffen, die von ausnahmslos allen Eigentümern unterzeichnet wird.

V

VEREINBARUNG

Mit Vereinbarungen können die Wohnungseigentümer ihre grundlegenden Vorgehensweisen dauerhaft selbst regeln. Die Voraussetzung: Alle Eigner stimmen den Regelungen zu. Die Eigentümer können auf diese Weise sogar Vorgaben der ⇢ Teilungserklärung (TE) bzw. der ⇢ Gemeinschaftsordnung (GO) ändern, die quasi die Vereinssatzung ihrer Wohnanlage darstellen. Gleiches gilt für die meisten Bestimmungen des Wohnungseigentumsgesetzes (WEG).

WAS SIND UND WAS REGELN VEREINBARUNGEN?

Begriff

Mit Vereinbarungen schaffen oder ändern die Wohnungseigentümer die grundlegenden und wesentlichen Regelungen, die dauerhaft für ihr Zusammenleben gelten sollen. Für die Form der Vereinbarung macht das Gesetz keine Vorgaben. In der Formulierung muss nicht einmal der Begriff »Vereinbarung« vorkommen, sie muss auch nicht schriftlich festgehalten werden. Nur muss für alle Eigentümer klar erkennbar sein, dass es eine Dauerregelung sein soll, sonst würde damit nur die aktuelle Situation entschieden. Um späterem Streit vorzubeugen, werden aber in aller Regel Vereinbarungen ausdrücklich so bezeichnet und schriftlich festgehalten. Kein Eigner braucht zu befürchten, dass gegen seinen Willen bestehende Vorgaben verändert bzw. abgeschafft oder für ihn nachteilige Bestimmungen eingeführt werden. Denn eine Vereinbarung setzt voraus, dass ihr ausnahmslos alle im Grundbuch eingetragenen Eigentümer explizit zustimmen. Würde sich einer der Stimme enthalten, wäre die Vereinbarung gescheitert.

Änderung von Gesetzesvorgaben

Mit einer Vereinbarung können die Eigentümer laut § 10 (2) WEG sogar Vorgaben des Gesetzes für ihre Wohnanlage abändern bzw. ausschließen und durch eine andere Regelung ersetzen. Nur rund ein Dutzend WEG-Bestimmungen unterliegen einer ⇢ Unabdingbarkeit, dürfen also nicht geändert oder abgeschafft werden. Beispiele: Nach § 26 (3) WEG dürfen die Eigentümer den Verwalter aus wichtigem Grund abwählen und zwar mit einfacher Mehrheit. Diese Abstimmungshürde darf nicht per Vereinbarung erhöht werden. Ähnliches gilt für § 17 WEG, nach dem ein Miteigner, der wiederholt schwerwiegend das Zusammenleben in der Wohnanlage gestört hat, zum Verkauf seiner Wohnung gezwungen werden kann, wenn dies mehr als die Hälfte aller im Grundbuch eingetragenen Eigentümer fordert. Auch dieses Recht darf nicht beschränkt werden.

Anpassung der Teilungserklärung

Der Gesetzgeber lässt den Wohnungseigentümern bei Fragen ihrer Wohnanlage weitgehend Vertragsfreiheit. Deshalb können sie mit einer Vereinbarung auch Regelungen der TE oder der GO an gewandelte bzw. neue Bedürfnisse anpassen, obwohl TE und GO eine Art Vereinssatzung der Wohnanlage darstellen. Das gilt auch für die Nutzung der einzelnen Bereiche der Wohnanlage, welche von der TE vorgegeben wird, also zum Beispiel die Angabe, welche Freifläche als Garten dienen soll. Wollen sämtliche Eigentümer, dass dort ein Parkplatz angelegt wird, können sie die TE in diesem Punkt mit einer Vereinbarung abändern.

Anspruch auf Änderung

Jeder Eigentümer kann nach § 10 (2) WEG beanspruchen, dass Regelungen der TE bzw. GO, die ihn unbillig benachteiligen, per Vereinbarung geändert werden. Unbillig sind Regelungen jedoch erst dann, wenn dem Betroffenen gegenüber einer fairen Lösung ein wirtschaftlicher Nachteil von rund 25 Prozent entsteht. Beispiel: Eine Wohnanlage besteht aus einer großen Gewerbeeinheit und zwei kleineren Wohnungen. Die GO könnte vorgeben, dass die Kosten der Instandhaltung und Instandsetzung gleichmäßig auf die Eigentümer verteilt werden, dadurch müsste jeder Wohnungseigner so viel zahlen wie der Gewerbeeigner mit erheblichem Publikumsverkehr. Meist lässt sich eine solche Ungerechtigkeit nach § 16 (2) WEG durch Mehrheitsbeschluss korrigieren Das ist im Beispielfall unmöglich, da der Gewerbeeigentümer allein über die Mehrheit der Stimmen verfügen soll. In einem solchen Fall können die unbillig benachteiligten Wohnungseigentümer verlangen, dass er einer Vereinbarung zustimmt, wonach künftig die Kosten zum Beispiel nach Wohn- bzw. Nutzfläche verteilt werden. Notfalls müssen die Eigentümer diesen Anspruch einklagen.

Ein Anspruch auf Änderung der Gemeinschaftsordnung nach § 10 (2) WEG setzt übrigens nicht voraus, dass sich tatsächliche oder rechtliche Umstände nachträglich verändert haben; er kommt auch in Betracht, wenn Regelungen der Gemeinschaftsordnung von Anfang an verfehlt oder unbillig sind. So entschied der BGH am 22.3.2019 (Az. V ZR 298/16).

Öffnungsklausel

Wenn das Gesetz für einen Beschluss die Zustimmung aller Eigentümer oder jedenfalls eine hohe Mehrheit verlangt und für diese Regel keine ⇢ Unabdingbarkeit gilt, kann die TE bzw. GO diese Hürde senken. Beispiel: Es können die Eigentümer einen Umlaufbeschluss mit Dreiviertelmehrheit fassen statt mit der gesetzlich vorgesehenen Allstimmigkeit. Juristen bezeichnen eine solche Regelung der TE bzw. GO als Öffnungsklausel, weil sie den Weg zu einer leichteren Beschlussfassung öffnet.

Wirkung für künftige Eigentümer

Soll eine Vereinbarung hinzukommende Eigentümer in jedem Fall binden, muss sie in das Grundbuch eingetragen werden. Das setzt voraus, dass alle Eigentümer die Vereinbarung vor den Augen eines Notars unterzeichnen. Zuständig ist der Notar, in dessen Bezirk sich die Wohnanlage befindet. Gegebenenfalls können Eigentümer aber auch bei einem anderen Notar unterschreiben. Bei großen Eigentümergemeinschaften könnte der örtliche Notar auch im Haus eine Unterschriftsstunde abhalten, damit nicht alle Eigner in das Notariat fahren müssen. Der Notar beglaubigt die Unterschriften und reicht das Dokument an das Grundbuchamt weiter.

Ist eine Vereinbarung nicht im Grundbuch eingetragen, bindet sie nur die Eigentümer, die den Vertrag geschlossen haben. Dies gilt auch dann, wenn der Erwerber den Inhalt der Vereinbarung aus seinem oder einem anderen Kaufvertrag kennt. Ein neuer Eigentümer kann sich aber darauf berufen, wenn die Regelungen für ihn vorteilhaft sind. Wären sie für ihn ungünstig, könnte er sich ihnen um des lieben Friedens willen freiwillig unterwerfen. Weigerte er sich, wäre die Vereinbarung auch nicht mehr für die Eigentümer verbindlich, die sie einst geschlossen haben. So entschied das BayObLG am 10.1.2002 (Az. 2Z BR 180/01).

WAS PASSIERT, WENN NICHT ALLE EIGENTÜMER EINER GEPLANTEN VEREINBARUNG ZUSTIMMEN?

Nichtiger Beschluss

Wenn einer geplanten Vereinbarung, die eine Regelung des WEG, der TE bzw. der GO oder einer früheren Vereinbarung ändern oder ersetzen soll, nicht ausnahmslos alle Eigentümer zustimmen, ist das Vorhaben gescheitert. Statt um eine Vereinbarung, zu der die Zustimmung ausnahmslos aller Eigentümer notwendig ist, handelte es sich dann um einen Beschluss, also eine mehrheitliche Entscheidung, und die wäre in diesen Fällen nichtig. Das heißt, sie besitzt von Anfang an keine Rechtswirkung und kann diese auch nicht erlangen. Das stellte der BGH am 20.9.2000 (Az. V ZB 58/99) klar. Beispiel: Eine Mehrheit der Eigentümer gewährt einem Miteigner ein ⇢ Sondernutzungsrecht, also das unwiderrufliche Recht, etwa einen Parkplatz exklusiv zu nutzen. Es handelt sich um eine Änderung der TE, denn diese sieht vor, dass dieser Parkplatz allen Eigentümern zur Verfügung steht. Um eine TE-Vorgabe zu ändern, wäre aber eine Vereinbarung nötig, ein Mehrheitsbeschluss ist nichtig.

Rückwirkende BGH-Entscheidung

In den Jahren vor 2000 hatte der BGH – und mit ihm die unteren Gerichte – Änderungen von Vorgaben aus Gesetzen, der TE bzw. der GO oder einer früheren Vereinbarung akzeptiert, auch wenn sie nur von einer Mehrheit der Eigentümer beschlossen worden waren. Voraussetzung damals: Kein Eigentümer rief innerhalb der dafür geltenden einmonatigen Frist ab dem Beschlusstermin mit einer ⇢ Anfechtung das Gericht an. Das hätte den Mehrheitsbeschluss für ungültig erklärt. Der BGH hat also im Jahr 2000 seine Rechtsmeinung geändert. Das passiert höchst selten, sodass Juristen von einer Jahrhundertentscheidung sprechen. Zudem: Die Entscheidung des BGH wirkt auch für die Zeit vor der Urteilsverkündung. Wäre also zum Beispiel 1990 ein Sondernutzungsrecht mit einem bestandskräftigen Mehrheitsbeschluss erteilt worden, wäre es ab dem 20.9.2000 hinfällig. Eine möglicherweise unzulässige Rückwirkung lag nicht in dieser Entscheidung, denn das Recht habe sich ja nicht geändert, die Rechtsprechung habe lediglich einen Erkenntnisgewinn.

Klage auf Feststellung der Nichtigkeit

Was aber soll ein Eigentümer unternehmen, der die Miteigner vergeblich darauf hinweist, dass eine ohne allseitige Zustimmung zustande gekommene Entscheidung eben keine Vereinbarung ist, sondern nur ein Beschluss, der in diesem Fall nichtig ist? Beharren sie darauf, die mehrheitliche Entscheidung umzusetzen, kann der Eigentümer bei Gericht auf Feststellung der Nichtigkeit klagen. Allein die Drohung mit einer Klage, deren Kosten die Uneinsichtigen tragen müssten, sollte sie zum Einlenken veranlassen. Anders als für eine Anfechtung, die innerhalb eines Monats nach der Beschlussfassung erfolgen muss, kann eine Klage jederzeit erhoben werden. Ein Anspruch etwa auf Aufhebung eines Sondernutzungsrechts, dessen Rechtsgrundlage durch das BGH-Urteil entfallen ist, verjährt nicht.

VERWALTERAUFGABEN

Der Verwalter muss mindestens einmal pro Jahr eine Eigentümerversammlung (EV) einberufen, die er meist leitet, und anschließend deren Beschlüsse ausführen. Zudem hat er für die ⇢ Instandhaltung der Wohnanlage, die Einhaltung der ⇢ Hausordnung und eine solide Finanzlage der Eigentümergemeinschaft (EG) zu sorgen. Wird sie mit Forderungen oder gar einer Klage konfrontiert, etwa von Handwerkern, Nachbarn oder auch einem der Eigentümer, geht die Post an den Verwalter, der alle Eigentümer über den Inhalt informieren und im Zweifel eine EV einberufen muss, damit sie fristgerecht die notwendigen Beschlüsse fasst, die er dann umsetzt. All das gibt das Wohnungseigentumsgesetz vor. Wird die Gemeinschaft der Eigentümer verklagt, hat der Verwalter kraft Gesetzes sogar die Vollmacht, ihre Rechte zu wahren. Vernachlässigt er seine Pflichten, ist er schadenersatzpflichtig. Die ⇢ Teilungserklärung (TE) bzw. die ⇢ Gemeinschaftsordnung (GO) und Beschlüsse der EV können ihm weitere Aufgaben übertragen.

WIE SORGT DER VERWALTER FÜR VERBINDLICHE BESCHLÜSSE?

Der Verwalter muss mindestens einmal im Jahr alle Eigentümer zu einer ⇢ Eigentümerversammlung einberufen. So bestimmt es § 24 (1) WEG. Er leitet das Treffen nach § 24 (5) (WEG) und sorgt für eine ordnungsgemäße ⇢ Beschlussfassung, wenn die Teilnehmer nicht ausnahmsweise mit einem Antrag zur ⇢ Geschäftsordnung einen anderen Versammlungsleiter wählen.

Beschlüsse archivieren

Die Beschlüsse muss der Verwalter nach § 24 (8) WEG in die ⇢ Beschlusssammlung eintragen, damit Sie als Eigentümer die Entscheidungen bei Bedarf nachlesen können. Zudem sollen sich hier Interessenten, die eine der Wohnungen kaufen wollen, über die in der Gemeinschaft geltenden Regelungen informieren können.

WAS MUSS DER VERWALTER BEI DER UMSETZUNG DER BESCHLÜSSE BEACHTEN?

Die Verantwortung dafür, dass die Beschlüsse der EV unverzüglich umgesetzt werden, trägt nach § 27 (1) WEG der Verwalter. Trödelt er dabei, kann ihn die EV abmahnen, im Wiederholungsfall wäre es ein wichtiger Grund für eine Abwahl (→ Verwalterwahl). Alternativ kann ein Wohnungseigentümer den Anspruch auf Durchführung des Beschlusses gegen die Eigentümergemeinschaft auch klageweise geltend machen, die dann entsprechend den Verwalter in Anspruch nimmt.

WIE AGIERT DER VERWALTER IN STREITFÄLLEN?

Der Verwalter gerät in eine Zwickmühle, wenn ein Eigentümer mit einer → Anfechtung dafür sorgen will, dass ein Beschluss vom Gericht für unwirksam erklärt wird. Denn bis der Richter entscheidet, vergehen erfahrungsgemäß mindestens vier Monate, es kann auch doppelt so lange dauern. Doch der Streit kann noch lange weitergehen, wenn alle Rechtsmittel gegen diese Entscheidung ausgeschöpft werden. Bis zum endgültigen Richterspruch gilt der Beschluss aber als wirksam und der Verwalter muss ihn unverzüglich ausführen. Das kann für die Eigentümergemeinschaft zu kostspieligem Hin und Her führen. Beispiel: Die EV beschließt, ein angerostetes Wasserrohr vorsorglich komplett zu erneuern. Da das Thema angeblich nicht korrekt auf der Tagesordnung angekündigt war, ficht ein Eigentümer den Beschluss an. Falls der Richter ihm Recht gibt, der Verwalter aber für einen zügigen Beginn der Arbeiten gesorgt hat, müssten sie auf halbem Weg gestoppt werden. Es wäre nichts erreicht worden und die Handwerker würden dennoch ihr Geld verlangen. In einem solchen Fall kann der Verwalter versuchen, kurzfristig eine neue → Beschlussfassung herbeizuführen. Sie könnte entweder streng nach Vorschrift ablaufen, sodass der Anfechtungsgrund entfällt, oder zumindest bestimmen, dass die Arbeiten erst beginnen oder fortgesetzt werden sollen, wenn über die Anfechtung entschieden ist.

Nichtiger Beschluss

Ist ein Beschluss nichtig, zum Beispiel weil er gegen zwingende Gesetze verstößt, nicht eindeutig genug formuliert ist oder die EV gar nicht über solche Dinge mit einem Mehrheitsentschluss entscheiden darf (⇢ Beschlussfassung), darf ihn der Verwalter nicht ausführen. Ist er unsicher, ob ein Beschluss nichtig ist, kann er Rechtsrat einholen oder versuchen, das Problem durch einen weiteren Beschluss der Eigentümer zu beseitigen.

WIE HÄLT DER VERWALTER DIE WOHNANLAGE IN GUTEM ZUSTAND?

Der Verwalter muss nach § 27 (1) WEG für die ⇢ Instandhaltung und ⇢ Instandsetzung des Gemeinschaftseigentums sorgen. Damit ist nicht gemeint, dass er selbst Hand anlegt. Seine Aufgabe ist es, die Reparaturen zu organisieren.

Dabei gilt generell: Er muss die EV über Schäden informieren; sie entscheidet dann, wie sie diese wann und zu welchen Kosten beseitigen will. Der Verwalter führt ihren Beschluss aus. Ohne einen solchen Auftrag darf er die Handwerker beauftragen bei:

- Kleinreparaturen bis zu den Höchstbeträgen, die in der Regel im Verwaltervertrag festgelegt sind.
- Notfällen, zum Beispiel einem Bruch des Hauptwasserrohrs, in denen er in ⇢ Notgeschäftsführung handeln darf.

Näheres siehe ⇢ Instandsetzung des Gemeinschaftseigentums.

Eine weitere Ausnahme: Nach § 27 (1) WEG darf der Verwalter ohne entsprechenden Beschluss der EV die notwendigen Maßnahmen genehmigen, wenn Eigentümer auf eigene Rechnung eine Telefonleitung oder ein Stromkabel, etwa für Nachtstrom, durch das Gemeinschaftseigentum verlegen wollen. Denn auf solche Anschlüsse haben sie nach § 20 (2) WEG Anspruch, was entsprechend auch für Kabelfernsehleitungen oder Internet-Glasfaserkabel gilt.

Die Instandhaltung Ihrer Wohnung, also Ihres ⇢ Sondereigentums, ist allein Ihre Sache als Eigentümer. Bricht jedoch die Hauptwasserleitung, die in einer Wand Ihrer Wohnung zu den angrenzenden Wohnungen verläuft und zum ⇢ Gemeinschaftseigentum gehört, muss der Verwalter für die Reparatur sorgen.

Anders verhält es sich, wenn nicht der Hauptstrang gebrochen ist, sondern die Abzweigung etwa zu Ihrer Badewanne: Solche Rohre sind Teil des Sondereigentums. Hierfür ist der Verwalter nur zuständig, falls Sie ihn beauftragt haben oder in Ihrer Abwesenheit als Notgeschäftsführer. Mehr dazu unter ⇢ Instandsetzung der Eigentumswohnung.

WIE SICHERT DER VERWALTER DIE FINANZEN DER EIGENTÜMERGEMEINSCHAFT?

Der Verwalter muss nach § 27 (1) WEG alle Zahlungen der EG abwickeln, zum Beispiel für Treppenhausstrom, Wasser, Abwasser, Müllabfuhr, Heizenergie, Wartungs- und Reparaturarbeiten. Dabei muss er die Berechtigung der Forderungen prüfen und auf die Termine achten, damit keine Mahngebühren anfallen. Belohnen umgekehrt Lieferanten eine schnelle Bezahlung mit Skonto, muss der Verwalter dies nutzen.

Ebenso muss er den Zahlungseingang überwachen, etwa Mieten von Nutzern des gemeinschaftlichen Partyraums oder von einer Agentur, die eine Werbetafel an einer Hausfront anbringen durfte, vor allem aber die Kostenbeiträge der Wohnungseigentümer, also das monatliche ⇢ Hausgeld und etwaige ⇢ Sonderumlagen. Säumige Zahler muss der Verwalter mahnen. Eine ⇢ Klage bei Gericht darf er nach § 9 b (1) WEG ebenfalls einreichen, denn er vertritt die Wohnungseigentümergemeinschaft kraft Gesetzes auch gerichtlich.

Budgetplanung

Die im aktuellen Kalenderjahr zu erwartenden Einnahmen und Ausgaben der EG muss der Verwalter laut § 28 (1) WEG im ⇢ Wirtschaftsplan gegenüberstellen. Daraus leitet er die Kostenbeiträge der einzelnen Eigentümer ab, hinzu kommen ihre Beiträge zur ⇢ Erhaltungsrücklage und sonstige Rücklagen. Hat die EV – gegebenenfalls nach Änderungen – diese Beträge beschlossen, sind die Eigentümer verpflichtet, darauf eine monatliche Abschlagszahlung zu überweisen, das ⇢ Hausgeld.

Geldbedarf

Wenn während des Jahres das Konto der EG ins Minus zu rutschen droht, muss sie der Verwalter informieren. Vielleicht fallen die Einnahmen wegen mangelnder Zahlungsmoral einiger Eigentümer geringer oder die Ausgaben wegen einer Energieteuerung höher aus, als im Wirtschaftsplan angesetzt – oder die Erhaltungsrücklage ist wegen einer unerwartet teuren Reparatur überfordert. Die EV muss dann das drohende Defizit abwenden, indem sie eine ⇢ Sonderumlage, welche die Eigentümer zahlen müssen, oder die Aufnahme eines ⇢ Kredits für die EG beschließt. Von sich aus darf der Verwalter keinen Kredit aufnehmen.

Sonderprüfung bei Verdacht

Fürchten Sie, dass der Verwalter Fehler vertuscht oder gar Gelder Ihrer EG unterschlägt?
Auch ohne Angaben von Gründen können Sie jederzeit nach Terminabsprache im Verwalterbüro die Verwaltungsunterlagen im Original einsehen und diese dort gegen Entgelt kopieren lassen, urteilte der BGH am 11.2.2011 (Az. V ZR 66/10). Worauf bei einer Kontrolle zu achten ist, steht bei ⇢ Jahresabrechnung. Kann der Verwalter verdächtige Sachverhalte nicht aufklären, sollten Sie die Miteigentümer informieren und versuchen, eine außerordentliche ⇢ Eigentümerversammlung einzuberufen. Der Verwalter muss dazu eingeladen werden, er sollte aber die Versammlung nicht leiten. Diese sollte nach § 28 (4) WEG per Beschluss fordern, dass der Verwalter eine aktuelle Zwischenabrechnung für die Wohnanlage vorlegt. Zudem ist zu beschließen, dass der Beirat oder einige andere Eigentümer auf Kosten der EG einen im Wohnungseigentumsrecht erfahrenen Anwalt um Rat fragen. Ist sicher, dass der Verwalter Geld veruntreute, sollte ihn die EV unverzüglich abwählen und zugleich auch seinen Vertrag kündigen (siehe ⇢ Verwalterwahl und -abwahl).

Kontoführung

Wenn der Verwalter Konten für die Gelder der Gemeinschaft benötigt, muss er sie auf den Namen der Eigentümergemeinschaft eröffnen. Der Fachbegriff: offene Fremdkonten oder auch offene Fremdgeldkonten. Das Recht dazu gibt ihm § 27 (1) WEG, sodass er keine Vollmacht der Eigentümer benötigt (⇢ Gemeinschaftsvermögen). Bei offenen Fremdkonten ist sichergestellt, dass das Vermögen der EG von dem des Verwalters oder dem anderer Gemeinschaften getrennt ist. Sollte er insolvent werden, wäre das Geld der Eigentümer vor seinen Gläubigern oder den anderer Gemeinschaften geschützt.

Versicherungen

Damit ein Schaden die Eigentümer nicht ruiniert, gehört es nach § 19 (2) Nr. 3 WEG zu einer ordnungsgemäßen Verwaltung, für das Gemeinschaftseigentum eine Feuerversicherung sowie eine Haus- und Grundbesitzerhaftpflichtversicherung abzuschließen. Konkret: Der Verwalter muss der EV konkurrierende Versicherungsangebote unterbreiten, sie entscheidet, welche Police es sein soll und er schließt dann den Vertrag. Tritt ein Schaden ein, den die EG versichert hat, muss der Verwalter die Versicherung unverzüglich informieren – und dann überwachen, ob sie korrekt bezahlt.

Achtung: Für den Abschluss ausreichender Versicherungen für Ihre Eigentumswohnung sind Sie selbst verantwortlich. Sie müssen der Versicherung auch die dort entstandenen Schäden selbst melden.

WIE LEGT DER VERWALTER RECHENSCHAFT ÜBER SEINE ARBEIT AB?

In der ⇢ Eigentümerversammlung erstattet der Verwalter einen Bericht über seine Arbeit seit der letzten Versammlung, ferner gibt er einen Ausblick auf anstehende Aufgaben. Alle die Wohnanlage betreffenden Fragen der Eigentümer muss er nach bestem Wissen und Gewissen beantworten. Außerhalb einer EV muss der Verwalter den Eigentümern nur Rede und Antwort stehen, wenn dazu ein akuter Bedarf besteht.

Für das abgelaufene Kalenderjahr muss der Verwalter nach § 28 (2) WEG eine ⇢ Jahresabrechnung erstellen, die alle Einnahmen und Ausgaben der EG gegenüberstellt. Ebenso muss er der EV die Beträge auf ihren Konten und den Wert der Erhaltungsrücklage mitteilen. Diese Daten muss er rechtzeitig vor der EV vorlegen, damit die Eigentümer sie in Ruhe prüfen können. Sie haben auch das Recht, die Originalunterlagen in seinem Büro einzusehen. Eine eingehende Prüfung der Jahresabrechnung bildet ansonsten den Schwerpunkt der ⇢ Verwaltungsbeiratsarbeit.

WIE HILFT DER VERWALTER DEN EIGENTÜMERN, IHRE RECHTE ZU WAHREN?

Wenn Streitigkeiten, welche sachlich mit der Wohnanlage zu tun haben, vor Gericht landen, informiert es den Verwalter darüber – und er ist nach § 27 (1) WEG verpflichtet, dann unverzüglich die Wohnungseigentümer zu unterrichten. Das gilt für ⇢ Klagen und die ⇢ Anfechtung von Beschlüssen, aber zum Beispiel auch, wenn die Zwangsversteigerung einer der Eigentumswohnungen beantragt wurde.

Ersatzanschrift festlegen

Bei Verfahren, in denen der Verwalter selbst Partei ist, weil ihn zum Beispiel die EG wegen Schadenersatz verklagt hat oder er umgekehrt die Eigentümer wegen strittiger Honorarzahlungen, geht die Gerichts- und Anwaltspost für die Gemeinschaft besser nicht an den Verwalter. Denn er könnte versucht sein, die Eigentümer unzureichend darüber zu informieren. Deshalb wird die Gemeinschaft nach § 9 b (2) WEG dem Verwalter gegenüber vom Vorsitzenden des Verwaltungsbeitrages vertreten oder durch einen durch Beschluss ermächtigten Wohnungseigentümer.

Empfangsbevollmächtigter

Sind etwa Gebührenbescheide an alle Eigentümer gerichtet oder gibt es Schriftverkehr in Vertragsangelegenheiten der EG zum Beispiel mit Handwerkern, dann darf der Verwalter die Briefe ebenfalls entgegennehmen. Was ihm zugeht, gilt juristisch, als wäre es bei den Eigentümern angekommen. Er haftet entsprechend dafür, dass diese unverzüglich informiert werden und darf auch selbstständig tätig werden, um Fristen, deren Überschreitung droht, zu verlängern. Um die Eigentümer vor Nachteilen zu bewahren, darf er ferner kraft Gesetzes – also ohne einen Beschluss der EV – Einspruch einlegen oder zum Beispiel bei einem Streit mit Handwerkern über Pfusch ein Beweissicherungsverfahren einleiten, bei dem ein Gutachter die umstrittenen Arbeiten prüft. Sollten hier aber erhebliche Kosten entstehen, muss er sich bevollmächtigen lassen.

Vertretung vor Gericht

In Prozessen, die gegen die EG oder alle Eigentümer gerichtet sind, schreibt das Gesetz dem Verwalter vor, diese zu vertreten. In Praxis wird er sich dabei von einem Anwalt unterstützen lassen.

WIE SETZT DER VERWALTER DIE HAUSORDNUNG DURCH?

Der Verwalter ist nicht der Aufpasser des Hauses. Er und seine Mitarbeiter müssen nicht im Treppenhaus Wache schieben, um einzuschreiten, wenn ein Bewohner zur Unzeit musiziert oder sein Fahrrad in den Hausflur statt in den Fahrradkeller stellt. Der Verwalter muss aber dafür sorgen, dass derlei möglichst nicht vorkommt. Dazu muss er – etwa durch einen Aushang im Eingangsbereich – sicherstellen, dass jeder Bewohner die ⇢ Hausordnung kennt, und gegebenenfalls Hinweis- und Verbotsschilder anbringen. Wenn Störungen gemeldet werden, hielt das LG Hannover in einem Urteil vom 21.5.1986 (Az. 1 T 134/85) stichprobenweise Kontrollen für notwendig. Zudem muss der Verwalter die Störer ansprechen und bei wiederholten Verstößen abmahnen. Wenn es sich um Mieter handelt, wendet er sich an den Eigentümer, damit dieser seine mietvertraglichen Rechte zur Durchsetzung nutzt. Eine unmittelbare Handhabe gegenüber einem Mieter hat die Gemeinschaft nämlich nicht. Eine Klage dürfte der Verwalter jedoch gegen störende Eigentümer nur einreichen, nachdem dies die EV beschlossen hat.

§

Verwalteraufgaben festgelegt

Die im § 27 (1) WEG genannten Aufgaben und Befugnisse des Verwalters können nach § 27 (2) WEG durch Beschluss eingeschränkt oder erweitert werden. Durch den Verwaltervertrag kann dies nicht erfolgen, soweit dessen Inhalt nicht ebenfalls Beschlussgegenstand ist.

WELCHE AUFGABEN KÖNNEN DEM VERWALTER ZUSÄTZLICH ÜBERTRAGEN WERDEN?

Kontrollfunktion

Die ⇢ Teilungserklärung (TE) bzw. die ⇢ Gemeinschaftsordnung (GO) können vorschreiben, dass vor dem Verkauf einer Eigentumswohnung eine ⇢ Zustimmung zur Veräußerung beim Verwalter einzuholen ist. Er prüft dann, ob der angehende Erwerber befürchten lässt, dass er die Hausordnung missachtet oder sein Hausgeld nicht pünktlich zahlt. Entsprechend könnte die TE bzw. GO vor einer Vermietung eine Verwalterzustimmung verlangen.

Rechenaufgabe

Häufig sieht der ⇢ Verwaltervertrag vor, dass der Verwalter bis zu bestimmten Terminen den Wirtschaftsplan und die Jahresabrechnung vorlegen sowie die Eigentümerversammlung, in der über diese Rechenwerke beschlossen wird, einberufen muss. Ferner kann ihm zum Beispiel per Vertrag aufgetragen werden, das ⇢ Protokoll der EV zu verfassen und zu versenden sowie jedem Bewohner für das Finanzamt eine Bescheinigung über die Ausgaben für haushaltsnahe Dienst- und Handwerkerleistung auszustellen.

VERWALTERSUCHE

Die Qualitäten des Verwalters entscheiden wesentlich darüber, ob sich die Bewohner in einer Wohnanlage wohlfühlen und die Eigentümer Freude an ihrer Investition haben. Entsprechend sorgfältig sollten ihn die Eigentümer auswählen. Dabei können sie einen Außenstehenden mit der Aufgabe betrauen oder einen Miteigentümer. Statt einen Verwalter zu bestimmen, können die Eigentümer die ⇢ Verwalteraufgaben unter sich aufteilen. Doch das bewährt sich auf Dauer allenfalls in kleinen Wohnanlagen. Gesetzlich ist eine ⇢ Verwalterwahl vorgeschrieben, wenn auch nur ein Miteigner es wünscht.

WER DARF VERWALTER WERDEN?

Laut Gesetz gibt es nur eine Voraussetzung, die ein Verwalter erfüllen muss: Er darf nicht einschlägig mit einem Vermögensdelikt vorbestraft sein. Sonst würde der Amtsrichter seine Bestellung für nichtig erklären, falls ein Eigentümer unter Hinweis auf die Vorstrafe den Beschluss anfechten würde. Sonst kann jede geschäftsfähige natürliche Person das Amt übernehmen, Vorkenntnisse sind nicht erforderlich, urteilte das LG Stuttgart am 29.7.2015 (Az. 10 S 68/14). Es genüge, wenn der Kandidat glaubhaft mache, dass er sich in die ihm bis dahin völlig fremde Aufgabe intensiv einarbeiten wolle. Auch Kapital- und Personengesellschaften sind zugelassen, mit Ausnahme der BGB-Gesellschaft, da für diese kein Register geführt wird und deshalb die Gesellschafter nicht erkennbar sind. Selbst eine haftungsbeschränkte Unternehmergesellschaft (UG) ist nicht per se ausgeschlossen.

Seit dem 1.8.2018 bedarf die gewerbliche Tätigkeit als Wohnungseigentumsverwalter einer Erlaubnis nach § 34c der Gewerbeordnung, wie dies auch für Makler gilt. Die Erlaubnis erfordert den Nachweis einer Berufshaftpflichtversicherung. Zudem besteht eine Weiterbildungsverpflichtung. Verfügt eine als Verwalter in Aussicht genommene natürliche oder juristische Person nicht, noch nicht oder nicht mehr über diese Erlaubnis, ist sie ungeeignet und die Bestellung nicht ordnungsgemäß. Der Bestellungsbeschluss kann dann erfolgreich mit der Beschlussklage angegriffen werden. Der Beschluss ist jedoch nicht nichtig. Verliert der Verwalter seine gewerberechtliche Erlaubnis, besteht nach § 18 (2) WEG ein Anspruch auf dessen Abberufung.

Jeder Wohnungseigentümer hat gemäß §§ 19 (2) Nr. 6, 48 (4) WEG ab dem 1.12.2022 grundsätzlich einen Anspruch auf Bestellung eines zertifizierten Verwalters. Als zertifizierter Verwalter darf sich nach § 26 a (1) WEG bezeichnen, wer durch eine Prüfung vor der Industrie- und Handelskammer nachgewiesen hat, dass er über die für die Tätigkeit als Verwalter notwendigen rechtlichen, kaufmännischen und technischen Kenntnisse verfügt. Die Einzelheiten über die Prüfung werden in einer vom Bundesministerium der Justiz und Verbraucherschutz noch zu erlassenden Rechtsverordnung geregelt. In der Sache geht es um einen Sachkundenachweis. Verwalter, die am 1.12.2020 bereits bestellt waren, gelten gegenüber der konkreten Gemeinschaft bis zum 1.6.2024 als zertifizierter Verwalter, auch wenn sie noch keine Prüfung abgelegt haben.

Wird ab dem 1.12.2022 ein nicht-zertifizierter Verwalter bestellt, ist der Bestellungsbeschluss anfechtbar, aber nicht nichtig.

§ 19 (2) Nr. 6 WEG sieht von diesem Anspruch auf einen zertifizierten Verwalter eine Ausnahme für Fälle der Eigenverwaltung in Kleinanlagen vor: In Gemeinschaften mit weniger als neun Sondereigentumseinheiten besteht kein Anspruch auf die Bestellung eines zertifizierten Verwalters, wenn einer der Wohnungseigentümer zum Verwalter bestellt wurde. Eine Rückausnahme besteht jedoch für den Fall, dass mindestens ein Drittel der Wohnungseigentümer die Bestellung eines zertifizierten Verwalters verlangt. Dabei ist auf die Zahl der Köpfe abzustellen. Praktisch wirkt sich dieses Quorum also nur in Anlagen ab vier

Einheiten aus, denn in Zweier- oder Dreier-Anlagen repräsentiert bereits ein einzelner Wohnungseigentümer mehr als ein Drittel.

Ausschlussgründe

Wegen der geforderten klaren Verantwortung kann ein Verwaltervertrag nicht mit einer juristisch abhängigen örtlichen Firmenniederlassung abgeschlossen werden, sondern stets nur mit ihrer Zentrale. Dabei sollten Wohnungseigentümer bedenken, dass es die Abstimmung erschwert, wenn der letztlich Verantwortliche in der Ferne residiert und vor Ort nur Mitarbeiter mit beschränkten Befugnissen erreichbar sind. Wenn die Eigentümer untereinander heftig streiten, sollte kein Bewerber gewählt werden, der von Beginn an eindeutig zu einer der Streitparteien gehört. Mangels einschlägiger Ausbildung hob das LG Düsseldorf am 18.10.2013 (Az. 25 S 7/13) den Wahlbeschluss für einen Verwalter auf, der sich zudem kaum in Verwaltungsfragen auskannte. Neutralität und Erfahrung seien in einer verfahrenen Situation unabdingbar. Das LG Stuttgart (Urteil vom 29.7.2015, Az. 10 S 68/14) ist nicht so streng. Es fordert weder eine betriebswirtschaftliche noch eine rechtliche Ausbildung. Auch Geld spielt eine Rolle: Das LG Berlin erklärte am 23.9.2014 (Az. 55 S 302/12) die Wahl eines Verwalters für ungültig, weil er bei gleichem Leistungsangebot 45 Prozent mehr Honorar verlangte als ein Konkurrent.

WELCHE ART VON VERWALTER PASST ZUR EIGENTÜMERGEMEINSCHAFT?

Es gibt etliche Interessenten für die Verwaltung einer Wohnanlage: von der Spezialfirma mit zahlreichem Fachpersonal über Immobilienmakler mit angeschlossener Verwaltungsabteilung bis hin zu Ein-Mann-Betrieben, vielleicht mit Teilzeitkräften. Aber sogar einige Handwerksmeister oder auch Steuerberater befassen sich nebenbei mit Verwaltungen.

Anstehende Aufgaben

Bevor eine Eigentümergemeinschaft einen neuen Verwalter auswählt, sollte sie ihre bisherigen Erfahrungen mit Verwaltern Revue passieren lassen. Welche ihrer Eigenschaften waren hilfreich, welche führten zu Konflikten? Kritisch ist auch das Verhalten der Eigentümer zu bedenken. Beanspruchen Einzelne zum Beispiel gern Rechte für sich, die ihnen gar nicht zustehen, spricht das dafür, einen Verwalter zu wählen, der sich gut im Wohnungseigentumsrecht auskennt und ihnen damit Paroli bieten kann. Er wüsste auch, wie man die Beschlüsse eindeutig formuliert und die Abstimmung formal korrekt organisiert. Schließlich sollen sie vor Gericht Bestand haben, falls ein Eigentümer dagegen mit einer ⇢ Anfechtung vorgeht. Halten sich etliche Bewohner nicht an die Hausordnung, sollte der Verwalter genug Persönlichkeit besitzen, um energisch gegenzuhalten. Auch die konkreten Aufgaben sollten bedacht werden: Stehen zum Beispiel umfassende Instandsetzungs- und Modernisierungsarbeiten an, spricht das für einen Verwalter mit einschlägiger Erfahrung oder Ausbildung in Bautechnik.

Größe der Wohnanlage

Selbstverständlich spielt die Größe der Wohnanlage eine Rolle. Umfasst sie hundert und mehr Eigentümer, kann nur eine etablierte, größere Firma sie verwalten. Allein für die Organisation der Eigentümerversammlung sind mehrere erfahrene Personen nötig, um die Diskussion zu leiten, Protokoll zu führen oder die Stimmkarten einzusammeln und zu zählen. Der Verwalter sollte für solche großen Versammlungen am Besten einiges vom Talent eines Showmasters besitzen, um auch turbulente Diskussionen im Griff zu behalten. Abseits der Großanlagen bewältigt dagegen auch ein Kleinbetrieb die anstehenden Aufgaben, wenn es der Chef verstand, sich ein Netzwerk kompetenter Helfer aufzubauen. Mit sachkundigen Helfern lässt sich ein kleineres Objekt, dessen Eigentümer harmonisch zusammenwirken, sogar nebenberuflich betreuen. Ein solcher Verwalter sollte aber – soweit vorhersehbar – genügend Zeit für den Zusatzjob besitzen und sich im Hauptberuf möglichst mit Aufgaben befassen, die ihm bei der Hausverwaltung nützen, etwa als Sachbearbeiter bei einer Wohnungsgesellschaft.

Zuverlässige Kooperationen

Bei kleinen Verwaltungsbetrieben sind die Entscheidungswege kurz, doch muss der Chef zuverlässig erreichbar sein und für Krankheitstage oder seinen Urlaub einen festen Vertreter benennen. Vielleicht springt bei Notfällen – etwa einem Wasserrohrbruch – ein Miteigentümer oder der Verwaltungsbeirat ein, dem der Verwalter eine Liste geeigneter Handwerker hinterlassen hat. Andere Aufgaben des Verwalters können meist einige Wochen warten, bis er wieder amtiert. Vieles lässt sich auch delegieren. Die Jahresabrechnung kann ein Buchhaltungsbüro übernehmen, bei Problemen rund ums Finanzamt hilft ein Steuerberater, bei den oft kniffligen Rechtsfragen in einer Wohnanlage ein spezialisierter Anwalt. Wichtig ist, dass der Verwalter seine Helfer aus seinem Grundhonorar bezahlt (⇢ Verwaltervertrag) und nicht zum Beispiel die Rechnungen seines Juristen, den er mangels eigener Kenntnisse im WEG-Recht häufig fragen muss, an die Eigentümergemeinschaft weiterreicht. Stets muss der Verwalter dabei eigenverantwortlich die Fäden in der Hand halten, die Verwaltung einer Wohnanlage sei eine höchstpersönliche Aufgabe, befand das LG Karlsruhe am 7.8.2012 (Az. 11 S 180/11).

Haftpflicht für Vermögensschäden

Ein nebenberuflicher Verwalter findet oft nur schwer eine Vermögensschaden-Haftpflichtversicherung, die seine Kunden entschädigt, wenn er grob fahrlässig eine teure Fehlentscheidung getroffen hat. Auf solchen Schutz sollten Wohnungseigentümer aber bestehen.

Kreditwürdigkeit vorausgesetzt

Damit ein Verwalter in die engere Wahl kommen darf, muss er kreditwürdig sein, urteilte der BGH am 22.6.2012 (Az. V ZR 190/11). Da es im verhandelten Fall daran mangelte, hob er die Bestellung eines Verwalters auf, der in der Rechtsform einer haftungsbeschränkten Unternehmergesellschaft auftrat. Diese verfügte in der 2008 eingeführten Leichtversion einer GmbH nur über 500 Euro Stammkapital und der Geschäftsführer war nicht bereit, ergänzend persönlich zu haften. Bei einer GmbH oder anderen Rechtsformen mit persönlicher Haftung darf eine ausreichende Kreditwürdigkeit vermutet werden, es sei denn die Verwalterfirma wäre im Gerede.

WELCHE QUALIFIKATIONEN SOLLTE EIN VERWALTERKANDIDAT BESITZEN?

Ob selbstständiger Verwalter oder Firmenangestellter: Das Gesetz verlangt vom Verwalter einer Wohnanlage für die Berufsausübung keine Ausbildung oder spezielle Sachkenntnisse. Umso genauer sollten die Eigentümer die Qualifikationen der Kandidaten prüfen, wenn sie die Verwaltung in neue Hände legen wollen. Denn die Arbeit des Verwalters entscheidet wesentlich darüber, ob sich die Bewohner – ob Selbstnutzer oder Mieter – in der Wohnanlage wohlfühlen und sich der Erwerb der Wohnungen für die Eigentümer letztlich lohnt.

Persönlichkeit

Soll eine größere Verwalterfirma den Zuschlag erhalten, ist genau zu klären, wer nach Vertragsschluss tatsächlich für die Verwaltung der Wohnanlage zuständig wäre: Auf diese Person kommt es an. Der Verwalter muss zudem zum Stil der Wohnanlage passen. Zum Beispiel wird ein hemdsärmelig-zupackender Typ im Normalfall gut ankommen, Bewohner einer Nobeladresse könnten jedoch pikiert reagieren.

Prüfliste

Die folgende Prüfliste gibt Anregungen, worauf Wohnungseigentümer bei der Suche nach ihrem künftigen Verwalter achten sollten. Etliche der Fragen werden die Eigentümer auch nach einem Besuch in seinem Büro und einem Gespräch mit ihm nicht verlässlich beantworten können, aber vielfach ergeben sich zumindest Eindrücke. Manches klärt sich auch erst, wenn man Eigentümer und insbesondere die Verwaltungsbeiräte in den von ihm betreuten Wohnanlagen anspricht und über seine Arbeit befragt.

Was ein guter Kandidat bietet

Menschliche Qualitäten

- Tritt er Menschen unverkrampft gegenüber?
- Drückt er sich klar aus?
- Hört er Gesprächspartnern zu und versteht er es, ihre Anliegen aufzugreifen?
- Zeigt er auf Nachfrage selbstbewusst eine Liste aller Wohnanlagen, die er verwaltet – oder nennt er als Referenzobjekt nur eine oder zwei, wo es gut läuft?

Fachliche Qualifikation

- Verfügt der Verwalter über die notwendige Gewerbeerlaubnis nach § 34 c der Gewerbeordnung?
- Handelt es sich um einen von der Industrie- und Handelskammer zertifizierten Verwalter?
- Wie viele Jahre arbeitet er bereits als Verwalter? Welche sonstige Berufserfahrung bringt er mit?
- Verfügt er über eine handwerkliche Ausbildung oder ein Studium im Bereich Bau- und Haustechnik?
- Verfügt er über eine kaufmännische bzw. juristische Ausbildung oder ein einschlägiges Studium?
- Nahm er nachweislich in den letzten Jahren an Weiterbildungskursen zu Themen der Hausverwaltung teil?
- Arbeitet er hauptberuflich als Verwalter oder nebenbei? Welche Haupttätigkeit übt er aus?
- Welche Aufgaben würde der Verwalter persönlich ausführen, welche würde er an eigene feste Mitarbeiter bzw. an Drittfirmen übertragen? Behält er dabei die wichtigen Aufgaben in der Hand?

- Hat er sich beim Erstgespräch durch wohlüberlegte Fragen genau über die Wohnanlage informieren lassen und sie in der Folgezeit besichtigt?
- Wirkt sein Arbeitsplatz bei einem Besuch wohl organisiert?
- Welche Fachbücher stehen im Regal, welche Fachzeitschriften hat er abonniert?
- Gehört er Berufsverbänden an, zum Beispiel dem Verband der Hausverwalter (VDH), dem Bundesfachverband der Wohnungsverwalter (BfW) oder der Maklerorganisation Immobilienverband Deutschland (IVD), die Mindestanforderungen an die Qualifikation stellen und Weiterbildungskurse anbieten?

Leistungsfähigkeit des Betriebs

- Wie viele Mitarbeiter sind in der Verwaltungsfirma in Vollzeit, in Teilzeit oder im Minijob beschäftigt?
- Verfügt der Betrieb über genügend qualifizierte Mitarbeiter und eine leistungsfähige Büroausstattung, um den Auftrag zuverlässig abwickeln zu können?
- Welche Arbeiten vergibt er an Drittfirmen, etwa die Jahresabrechnung an ein Buchungsbüro oder das Mahnwesen an einen Anwalt?
- Würde neben der Verwaltung des Gemeinschaftseigentums auf Wunsch auch die Betreuung vermieteter Wohnungen übernommen?
- Sieht es in den Büros der Mitarbeiter wohl geordnet aus oder herrscht Chaos?
- Wer vertritt den Chef bei Urlaub oder Krankheit?
- Ist die technische Ausstattung darauf eingerichtet, eine Online-Teilnahme an der Eigentümerversammlung zu ermöglichen?

Qualität des Angebots

- Sind die als Beispiele vorgelegten Jahresabrechnungen betreuter Wohnanlagen vergleichbarer Größe verständlich?
- Werden mit der Einladung zur Eigentümerversammlung und der Tagesordnung zugleich die vorliegenden Beschlussanträge verschickt? Werden Formulare beigelegt, auf denen Ei-

gentümer, die nicht teilnehmen werden, anderen Personen eine Vollmacht erteilen können?

- Welche Termine würde der Verwalter vertraglich zusagen, bis zu denen spätestens die Jahresabrechnung und der Wirtschaftsplan sowie die Einladung zur Eigentümerversammlung an alle Eigentümer verschickt werden? Welchen spätesten Termin würde er für die Versammlung selbst zusagen? Und in welchem Abstand würde danach das Versammlungsprotokoll erstellt? Würde er es an alle Eigentümer verschicken, was nicht zu seinen gesetzlichen Pflichten gehört, aber sinnvoll ist?
- Ist er bereit, einen Entwurf des Verwaltervertrags vorzulegen, damit die Eigentümer ihn mit denen der Konkurrenten vergleichen können? Wenn ja: Ist der Vertragsentwurf klar gegliedert, verständlich formuliert und in den Konditionen fair? Handelt es sich um einen professionellen Mustervertrag oder einen schlecht formulierten „Eigenbau"? Ist der Entwurf auf dem aktuellen Rechtsstand?
- Würde er mit den bisher in der Wohnanlage tätigen Handwerksfirmen und dem Putzdienst zusammenarbeiten, wenn die Eigentümer das wünschen?
- Hat er für die von ihm verwalteten Immobilien einen Notdienst mit leistungsfähigen Handwerkern organisiert?
- Verfügt er über ein Netzwerk (Steuerberater, im Wohnungseigentumsrecht erfahrener Anwalt, seriöse Versicherungsfachleute, Architekten, Ingenieure), das ihn (und die Eigentümer) bei schwierigen Sachverhalten berät?
- Bietet der Verwalter Informationsveranstaltungen für die von ihm betreuten Wohnungseigentümer und insbesondere deren Verwaltungsbeiräte an, auf denen er und hinzugezogene Fachleute etwa über Rechtsfragen oder Bautechnik informieren? Bieten sie tatsächlich objektive Informationen oder handelt es sich eher um Werbe- und Verkaufsgespräche?
- Verfügt der Verwalter über eine ausreichende Vermögensschaden-Haftpflichtversicherung?
- Wie sieht es mit einer Vertrauensschadenversicherung aus?

Beurteilung durch Referenzen

- Kann man sich auf Terminzusagen des Verwalters und sonstige Absprachen mit ihm verlassen?
- Konnte der Verwalter bei Konflikten innerhalb der Eigentümergemeinschaft mit Sachkompetenz und Einfühlungsvermögen vermitteln?
- Arbeitet er mit leistungsfähigen, preiswerten Handwerks- und Servicefirmen zusammen und kann er sie effizient einsetzen?
- Wurde er bei Vertragsende häufig wiedergewählt, was mehr beweist als letztlich doch kaum nachprüfbare Aussagen über seine Arbeit.

VERWALTERVERTRAG

Der Verwalter soll vielfältige Aufgaben übernehmen. Doch manche bestimmt das Gesetz nicht präzise genug, andere gar nicht. Auch über die Bezahlung des Verwalters sagt es nichts aus. Deshalb ist es nötig, die Details der Zusammenarbeit des Verwalters mit der Eigentümergemeinschaft vertraglich zu regeln.

WAS IST BEIM AUSHANDELN EINES VERTRAGSENTWURFS ZU BEACHTEN?

Hat die ···› Verwaltersuche zu zwei oder drei Verwalterkandidaten geführt, die der EG geeignet erscheinen, sollte sie den ···› Verwaltungsbeirat oder – wenn keiner gewählt wurde – eine kleine Gruppe von Eigentümern beauftragen, bei jedem Kandidaten einen Vertragsentwurf einzuholen bzw. auszuhandeln. Es gehört zu einer ···› ordnungsgemäßen Verwaltung, dass bereits vor der ···› Verwalterwahl zumindest das Honorar und die Laufzeit des Verwaltervertrags mit den Kandidaten ausgehandelt wurden. Diese Eckpunkte – oder besser noch der fertige Vertrag – werden dann in derselben Eigentümerversammlung, die den Verwalter wählt, mit beschlossen. So urteilte der BGH am 27.2.2015 (Az. V ZR 114/14).

Professionelle Verwalter nutzen meist einen vorgedruckten Standardvertrag, Juristen sprechen von einem Formularvertrag. Er bietet für die EG den Vorteil, dass nach den Verbraucherschutzbestimmungen des BGB unfaire Klauseln im Streitfall vor Gericht für ungültig erklärt würden. Doch auch das kostet Zeit und Geld, also sollten die Eigentümer bedenkliche Klauseln gar nicht erst unterzeichnen. Man könnte zwar argumentieren, durch die Unwirksamkeit einer Klausel sei man genug geschützt. Doch dagegen spricht, dass die Klausel erst einmal faktisch vollzogen wird, der Schaden tritt also erst einmal ein. Zudem macht es zumeist einen guten Eindruck, wenn der Verwalter schon ganz am Anfang einer Vertragsbeziehung merkt, dass er kompetent kontrolliert wird.

Beispiele für unzulässige Klauseln

Unzulässig wären Bestimmungen, wodurch

- sich der Verwalter selbst auf Kosten der Eigentümergemeinschaft Aufträge erteilen kann,
- der Verwalter zwingend zum Versammlungsleiter erklärt wird,
- die Kosten für eine Veräußerungszustimmung auf den Veräußerer oder Erwerber abgewälzt wird,
- gegen ihn gerichtete Forderungen der Eigentümer in kürzerer Zeit verjähren, als es das Gesetz mit drei Jahren vorsieht, oder die Verjährungsfrist mit der Fehlhandlung des Verwalters, die zur Forderung führt, beginnen würde statt wie laut Gesetz erst dann, wenn die Eigentümer davon erfahren,
- auf schwer zu durchschauenden Wegen ein unüblich hohes Verwalterhonorar entsteht,
- der Verwalter auf Kosten der Eigentümer ohne deren Zustimmung uneingeschränkt Experten hinzuziehen darf, etwa Architekten oder Anwälte,

Vertragskontrolle

Ein Rechtsanwalt, der sich auf WEG-Recht spezialisiert hat, sollte die ausgehandelten Vertragsentwürfe prüfen. Dazu müssen sie mindestens 14 Tage vor der EV, auf der der Verwalter bestellt werden soll, vorliegen. So bleibt genug Zeit für die Prüfung und eventuell nötige Nachverhandlungen.

- der Verwalter eine Vergütung für zusätzliche Eigentümerversammlungen (EV) erhält, auch wenn diese durch seine Fehler etwa bei der Jahresabrechnung nötig wurden
- die Jahresabrechnung nach einer gewissen Zeit auch ohne einen Beschluss der EV als genehmigt gelten soll,
- der Verwalter sich das Recht einräumen lässt, Untervollmachten zu erteilen; denn dann könnte er rechtwidrig anderen Firmen die Verantwortung für Teile der Verwaltungstätigkeit übertragen.

FÜR WELCHE GRUNDLEISTUNGEN SOLL EIN BASISHONORAR GELTEN?

Hinsichtlich der Vergütung bestehen zwei verschiedene Ansätze, welche der BGH in seinem Urteil vom 5.7.2019 (V ZR 278/17) grundsätzlich für zulässig hält. Die Vertragsparteien können zum einen eine Pauschalvergütung für sämtliche Leistungen des Amtsinhabers vereinbaren. Dann sind Sondervergütungen im Zweifel nicht zulässig. Der Verwalter kann nach seiner Wahl aber auch einen Vertrag mit einer in Teilentgelte aufgespaltenen Vergütung abschließen. Unter dem Gesichtspunkt der ordnungsgemäßen Verwaltung erfordert eine solche Vergütungsregelung eine klare und transparente Abgrenzung derjenigen Aufgaben, die von einer vorgesehenen Grundvergütung erfasst sein sollen, von denen, die gesondert zu vergüten sind. Ferner muss bei den Aufgaben, die in jeder Wohnungseigentümergemeinschaft laufend anfallen, der tatsächliche Gesamtumfang der Vergütung erkennbar sein.

Der Vertragsentwurf sollte ein Basishonorar festlegen, das all die Arbeiten abdeckt, die quasi unvermeidlich jedes Jahr anfallen:

- Verwalten des laufenden Kontos der EG und ihrer Erhaltungsrücklage nebst Hausgeldinkasso,
- Jahresabrechnung,
- Wirtschaftsplan samt Einzelwirtschaftsplänen,

- Bescheinigungen der im Hausgeld enthaltenen Beträge für haushaltsnahe Dienstleistungen und Handwerkerleistungen, damit sie die Eigentümer bzw. ihre Mieter bei der Steuererklärung nutzen können,
- eine Sitzung mit dem Verwaltungsbeirat, um Fragen zur Jahresabrechnung und zum Wirtschaftsplan zu klären,
- genügend Sprechzeiten, zu denen Eigentümer die Unterlagen in den Räumen des Verwalters einsehen, gegebenenfalls gegen Kostenerstattung Kopien anfertigen sowie Fragen dazu stellen können,
- Einberufung und Leitung einer EV durch den Verwalter,
- Erstellen des Versammlungsprotokolls und sein Versand an die Eigentümer,
- Führen der Beschlusssammlung,
- Organisation anfallender Reparaturen,
- zwei sorgfältige Kontrollgänge pro Jahr durch das gesamte Gebäude und Grundstück, um Schäden und Verbesserungsmöglichkeiten zu erkennen.

Honorarhöhe

Das Honorar ist frei verhandelbar. Den Grundsätzen ordnungsmäßiger Verwaltung entspricht die Höhe der Verwaltervergütung in Höhe und Ausgestaltung, wenn sie dem Gebot der Wirtschaftlichkeit genügt. Dieses Gebot ist nicht schon verletzt, wenn die vorgesehene Verwaltervergütung über den üblichen Sätzen liegt. Die Wohnungseigentümer dürfen z. B. einen Verwalter, mit dem sie gut zurechtkommen, auch dann weiterbestellen, wenn er für seine Leistungen eine höhere Vergütung verlangt als ein anderer Bewerber. Eine deutliche Überschreitung der üblichen Verwaltervergütung wird den Grundsätzen ordnungsgemäßer Verwaltung indessen nur dann entsprechen, wenn sie auf Sachgründen beruht, deren Gewicht den Umfang der Überschreitung

Honorar-Richtwert

Als Orientierungswert für das Verwalterhonorar in einer Eigentumswohnanlage gelten in der Branche die Maximalsätze im öffentlich geförderten Wohnungsbau, die in § 26 der II. Berechnungsverordnung festgelegt sind. Seit dem 1.1.2020 betragen sie jährlich 356,79 Euro pro Wohnung sowie 38,92 Euro pro Garage. Die Beträge werden alle drei Jahre anhand des Verbraucherpreisindexes für Deutschland aktualisiert, das nächste Mal am 1.1.2023.

rechtfertigt. Diese Grundsätze gelten auch für Sondervergütungen, die für einzelne Leistungen des Verwalters vorgesehen sind, so der BGH in seinem Urteil vom 5.7.2019 (Az. V ZR 278/17). Auf das vereinbarte Honorar darf der Verwalter nur dann zusätzlich Mehrwertsteuer erheben, wenn dies im Vertrag ausdrücklich vorgesehen ist. Im Schnitt berechnen Verwalter monatlich zwischen 25 und 35 Euro pro Wohnung. Bei kleineren Wohnanlagen kann es pro Wohnung schon einmal wesentlich teurer werden, weil gewisse Basisarbeiten wie Jahresabrechnungen und Eigentümerversammlungen kaum von der Größe der Wohnungseigentümergemeinschaft abhängen und dennoch rentierlich kalkuliert werden. Vielfach verlangen Verwalter auch einen Grundbetrag und dazu einen bestimmten Betrag je Wohneinheit. Denn zum einen sind Aufgaben zu erledigen, die weitgehend unabhängig von der Größe der Wohnanlage sind, etwa die Überweisung der Ver- und Entsorgungsgebühren. In anderen Fällen steigt der Arbeitsumfang mit der Zahl der Wohnungen, etwa bei der Kostenabrechnung und der Kontrolle der Zahlungseingänge. Aber auch der Zustand der Anlage spielt eine Rolle. Ältere Bauten und zumal solche mit Modernisierungsstau sind störanfällig, der Verwalter muss häufiger kontrollieren und Reparaturen organisieren. Ein anderes Kriterium: Häuser mit vielen Ein-Zimmer-Apartments machen typischerweise pro Einheit mehr Arbeit, weil diese oft vermietet werden und die Bewohner häufig wechseln. Da ist es für den Verwalter schwieriger, die Hausordnung durchzusetzen und für einen gepflegten Zustand des Gemeinschaftseigentums zu sorgen als bei einer Anlage mit größeren Wohnungen, deren Bewohner sesshafter sind.

Verwalter kalkulieren ihre Angebote unter Berücksichtigung der Vertragslaufzeit. Bei der Vereinbarung einer festen, etwa drei- bis fünfjährigen Vertragslaufzeit unter Ausschluss des Rechts der ordentlichen Kündigung konnte der Verwalter bislang eine Mischkalkulation vornehmen, bei der die anfänglich geringe Rentabilität durch die arbeitsintensive Bestandsaufnahme (Objektbegehung, Einarbeitung in die Gemeinschaftsordnung und Beschlusslage, Sichtung bestehender Verträge usw.) durch einen Rentabilitätszuwachs am Ende der Vertragslaufzeit ausgeglichen wurde. Durch die Möglichkeit, den Verwalter jederzeit auch ohne Grund durch Mehrheitsbeschluss abberufen zu können, ist einer solchen Mischkalkulation die Grundlage entzogen. Professionelle Verwalter müssen damit rechnen, zunächst bestellt und nach kurzer Amtszeit wieder abberufen zu werden, wenn bestehende Probleme, etwa mit dem Bauträger oder einem schwierigen Miteigentümer, weggeräumt sind und nun ein günstigerer Verwalter übernehmen kann.

FÜR WELCHE ARBEITEN SOLLTEN ZUSÄTZLICH PREISE FESTGELEGT WERDEN?

Um böse Überraschungen zu vermeiden, empfiehlt es sich, für die folgenden Zusatzleistungen ebenfalls vorab ein Honorar zu definieren:

- Einberufung, Leitung und Protokollierung einer zusätzlichen EV, falls diese nicht durch einen Fehler des Verwalters zum Beispiel bei der Abrechnung nötig wurde,
- Betreuung von Baumaßnahmen, die im Umfang über Reparaturen hinausgehen – von der Ausschreibung bis zur Endabnahme und gegebenenfalls Geltendmachung von Mängeln,
- Mahngebühren bei verspäteter Hausgeldzahlung,
- Gebühr für das Kopieren von Unterlagen,
- Gebühr für den Versand von Unterlagen,
- Vertretung der EG in Gerichtsverfahren,
- Erteilung von Veräußerungszustimmungen,
- Stundenhonorar des Verwalters sowie seiner Mitarbeiter für sonstige Zusatzleistungen sowie Aufpreise für Notfallmaßnahmen an Wochenenden und Feiertagen.

Erhöhungsklauseln

Manche Verträge sehen vor, dass das Honorar des Verwalters steigt, um dieses an die allgemeine Verwaltungskostenentwicklung anzupassen. Diese Klausel wäre unwirksam, da es diese nicht gibt.

Verwalterzustimmung

Wenn die ⇢ Teilungserklärung (TE) bzw. die ⇢ Gemeinschaftsordnung (GO) bei einem Eigentümerwechsel eine ⇢ Zustimmung des Verwalters zur Veräußerung verlangt, muss er vorab prüfen, ob der Erwerber die Bedingungen erfüllt, die an einen Eigentümer zu stellen sind – also insbesondere, ob er zahlungsfähig ist. Für diesen Aufwand kann er ein Zusatzhonorar verlangen, für das am besten auch schon im Verwaltervertrag ein Richtwert vorgesehen wird. Laut § 16 (2) WEG tragen alle Eigentümer diese Kosten nach ihren ⇢ Miteigentumsanteilen. Die EV kann in diesem Fall nach § 16 (2) WEG mit einfacher Mehrheit eine verursachensgerechte Verteilung beschließen, das heißt die Kosten dem scheidenden Miteigentümer auferlegen. Oft sieht das auch bereits die TE/GO vor.

WIE WERDEN DIE VERWALTERKOSTEN AUF DIE EIGENTÜMER VERTEILT?

Die Honorierung des Verwalters wird wie alle Kosten des ⇢ Gemeinschaftseigentums laut § 16 (2) WEG nach ihren ⇢ Miteigentumsanteilen auf die Eigentümer verteilt. Wer ein kleines Apartment besitzt, zahlt weniger als der Eigentümer einer großen Wohnung. Das ist dann ungerecht, wenn der Verwalter im Wesentlichen einen einheitlichen Betrag je Wohnung erhält. Die Eigentümerversammlung kann in diesem Fall nach § 16 (2) WEG mit einfacher Mehrheit eine verursachungsgerechte Verteilung beschließen.

WER TRÄGT DIE KOSTEN FÜR DIE VERWALTUNG EINES SONDEREIGENTUMS?

Der von der EV bestellte Verwalter ist nur für das ⇢ Gemeinschaftseigentum zuständig. Soll er für einen der Eigentümer auch dessen vermietete Wohnung, das Sondereigentum, verwalten, müsste dieser einen separaten Vertrag mit dem Verwalter abschließen – mit zusätzlichem Honorar. Die Verwalterkandidaten sollten vorab erklären, zu welchen Bedingungen sie jeweils eine Mietverwaltung mit übernehmen würden. Für die vermietenden Eigentümer ist der dafür verlangte Preis ein wichtiges Auswahlkriterium. Sie sind allerdings nicht verpflichtet, ihre Wohnung vom Verwalter des Gemeinschaftseigentums betreuen zu lassen.

WANN BEGINNT, WANN ENDET DER VERWALTERVERTRAG?

Ein Verwalter kann nach § 26 (1) WEG maximal für fünf Jahre gewählt werden (Ausnahme bei neu entstandenen Wohnanlagen, siehe Ende dieses Kapitels). Da er in aller Regel seine Tätigkeit erst einige Wochen nach seiner Wahl aufnehmen wird, sollte in der Bestellung der Termin des Arbeitsbeginns genannt werden; von da an läuft die Fünfjahresfrist. In der Regel beginnt die Amtszeit eines neuen Verwalters gut einen Monat nach seiner Wahl. So bleibt seinem Vorgänger genug Zeit das ⇢ Protokoll der Versammlung zu erstellen und zu versenden, sowie die Unterlagen für die Übergabe vorzubereiten. Zudem ist zu dem Zeitpunkt klar, welche Beschlüsse gegebenenfalls angefochten werden. Die Bestellung kann beliebig oft für wiederum maximal fünf Jahre erneuert werden. Die Wiederwahl darf frühestens ein Jahr vor Ende der aktuellen Bestellungszeit erfolgen, sodass er dann sechs Jahre Amtszeit vor sich hat.

Laufzeitfestlegung

Der Verwaltervertrag, der die Zusammenarbeit zwischen der EG und dem Verwalter regelt, enthält sinnvollerweise die gleichen Zeitangaben wie der Bestellungsbeschluss. Würde keine Laufzeit festgelegt, könnte jederzeit mit einer angemessenen Kündigungsfrist eine Abwahl erfolgen und der Vertrag vom Verwalter wie von der EV ohne Nennung eines Grundes gekündigt werden. Stets aber würde die Amtszeit nach fünf Jahren enden, es sei denn die EV bestellt den Verwalter erneut und verlängert den Vertrag.

Feste Vertragslaufzeiten

Die Eigentümer sollten es dem Verwalter mit einer festen Vertragslaufzeit ermöglichen, seine Arbeit zu planen. Eine EV, die nur für ein Jahr abschließen will, muss dem Verwalter im Zweifel ein höheres Honorar bieten als bei längerer Bindung fällig wäre. Schließlich muss er anfangs viel Zeit investieren, um sich mit der neu übernommenen Wohnanlage und ihren Eigentümern sowie mit der TE, der GO und der geltenden Beschlusslage vertraut zu machen. Üblich sind Laufzeiten von drei bis fünf Jahren. Soll der Vertrag weniger als fünf Jahre laufen, darf er eine Klausel enthalten, wonach er sich unter bestimmten Bedingungen automatisch verlängert – doch auch dann endet die Verwaltertätigkeit stets, sobald die Gesamtlaufzeit die gesetzliche Fünf-Jahres-Grenze erreicht.

ZEITLICHE SONDERREGEL FÜR NEU ENTSTANDENE WOHNANLAGEN
Der erste Verwalter, der in der Regel vom Bauträger oder Aufteiler in der TE bestimmt wird, darf nach § 26 (1) WEG das Amt höchstens drei Jahre ausüben. Hintergrund: Sollte er aus Rücksicht auf seinen Besteller diesen nicht entschlossen für Baumängel in die Verantwortung nehmen, können die Erwerber dann einen anderen Verwalter wählen. Diesem bleiben noch zwei Jahre Zeit für Mängelrügen, bevor die fünfjährige Gewährleistungsfrist nach Kauf endet. Wie jeder spätere Verwalter kann allerdings auch der erste jederzeit durch die EV aus wichtigem Grund abgewählt werden.

VERWALTERWAHL UND -ABWAHL

Die Eigentümerversammlung wählt – oder, wie die Juristen sagen, bestellt – den Verwalter mit einfacher Mehrheit. Nimmt er die Wahl an, was mündlich geschehen könnte, kann er die im Gesetz vorgesehenen ⇢ Verwalteraufgaben wahrnehmen. Bereits vor der Wahl müssen zumindest die Eckpunkte eines ⇢ Verwaltervertrags, der die Zusammenarbeit regelt, ausgehandelt und bei der Wahl beschlossen werden. Die Amtszeit beträgt maximal fünf Jahre. Lediglich

der erste Verwalter einer neu entstandenen Wohnanlage darf höchstens drei Jahre amtieren. Sind die Eigentümer mit der Arbeit ihres Verwalters zufrieden, können sie ihn beliebig oft wiederwählen – jeweils jedoch wieder für maximal fünf Jahre. Begeht er schwerwiegende Fehler, können sie ihn jedoch jederzeit abwählen.

IST DIE WAHL EINES VERWALTERS GESETZLICH VORGESCHRIEBEN?

Nein. Die Eigner können die anfallenden Arbeiten auch gemeinsam wahrnehmen, so § 9 (1) WEG. Doch Do-it-Yourself funktioniert auf Dauer allenfalls bei sehr kleinen Wohnanlagen. Realistischerweise bestimmt deshalb § 26 (5) WEG, dass die Bestellung eines Verwalters für die Zukunft nie ausgeschlossen werden kann – weder durch die ⇢ Teilungserklärung (TE) oder ⇢ Gemeinschaftsordnung (GO) noch durch eine ⇢ Vereinbarung, der ausnahmslos alle Eigentümer zugestimmt haben. Folge: Wenn auch nur ein einziger Eigentümer einen Verwalter wünscht, muss einer bestellt werden.

§

Hilfe vom Gericht

Jeder Eigentümer kann mit einer ⇢ Anfechtung bei Gericht prüfen lassen, ob die Verwalterwahl ordnungsgemäß erfolgte. Welche Anforderungen Gerichte dabei an die Qualifikation eines Verwalters stellen, steht bei ⇢ Verwaltersuche. Aber das Gericht kann auch helfen, wenn kein Bewerber die notwendige Mehrheit in der EV findet. Denn nach § 18 (2) WEG hat jeder Eigentümer Anspruch auf eine ordnungsgemäße Verwaltung und kann deshalb die Bestellung eines Verwalters bei Gericht einklagen. Dazu muss er mindestens drei Bewerbungen einholen, damit das Gericht einen Bewerber aussuchen kann. Die Amtszeit eines gerichtlich bestellten Verwalters endet automatisch, wenn die EV einen Nachfolger wählt.

WIE WIRD DER VERWALTER BESTELLT UND SEIN VERTRAG BESIEGELT?

Der Verwalter wird nach § 26 (1) WEG mit einfacher Mehrheit von der EV bestellt. Achtung: Enthaltungen werden nicht berücksichtigt, also ist ein Verwalter gewählt, wenn er mehr Ja- als Nein-Stimmen erhält. Im Extremfall genügt eine Ja-Stimme, wenn alle übrigen Versammlungsteilnehmer sich enthalten oder ungültig wählen. Soll der bisherige Verwalter wieder bestellt werden, ist kein Gegenkandidat nötig. Wird ein neuer Verwalter gewählt, müssen mindestens drei Kandidaten zur Wahl stehen, urteilte der BGH am 1.4.2011 (Az. V ZR 96/10). Deren Angebote, zumindest aber die Namen und Eckdaten, müssen den Wohnungseigentümern innerhalb der Einladungsfrist des § 24 (4) WEG zugehen (BGH Az. V ZR 110/19 vom 24.1.2020).

Der Versammlungsleiter entscheidet nach dem Urteil des BGH vom 18.1.2019 (Az. V ZR 324/17) zunächst über das Wahlverfahren, etwa darüber, ob ein Eigentümer insgesamt nur eine Stimme hat oder unabhängig vom vorangegangenen Stimmverhalten bei jedem Bewerber mitstimmen darf. Der Versammlungsleiter sortiert dann die Kandidaten nach Gutdünken, üblich ist eine alphabetische Reihenfolge anhand der Nachnamen. Über jeden wird einzeln abgestimmt. Sobald ein Kandidat die erforderliche einfache Mehrheit erhält, ist er gewählt und über weitere Kandidaten wird nicht mehr abgestimmt. Bekommt kein Verwalterkandidat die einfache Mehrheit, übernimmt nicht etwa der Kandidat mit den relativ meisten Ja-Stimmen das Amt, vielmehr muss dann eine Stichwahl zwischen den beiden Kandidaten mit den meisten Ja-Stimmen durchgeführt werden.

Die Bestellung eines Verwalters entspricht nur dann ordnungsgemäßer Verwaltung, wenn in derselben Eigentümerversammlung, in der die Bestellung erfolgt, auch die Eckpunkte des Verwaltervertrags (insbesondere Laufzeit und Vergütung) in wesentlichen Umrissen geregelt werden, entschied der BGH am 27.2.2015 (Az. V ZR 114/14).

Kandidiert ein Miteigentümer, darf er über seine Bestellung mit abstimmen – nicht aber beim Beschluss über seinen Verwaltervertrag. Die TE bzw. GO oder auch eine förmliche Vereinbarung darf für die Bestellung des Verwalters keine höheren Anforderungen stellen als das Gesetz. Würde also zum Beispiel eine Dreiviertelmehrheit verlangt werden, wäre das ebenso nichtig wie einengende Vorgaben, etwa dass der Verwalter Miteigentümer sein muss oder dass die Bank, welche die Wohnanlage hauptsächlich finanziert hat, zustimmen muss.

Vertragsabschluss

Zu einer ⇢ ordnungsgemäßen Verwaltung gehört es, dass ein ⇢ Verwaltervertrag geschlossen wird, der die Zusammenarbeit regelt und in dem der Verwalter die Wahl annimmt. Beim Beschluss über den Vertrag darf ein Eigentümer, der zum Verwalter bestellt wurde, nicht mit abstimmen. Damit nicht alle Eigentümer den Vertrag unterschreiben müssen, übernimmt dies nach § 9 b (2) WEG der Vorsitzende des Verwaltungsbeirats oder ein durch Beschluss dazu ermächtigter Wohnungseigentümer. Wichtig ist in diesem Fall, dass der Bestellungsbeschluss vor dem Beschluss über die Bevollmächtigung zum Abschluss des Verwaltervertrages gefasst wird, denn es geht um die Vertretung gegenüber einem bereits amtierenden Verwalter.

Die Bestellung des Verwalters und der Vertragsabschluss dürfen nicht dem Verwaltungsbeirat oder einem sonstigen Gremium übertragen werden. Das letzte Wort muss stets die EV haben. Allenfalls kann sie dem Beirat die Vollmacht erteilen, noch abschließende Details des Vertrags zu verhandeln, etwa das Honorar für Zusatzleistungen, und dann zu unterzeichnen. Aber: Falls die EV den Beirat ohne weitere Vorgaben beauftragt, mit einem Verwalter abzuschließen, und kein Miteigentümer hat diesen Beschluss der EV angefochten, wäre der Verwalter rechtswirksam bestellt bzw. der Verwaltervertrag in Kraft.

Verwaltervollmacht

Um sich gegenüber Banken oder etwa Handwerkern legitimieren zu können, benötigt der Verwalter keine besondere Vollmacht, denn er vertritt nach § 9 b (1) WEG die Wohnungseigentümergemeinschaft kraft Gesetzes gerichtlich und außergerichtlich. Die Vertretungsmacht ist nicht auf bestimmte Angelegenheiten beschränkt. Ausgenommen sind nur Grundstückskauf- und Darlehensverträge.

Öffentliche Beglaubigung

In einigen Fällen muss der Verwalter seine Bestellung durch eine öffentlich beglaubigte Urkunde nachweisen – etwa, wenn er laut TE bzw. GO beauftragt ist, gegenüber dem Grundbuchamt seine ⇢ Zustimmung zu einem Eigentümerwechsel zu geben. Dazu muss er das Protokoll des Bestellungsbeschlusses der EV vorlegen, das wie stets vom Versammlungsleiter (meist der vorherige Verwalter), einem Eigentümer sowie vom Vorsitzenden bzw. Stellvertreter des Verwaltungsbeirats – sofern einer gewählt wurde – unterschrieben sein muss. Allerdings müssen hier diese Unterschriften öffentlich beglaubigt werden, das heißt, die genannten Personen müssen einen Notar aufsuchen und das Protokoll vor seinen Augen unterschreiben. Der bestätigt dann die Richtigkeit der Unterschriften. Die Notargebühren werden nach den ⇢ Miteigentumsanteilen auf alle Eigentümer verteilt. In Hessen gibt es sogenannte Ortsgerichte, die ebenfalls solche Beglaubigungen vornehmen, und zwar zu sehr günstigen Gebühren. Adressen nennen die Amtsgerichte.

Mehrhausanlagen

Besteht eine Wohnanlage aus mehreren Gebäuden, darf es dennoch nur einen einzigen Verwalter geben. Allerdings kann die TE bzw. GO oder eine förmliche Vereinbarung vorschreiben, dass über Sachverhalte, die nur ein Gebäude betreffen, auch nur die Eigentümer beschließen, deren Sondereigentum in diesem Haus liegt.

WIE KÖNNEN SICH EIGENTÜMER VORZEITIG VON EINEM VERWALTER TRENNEN?

Nach § 26 (1) Satz 1 WEG kann sich die ⇢ Eigentümerversammlung auch während der Vertragslaufzeit vom Verwalter trennen. Der Verwalter kann nach § 26 (3) WEG jederzeit abberufen werden, und zwar aus jedem beliebigen Grund. Der Verwaltervertrag endet dann spätestens sechs Monate nach der Abberufung. Einer gesonderten Kündigungserklärung hinsichtlich des Verwaltervertrages bedarf es in diesem Fall nicht. Liegt jedoch ein wichtiger Grund vor, kann die Zusammenarbeit weiterhin fristlos beendet werden. Der Unterschied liegt also in den Auswirkungen auf den Vergütungsanspruch in der Restlaufzeit des Vertrages. Um hektische Verwalterwechsel zu verhindern, findet sich in den meisten TE bzw. GO eine entsprechende Beschränkung des Abberufungsrechts auf einen wichtigen Grund. Soweit diese Regelung aber vor dem 1.1.2020 getroffen wurde, sind solche Vereinbarungen nach § 47 WEG grundsätzlich nicht mehr anwendbar. Neue Vereinbarungen wären wegen Verstoßes gegen § 26 (5) WEG nichtig. Andere Einschränkungen sind nicht zulässig. Parallel zur Abberufung muss die EV zudem mit Mehrheit beschließen, den Verwaltervertrag zum gleichen Zeitpunkt fristlos zu kündigen. Auch er enthält regelmäßig den Passus, dass er nur aus wichtigem Grund vorzeitig kündbar ist. Eine solche Klausel im Verwaltervertrag ist unwirksam, bei Vertragsabschlüssen nach dem 1.12.2020 folgt dies aus § 26 (5) WEG. Bei vorher geschlossenen Altverträgen gilt dies ebenfalls, weil das Gesetz keine Übergangsfristen vorsieht.

Trennungsgründe

Als wichtiger Grund gilt insbesondere, wenn der Verwalter:

- die ⇢ Beschlusssammlung nicht ordnungsgemäß führt,
- wiederholt sechs Monate nach Ende des Kalenderjahrs noch immer keine fehlerfreie Jahresabrechnung oder keinen realistischen Wirtschaftsplan vorgelegt hat und dafür nur Gründe bestehen, die er selbst zu verantworten hat,
- Eigentümern die Einsicht in die Unterlagen verweigert,

- seine Aufgaben nicht ordnungsgemäß erfüllt, insbesondere die EV nicht ordnungsgemäß leitet und deren Beschlüsse nicht umsetzt oder fällige Hausgeld- und sonstige Forderungen der EG nicht eintreibt,
- nicht zumindest einmal im Jahr eine EV einberuft oder auch dann nicht, wenn ein Viertel der Eigentümer es mit Begründung verlangt,
- ohne triftigen Grund Stimmung gegen den Verwaltungsbeirat macht, um dessen Abwahl zu erreichen,
- unerlaubt über Gelder oder Gegenstände der EG verfügt,
- das Vermögen der EG nicht getrennt von seinem eigenen sowie dem einer anderen EG führt,
- die Verwaltervergütung zu Unrecht schon weit im Voraus einzieht,
- die Eigentümer nicht davon informiert, dass er beim Abschluss von Versicherungsverträgen für die Wohnanlage Provisionen kassiert hat, die stets der EG zustehen,
- Insolvenz anmelden muss,
- selbst oder einer seiner Angestellten wegen eines Vermögens- oder Eigentumsdelikts verurteilt wurde, auch wenn es nicht im Zusammenhang mit seiner Verwaltertätigkeit steht,
- eine getilgte Vorstrafe, die an sich kein wichtiger Grund für eine Abwahl wäre, geleugnet hat, als ihn ein Eigentümer konkret danach gefragt hat,
- beim Verkauf einer Wohnung in der verwalteten Anlage eine Provision vom Käufer dafür verlangt, dass er die gegebenenfalls notwendige Zustimmung zur Veräußerung erteilt,
- das Vertrauensverhältnis durch ein Fehlverhalten abseits der Verwaltertätigkeit stört, etwa indem er eine führende Rolle in einer antidemokratischen Gruppe übernahm.

Die Abwahl ist mit der Verkündung des Beschlusses wirksam; gegen diesen kann der Verwalter nicht vorgehen, da Beschlussklagen nach § 44 WEG nur von Wohnungseigentümern erhoben werden können. Sollte ein Wohnungseigentümer gegen den Beschluss mit einer ⇢ Anfechtung vorgehen, bleibt die Abwahl dennoch in Kraft, bis eventuell ein Richter seiner Klage stattgibt.

Die davon rechtlich zu unterscheidende Kündigung des Verwaltervertrags wirkt, sobald sie dem Verwalter übergeben wurde.

Es ist nicht notwendig, aber meist zu empfehlen, dass die EV zeitgleich mit dem Rauswurf des alten Verwalters einen neuen wählt. Dem wirksam abberufenen Verwalter stehen ja keine Verwaltungsbefugnisse mehr zu. Steht kein überzeugender Profi bereit, muss wohl einer der Eigentümer sich bestellen lassen und die Aufgabe vorübergehend übernehmen. Vor allem wird er dafür sorgen, dass die EG die Rechnungen begleichen kann. Zudem soll er die Schäden, die sein Vorgänger an gerichtet hat, aufdecken und im Namen der EG Schadenersatz fordern. Bei Betrugsfällen sollte die EG Strafanzeige gegen den untreuen Verwalter stellen, damit die Staatsanwaltschaft gegebenenfalls Geschäftspapiere beschlagnahmen kann. Die amtlichen Ermittlungsergebnisse können bei einem Schadensersatzprozess helfen.

Verzögerte Abwahl

Nach Bekanntwerden eines Fehlverhaltens des Verwalters dürfen die Eigentümer bis zu einer Abwahl nicht mehr Zeit verstreichen lassen, als zur Meinungsbildung innerhalb der EG nötig ist. Über eine Kündigung ist zu beschließen, einer vorherigen Abmahnung des Verwalters bedarf es grundsätzlich nicht. Eine fristlose Kündigung aus wichtigem Grund muss allerdings entsprechend § 314 (3) BGB binnen einer angemessenen Frist ausgesprochen werden. Für die Frage der „angemessen kurzen Frist" ist maßgebend, wie schnell eine Beschlussfassung nach den konkreten Umständen zu erreichen ist und wie anschließend die Kündigung erklärt werden kann. Unter anderem kommt es darauf an, ob zum Beispiel ein Verwaltungsbeirat besteht, der zu einer Eigentümerversammlung anstelle des unwilligen Verwalters einladen kann. Erfolgt der Rauswurf erst nach Monaten und ein Eigentümer klagt dagegen, hätte ein Richter Zweifel, ob tatsächlich das Vertrauensverhältnis nachhaltig zerstört ist. Sachverhalte, die der EV bei der Bestellung eines Verwalters bekannt waren, können später ohnehin nicht als Grund für eine fristlose Abwahl geltend gemacht werden.

Unzureichende Gründe

Bevor die EV über die Abwahl beschließt, sollte sie einen im WEG-Recht erfahrenen Anwalt befragen, ob das vorliegende Fehlverhalten hinreichend schwer wiegt. Eine verspätete Antwort des Verwalters auf eine Anfrage von Eigentümern oder ein einmaliger Fehler stellen sicher keinen wichtigen Grund dar. Hier wäre die EV allenfalls berechtigt, den Verwalter abzumahnen. Keinesfalls rechtfertigt es eine vorzeitige Kündigung, wenn zum Beispiel der bisher für die Wohnanlage zuständige Mitarbeiter des Verwalters wegen Krankheit oder Kündigung ausfällt. Wenn eine Verwalterfirma, die in der Rechtsform einer GmbH auftritt, an neue Gesellschafter verkauft wird, ist das ebensowenig ein Kündigungsgrund. Denn der Auftragnehmer als juristische Person bleibt unverändert und entsprechend der Verwaltervertrag erhalten. Nur wenn sich der Nachfolger selbst als ungeeignet erweist, ließe sich damit eine Kündigung begründen.

Automatisches Vertragsende

Wenn der Verwalter als Einzelkaufmann handelt, endet der Verwaltervertrag, wenn der Verwalter einen Mitgesellschafter aufnimmt oder die Rechtsform der Verwaltergesellschaft geändert wird. Ohnehin endet der Verwaltervertrag mit einem Einzelkaufmann, wenn dieser stirbt. Seine Arbeit kann der Erbe oder Geschäftsnachfolger nur fortsetzen, wenn die EG mit ihm einen neuen Vertrag schließt.

DARF EIN VERWALTER BEIM ABWAHLANTRAG MITSTIMMEN?

Bei einer einfachen Abberufung bzw. Vertragskündigung dürfte ein Verwalter die ihm übertragenen Stimmrechte sowie gegebenenfalls auch eigene, die er als Miteigentümer besitzt, nutzen. Bei einer Abberufung aus wichtigem Grund ist er dagegen nicht stimmberechtigt und darf auch nicht die ihm von anderen

Eigentümern erteilten Vollmachten ausüben. Ausnahme: Diese Vollmachtgeber haben ihn eindeutig angewiesen, wie er das übertragene Stimmrecht nutzen muss – und er hält sich auch an die Vorgabe.

KANN DER VERWALTER GEGEN SEINE ABBERUFUNG VORGEHEN?

Der Verwalter kann nicht selbst gegen seine Abberufung beim Amtsgericht klagen, dies könnte nur ein Wohnungseigentümer. Der Abberufungsbeschluss bleibt – vom Fall der Nichtigkeit abgesehen – wirksam, solange er nicht erfolgreich angefochten und für ungültig erklärt worden ist. Von der Abberufung ist der Vergütungsanspruch des entlassenen Verwalters unabhängig. Damit die Eigentümergemeinschaft nicht durch fortbestehende Vergütungsansprüche von der Abberufung abgehalten wird, sieht § 26 (3) WEG vor, dass der Verwaltervertrag spätestens sechs Monate nach der Abberufung endet. Auf dieser Vergütungsebene ist dann relevant, ob ein wichtiger Grund für die Abberufung vorlag. Lag dieser vor, bekommt der Verwalter kein Honorar mehr, ansonsten für den Restzeitraum von sechs Monaten. Der Anspruch wird aber wegen des entfallenden Arbeitsaufwands gekürzt. Den Abschlag legt im Streitfall das Gericht fest, üblich sind 20 bis 45 Prozent.

Übergabe der Geschäfte

Für die Übergabe der Geschäfte an den nachfolgenden Verwalter gelten bei einem vorzeitigen Ende der Verwaltertätigkeit die gleichen Regeln wie bei einem termingerechten Ende.

Eigentümer als Verwalter

Amtiert ein Miteigentümer als Verwalter und verkauft er seine Wohnung, bleibt er dennoch Verwalter. Eine Vorgabe etwa in der TE, wonach nur Eigentümer als Verwalter agieren dürfen, wäre nichtig.

WIE ERFOLGT DER VERWALTERWECHSEL AM ENDE DER VERTRAGSZEIT?

Wird der Verwalter vor Ende seiner Amtszeit nicht erneut bestellt und läuft sein Vertrag entsprechend aus, muss er zum Endtermin alle Unterlagen, die er im Rahmen seiner Verwaltertätigkeit erhalten oder erstellt hat, an seinem Geschäftssitz zur Abholung bereithalten und an die EG übergeben, ferner alle Vermögensgegenstände, die ihr zuzurechnen sind. Falls ein Nachfolger das Amt unmittelbar übernimmt, wird er alles abholen.

Aufbewahrungsfrist

Ein Verwalter muss laut § 147 der Abgabenordnung, welche die Grundregeln für die Steuererhebung vorgibt, Jahresabschlüsse, Kontounterlagen, Buchungsbelege und Inventarlisten zehn Jahre lang aufbewahren. Sonstige Verwaltungsunterlagen sowie den Schriftverkehr muss er sechs Jahre archivieren. Länger als für das Finanzamt muss der Verwalter diese Unterlagen auch nicht für seine Kunden aufheben. Ausnahme: Ohne Frist muss er die TE, die GO, die Abgeschlossenheitsbescheinigung, die Aufteilungspläne sowie die Bauunterlagen aufheben, ferner die Protokolle der EV und die Beschlusssammlung.

Zu übergebende Unterlagen

- alle Unterlagen und Vollmachten zu den Konten der Gemeinschaft,
- sonstige Verwaltervollmachten,
- Schlüssel und etwaige Sicherheitskarten für Schlüsselsysteme,
- Beschlusssammlung,
- Abrechnungen der vergangenen zehn Jahre samt zugehöriger Originalbelege,
- aktuelle Eigentümerliste,
- Wirtschaftsplan für das laufende Jahr,
- Abrechnung für das laufende Jahr auf den Zeitpunkt der Amtsübergabe samt Originalbelegen,
- aktuelle und frühere Verträge der EG mit Wartungsfirmen, Hausmeisterdienst, Versicherungen usw.,

- sämtliche Unterlagen über beendete und laufende Rechtsstreitigkeiten,
- eventuell Personalunterlagen für Hausmeister, Gärtner oder Putzleute, deren Arbeitgeber die Eigentümergemeinschaft ist,
- Unterlagen zum Gebäude (Baupläne, Beschreibungen, Katasterpläne, Abnahmeprotokolle usw.),
- Geräte etwa zur Gartenpflege, die auf Kosten der Gemeinschaft erworben wurden.

Kein Zurückbehaltungsrecht

Eine der ersten Amtshandlung des neuen Verwalters ist es, die Übergabe einzufordern und auf Vollständigkeit zu prüfen. Sollte es Probleme geben, muss die EV dem neuen Verwalter die Vollmacht erteilen, in ihrem Namen die Herausgabe einzuklagen. Sein Vorgänger hat kein Zurückhalterecht, auch wenn er noch Forderungen gegen die EG geltend macht. Allein diese ist sein Vertragspartner, einzelne Eigentümer haben keinen Herausgabeanspruch ihm gegenüber.

VERWALTUNGSBEIRATSARBEIT

Nach der ⇢ Verwaltungsbeiratswahl nimmt das Gremium seine Arbeit auf: Es unterstützt den ⇢ Verwalter bei seinen Aufgaben und prüft insbesondere die ⇢ Jahresabrechnung und den ⇢ Wirtschaftsplan. Der Beirat soll auch dafür sorgen, dass alle Bewohner die ⇢ Hausordnung einhalten, und zudem bei Streit zwischen Eigentümern zu vermitteln versuchen. Aber: Der Beirat ist lediglich ein unterstützendes Organ der ⇢ Eigentümergemeinschaft (EG). Sie allein fasst in der ⇢ Eigentümerversammlung (EV) die Beschlüsse. Allenfalls kann diese ihn durch besonderen Beschluss beauftragen, zum Beispiel mit dem Verwalter letzte Details einer Maßnahme auszuhandeln. Der Beirat besitzt auch keine Weisungsbefugnis – weder gegenüber dem Verwalter noch

etwa gegenüber dem Hausmeister, in der Wohnanlage tätigen Handwerkern oder Miteigentümern.

WAS SOLL DER BEIRAT TUN, WAS NICHT?

Aufgaben und Pflichten des Verwaltungsbeirats, dessen Größe beliebig ist, sind in § 29 (2) WEG definiert:

- Der Verwaltungsbeirat unterstützt und überwacht den Verwalter bei der Durchführung seiner Aufgaben.
- Der Wirtschaftsplan, die Abrechnung über den Wirtschaftsplan und Rechnungslegungen sollen, bevor über sie die Wohnungseigentümerversammlung beschließt, vom Verwaltungsbeirat geprüft und mit dessen Stellungnahme versehen werden.
- Zudem vertritt der Verwaltungsbeiratsvorsitzende nach § 9 b (2) WEG die Wohnungseigentümergemeinschaft gegenüber dem Verwalter.

Der Vorsitzende des Verwaltungsbeirats bzw. sein Vertreter muss zudem nach § 24 (6) WEG die ⇢ Protokolle der EV prüfen und, wenn sie korrekt sind, unterschreiben. Ferner kann er nach § 24 (3) WEG eine solche EV einberufen, falls ein Verwalter fehlt bzw. sich rechtswidrig weigert, dies zu tun. Gäbe es in einer solchen Situation keinen Beirat, müssten umständlich alle Eigentümer einstimmig die Versammlung einberufen oder ein Eigentümer müsste vor dem Amtsgericht klagen, damit es ihn dazu ermächtigt.

Aus der Aufgabe des Verwaltungsbeirats zur Unterstützung folgt nach Ansicht des BGH (Urteil vom 23.2.2018, Az. V ZR 101/16) keine Pflicht zur Beaufsichtigung. So stelle der unterlassene Hinweis auf die Nichtaufnahme eines Beschlussantrages auf die Tagesordnung keine Pflichtverletzung dar. Mit der Novelle des WEG ab dem 1.12.2020 hat der Gesetzgeber die neue Verpflichtung des Verwaltungsbeirates eingeführt, den Verwalter zu überwachen. Die Überwachung ist vergangenheits- und zukunftsbezogen und dient der Feststellung und Vermeidung von Fehlern. Welchen Umfang die Überwachungspflicht des Verwaltungsbeirates hat und wodurch sie ausgefüllt ist, hat der Gesetzgeber allerdings offengelassen. Die theoretisch denkbaren Möglichkeiten reichen von einer proaktiven Überwachung der täglichen Arbeit der Verwaltung durch die Wahrnehmung von Auskunfts- und Informationsrechten anhand eines beschlossenen oder vertraglichen Pflichtenkataloges bis zu einer lediglich stichprobenartigen Überwachung. Bis zu den ersten Gerichtsentscheidungen wird man die Überwachung auf wesentliche Einzelmaßnahmen von besonderer Wichtigkeit oder mit erheblichem Schadensrisiko beschränken dürfen und auch stichprobenartig vorgehen können.

Stellt der Verwaltungsbeirat Pflichtverletzungen des Verwalters fest, stehen ihm keine unmittelbaren Erfüllungsansprüche gegen den Verwalter zu. Der Verwaltungsbeirat ist daher gehalten, den Sachverhalt umfassend aufzuklären und eine Entscheidung der Wohnungseigentümergemeinschaft über das weitere Vorgehen herbeizuführen.

Pflichten

Eigentlich klingen die Vorgaben des WEG klar. Trotzdem gibt es Interpretationsspielraum. Vielleicht sind Sie darüber gestolpert, wenn es in § 29 heißt, die Unterlagen »sollen« vom Beirat geprüft und mit einer Stellungnahme versehen werden. Das mag für Laien wie eine unverbindliche Empfehlung klingen, juristisch bedeutet es aber, dass der Beirat dazu verpflichtet ist. Dazu gehört, dass er zumindest stichprobenweise prüft, ob die Buchungen den Rechnungen und Kontoauszügen entsprechen – und zwar anhand der Originalbelege, nicht anhand leicht manipulierbarer Fotokopien oder gar vorbereiteter Aufstellungen des Verwalters (⇢ Jahresabrechnung).

Sodann hat die EV als Auftraggeber des Beirats Anspruch auf dessen Stellungnahme zu den Verwaltungsunterlagen. Sie kann mündlich erfolgen, weit besser ist jedoch eine schriftliche Stellungnahme, weil sie zu weniger Missverständnissen führt als das gesprochene Wort und sich mit dem Text später belegen lässt, was der Beirat mitgeteilt hat. Er muss die EV auch informieren, wenn er erkennt, dass der Verwalter seinen Aufgaben nicht ordnungsgemäß nachkommt.

Beschränkte Einzelauskünfte

Der einzelne Eigentümer hat keinen Anspruch darauf, dass ihm die Beiräte individuell über ihre Arbeit Bericht erstatten. Kommunikative Beiräte sehen das aber sicher nicht so eng. Ohnehin sind sie jedoch nach Treu und Glauben verpflichtet, den einzelnen Eigentümer zu unterrichten, wenn sie Tatsachen erfahren, die für ihn persönlich von weit reichender Bedeutung sind – etwa wenn ein Feuchtigkeitsschaden im Gemeinschaftseigentum auf Dauer auch seine Wohnung beschädigen könnte.

Schlichter und Moderator

Nicht im Gesetz erwähnt, aber in der Praxis bedeutend kann die Rolle des Beirats bei der Meinungsbildung innerhalb der EG sein. Damit hilft er, deren Beschlüsse vorzubereiten. Er sollte auch Ansprechpartner bei Konflikten zwischen Eigentümern sein und versuchen, sie abzubauen.

SOLL DER BEIRAT MEHR KOMPETENZEN ERHALTEN?

Eigentlich sind die Aufgaben von EV, Verwalter und Beirat klar getrennt. Die letztendlichen Entscheidungen trifft immer die Versammlung. Trotzdem gibt es einen Spielraum: Falls die EV darauf vertraut, dass ihre Beiräte sachkundig und engagiert arbeiten, kann sie ihnen per Mehrheitsbeschluss Aufgaben übertragen, die über die gesetzlichen Vorgaben hinausgehen. Beispiel: Die Versammlung kann sie beauftragen, den Verwalter auch bei den laufenden Geschäften bzw. zumindest bei einzelnen bestimmten Vorgängen zu kontrollieren, oder vorgeben, dass der Verwalter ab einem bestimmten Betrag nur dann über die Gemeinschaftskonten verfügen darf, wenn der Beiratsvorsitzende zustimmt.

Des Öfteren wird auch der Verwalter verpflichtet, den Beirat zu konsultieren, bevor er ein Mahnverfahren wegen Hausgeldschulden gegen einen Eigentümer einleitet. Wichtig ist dabei, dass die Rolle des Verwaltungsbeirats genau beschrieben wird. Floskeln wie »in Abstimmung mit« oder »nach Rücksprache« führen zur Anfechtbarkeit und helfen nicht weiter.

Auftragsvergabe

Weitere mögliche Aufgaben für den Beirat sind die Mitwirkung bei der Auftragsvergabe, die generell dem Verwalter obliegt, sowie bei der Abnahme von Handwerkerleistungen bzw. bei der Geltendmachung von Gewährleistungs- und Schadenersatzansprüchen. Da die Beiräte meist täglich vor Ort sind, können sie dem Verwalter wertvolle Hinweise geben, welche Arbeiten nötig sind und wo Handwerker gepfuscht haben. Optimal ist es, wenn im Beirat zudem entsprechender Sachverstand vorhanden ist.

Vertragsdetails

Die EV könnte den Beirat auch durch Mehrheitsbeschluss beauftragen, Details des ⇢ Verwaltervertrags mit dem Verwalter auszuhandeln, nachdem sie zuvor dessen Bestellung und die Kernpunkte des Vertrags beschlossen hat. Der Beirat dürfte dabei allerdings nur Vertragsklauseln billigen, die üblich und zulässig sind.

Keine selbstständigen Beschlüsse

Dagegen kann die EV den Beirat nicht beauftragen, völlig selbstständig den Verwaltervertrag zu schließen. Entsprechend kann sie es auch nicht dem Beirat überlassen, über eine Abberufung des Verwalters zu entscheiden. Denn dessen Bestellung wie dessen Abberufung sind unverzichtbare Rechte der EV.

Haftungsregeln

Generell sollten Sie sich als Beirat überlegen, ob Sie neben den gesetzlichen Pflichten weitere Aufgaben übernehmen wollen. Denn falls Sie dabei einmal Vorgaben der EV schuldhaft missachten sollten und ihr daraus ein Nachteil entsteht, können Sie und Ihre Beiratskollegen zu Schadenersatz verpflichtet werden.

WIE SOLL SICH DER BEIRAT ORGANISIEREN?

Darauf antwortet das Gesetz nur mit einem Satz in § 29 (1) WEG: »Der Verwaltungsbeirat wird von dem Vorsitzenden nach Bedarf einberufen.« Die EV kann im Zuge der ⇢ Verwaltungsbeiratswahl die Rangfolge festlegen, also wer Vorsitzender des Beirats und wer dessen Vertreter werden soll. Bei Wahl nur eines Mitglieds ist dieses automatisch Vorsitzender. Die so definierte Rollenverteilung müssen die Beiräte später beibehalten. Die EV kann auch eine Geschäftsordnung für den Beirat beschließen, die für effizientes Arbeiten sorgt und dem Gremium internen Streit über die Aufgabenverteilung erspart.

Geschäftsordnung

Fehlen solche Vorgaben der EV für die Ämterverteilung und die Arbeitsabläufe, müssen die neu gewählten Beiräte dies selbst unter sich regeln. Am besten verabschieden sie gleich zu Beginn ihrer Amtszeit eine umfassende Geschäftsordnung, die insbesondere enthält:

- Regelungen für Vorsitz und Stellvertretung, wobei die Rollen auch während der Wahlperiode wechseln können – solange nur klar ist, wer gerade welches Amt innehat,
- Regeln für die Häufigkeit und Einberufung von Sitzungen,
- Regeln für die Beschlussfassung,
- gegebenenfalls Bestimmungen für die Bildung von Unterausschüssen,
- eine Regelung für die Teilnahme Dritter an den Sitzungen (Anhörung betroffener Eigentümer, des Verwalters oder von Experten),
- die Vorgabe, über jede Sitzung ein Protokoll anzufertigen, das alle teilnehmende Beiräte unterschreiben, und die Festlegung, wer diese Aufgabe im Beirat übernimmt, wobei in aller Regel ein Ergebnisprotokoll genügt, in dem die Teilnehmer der Sitzung, deren Dauer sowie die Beschlüsse samt jeweiligen Mehrheiten erfasst werden, nicht aber der Gang der Diskussion,
- Möglichkeiten über eine schriftliche Beschlussfassung,

- eine Bestimmung, wer den Beirat gegenüber dem Verwalter vertritt und welche Befugnisse er in den Gesprächen hat, zum Beispiel, ob er ohne Rücksprache mit anderen Beiratsmitgliedern dem Verwalter eine Fristverlängerung für die Beantwortung einer Beiratsanfrage gewähren darf,
- eine Bestimmung, dass ein Beiratsmitglied, das Informationen über den Beirat betreffende Sachverhalte zum Beispiel vom Verwalter erhält, diese unverzüglich allen Beiratskollegen mitteilen muss,
- die Festlegung, wer in der EV für den Beirat spricht; in aller Regel wird das der Beiratsvorsitzende sein.

WIE LÄUFT DIE BEIRATSARBEIT KONKRET AB?

In der Praxis wird sich der Beirat mindestens einmal im Jahr treffen, und zwar in gehörigem zeitlichen Vorlauf vor der EV, auf der über die ⇢ Jahresabrechnung abgestimmt werden soll. Denn dafür muss der Beirat die fällige Stellungsnahme erarbeiten. Tatsächlich tagen die meisten Beiräte je nach Arbeitsanfall mehrmals im Jahr. Für die Prüfung der Jahresabrechnung kommt der Beirat meist im Büro des Verwalters zusammen, weil dort die Unterlagen bereitliegen. Sonst kann er sich in Privaträumen oder auch in einer Gaststätte treffen – nur muss die Vertraulichkeit der Gespräche gewährleistet sein.

Beschlussfähigkeit

Der Beirat ist vorbehaltlich einer abweichenden Vereinbarung beschlussfähig, wenn mehr als Hälfte der Mitglieder anwesend ist. Jedes Mitglied hat bei Abstimmungen eine Stimme. Es gilt das Kopfstimmrecht. Stimmengleichheit gilt als Ablehnung. Bei Abwesenheit kann ein Beiratsmitglied seine Stimmen nicht einem Beiratskollegen übertragen und erst recht nicht einem anderen Wohnungseigentümer, es sei denn, eine förmliche Vereinbarung, der alle Wohnungseigentümer zugestimmt haben, erlaubt dies ausdrücklich. Der Verwalter hat kein Recht, an Sitzungen des Beirats teilzunehmen. Ihn und ihm nahestehende

Personen sollte der Beirat nur dann hinzubitten, wenn sie helfen können, bestimmte Sachverhalte zu klären.

KASSIEREN DIE BEIRÄTE EIN HONORAR?

In aller Regel sind die Mitglieder des Verwaltungsbeirats ehrenamtlich tätig, und erhalten keine Bezahlung. Ihre Auslagen werden aber ersetzt. Da geht es insbesondere um die Kosten für Büromaterial, Telefon oder Fachbücher. Dabei sind die Beiräte verpflichtet, sparsam und effizient zu wirtschaften. Sind größere Ausgaben wie Honorare für Steuerberater, Architekten oder andere Experten absehbar, sollte sich der Beirat vorab von der EV eine Bewilligung geben lassen. Gegebenenfalls unterbreitet er ihr einige Kostenvoranschläge zur Auswahl. Ein Ärgernis wäre es, wenn der Beirat eigenmächtig teure Aufträge vergibt und die Miteigentümer zähneknirschend nachträglich zustimmen, weil sie den Beirat nicht auf den Kosten sitzen lassen wollen. Sie sind für unbürokratisches Vorgehen? Die EG kann ihrem Beirat das Sammeln von Belegen ersparen, indem sie ihm von vornherein einen Pauschalbetrag für seine Kosten überweist, der sich an den in früheren Jahren abgerechneten Kosten orientiert.

WANN KÖNNEN BEIRÄTE ZUR RECHENSCHAFT GEZOGEN WERDEN?

Sind die Mitglieder des Verwaltungsbeirats unentgeltlich tätig, haften sie nur für Vorsatz und grobe Fahrlässigkeit. Der Gesetzgeber will auf diesem Weg die Beiratsarbeit attraktiver machen. Erhalten die Beiratsmitglieder aber über die mögliche Auslagenerstattung hinaus eine Vergütung, gilt dies nicht mehr.

Entlastung

Auf der Eigentümerversammlung kann jährlich die Entlastung der Beiratsmitglieder beschlossen werden, wenn sie ihre Aufgaben sorgfältig erfüllt haben, und sie so von Haftungsrisiken befreien. Das entsprechende Beiratsmitglied ist dabei nach § 25 (5) WEG vom Stimmrecht ausgeschlossen, soweit es um seine eigene Entlastung geht. Der Entlastungsbeschluss muss aber den Grundsätzen ordnungsgemäßer Verwaltung entsprechen. Eine Entlastung ist nicht ordnungsgemäß, wenn Ansprüche gegen einen Verwaltungsbeirat in Betracht kommen und kein Grund ersichtlich ist, auf diese zu verzichten. Wenn etwa die von den Verwaltungsbeiräten geprüfte Jahresabrechnung fehlerhaft ist und nach erfolgter Anfechtung geändert werden muss, kommt eine Entlastung kaum in Frage.

Vermögensschaden-Haftpflichtversicherung

Besser noch als eine Beschränkung der Haftung auf grobe Fahrlässigkeit: Die EG übernimmt die Prämien für eine Vermögensschaden-Haftpflichtversicherung der Beiräte. Sie springt ein, wenn dem Beirat aufgrund von Fahrlässigkeit ein für die EG kostspieliger Fehler unterläuft. Dann fällt es sicher auch manchem Eigentümer leichter, sich für das Beiratsamt zur Verfügung zu stellen. Bei einigen Privathaftpflichtversicherungen kann die Haftung für die Beiratstätigkeit als Zusatz vereinbart werden. Auch manche Policen für Verwalter ermöglichen es, die Beiräte der von ihnen betreuten Objekte in den Schutz einzubeziehen. Die Verbraucherschutzorganisation Wohnen im Eigentum e. V. bietet Mitgliedern ebenfalls entsprechende Verträge zum Gruppentarif. Insbesondere wenn die Beiräte mehr Aufgaben übernommen haben, als es den gesetzlichen Mindestanforderungen entspricht, sollten sie prüfen, ob die Versicherung tatsächlich alle ihre Tätigkeiten abdeckt.

Unsinnige Entlastung

Wenn Beiräte durch eine Vermögensschaden-Haftpflichtversicherung geschützt sind, sollten sie nicht für ihre Tätigkeit entlastet werden. Denn dann brauchte die Versicherungsgesellschaft kaum noch für Schäden aufzukommen.

VERWALTUNGSBEIRATSWAHL

In den Verwaltungsbeirat wählt die Eigentümerversammlung (EV) in der Regel – aber nicht zwingend – drei Miteigentümer, die bereit sind, ehrenamtlich die ⇢ Verwal-

tungsbeiratsarbeit zu übernehmen, also den Verwalter zu unterstützen, vor allem aber die Abrechnungen der Wohnanlage zu prüfen. Es gibt aber kein Gesetz, das die Bildung eines Beirats fordert. Trotzdem ist eine solche Wahl empfehlenswert. Um leichter Kandidaten zu finden, sollte die Eigentümergemeinschaft (EG) für den Beirat günstige Arbeitsbedingungen schaffen. Spezielle Kenntnisse werden für das Amt nicht verlangt. Doch sicher hilft es Beiräten, wenn sie einschlägige Kenntnisse im Rechnungswesen oder in technischen bzw. juristischen Fragen besitzen – oder zumindest bereit sind, sich einzuarbeiten. In Ausnahmefällen wird eine EV Externe in den Beirat holen, die solches Wissen mitbringen. Gewählt ist, wer mehr Ja- als Nein-Stimmen bekommt. Doch bei der Wahl ist manches Detail zu beachten – und auch bei einer Abwahl, falls ein Beirat seine Pflichten nicht erfüllt.

IST DIE WAHL EINES VERWALTUNGSBEIRATS VORGESCHRIEBEN?

Nein, der Beirat ist keine gesetzliche Pflichtveranstaltung. Doch wenn die Wohnungseigentümer wollen, können sie einen Verwaltungsbeirat wählen. Das Gesetz stellt keine Anforderungen an die Größe des Beirats. So sieht es § 29 WEG vor. Besonders in größeren Anlagen ist es sinnvoll, einen solchen Beirat als Bindeglied zwischen dem Verwalter und den Eigentümern einzurichten.

In seltenen Fällen untersagen die ⇢ Teilungserklärung (TE) bzw. die ⇢ Gemeinschaftsordnung (GO), die eine Art Grundgesetz der EG darstellen, eine Beiratswahl. Auch eine förmliche ⇢ Vereinbarung, der ausnahmslos alle Eigentümer zugestimmt haben, könnte ein entsprechendes Wahlverbot enthalten. In all diesen Fällen können aber die Wohnungseigentümer jetzt und für die Zukunft Beiratswahlen durch eine neue Vereinbarung beschließen. Aber: Stimmen nicht alle zu und wählt die Eigentümerversammlung dennoch mit einfacher Mehrheit einen Beirat, wäre das Gremium rechtswirksam etabliert, falls kein Eigentümer binnen Monatsfrist dagegen beim Amtsgericht klagt. Käme es aber zu einer solchen ⇢ Anfechtung, würde der Richter die Wahl stets für nichtig erklären.

KANN MAN DIE BILDUNG EINES BEIRATS EINKLAGEN?

In manchen Wohnanlagen schreibt die TE bzw. GO oder eine förmliche Vereinbarung einen Beirat vor. Doch was, wenn sich nicht genug Kandidaten finden lassen oder diese bei der Wahl keine Mehrheit erhalten? Dann stellt das Fehlen eines Beirats in diesem Fall einen Verstoß gegen die Regeln ordnungsgemäßer Verwaltung dar, die für diese EG gelten. Doch klagt deswegen ein Eigentümer und fordert er das Amtsgericht auf, Verwaltungsbeiräte zu ernennen, wird das Gericht dies ablehnen. Denn es ist ja nicht gesetzlich vorgeschrieben, einen Beirat zu bilden.

WIE LASSEN SICH MITEIGENTÜMER FÜR EINE KANDIDATUR GEWINNEN?

Die Beiräte müssen für das Ehrenamt manche freie Stunde opfern und haften sogar, wenn durch ihren Fehler der EG ein Schaden entsteht. Dass sie dafür etwa zu Weihnachten von der EG ein Geschenk als Zeichen der Anerkennung verdienen – zum Beispiel Konzertkarten oder eine Kiste Wein –, ist in vielen Wohnanlagen guter Brauch. Dennoch finden sich manchmal keine Miteigentümer, die für den Beirat kandidieren wollen.

Die EG sollte deshalb überlegen, wie sie ihren Räten die Arbeit erleichtern kann. Das beginnt damit, dass sie regelt, wer im Beirat den Vorsitz bzw. die Stellvertretung übernimmt, und so möglichen Rivalitäten innerhalb des Gremiums vorbeugt. Dazu kann die EV mit einfacher Mehrheit festlegen, dass diese Ämter an die Kandidaten mit der höchsten und zweithöchsten Stimmenzahl gehen. Alternative: In einem ersten Durchgang wird der Vorsitzende gewählt, dann sein Vertreter, schließlich der dritte Beirat. Vielleicht etwas umständlich, das Verfahren spiegelt jedoch am genauesten die Meinung der Versammlung wider. Die so definierte Rollenverteilung müssen die Beiräte später beibehalten.

Doch es gibt weitere Maßnahmen, die das Amt weniger belastend machen und beim Stichwort ⇢ Verwaltungsbeiratsarbeit näher besprochen werden. So kann die EV beschließen, dass die Beiräte

- auf Kosten der Gemeinschaft eine Vermögensschaden-Haftpflichtversicherung bekommen,
- eine Geschäftsordnung erhalten, welche die Beiratsarbeit effizient regelt und den Ehrenamtlern manche Debatte über die Abläufe erspart,
- stets für eine feste Zeit von wenigen Jahren amtieren, weil sich erfahrungsgemäß dann leichter Kandidaten finden lassen als ohne Begrenzung, wie es das WEG vorsieht,
- ihre Aufwendungen etwa für Bürokosten und Fachbücher nicht einzeln nachweisen müssen, sondern dafür unbürokratisch eine Pauschale erhalten.

WER DARF ZUM BEIRAT KANDIDIEREN?

Kandidatenprofil

Beiratskandidaten besitzen im Idealfall Know-how in Bauwesen, Verwaltung oder Rechtsfragen. Aber solches Vorwissen ist nicht Bedingung; die Bereitschaft, sich einzuarbeiten, genügt. Bringen angehende Beiräte dann noch etwas Kontaktfreude für den Umgang mit den Miteigentümern und dem Verwalter mit, scheint ihr Erfolg sicher. Trifft das auf Sie zu und sehen Sie sich zudem in der Rolle als Schlichter oder Moderator, sind Sie die perfekte Besetzung.

Nach § 29 (1) WEG dürfen aber nur im Grundbuch eingetragene Wohnungseigentümer dem Beirat angehören. Steht eine Wohnung unter Zwangsverwaltung, kann sich ihr Eigentümer gleichwohl um das Ehrenamt bemühen, bei einer Zwangsversteigerung so lange, bis der Hammer gefallen ist. Auch Pläne, die Wohnung zu verkaufen, würden eine Kandidatur nicht verhindern. Ebenso kann ein Eigentümer, der mit Miteigentümer oder gar der EG einen Prozess führt, kandidieren – fraglich ist natürlich, ob er gewählt wird. Aber: Es genügt nicht, wenn Sie Ehepartner eines Eigentümers sind oder etwa ein Nießbrauchsrecht an einer Wohnung besitzen.

Externe Fachleute

Insbesondere in großen Anlagen kann es durchaus sinnvoll sein, die Kompetenz des Beirats durch Fachleute von außen – etwa einen Architekten oder Juristen – zu stärken. Deshalb erlaubt es manche TE bzw. GO, dass Personen, die nicht Miteigentümer sind, zum Beirat kandidieren. Alternativ kann dies durch eine Vereinbarung ermöglicht werden.

Was können Sie tun, wenn die TE bzw. GO keine Externen zulässt und keine diesbezügliche Vereinbarung zustande kommt? Auch dann können Externe kandidieren und gewählt werden. Aber jeder Eigentümer kann die Wahl binnen Monatsfrist vor dem Amtsgericht anfechten, worauf der Richter sie für nichtig erklären wird. Kommt es aber nicht zu einer ⇢ Anfechtung, gilt die Wahl als rechtswirksam. Der Gewählte darf dann, obwohl nicht Eigentümer, an der EV teilnehmen.

Interessenkonflikt

Die ehrenamtliche Beiratsaufgabe übernehmen Externe, wenn sie sich Eigentümern etwa als Verwandte besonders verbunden fühlen – oder aber dem Verwalter. In letzterem Fall drohen Interessenkonflikte, schließlich soll der Beirat dessen Arbeit kritisch begleiten. Eventuell findet sich auch ein Architekt oder ein Handwerksmeister, der gratis mitwirkt, weil er sich davon Aufträge erhofft. Vor einer Auftragsvergabe müssten dann der Verwalter und die EV die Alternativangebote besonders sorgfältig prüfen.

AUSSCHLUSSGRÜNDE FÜR EINE KANDIDATUR

Der Verwalter darf keinesfalls in den Verwaltungsbeirat gewählt werden, auch wenn er Miteigentümer ist. Gleiches gilt für seine Mitarbeiter. Eine solche Wahl wäre nichtig, ohne dass es dazu einer Anfechtung bedarf. Denn die Interessenkollision ist offensichtlich: Sie können ihre eigene Arbeit kaum kritisch prüfen. So urteilte schon am 22.9.1983 grundlegend das OLG Zweibrücken (Az. 3 W 76/83). Wegen der Interessenkollision sollten Sie darauf achten, dass auch keine dem Verwalter nahestehende Person in den Beirat gewählt wird. Kandidieren Wohnungseigentümer, die rechtskräftig wegen Störung der Hausgemeinschaft oder wegen Vermögensdelikten verurteilt wurden, dürfen Sie in der EV auf die Verurteilung aufmerksam machen. Würden die Delinquenten dennoch gewählt, können Sie diese Wahl anfechten, worauf sie wohl vom Amtsgericht für nichtig erklärt würde. Von vornherein ausgeschlossen vom Amt eines Verwaltungsbeirats sind juristische Personen – also zum Beispiel eine GmbH, der eine Wohnung gehört – und deren Geschäftsführer und Gesellschafter.

WELCHE VOR- UND NACHTEILE HABEN SIE ALS BEIRATSMITGLIED?

Wenn Sie als Wohnungseigentümer einen Beirat für sinnvoll halten, was spricht dafür und was dagegen, selbst Beisitzer oder gar Vorsitzender eines solchen Gremiums zu werden? Mitglied im Beirat zu sein, macht Arbeit – und die Ehrenamtler erhalten allenfalls ihre Aufwendungen ersetzt. Doch Sie haben bisher ohnehin sorgsam die Verwaltungsunterlagen selbst geprüft, statt sich auf das Urteil anderer zu verlassen oder blindlings dem Verwalter zu vertrauen. Wenn Sie dieses Amt übernehmen, erhalten Sie besseren Einblick in die Belange Ihrer Wohnanlage, können Fehlentwicklungen korrigieren und damit Misswirtschaft vorbeugen, die (auch Sie) teuer zu stehen käme. So könnte der Verwalter teure Handwerker bevorzugen, denen er vielleicht verpflichtet ist. Das können Sie oft erst feststellen, wenn Sie als Beirat die Kostenvoranschläge aller Wettbewerber prüfen.

Selbst kandidieren

Wenn Sie zur Kandidatur bereit sind, können Sie diese noch während der EV bekannt geben, in der ein neuer Beirat gewählt werden soll. Sie müssen also nicht erst Unterschriften von Miteigentümern sammeln, die Sie unterstützen. Besser als eine Spontanbewerbung ist es, schon einige Monate vorher den bisherigen Beirat zu informieren. Alternativ, oder falls kein Beirat besteht, können Sie sich beim Verwalter melden. Dieser sollte dann die übrigen Eigentümer in dem Schreiben, mit dem er zur

Versammlung einlädt, informieren und die Beiratswahl auf die Tagesordnung setzen.

WELCHE TÜCKEN GIBT ES BEI DER BEIRATSWAHL?

Die Wahl des Beirats kann schon an einer Formalie scheitern: Sie muss als eigenständiger Tagesordnungspunkt (TOP) in der Einladung zur EV genannt werden, damit jeder Eigentümer die Bedeutung der Versammlung einschätzen kann. Würde unter dem TOP »Verschiedenes« gewählt, könnte ein Miteigentümer binnen Monatsfrist dagegen klagen und das Amtsgericht würde die Wahl wohl aufheben. Gut ist es, wenn der Verwalter der Einladung gleich eine Kandidatenliste beifügen kann. Er ist dazu aber nicht verpflichtet, oft fehlen zu diesem Zeitpunkt auch noch Bewerber.

Zu wenig Kandidaten

Gerade in kleinen Wohnanlagen finden sich des Öfteren nur wenige Kandidaten. Auch wenn sich nur ein Miteigentümer als Beirat bewirbt, sollte die Wahl stattfinden. Denn die Praxis zeigt: In der Regel ist ein Beirat besser als kein Beirat.

Stimmberechtigung

Eigentümer, die zum Beirat kandidieren, dürfen sich selbstverständlich selbst wählen. Wenn ein Eigentümer nicht an der Versammlung teilnimmt, kann er sich dennoch zum Beirat wählen lassen. Er sollte dem Verwalter vorab schriftlich mitteilen, dass er im Falle seiner Wahl diese annimmt. Ist der Verwalter zugleich Miteigentümer, kann er bei der Beiratswahl mitstimmen und ebenso bei allen übrigen Beschlüssen zum Beirat, außer wenn ein konkreter Interessenkonflikt besteht. Das wäre zum Beispiel der Fall, wenn beschlossen werden soll, dass der Beirat nicht nur – wie es § 29 (2) WEG vorgibt – die Jahresabrechnung des Verwalters, sondern darüber hinaus auch dessen laufende Arbeiten kontrollieren soll.

Stimmrechtsübertragung

Eigentümer, die nicht zur EV kommen werden, können ihr Stimmrecht einem beliebigen Dritten, der dann an der Versammlung teilnehmen darf, bzw. einem Miteigentümer übertragen – oder auch dem Verwalter. Damit dieser die Stimme nicht zur Wahl von ihm wohlgesonnenen, unkritischen Kandidaten nutzt, sollte der Vollmachtgeber festlegen, für wen der Verwalter stimmen muss – soweit die Kandidaten schon vorab bekannt sind. In Fällen, in denen ein Verwalter, der Miteigentümer ist, wegen Interessenkollision nicht mitstimmen darf, kann er die ihm von abwesenden Eigentümern übertragenen Stimmrechte ebenfalls nicht nutzen. Ausnahme: Wenn die Vollmachtgeber dem Verwalter mündlich unter Zeugen oder besser schriftlich eindeutig vorgeschrieben haben, wie er bei den entsprechenden Sachfragen abstimmen muss, darf er dies tun.

Auswahlkriterien

Sicher sind die Persönlichkeit sowie etwaige Fachkenntnisse eines Kandidaten wichtige Punkte der Wahl. Gegebenenfalls sollte er auch eine bestimmte Eigentümergruppe repräsentieren. So kann es sinnvoll sein, dass in einer Wohnanlage, die aus mehreren Gebäuden besteht, jedes Haus mit einem Beiratsmitglied vertreten ist. Oder sollte man für einen Eigentümer stimmen, der nicht selbst in der Anlage wohnt, sondern vermietet? Er würde die Interessen der Vermieter und eingeschränkt auch die der Mieter im Blick behalten. Aber er erlebt die Situation vor Ort nicht Tag für Tag mit, was zu Konflikten mit in der Anlage lebenden Eigentümern führen kann, die von Verstößen gegen die Hausordnung und mangelnder Instandhaltung unmittelbar betroffen sind.

WIE LÄUFT DIE BEIRATSWAHL KONKRET AB?

Blockwahl

Häufig wollen Kandidaten nur gemeinsam mit bestimmten anderen Eigentümern das Amt übernehmen und bestehen deshalb auf einer Blockwahl, also einer gemeinsamen Abstimmung über mehrere Kandidaten. Wenn sie als Team besonders gut zusammenarbeiten, kann das zum Vorteil der Miteigentümer sein. Eine Blockwahl wäre wohl zulässig, auch wenn sie unter Juristen umstritten bleibt. Zudem beschleunigt sie den Versammlungsablauf. Doch es bleibt ein Ärgernis, dass Eigentümer einzelne Kandidaten, die ihnen weniger geeignet erscheinen, im Block mitwählen müssten. Das birgt Konfliktpotenzial und erhöht das Risiko, dass Beteiligte die Wahl anfechten. Deshalb sollten Sie die Einzelwahl vorziehen.

Recht auf Einzelwahl

Die Wahl muss in einzelnen Wahlgängen erfolgen, wenn nur ein einziger Eigentümer dies beantragt. Eine solche Forderung zu stellen, kostet vielleicht etwas Courage, gibt aber auch anderen Stimmberechtigten die Chance durchzusetzen, was sie wirklich wollen. Wird der Antrag nicht berücksichtigt, ist die Wahl anfechtbar.

Reihenfolge

Die Versammlung kann beschließen, in welcher Reihenfolge über die Kandidaten abgestimmt werden soll – etwa alphabetisch nach ihren Nachnamen oder in der Reihenfolge, in der sie ihre Kandidatur angekündigt haben. Ohne einen Beschluss über die Reihenfolge, bestimmt sie der Versammlungsleiter – in der Regel der Verwalter – nach Gutdünken.

Mit einem Beschluss lässt sich ebenfalls festlegen, dass im ersten Durchgang der Beiratsvorsitzende gewählt wird, danach dessen Vertreter und schließlich der dritte Beirat. Alternativ kann die Versammlung mit Mehrheit bestimmen, dass der Kandidat mit den meisten Ja-Stimmen Vorsitzender wird, der mit den zweitmeisten Stimmen Stellvertreter. Die Versammlung kann aber auch auf solche Beschlüsse verzichten und es den Gewählten überlassen, ihre Rangordnung festzulegen (→ Verwaltungsbeiratsarbeit).

Abstimmung

Jeder Stimmberechtigte kann eine geheime Wahl beantragen. Findet sich dafür keine Mehrheit oder stellt niemand einen solchen Antrag, wird offen per Handzeichen abgestimmt.

Als gewählt gilt, wer mehr Ja- als Nein-Stimmen erhält, wobei der Kandidat mitstimmen kann. Wer gleich viele Ja- und Nein-Stimmen erhält, ist nicht gewählt. Stimmenthaltungen spielen keine Rolle, eine Ja-Stimme bei sonstiger Enthaltung genügt zur Wahl.

Verkündung des Wahlergebnisses

Zwingend für die Rechtswirkung der Wahl: Nach der Abstimmung muss das Wahlergebnis vom Versammlungsleiter verkündet und im Protokoll mit der Zahl der Ja- und Neinstimmen sowie der Enthaltungen vermerkt werden – und die Gewählten müssen die Wahl ausdrücklich annehmen.

Keine Mehrheit

Erhält kein Kandidat mehr Ja- als Neinstimmen, könnte der Versammlungsleiter die mit den meisten Ja-Stimmen als gewählt erklären. Da jedoch eine solche Verhältniswahl nach WEG unzulässig ist, wäre der Beschluss vor Gericht anfechtbar und würde vom Richter aufgehoben. Kommt es aber nicht binnen Monatsfrist zu einer Anfechtung, wäre die Wahl rechtswirksam.

Mehr Beiräte

Bei Großanlagen sieht die TE bzw. die GO manchmal vor, dass der Beirat mehr als drei Mitglieder umfassen soll, damit die Aufgaben auf mehr Schultern verteilt werden und Ausschüsse gebildet werden können – für verschiedene Sachgebiete oder bei Anlagen mit mehreren Gebäuden für die einzelnen Häuser. Gibt es keine solche Vorgabe und die Eigentümer wollen dennoch mehr als drei Beiratsmitglieder

Ersatzmitglieder

Nachdem der Beirat komplett gewählt wurde, ist es sinnvoll, zusätzlich nach gleichen Regeln Ersatzmitglieder zu bestimmen, die nachrücken, wenn ein Mitglied in der Zeit bis zur nächsten EV ausscheidet. So kann der Beirat kontinuierlich weiter arbeiten. Diese Ersatzkandidaten dürfen aber keinen gewählten Beirat vertreten, der lediglich für einige Zeit abwesend ist.

wählen, ist auch dies ohne Weiteres möglich, weil § 29 WEG keine Angaben zur Größe der Verwaltungsbeirats vorgibt.

WIE ENDET DIE BEIRATSTÄTIGKEIT?

Wurde der Beirat auf unbestimmte Zeit gewählt, kann er jederzeit durch Wahl eines neuen Beirats ersetzt werden – ohne Angabe von Gründen. Dabei sind die bisherigen Beiräte stimmberechtigt. Wurde der Beirat für eine bestimmte Dauer gewählt, endet seine Amtszeit mit Ablauf dieser Frist.

Abwahl

Bei festen Amtszeiten können Sie unfähige Beiräte außer der Reihe loswerden, falls ein wichtiger Grund vorliegt, Sie also insbesondere ein Fehlverhalten des Verwalters gedeckt haben. Die EV kann dann jedes einzelne Beiratsmitglied mit einfacher Mehrheit abwählen, wobei der Betroffene nicht stimmberechtigt ist. Die Abwahl muss in der Einladung zur EV als eigenständiger Tagesordnungspunkt (TOP) angekündigt werden. Damit das geschieht, muss ein Eigentümer – oder besser mehrere – den Verwalter informieren.

Rücktritt

Von sich aus können Beiräte jederzeit ohne Angabe von Gründen und mit sofortiger Wirkung durch eine Erklärung in der EV oder gegenüber dem Verwalter zurücktreten. Erfolgt allerdings ein solcher Schritt ohne ernsten Grund – zum Beispiel Krankheit oder überraschende berufliche Verpflichtungen – kurz vor oder während der Prüfung der Jahresabrechnung, droht der Gemeinschaft ein materieller Schaden. Denn im Zweifel kann keine ordnungsgemäße Prüfung der Verwalterunterlagen erfolgen. In diesem Fall könnte die EG Schadenersatz vom zurückgetretenen Beiratsmitglied fordern.

Eigentümerwechsel

Gehört ein Beirat nicht mehr zur EG, weil er seine Wohnung verkauft hat oder durch Zwangsversteigerung verlor, endet auch seine Mitgliedschaft im Beirat, sobald der Käufer im Grundbuch als Eigentümer eingetragen ist.

Umstrittener Restbeirat

Scheidet ein Beiratsmitglied aus und kein Nachrücker steht bereit, bleibt der Restbeirat funktionsfähig, allerdings ist die EV zu einer Nachwahl verpflichtet. Findet sich kein neuer Kandidat bzw. erhält er keine Mehrheit, kann jeder Eigentümer binnen eines Monats bei Gericht die Auflösung des Restbeirats fordern. Ohnehin gibt es unter WEG-Juristen auch die Meinung, dass bei einem Rücktritt der Restbeirat sofort aufgelöst werden soll, damit komplett neu gewählt werden kann.

Herausgabe der Unterlagen

Egal, aus welchen Gründen die Amtszeit eines Beiratsmitglieds endet: Stets muss er die Unterlagen aus seiner Beiratstätigkeit sowie die auf Kosten der EG angeschafften Materialien an diese bzw. seinen Nachfolger herausgeben.

W

WIRTSCHAFTSPLAN

Schon im Dezember sollte der Verwalter den Wirtschaftsplan für das folgende Jahr aufstellen. Dieser legt im Rahmen der Finanzplanung die Vorschüsse zur Kostentragung und zur Erhaltungsrücklage fest. Er enthält vorbereitend zu deren Ermittlung die voraussichtlichen Ausgaben der Eigentümergemeinschaft (EG) und ihre erwarteten Einnahmen, etwa Guthabenzinsen. Unterm Strich bleibt ein Defizit, das die Eigentümer ausgleichen müssen. Aus den Gesamtwerten berechnet der Verwalter für jeden Eigentümer einen Einzelwirtschaftsplan, der dessen Vorschusspflicht beziffert, welche dann durch Beschluss festgestellt wird. Die Eigentümerversammlung (EV) kann das Rechenwerk des Verwalters vor der ⇢ Beschlussfassung verändern. Erst der von ihr beschlossene Gesamtwirtschaftsplan samt den Einzelwirtschaftsplänen verpflichtet die Eigentümer rechtlich zur Zahlung. Nach Jahresende erstellt der Verwalter anhand der tatsächlichen Einnahmen und Ausgaben die ⇢ Jahresabrechnung.

WELCHE AUSGABEN UND ERTRÄGE ERFASST DER WIRTSCHAFTSPLAN?

Der Wirtschaftsplan enthält alle Einnahmen und Ausgaben, die voraussichtlich bei der Nutzung des gemeinschaftlichen Eigentums im laufenden Jahr anfallen werden. So bestimmt es § 28 (1) WEG. Er legt auch fest, dass der Verwalter den Wirtschaftsplan aufstellen muss, wobei der sich an den Beträgen der Vorjahre und den absehbaren Veränderungen orientiert.

Bei den Ausgaben unterscheiden die Juristen zwischen Lasten und Kosten. Als Lasten gelten kommunale Gebühren für Entsorgung und Straßenreinigung sowie gegebenenfalls Zinsen und Tilgung für Darlehen, die im Grundbuch durch das Gemeinschaftseigentum abgesichert sind. Die Kosten umfassen alle übrigen Ausgaben etwa für Wartungsarbeiten und Reparaturen, Heizenergielieferungen oder auch die Verwaltergebühren und etwaigen Anwaltshonorare. Die EG könnte aber auch Einnahmen erzielen, zum Beispiel Zinsen für ein Bankguthaben oder Miete für eine am Haus angebrachte Werbetafel. In aller Regel bleibt ein Defizit, das die Eigentümer ausgleichen müssen.

Zudem müssen sie mit einer ⇢ Erhaltungsrücklage Geld ansammeln, um künftig anfallende größere Baumaßnahmen bezahlen zu können. Wie hoch der Vorsorgebetrag im laufenden Jahr sein soll, kalkuliert der Verwalter anhand der bereits in der Rücklage vorhandenen Mittel und dem zu erwartenden Reparaturbedarf in den kommenden Jahren.

Auf Basis des auszugleichenden Defizits und des Beitrags zur Rücklage erstellt der Verwalter einen Einzelwirtschaftsplan für jeden Eigentümer. Darin steht, wie viel der Einzelne zu den jeweiligen Kostenpositionen beisteuern muss. Die Summe daraus wird als ⇢ Hausgeld (auch Wohngeld) bezeichnet, das der Eigentümer in Monatsraten zahlt. Grundsätzlich werden die Gesamtbeträge laut § 16 (2) WEG auf die einzelnen Eigentümer nach ihren ⇢ Miteigentumsanteilen aufgeteilt. Doch können die ⇢ Teilungserklärung bzw. die ⇢ Gemeinschaftsordnung, eine ⇢ Vereinbarung, der ausnahmslos alle Eigentümer zugestimmt haben, ein Mehrheitsbeschluss nach § 16 (2) WEG oder etwa die staatliche Kostenregelung für die ⇢ Heizung eine andere ⇢ Kostenverteilung vorgeben. Mehr dazu unter ⇢ Jahresabrechnung, denn deren Struktur bildet jeweils die Basis für den Wirtschaftsplan des Folgejahrs.

WANN SOLLTE DER VERWALTER DEN WIRTSCHAFTSPLAN VORLEGEN?

Von März bis zum Beginn der sommerlichen Urlaubszeit reicht oft die Saison der Eigentümerversammlungen, auf denen über die Einnahmen und Ausgaben der jeweiligen Eigentümergemeinschaft im laufenden Jahr beraten wird. Dort wird auch der sich daraus ergebende Wirtschaftsplan verabschiedet. Eine EV im Sommer hat allerdings erhebliche Nachteile: Etwaige Sparmaßnahmen können dann oft erst im zweiten Halbjahr greifen und für die von der EV eventuell beschlossenen Bauarbeiten im Außenbereich bleibt wenig Zeit, weil sich die Wetterbedingungen rasch verschlechtern. Besser ist es, wenn der ⇢ Verwaltervertrag festlegt, dass der Wirtschaftsplan und die ⇢ Jahresabrechnung für das Vorjahr bereits im ersten Quartal des neuen Jahres vorliegen müssen und in der EV beschlossen werden können. Das ist möglich, wenn der Verwalter bereits im Dezember beginnt, die Rechenwerke aufzustellen, und die Zusammenarbeit mit dem ⇢ Verwaltungsbeirat reibungslos läuft.

Wirtschaftsjahr

Grundsätzlich gilt ein Wirtschaftsplan, der für ein bestimmtes Jahr verabschiedet wurde, auch nur für dieses Jahr. Betreut der Verwalter viele Wohnanlagen, kann er trotz guter Vorarbeit im ersten Quartal wegen der zahlreichen anstehenden Eigentümerversammlungen in Zeitnot und die Gemeinschaft in Probleme geraten: Weil der alte Wirtschaftsplan kalendarisch abgelaufen ist, könnten die Eigentümer ihre Wohngeldzahlungen einstellen. Da könnte es helfen, wenn eine EG nicht nach Kalenderjahren abrechnet, obwohl das § 28 (1) WEG fordert. Denn mit einer ⇢ Vereinbarung, der ausnahmslos alle im Grundbuch eingetragenen Eigentümer zustimmen, können sie abweichend vom Gesetz für sich ein Wirtschaftjahr festlegen, das zum Beispiel von September bis August reicht. Will eine Eigentümergemeinschaft, die bisher in Kalenderjahren gerechnet hat, darauf umstellen, muss sie einmal ein Rumpfwirtschaftsjahr von Januar bis Ende August einführen. Würde ein solches Wirtschaftsjahr nicht durch eine Vereinbarung festgelegt, sondern mit einem Mehrheitsbeschluss der EV, wäre dieser nichtig.

Zumeist hilft man sich aber mit einer anderen Vorgehensweise: Damit der Wirtschaftsplan über das laufende Kalenderjahr hinaus Wirkung behält, kann die EV seine Fortgeltung für das Folgejahr beschließen. Der Beschluss über die Fortgeltung muss sich stets auf einen konkreten Wirtschaftsplan beziehen und kann nur bis zur nächsten ordentlichen EV gelten. Ein Beschluss, dass der Wirtschaftsplan stets fortgilt, bis ein neuer Wirtschaftsplan aufgestellt wird, wäre dagegen nichtig. Auch wenn der zuletzt gefasste Beschluss über Vorschusszahlungen fortgilt, besteht jedoch die Pflicht zur Aufstellung eines Wirtschaftsplans als vorbereitendes Zahlenwerk jedes Jahr neu.

WAS IST BEIM BESCHLUSS DES WIRTSCHAFTSPLANS ZU BEACHTEN?

Die Eigentümerversammlung kann den Wirtschaftsplan mit den Einnahmen und Ausgaben sowie dem Beitrag zur Erhaltungsrücklage billigen, wie ihn der Verwalter vorschlägt. Oder sie kürzt etwa die Ansätze für Baumaßnahmen, indem sie billigere Lösungen vorsieht oder Arbeiten auf spätere Jahre verschiebt. Die EV kann ebenso den Beitrag zur Erhaltungsrücklage verändern. Beschlossen wird von der Eigentümergemeinschaft über die vom Eigentümer jeweils zu leistenden Vorschüsse, nicht jedoch über den Wirtschaftsplan. Die Beschränkung der Beschlussfassung auf die zu leistenden Vorschüsse hat den Zweck, Anfechtungsmöglichkeiten zu beschränken. Denn wenn sich die Beschlussfassung auf die Zahlungspflichten beschränkt, kann sie nur dann rechtswidrig sein, wenn die beschlossenen Beträge nicht mit dem materiellen Recht vereinbar sind. Eine Anfechtung ist deshalb zur mit dem Ziel möglich, dass sich die beschlossenen Zahlungspflichten ändern. Es muss also ein zahlungspflichtrelevanter Mangel vorliegen. Der Beschluss kann daher auch nicht angegriffen werden, wenn lediglich formale Fehler bestehen. Für die ⇢ Beschlussfassung über die Vorschüsse genügt in der

EV nach § 28 (2) WEG die einfache Mehrheit, doch muss die Versammlung sowohl den gesamten Wirtschaftsplan als auch die Einzelwirtschaftspläne beschließen. Nur dann sind die Eigentümer zur Zahlung des Hausgeldes verpflichtet. Mehr zur Zahlungsabwicklung unter ⇢ Hausgeld. Wie ein Wirtschaftsplan und ein Einzelwirtschaftsplan aussehen müssen, überlässt der Gesetzgeber den Eigentümern. Für beide zusammen genügt jedoch oft bereits eine Seite DIN A4.

Verwaltungsbeirat

Wurde ein Verwaltungsbeirat gewählt, muss er den vom Verwalter vorgelegten Gesamtwirtschaftsplan sowie die Einzelwirtschaftspläne prüfen und seine Beurteilung der EV vor der Beschlussfassung mitteilen. Die Stellungnahme, ob Wirtschaftsplan und/oder Jahresabrechnung ordnungsgemäß sind oder Fehler aufweisen, kann noch in der Versammlung und mündlich abgegeben werden. Liegt sie bereits bei der Einberufung der Versammlung vor, hat der Verwalter sie mit dem Einladungsschreiben zusammen zu versenden. Hat der Verwaltungsbeirat Beanstandungen, dann müssen die Wohnungseigentümer diese Einschätzung beachten und in ihre Ermessensentscheidung einbeziehen. Eine Pflicht, Zweifeln nachzugehen, wird in der Regel aber nicht anzunehmen sein.

Zur Zahlung verpflichtet

Auch wenn ein Eigentümer gegen den Beschluss zur Anforderung von Vorschüssen zu den Kosten und Rücklagen mit einer ⇢ Anfechtung vorgeht, sind alle Eigentümer zur Zahlung des darin festgelegten Hausgelds verpflichtet, bis der Richter nach etwa einem halben Jahr den Beschluss eventuell für unwirksam erklärt.

WIE KANN EINE UNERWARTETE FINANZLÜCKE GESCHLOSSEN WERDEN?

Auch wenn der Wirtschaftsplan sorgfältig erarbeitet wurde, können unvorhersehbare Ausgaben fällig werden.Dann muss die EV entscheiden, ob sie beschlossene, aber entbehrliche Projekte wie die Umgestaltung des Gartens in Folgejahre verschiebt, oder zusätzliche Mittel durch eine ⇢ Sonderumlage beschafft, welche die Eigentümer zusätzlich zum ⇢ Hausgeld zahlen müssen, oder ob sie einen ⇢ Kredit aufnehmen will.

Z

ZAHLUNGSPFLICHT

Jeder Eigentümer ist verpflichtet, eine ganze Reihe von Zahlungen zu leisten, damit die Wohnanlage reibungslos funktioniert: eine regelmäßige Abschlagszahlung auf die Kosten der Gemeinschaft, das ⇢ Hausgeld, etwaige Nachzahlungen aufgrund der ⇢ Jahresabrechnung sowie gegebenenfalls eine ⇢ Sonderumlage für ungeplanten Geldbedarf. Gerät ein Eigentümer bei all diesen Zahlungspflichten in Verzug, kann ihm die Eigentümerversammlung (EV) seine Schulden stunden oder eine Ratenzahlung erlauben. Doch es steht ihr auch ein wirksames Instrumentarium von Zwangsmaßnahmen zur Verfügung, um ausstehende Gelder einzutreiben. Als letzte Konsequenz kann sie für die Wohnung des zahlungsunfähigen Miteigners sogar eine Zwangversteigerung veranlassen.

MUSS JEDER EIGENTÜMER ZAHLEN, AUCH WENN ER DIE BETRÄGE FÜR FALSCH HÄLT?

Keine Frage: Die Eigentümer müssen für die Kosten der Eigentümergemeinschaft aufkommen, so sieht es § 16 WEG vor. Das geschieht durch das in der Regel monatlich fällige ⇢ Hausgeld, durch etwaige Nachzahlungen im Rahmen der ⇢ Jahresabrechnung sowie gegebenenfalls durch ⇢ Sonderumlagen bei unerwartetem Finanzbedarf. Wer glaubt, ein Beitrag, den die EV mit Mehrheit beschlossen hat, sei nicht korrekt festgesetzt worden, kann gegen den Beschluss innerhalb eines Monats mit einer ⇢ Anfechtung bei Gericht vorgehen. Doch wenn das Geld fällig wird, bevor der Richter sein Urteil fällt, muss jeder Eigentümer zunächst zahlen. Hebt das Gericht den Beschluss tatsächlich auf, erhalten die Eigentümer zu viel gezahlte Beträge zurück bzw. müssen Fehlbeträge nachzahlen.

WIE KANN MAN ZAHLUNGSSPITZEN VERRINGERN?

Die Zahlungspflichten können hoch sein, wenn umfangreiche Instandsetzungs- und Modernisierungsarbeiten durchgeführt werden. Hier kann die EV vorbeugend über die Jahre eine gut bestückte ⇢ Erhaltungsrücklage aufbauen. Wurde das versäumt oder ist der Geldbedarf unvorhergesehen hoch, kann sie versuchen, die Kosten über einen längeren Zeitraum zu verteilen, indem sie dafür im Namen der Gemeinschaft einen ⇢ Kredit aufnimmt. Dessen Zinsen und Tilgungsraten werden dann in das Hausgeld einkalkuliert. Wegen der komplizierten Haftungsregeln für Eigentümergemeinschaften fällt es ihnen allerdings meist schwer, bei Kreditinstituten ein größeres Darlehen zu erhalten.

Solidarität

Die EV kann einzelnen finanzschwachen Mitgliedern helfen, indem sie ihnen eine Ratenzahlung erlaubt oder fällige Beträge für einige Zeit stundet. Doch das setzt voraus, dass die Gemeinschaft über ausreichende Mittel verfügt. Ohnehin ist eine solche Hilfestellung nur sinnvoll, wenn der betreffende Eigentümer die Ebbe in seiner Kasse bald überwinden kann – und sei es durch konsequente Sparmaßnahmen. Solche Solidarmaßnahmen sind durchaus angebracht, wenn es sich um eine harmonische Eigentümergemeinschaft (EG) handelt und der klamme Miteigentümer einen Vertrauensvorschuss verdient.

WIE KANN EINE GEMEINSCHAFT JURISTISCH GEGEN SÄUMIGE ZAHLER VORGEHEN?

Verzugszinsen

Die Gesetze geben der EG allerdings genügend Instrumente an die Hand, um gegen einen säumigen Zahler vorzugehen. Kommt ein Eigentümer seinen Zahlungspflichten gegenüber der Gemeinschaft nicht bis zum kalendarisch festgelegten Termin nach, ist er automatisch in Verzug. Das heißt, ohne dass es einer Mahnung bedarf, werden Verzugszinsen fällig und der zu überweisende Betrag steigt von Tag zu Tag bis zur Zahlung. Die Verzugszinsen pro Jahr liegen nach § 288 (1) des BGB um fünf Prozent über dem Basiszins. Diesen veröffentlicht die Deutsche Bundesbank jeweils am 1.1. und am 1.7. für das beginnende Halbjahr. Seit Jahren bewegt er sich im negativen Bereich. Das heißt, mit dem 5-Prozent-Aufschlag nach BGB müsste der Schuldner sogar weniger zahlen. Es wäre für ihn also in diesem Fall billiger, seine Miteigentümer auf das Geld warten zu lassen, als etwa einen Überziehungskredit seiner Bank zu nutzen.

Manchmal sieht die ⇢Gemeinschaftsordnung einen höheren Aufschlag als das BGB vor. Doch selbst damit braucht sich die EV nicht zufriedenzugeben. Entsteht der EG durch das Ausbleiben der Zahlung ein höherer Schaden, etwa, weil Rabatte bei Lieferanten nicht genutzt werden können, fordert der Verwalter im Namen der Gemeinschaft vom säumigen Zahler Schadenersatz.

Mahnung

Zu den Pflichten, die der Verwalter nach § 27 (1) WEG hat, gehört, dass er den säumigen Zahler mahnt. Wenige Tage nach dem Zahlungstermin sollte er ihm in einem Schreiben darlegen, wie viel Geld er der Gemeinschaft aufgrund welchen EV-Beschlusses schuldet. Dazu wird der Verwalter eine knappe Zahlfrist von zehn bis 14 Tagen setzen und bei weiterer Zahlungsverweigerung gerichtliche Schritte ankündigen. Für diese Erinnerung ist in aller Regel eine Gebühr fällig, denn Mahnungen gehören nicht zum üblichen Verwaltungsaufwand, sodass der Verwalter dafür ein Extrahonorar fordern kann. Oft ist das schon im ⇢Verwaltervertrag vereinbart. Zahlen muss es die EG, doch sie kann nach § 16 (2) WEG ihrerseits eine Mahngebühr vom Schuldner verlangen, wobei etwa das AG Mönchengladbach am 22.2.2002 rund 13 Euro für angemessen hielt (Az. 23 UR II 19/01).

Zahlt der säumige Eigentümer nicht innerhalb der gesetzten Frist, geht der Fall zum Gericht. Einer besonderen Ermächtigung, den Klageweg zu beschreiten, benötigt der Verwalter nicht Denn er vertritt die Eigentümergemeinschaft nach § 9 b (1) WEG kraft Gesetzes auch gerichtlich.

Ziel der EG ist ein gerichtlich bestätigter Anspruch auf das geschuldete Geld inklusive Verzugszinsen und Mahngebühren. Mit einem solchen Vollstreckungstitel kann zum Beispiel das Konto des Schuldners gepfändet oder als letzte Konsequenz für seine Wohnung die Zwangsversteigerung eingeleitet werden. Eine titulierte Forderung verjährt nach § 197 Abs. 1 Nr. 3 BGB erst nach 30 Jahren, ohne den Titel wären es nach § 195 BGB nur drei Jahre. Um ihn zu erlangen, gibt es zwei Wege: das Mahnverfahren und die Klage.

Mahnverfahren

Das Verfahren ist bundesweit einheitlich und kann über das Internet unter www.mahngerichte.de (Hinweis: Bitte auf das Plurale achten; www.mahngericht.de ist ein Blog einer Privatperson) abgewickelt werden. Ein erfahrener Verwalter kann das Formular selbst ausfüllen, doch in der Regel schaltet er einen Rechtsanwalt ein. Unterlagen, welche die Berechtigung der Forderungen nachweisen, sind nicht vorzulegen.

Zentrale Mahngerichte, die für die Bezirke mehrerer Amtsgerichte zuständig sind und die es in allen Bundesländern gibt, erstellen weitgehend automatisiert alle Mahnbescheide in Deutschland.

14 Tage bleiben dem säumigen Zahler, um darauf zu reagieren. Es gibt drei Möglichkeiten: 1. Er zahlt und die Sache ist erledigt. 2. Er bestreitet die Forderung und legt Widerspruch ein, worauf er oder der Verwalter als Vertreter der Eigentümergemeinschaft den Übergang in ein streitiges Verfahren vor dem Amtsgericht beantragen können. 3. Er reagiert nicht und der Verwalter kann im Namen der Eigentümergemeinschaft den Erlass eines Vollstreckungsbescheids beantragen.

Sobald der Schuldner den Vollstreckungsbescheid, bei dem die Kosten für das Gericht und eventuell den Anwalt eingerechnet sind, vom Gericht zugeschickt bekommt, gibt es wieder drei Möglichkeiten: 1. Er zahlt und die Sache ist erledigt. 2. Er unternimmt nichts und der Vollstreckungsbescheid wird nach 14 Tagen rechtskräftig; die Gemeinschaft erhält den erstrebten vollsteckbaren Titel. 3. Er legt innerhalb von 14 Tagen Einspruch ein und es beginnt von Amts wegen das Verfahren vor dem Amtsgericht, also ohne dass es die Eigentümergemeinschaft oder ihr Schuldner beantragen müssen.

Gehen die Eigentümer davon aus, dass der Schuldner Widerspruch einlegen wird, kommen sie meist schneller zum vollstreckbaren Titel, wenn sie direkt eine Klage bei Gericht erheben.

Klageverfahren

Bevor der Verwalter ⇢ Klage gegen den säumigen Zahler erheben darf, muss die EV dies nicht erst beschließen. So regelt es § 9 b (2) WEG. Für das Verfahren zuständig ist nach § 43 (2) WEG das Amtsgericht, zu dessen Bezirk die Wohnanlage gehört. In dieser untersten Stufe der Gerichtsbarkeit könnte der Verwalter die Sache der Eigentümergemeinschaft selbst vertreten. Doch in der Regel wird er damit einen Anwalt beauftragen, denn die Zahlungsklage muss umfangreich begründet werden. Gleich zu Beginn sind die Gerichtskosten fällig, die für eine Forderung von 1.000 Euro bei 174 Euro liegen, für 2.000 Euro sind es 294 Euro. Für den Anwalt werden weitere gut 300 Euro bzw. 540 Euro fällig. Rechner für Gerichts- und Anwaltskosten gibt es im Internet, etwa unter www.anwalt-suchservice.de.

Die Kosten des Verfahrens hat der Zahlungspflichtige zu tragen. Es kommt jedoch vor, dass das Gericht die Zahlungspflicht verneint, etwa weil es die Formulierung des Beschlusses, auf dem die Forderung beruht, für zu unbestimmt und nicht nur für anfechtbar, sondern sogar für nichtig hält. In diesem Fall muss die EG die Verfahrenskosten tragen, weil ihre Klage abgewiesen würde. Mehr dazu siehe ⇢ Klage.

WAS KANN DIE GEMEINSCHAFT MIT EINEM VOLLSTRECKBAREN TITEL ANFANGEN?

Pfändung

Bewegt ein Vollstreckungsbescheid den säumigen Eigentümer noch immer nicht zur Zahlung, muss der Verwalter die Zwangsvollstreckung einleiten. Sonst vernachlässigt er seine Pflichten und macht sich gegenüber der EG selbst schadenersatzpflichtig. In Frage kommt die Pfändung des Bankkontos des Schuldners oder seines Gehalts direkt beim Arbeitgeber. Manchmal genügt allein die Drohung, sich an den Arbeitgeber zu wenden, um einen Schuldner kooperativ zu stimmen. Wenn er sein Auto beruflich benötigt, kann es vom Gerichtsvollzieher nur beschlagnahmt werden, wenn es sich um ein unangemessen teures Fahrzeug handelt. Doch womöglich ist es ohnehin geleast oder mit hohen Krediten belastet.

Sicherungsgrundschuld

Beträgt die Forderung der EG mehr als 750 Euro, kann sie mit einer Zwangssicherungshypothek im Grundbuch eingetragen werden. Allerdings würde sie im Rang nach den bereits dort vermerkten Krediten rangieren. Sind deren Beträge hoch, besteht das Risiko, dass die zusätzlich registrierte Forderung der Gemeinschaft im Verwertungsfall nicht bedient wird. Dann hätte sie das Geld für den Notar und die Grundbucheintragung ihrer Forderung sinnlos ausgegeben.

Zwangsverwaltung

Ist die Eigentumswohnung des Schuldners vermietet, kann die EG die Miete aufgrund der titulierten Forderung pfänden lassen. Doch vielleicht sind ihr andere Gläubiger zuvorgekommen. Oder der Eigentümer hat die Einnahmen abgetreten, etwa an seine Ehefrau. Da hilft es der EG, wenn die Wohnung unter Zwangsverwaltung gestellt wird. Ob sie selbst den entsprechenden Antrag beim Amtsgericht gestellt hat oder ein anderer Gläubiger: Stets steht dem vom Gericht ernannten Zwangsverwalter, in der Regel ein Rechtsanwalt, vor allen anderen Berechtigten nun die Miete und die Umlagen zu. Und nach § 156 des Gesetzes über die Zwangsversteigerung und die Zwangsverwaltung (ZVG) ist er verpflichtet, aus der Einnahme zuerst das Hausgeld samt Beitrag zur Erhaltungsrücklage sowie andere fällig werdende Forderungen der EG zu bezahlen. So werden zwar nicht die alten Schulden des Eigentümers bei der Gemeinschaft getilgt, aber es kommen wenigstens keine neuen hinzu. Für die alten Forderungen bleibt der Eigentümer weiterhin in der Pflicht. Strittig ist unter Juristen, welche Rolle der Zwangsverwalter in der EV spielt. Sicher ist er einzuladen und darf das Stimmrecht bei allen Beschlüssen ausüben, die finanzielle Folgen für die zwangsverwaltete Wohnung haben. Manche Juristen gehen davon aus, dass er bei sämtlichen Beschlüssen stimmberechtigt ist. Andere argumentieren, der Eigentümer könne bei nicht finanziell wichtigen Fragen, zum Beispiel bei der Farbwahl für die Fassade, abstimmen. Um keinen Grund für eine Anfechtung zu liefern, sollte er jedenfalls auch zur EV eingeladen werden.

Bewohnt der säumige Eigentümer die Wohnung selbst, ist es sinnlos, sie unter Zwangsverwaltung zu stellen. Dann würde das Honorar des Zwangsverwalters seinen Schuldenberg nur zusätzlich erhöhen.

Zwangsversteigerung

Die Gemeinschaft kann die Zwangsversteigerung beantragen, falls ihr ein vollstreckbarer Titel über Beiträge zu den Kosten und Lasten vorliegt. Der Vorteil einer Zwangsversteigerung: Noch bevor die Kredite der Banken aus dem Erlös bedient werden, kommt die Eigentümergemeinschaft zum Zuge. Allerdings ist ihr Privileg begrenzt: Es werden nur Forderungen aus dem laufenden Jahr sowie aus den beiden Vorjahren befriedigt und auch das nur bis zur Höhe von fünf Prozent des vor der Versteigerung in einem Gutachten festgestellten Verkehrswerts. Für ihre Forderungen muss sie keine Titel vorlegen. Es genügt, wenn die Gemeinschaft ihre Forderungen gegenüber dem Versteigerungsgericht glaubhaft macht, zum Beispiel mit Protokollen der EV, in denen die Zahlungen beschlossen wurden, die der Eigentümer schuldig blieb. Das gleiche Vorrecht genießt die

Eigentümergemeinschaft, wenn ein anderer Gläubiger die Versteigerung eingeleitet hat. Positiver Nebeneffekt der Versteigerung: Der zahlungsunfähige Voreigentümer scheidet aus und die Eigentümergemeinschaft hat gute Chancen, ein zahlungskräftiges neues Mitglied zu erhalten. Bis es zur Versteigerung kommt, vergehen allerdings meist rund zwei Jahre. Zudem könnte auch der bisherige Eigentümer das Verfahren nach § 75 Zwangsversteigerungsgesetz noch im Versteigerungstermin stoppen, wenn er nachweist, dass alle Schulden bezahlt wurden.

DARF DIE GEMEINSCHAFT EINEM SCHULDNER DIE VERSORGUNG SPERREN?

Schnelle Wirkung

Bis Gerichte entscheiden, vergehen Monate. Deshalb ist es sinnvoll, sofort wirksame Maßnahmen zu ergreifen: Heizung drosseln, Strom-, Kabel-TV- und Internetanschluss kappen, Wasserleitung sperren. Das entspricht dem Zurückbehaltungsrecht nach § 273 BGB, wonach ein Vertragspartner die Leistung in dem Maße kürzen darf, indem der andere seinen Verpflichtungen nicht nachkommt. Wem das wie ein archaisches Faustrecht erscheint, sollte bedenken, dass die Gemeinschaft nur funktionieren kann, wenn jeder Eigentümer seinen Beitrag leistet. Keinem Eigentümer kann zugemutet werden, langfristig für einen säumigen Zahler zu bezahlen. Eine Versorgungssperre setzt keinen gerichtlichen Vollstreckungstitel voraus, die Forderung muss nur fällig sein und zweifelsfrei bestehen.

Angemessenheit

Die Beschlüsse der EV müssen allerdings angemessen sein. Deshalb kann sie die Versorgung erst sperren, wenn ihre Forderung mindestens sechs Monatsbeträgen des Hausgelds entspricht. So urteilte der BGH am 10.6.2005 (Az. V ZR 235/04). Der Eigentümer muss die Absperrmaßnahmen dulden, so die Bundesrichter, und wenn nötig die Handwerker dazu in die Wohnung lassen. Die Sperre muss zuvor angekündigt werden, sodass dem Eigentümer Zeit bliebt, doch noch zu zahlen.

Die EV darf nur solche Leistungen sperren, die sie selbst zur Verfügung stellt. In der Regel ist das etwa bei der Zentralheizung der Fall, während bei Strom ein direkter Liefervertrag mit dem Versorger besteht. Doch das LG München I erlaubte am 8.11.2010 (Az. 1 S 10608/10) auch hier die Sperre, denn der Strom fließe durch eine Leitung, die zum Gemeinschaftseigentum gehöre, vom Keller zur Wohnung.

Vermietete Wohnung

Falls die Wohnung vermietet ist, muss der Verwalter dem Mieter die Lage erklären. Auch ihm darf die EG die Versorgung kappen. Denn ein Eigentümer könne nicht besser geschützt werden, weil er vermietet, urteilte das KG Berlin am 21.6.2001 (Az. 24 W 94/01). Anders ausgedrückt: Der Mieter kann nicht mehr Rechte gegenüber der Eigentümergemeinschaft besitzen als sein Vermieter. Am 18.8.2005 befand das KG Berlin allerdings, dass der Mieter die Handwerker nicht für Absperrmaßnahmen in die Wohnung lassen muss (Az. 30 O 262/05). Doch vielfach sind Sperrmaßnahmen auch von außerhalb möglich. Die Versorgungssperre wird unzulässig, wenn der Schuldner den Rückstand bis auf einen geringen Teil bezahlt. Es reicht aber nicht aus, wenn der Zahlungsrückstand lediglich geringfügig unter den Mindestrückstand von sechs Monatsbeträgen gedrückt wird.

Wenn die Versorgung gesperrt ist, kann der Mieter die Mietzahlung fast auf Null kürzen. Der Eigentümer gerät noch stärker unter finanziellen Druck. Die für alle Beteiligten bessere Alternative: Der Mieter zahlt von nun an die Miete samt Umlagen an den Verwalter und bleibt dann unbehelligt. Der Eigentümer kann nicht wegen Mietrückstand kündigen, da der Mieter ihm zwar kein Geld überweist, aber doch mit seinen Zahlungen an den Verwalter die Schulden des Vermieters verringert. Das entspricht der Vorgabe des § 267 BGB. Der Vermieter erleidet also keinen Vermögensschaden.

WIE KOMMT DIE GEMEINSCHAFT AN IHR GELD, WENN DER SÄUMIGE EIGENTÜMER VERKAUFEN WILL?

Druckmittel

Falls die Gemeinschaftsordnung vorschreibt, dass der Verwalter einem Verkauf zustimmen muss, kann er einen säumigen Zahler hinhalten. Da sein potenzieller Käufer nur begrenzte Zeit auf die Zustimmung warten will, bietet sich ein Tauschgeschäft an: Der säumige Eigentümer bezahlt seine Schulden und bekommt kurzfristig die Zustimmung.

Liquiditätssicherung

So kann die EG ihr Girokonto zu Lasten der Erhaltungsrücklage auffüllen: Sie entscheidet unter Zustimmung aller Eigentümer, auch des säumigen, die Erhaltungsrücklage so weit auszuschütten, dass auf den säumigen Eigentümer genug entfällt, damit er seine Schulden bei der Gemeinschaft begleichen kann. Das sollte für ihn Grund genug sein, für die Ausschüttung zu stimmen, auch wenn sein Anteil nicht ausgeschüttet, sondern mit seinen Schulden verrechnet wird. Achtung: Würden nicht alle Eigentümer, sondern nur eine Mehrheit verabreden, die Erhaltungsrücklage aufzulösen, wäre der Beschluss nichtig. So urteilte das OLG Hamm am 22.10.1990 (Az. 15 W 331/90). Dieses Verfahren ist also mit erheblichen juristischen Risiken verbunden und sollte nur nach sorgfältiger Prüfung im Einzelfall erwogen werden. Ob es in einem gerichtlichen Verfahren abgesegnet würde, hängt auch davon ab, ob eine eiserne Reserve für Notfälle in der Erhaltungsrücklage verbleibt. Deshalb sollte am besten nur der Ausschüttungsbetrag, der auf den Schuldner entfällt, zur Schuldentilgung tatsächlich auf das Girokonto der EG überwiesen werden. Verzichten die übrigen Eigentümer auf eine Auszahlung ihres Anteils, bleibt die Erhaltungsrücklage gefüllt.

Wenn die Erhaltungsrücklage aber tatsächlich zu einem Gutteil ausgezahlt wurde, muss die EV später mit einfacher Mehrheit beschließen, die Reserve mit einer Sonderumlage wieder aufzufüllen. Dabei legt sie den Zahlungstermin so weit in die Zukunft, dass bis dahin der Käufer als neuer Eigentümer im Grundbuch eingetragen ist. Folge: Er muss die Umlage anteilig bezahlen. Indirekt trägt er also die Schulden des Verkäufers. Dabei wird der Neue nicht übervorteilt, denn er kannte die Situation durch sein Studium der ⇢ Beschlusssammlung und konnte das bei seinen Verhandlungen über den Kaufpreis berücksichtigen.

ZUSTIMMUNG ZUR VERÄUSSERUNG

Manche Teilungserklärung (TE) beschränkt das Recht eines Eigentümers, seine Wohnung nach Belieben zu verkaufen oder zu verschenken. Er benötigt dann die Zustimmung der übrigen Eigentümer bzw. des Verwalters. Sie kann aber nur verweigert werden, wenn zu erwarten steht, dass der geplante neue Eigentümer den Hausfrieden stört oder nicht ordnungsgemäß seinen Zahlungspflichten nachkommt. Fühlen sich die Eigentümer durch diese Veräußerungsbeschränkung gegängelt, können sie sie mit einfacher Mehrheit abschaffen.

WANN MUSS ICH MIR DEN VERKAUF MEINER WOHNUNG GENEHMIGEN LASSEN?

Grundsatz

Generell kann ein Eigentümer seine ⇢ Eigentumswohnung übertragen, an wen er will. Die Regelungen gelten ebenso für ⇢ Teileigentum, also Eigentum an Räumen, die nicht zum Wohnen bestimmt sind. In etlichen Wohnanlagen schreibt jedoch die ⇢ Teilungserklärung oder die Gemeinschaftsordnung (GO) vor, dass entsprechend § 12 (1) WEG jede Veräußerung vorab von der Eigentümergemeinschaft (EG) oder einer anderen Person genehmigt werden muss. Allerdings darf die Zustimmung nach § 12 (2) WEG nur aus einem wichtigen Grund verweigert werden. In der Regel überträgt die EG die Prüfung und etwaige Genehmigung der Verkäufe dem Verwalter. Sinn der Veräußerungsbeschränkung: Die EG soll sicher sein, dass der neue Eigentümer zuverlässig zahlt und sich auch sonst an die Regeln der Gemeinschaft hält. In Wohnanlagen, in denen diese Regelung fehlt, kann sie mit einer ⇢Vereinbarung eingeführt werden, der ausnahmslos alle Eigentümer zustimmen.

Persönliche Ausnahmen

Die Veräußerungsbeschränkung kann nach § 12 (2) Ausnahmen festlegen, etwa, dass keine Genehmigung erforderlich ist, wenn das Wohnungseigentum an nahe Verwandte verkauft oder verschenkt wird. Umgekehrt darf nicht festgelegt werden, dass etwa ein Verkauf an Ausländer oder kinderreiche Familien verboten sei. Es kann auch ein Anspruch auf Erteilung der Zustimmung geregelt sein

Betroffene Veräußerungsarten

Außer einem Verkauf im Ganzen wären auch ein Teilverkauf der Eigentumswohnung zustimmungspflichtig, eine entsprechende Schenkung, der Verkauf durch einen Insolvenzverwalter und sogar eine Veräußerung im Rahmen einer Zwangsversteigerung. Ebenso muss eine Veräußerung an eine Gesellschaft, an welcher der bisherige Eigentümer beteiligt ist, genehmigt werden. Zustimmungspflichtig wäre auch eine Übertragung von Eigentumsanteilen innerhalb einer Erbengemeinschaft; nur die Übertragung der Erbteile vom Erblasser auf die einzelnen Erben bedürfte keiner Genehmigung. Diese ist aber auch notwendig, wenn jemand die Wohnung aus dem Nachlass als Vermächtnis erhält (das ist eine Übereignung an eine Person, die nicht zur Erbengemeinschaft zählt).

Genehmigungsverfahren

Das Genehmigungsverfahren kommt erst in Gang, wenn der Notarvertrag unterschrieben ist. Bis die Genehmigung erteilt ist, liegt dieser auf Eis oder er ist, wie die Juristen sagen, schwebend unwirksam. Der verkaufswillige Eigentümer ist verpflichtet, dem Verwalter alle ihm vorliegenden Angaben über den Kaufanwärter vorzulegen und diesen auch zu bitten, über sich Auskunft zu geben. In der Regel lernen sich der Verwalter und der Kaufinteressent bereits kennen, wenn dieser die Beschlusssammlung einsehen will und sich beim Verwalter auch sonst über die Situation der EG informiert. So kann sich der Verwalter frühzeitig ein Bild vom Kaufanwärter machen und die Genehmigung zügig erteilen, wenn es zum Abschluss kommt.

Auch wenn der Verwalter im Verwaltervertrag bevollmächtigt wurde, zu prüfen, ob nichts gegen die Kaufanwärter spricht, und gegebenenfalls die Zustimmung zu erteilen, kann die Eigentümerversammlung (EV) eingreifen. Bevor der Verwalter entschieden hat, kann sie mit einfacher Mehrheit darüber beschließen und ihm vorgeben, ob er zuzustimmen oder abzulehnen hat. Umgekehrt kann der Verwalter von der EV einen entsprechenden Beschluss verlangen, wenn ihm eine Entscheidung zu heikel erscheint. Soll die Zustimmung erteilt werden, gibt der Verwalter gegenüber einem Notar eine entsprechende Erklärung für das Grundbuchamt ab. Erst wenn diese dem Amt vorliegt, nimmt es die Eigentumsumschreibung auf den Käufer vor; eine Auflassungsvormerkung zu seinen Gunsten kann aber bereits zuvor eingetragen werden.

Kostenerstattung

Der Verwalter muss prüfen, ob Einwände gegen den Kaufkandidaten bestehen, und für die Zustimmungserklärung einen Notar aufsuchen. Dafür steht ihm ein Zusatzhonorar zu, das in der Regel im Verwaltervertrag festgelegt wurde oder – falls dort nichts geregelt ist – sich nach seinem Aufwand richtet. 150 bis 180 Euro inklusive Mehrwertsteuer sind üblich. Unzulässig wäre es, wenn er als Sonderhonorar einen Prozentsatz des Kaufpreises verlangen würde, urteilte das Berliner KG am 20.6.1997 (Az. 24 W 1783/97). Der Notar bestimmt seine Gebühr für die Unterschriftsbeglaubigung anhand einer amtlichen Tabelle; bei einem Verkaufspreis der Eigentumswohnung von 200.000 Euro wären 64 Euro fällig.

Die genannten Kosten zählen insgesamt zu den Verwaltungskosten der EG. Die EV kann sie jedoch nach § 16 (2) WEG vom veräußernden Eigentümer zurückverlangen, wenn bereits ein entsprechender Kostenverteilungsschlüssel besteht. Letztlich wird er schauen, dass er das Geld vom Käufer erhält. In der Praxis nutzt man häufig eine juristisch angreifbare Abkürzung: Der Verwalter schickt seine Rechnung dem Erwerber und der Notar fügt die Gebühr für die Beglaubigung der Verwalterzustimmung seinen Forderungen für den Notarvertrag hinzu.

AUS WELCHEN GRÜNDEN KANN DIE GENEHMIGUNG VERWEIGERT WERDEN?

Verweigerungsgründe

Die Zustimmung darf nur aus wichtigem Grund verweigert werden. Selbstverständlich wird vor Gericht darüber gestritten, was ein wichtiger Grund ist. Aus den Verfahren hat sich im Lauf der Jahre herausgebildet, was zu einer Verweigerung berechtigt. In jedem Fall darf, ja muss der Verwalter den Verkauf blockieren, wenn der geplante Erwerber nicht zahlungsfähig ist und im Rahmen einer Zwangsvollstreckung eine Vermögensauskunft abgegeben hat. Eine solche Auskunft ersetzt seit dem 1.1.2013 die eidesstattliche Versicherung, gut bekannt noch unter dem alten Begriff »Offenbarungseid«. Eine Verweigerung ist ebenso gerechtfertigt, wenn der Kaufanwärter dafür bekannt ist, dass er gegen die Regeln in dieser oder einer anderen EG verstieß, etwa ungenehmigt bauliche Veränderungen vornahm, unpünktlich zahlte, sich nicht an die Hausordnung hielt oder die Räume für Rotlichtaktivitäten nutzte. Im Zuge der Globalisierung kommt ein neuer Verweigerungsgrund hinzu: Ein Kaufinteressent kann abgewiesen werden, wenn er keinen Wohnsitz in der EU hat und nur mit einem Visum für jeweils 90 Tage nach Deutschland einreisen darf. Dass außerhalb der EU etwa Hausgeldforderungen der Eigentümergemeinschaft gegen einen Eigentümer nur schwer durchsetzbar seien, erkannte das AG Berlin-Wedding am 27.8.2012 (Az. 21b C 75/12) als Begründung an.

Unbegründete Verweigerung

Keinen Grund, die Zustimmung zu verweigern, bietet dagegen, dass der Kaufinteressent einmal in einer Stresssituation aggressiv wurde oder der verkaufswillige Eigentümer noch Hausgeld schuldig ist. Allerdings kann der Verwalter den säumigen Eigentümer einige Zeit auf die Zustimmung warten lassen, um ihn zum Zahlen zu bewegen. Mit einer unwiderruflichen Anweisung des Verkäufers an den Notar, der entsprechend den Käufer informiert, könnte das Geld direkt aus dem Verkaufspreis an die Gemeinschaft überwiesen werden.

Nach Ansicht des BGH in seinem Urteil vom 25.9.2020 (Az. V ZR 300/18) ist die Nichtvorlage des Kaufvertrages kein wichtiger Grund zur Verweigerung der nach einer Vereinbarung der Wohnungseigentümer erforderlichen Zustimmung zur Veräußerung.

WAS PASSIERT, WENN DIE ZUSTIMMUNG ZUM VERKAUF VERWEIGERT WIRD?

Erteilt der Verwalter die Zustimmung nicht, kann ihn der veräußerungswillige Eigentümer verklagen, nicht jedoch der Kaufinteressent. Hat der Verwalter die Zustimmung nach Ansicht des Richters zu Unrecht verweigert, wird er zur Erteilung verurteilt. In dem Fall muss er den Verkaufwilligen entschädigen, wenn dieser durch die Verweigerung einen finanziellen Nachteil erleidet, zum Beispiel weil er den Verkaufspreis verspätet erhält.

Können die Eigentümer die Veräußerungsbeschränkung abschaffen?

Die Pflicht, eine Veräußerungszustimmung einzuholen, ist in der TE, der GO oder einer Vereinbarung, der einst alle Eigentümer zugestimmt haben, verankert. Wollen die Eigentümer eine in diesen Dokumenten festgelegte Regel abändern, ist normalerweise eine neue Vereinbarung aller Eigentümer nötig. Anders bei der Pflicht, eine Veräußerung genehmigen zu lassen: Um sie abzuschaffen, genügt laut § 12 (4) WEG eine einfache Mehrheit in der EV. Die Änderung muss im Grundbuch eingetragen werden. Das Amt verlangt als Beleg ein Protokoll der ⇢ Beschlussfassung, das der Versammlungsleiter (meist der Verwalter), ein weiterer Eigentümer sowie – falls einer gewählt wurde – der Vorsitzende des ⇢ Verwaltungsbeirats bzw. sein Stellvertreter vor einem Notar unterschreiben müssen. So bestätigen sie die Richtigkeit des Protokolls.

ANHANG

STICHWORTVERZEICHNIS

Die **fett hervorgehobenen Zahlen** verweisen auf den Haupteintrag.

A

B

C

D

E

F

G

U

V

W

Z

IMPRESSUM

Herausgeber
Verbraucherzentrale Nordrhein-Westfalen e.V.
Mintropstraße 27, 40215 Düsseldorf
Telefon: 02 11/38 09-555
Telefax: 02 11/38 09-235
Internet: www.verbraucherzentrale.nrw
E-Mail: ratgeber@verbraucherzentrale.nrw

Autor:	Rechtsanwalt Claus Mundorf, Erkrath
Koordination, Lektorat:	Wibke Westerfeld
Produktion:	bretzinger : media.production, Baden-Baden
Satz:	typografie & layout, Evelyn Haller, Gaggenau
Gestaltungskonzept:	Ute Lübbeke, Köln, www.LNT-design.de
Umschlaggestaltung:	Ute Lübbeke, Köln, www.LNT-design.de
Umschlagfoto:	Artur Images / Olaf Mahlstedt
Druck/Bindung:	DCM Druck Center Meckenheim GmbH, Meckenheim Gedruckt auf 100 Prozent Recyclingpapier

Redaktionsschluss: Mai 2021